DOCUMENTOS DEL FEN

FACSÍMILES L_

VOLUMEN 1

1970 – 1979

Ana Irma Rivera Lassén
Elizabeth Crespo Kebler

DOCUMENTOS DEL FEMINISMO EN PUERTO RICO: FACSÍMILES DE LA HISTORIA

VOLUMEN 1
1970 – 1979

EDITORIAL DE LA UNIVERSIDAD DE PUERTO RICO

Catalogación de la Biblioteca del Congreso
Library of Congress Cataloging-in-Publication Data
Rivera Lassén, Ana Irma.
     Documentos del feminismo en Puerto Rico: Facsímiles de la historia / Ana Irma Rivera Lassén,
Elizabeth Crespo Kebler.
        p. cm.
     Includes bibliographical references.
     Contents: v. 1. 1970 - 1979.
     ISBN: 0-8477-0105-0 (v. 1 : alk. paper)
     1. Feminism--Puerto Rico--History--Sources.21.Feminism--Puerto Rico--History. I.
Crespo Kebler, Elizabeth. II. Title.
HQ1523 .R 49 2001
305.42'097295--dc21
                                                                            2001033560

Arte y diseño: Carmen A. Torres Santiago

Impreso en los Estados Unidos de América
Printed in the United States of America

EDITORIAL DE LA UNIVERSIDAD DE PUERTO RICO
Apartado 23322
San Juan, Puerto Rico 00931-3322
Administración: Tel. (787) 250-0435 Fax (787) 753-9116
Dpto. de Ventas: Tel. (787) 758-8345 Fax (787) 751-8785

ÍNDICE

PRÓLOGO

Magaly Pineda

Cuando Elizabeth y Ana Irma me pidieron que escribiera el prólogo, me pregunté, ¿por qué yo? Para mí surgía una respuesta rápida, los lazos que me unen a Ana hace muchos años, desde la época en que sabíamos lo que no queríamos, pero no estábamos tan claras en qué era lo que queríamos. La experiencia vivida en la Conferencia de la Mujer en México en el 1975, por ejemplo, fue una de sentir que estábamos en dos mundos con los cuales teníamos vínculos, y a la misma vez nos sentíamos muy débiles porque no teníamos la capacidad de presentar una tercera opción. Reconocíamos los vínculos que teníamos con el feminismo mundial expresado en algunas norteamericanas y europeas, y no nos daba vergüenza sentir coincidencia con ellas. También sufríamos el impacto de una realidad de América Latina desgarrada por unas dictaduras militares y la violencia. A la vez nos sentíamos bien solas. Como caribeñas, éramos la expresión de un pensamiento tan embrionario que no teníamos fuerza para proponerlo como una propuesta-puente o para intermediar entre lo que parecían dos mundos irreconciliables. Sí teníamos la sensación de que no lo eran, de que había una posibilidad de tener una propuesta desde las mujeres que nos permitiera vernos como un grupo de acción global, cuando todavía no se hablaba de pensar globalmente.

Por otro lado, mi relación con Puerto Rico es larga. Nací biológica y culturalmente en la República Dominicana, pero políticamente en Puerto Rico. La dictadura en la cual nací sólo me permitía tener contacto con las ideas y el pensamiento del dictador. Cuando llegué a Puerto Rico en el 1960 encontré librerías con opciones, y por primera vez oí un debate político en medio de la guerra fría. La revolución cubana y las primeras migraciones del exilio cubano produjeron un gran debate. Puerto Rico se vendía como una vitrina de América Latina, un modelo no revolucionario pero viable. La impronta que dejó en mi vida el haber nacido en la República Dominicana y haber crecido políticamente en Puerto Rico, me ha marcado para siempre. He sido dos veces exiliada. Salí de mi país, la República Dominicana, en el 1960 y salí en el 1966 exiliada de mi país político Puerto Rico por 28 años. Como consecuencia de la guerra fría, por muchos años me impidieron entrar a Puerto Rico y volver a tomar mis raíces puertorriqueñas. Sin embargo, el feminismo sirvió como un cordón umbilical para mantenerme ligada a Puerto Rico durante ese exilio político. Hacer el prólogo de este libro es colocarme en la historia de Puerto Rico.

En República Dominicana, en el año 1969 surge mi primer contacto con el trabajo de mujeres como parte del Catorce de Junio, partido en el que militaba en ese momento. Este contacto ocurrió en la organización y reactivación de la Federación de Mujeres Dominicanas, después de la Revolución de Abril. En el 1970 hago una ruptura política. Una vida entera de esa militancia se cortó con mi renuncia ese año, sin embargo, comencé a ver el trabajo con las mujeres desde otra perspectiva política.

Cuando leí el libro de Ana y de Elizabeth, el primer impacto que me produjo fue reconocer que yo no tenía una conciencia, o que tal vez se había ocultado en una parte de mi memoria, de lo avanzado que había sido el proceso de Puerto Rico con respecto a la región de América Latina y el Caribe. Muchas de las cosas que pasaron en Puerto Rico en la década del 70 realmente no fueron una realidad en el resto de nuestra región hasta fines de los ochenta. Estoy hablando de temas como el aborto y los derechos civiles. Esto pasó luego también con la ley contra la violencia doméstica que se aprobó en Puerto Rico en el 1989 y que fue una ley pionera en la región. Ver las conquistas legales en Puerto Rico en una década donde realmente no existía ni siquiera en embrión esa posibilidad en otros lugares de

América Latina, producirá mucho asombro en quienes lean este libro. A la misma vez, nos permite observar cómo un estatus socio político y una realidad económica específica impactaron la dinámica de la construcción del movimiento y la formulación de sus agendas. A las mujeres en otras partes de Latinoamérica nos servirá para repensar nuestras propias realidades.

De aquí surge mi interrogante, ¿por qué se da este proceso tan acelerado en Puerto Rico? Evidentemente hay un elemento que seguramente tiene que ver con el hecho de ser colonia que abrió una posibilidad de vínculos con los Estados Unidos que eran muy especiales, tal vez más abiertos y más tempranos que los que podían surgir en nuestra región. Estoy pensando por ejemplo en la visita de Gloria Steinem. No creo que en los setenta ella visitara a ningún país de América Latina. No recuerdo incluso que ella fuera una activista muy internacionalista. Tampoco tuvo un papel destacado en la Conferencia Internacional Sobre la Mujer del 1975 en México; sin embargo ella viajó a Puerto Rico en el 1971. Hay un elemento que surge de la relación política con los Estados Unidos, pero también un elemento que trasciende ese aspecto político, pues como se relata en el libro, su presencia causó una cierta conmoción, una mezcla de rechazo y aceptación.

¿Por qué un proceso tan rico como el puertorriqueño no pudo tener más repercusiones en el resto de América Latina? Cómo influenciaron los elementos de la situación política especial de Puerto Rico para que esa experiencia no fuera compartida, aún después del 1975, con la experiencia en la Tribuna de la Mujer durante la Primera Conferencia Mundial Sobre la Mujer en México. La delegación latinoamericana de mujeres de organizaciones no gubernamentales era pequeña, y no era totalmente una delegación que se identificara como feminista. Como señalé al comienzo, creo que las feministas latinoamericanas que fuimos estábamos bastante aisladas y nos vimos con problemas bastante serios entre nuestra simpatía y nuestra aceptación del movimiento feminista y el elemento político que hacía aparecer al feminismo como algo muy norteamericano en un momento en el que el continente acababa de sufrir el golpe militar en Chile. Este era uno de los temas muy candentes que marcaron mucho a la

América Latina. El recuerdo de este encuentro del 1975 lo menciona Ana cuando habla del artículo sobre la Tribuna de la Mujer que publicó en el Tacón de la Chancleta con el título "El feminismo se quedó en la aduana". Como ella menciona, allí estaban los famosos G77 tirando hacia su lado, no necesariamente hacia el lado de las mujeres, en una historia que se ha repetido de allá para acá todo el tiempo.

Para el 1975 ya el movimiento feminista había comenzado en Puerto Rico y para éste no había con qué o quién conectarse en el resto de América Latina, tan sólo México. Pero el proceso de México en esos primeros años era tan aislado como el de Puerto Rico. El vínculo hacia América Latina en cuanto a Puerto Rico se refiere, se abrió más en los ochenta a partir del Primer Encuentro Feminista (1981).

El movimiento de Puerto Rico permanece como un movimiento más aislado y más doméstico porque Puerto Rico entre otras cosas, no recibe los mismos financiamientos de agencias internacionales que recibe América Latina. Aunque Puerto Rico logra la aprobación de leyes antes que otros países de América Latina y el Caribe, el resto de la región tiene financiamiento para echar adelante cosas que Puerto Rico no ha tenido. Eso es una ganancia y es una pérdida. Es una ganancia porque no han sido dependientes de la financiación (cooperación), y sus agendas no han sido dependientes de esa cooperación. Ha sido una pérdida porque ha tenido como resultado un gran aislamiento. Si voy a caracterizar al movimiento feminista en Puerto Rico, tendría que volver a decir que el aislamiento lo distingue siempre. En términos políticos no son totalmente integrantes de América Latina y el Caribe y como nación siempre están buscando y exigiendo su espacio de ser reconocidas como parte de la Región. Tampoco son parte del movimiento feminista de Estados Unidos. No pertenecen en ese sentido totalmente a ninguno de los dos lados y están en todas partes.

Muchas de las mujeres de otros países de América Latina pueden circular en la Región porque reciben apoyos para viajar y realizar actividades de intercambio, pero Puerto Rico muchas veces se queda fuera de ese circuito. No es fácil participar en las redes y asistir a los eventos si no se tiene un apoyo económico. Aunque hay todo un debate sobre ello, en el resto de América Latina, el financiamiento para las organizaciones no gubernamentales (ONGs) indudablemente han sido columna vertebral de la construcción del movimiento. Digo esto en términos concretos, pues ha posibilitado tener un local, una casa, un centro, y dinero para la divulgación. Ha sido la base muchas veces para mantener todo el trabajo organizativo voluntario, que en nuestros países se hace difícil porque para sobrevivir, un(a) profesional muchas veces tiene que tener más de un trabajo. Cuando no puedes vivir de un solo trabajo, de un solo salario, no puedes tener el tiempo para dedicar algunas horas a hacer acciones desde la militancia que no son pagadas. Esa es una gran diferencia con Puerto Rico porque aquí la base del movimiento feminista ha sido el voluntariado, aún con todos los problemas económicos. Ha sido un trabajo de militancia.

Indudablemente, con un aporte económico externo el movimiento de mujeres puertorriqueñas podría haber tenido en los setenta publicaciones más permanentes, de mayor cobertura y difusión, conocidas hacia afuera. El Tacón de la Chancleta, que fue una publicación tan buena, se quedó principalmente en Puerto Rico, aunque yo llegué a tener algunos números. Su divulgación fuera de Puerto Rico, requería tener dinero para sellos y para sacar una tirada más grande. La posibilidad de conexión y de retroalimentación que eso da es inmensa. Si bien por un lado las feministas puertorriqueñas no tenían acceso al financiamiento de las agencias internacionales para impulsar sus agendas, por otro lado, ningún movimiento como el movimiento puertorriqueño tuvo tan pronto una posibilidad de diálogo con el Estado, con el Gobierno.

El movimiento no sólo tuvo una capacidad de alianza y concertación con el poder político, sino que logró cambios institucionales mucho más tempranamente que el resto de América Latina. Es posible que la estructura política puertorriqueña permitió esos cambios más rápidamente mientras que las instituciones en otras partes de América Latina eran mucho más pesadas o lentas. Aunque el movimiento feminista puertorriqueño amenazaba a las ideas patriarcales y fue percibido como una amenaza al sistema de gobierno, en la Legislatura, por más machistas que fueran, no podían dejar de aprobar la reforma de familia, porque además era la promesa de campaña del partido que estaba en el poder. No podían decir tampoco que era una agenda de la izquierda . En el resto de América Latina el diálogo y la posibilidad de hacer una interlocución con el poder político se da en los noventa, porque venimos de unas sociedades donde el conflicto ha sido la marca principal de las relaciones entre la sociedad civil y el Estado.

La mayoría de nosotras en otros países de América Latina y el Caribe venimos de la izquierda, por ello, heredamos el conflicto de la izquierda que se manifiesta en una negación de la posibilidad del diálogo con ciertos sectores de clase o con el Estado. También eso marca el movimiento puertorriqueño, porque en el resto de América Latina, creo que no se dio ese surgimiento de dos feminismos en términos ideológicos. El feminismo en muchos lugares de América Latina me parece se planteó inicialmente como un feminismo de mujeres de la izquierda y no en otros sectores. Eso no sólo dificultó las posibilidades de concertación y diálogo sino también de accesar a ciertos sectores de mujeres profesionales que sólo vieron en el feminismo su lado radical y por lo tanto lo rechazaron. En Puerto Rico se pudo permear más sectores en un primer momento sin mezclar la ideología feminista con la ideología de izquierda. Me parece también que era un feminismo de clase media en términos de su composición. En los otros países de la Región también fue un movimiento de clase media, pero se circunscribió a la clase media radicalizada. En Puerto Rico pudo abarcar a muchos otros sectores porque aquí había una clase media mucho más grande que en nuestros países en ese momento y una clase obrera con un componente femenino significativo.

Tal vez el hecho de venir de la izquierda hizo que muchas integrantes del movimiento de mujeres en otros países de América Latina tuviéramos un sentido de culpabilidad con respecto al feminismo que aquí no se dio tanto. Algunas veían el feminismo solamente como una ideología de clase media y creían que tenían que buscarle una vuelta popular. Recuerdo la propuesta que escribí en el 1977 de un feminismo de base popular que fue también un intento de buscar un feminismo latinoamericano. Partí de la consideración de que la mujer de clase media dominicana no estaba en condiciones de hacerse feminista radical y que por eso había que ir a las mujeres de sectores populares para construir el movimiento de mujeres.

Mi reflexión partía de dos elementos. Primero del hecho de que era una clase media muy reciente y muy pequeña, que estaba disfrutando de las ventajas de ser de clase media, de acceder a la educación y al mercado de trabajo y que por lo tanto estábamos muy contentas con ambas ganancias y en cierta medida acomodadas. Segundo, la clase media tenía un elemento que servía como un colchón, como un amortiguador de los conflictos de la doble jornada, que es la existencia de una base de mujeres pobres no educadas que trabajaban en el servicio doméstico. Las mujeres de clase media dominicanas, las mujeres profesionales dominicanas que salían de las universidades y entraban al mundo del trabajo, tenían la posibilidad de compaginar perfectamente su rol de esposa o madre y su nuevo rol de trabajadora sin las tensiones de la doble jornada. La doble jornada no existe cuando, sin ser una mujer adinerada, tienes la posibilidad de pagarle a dos y tres mujeres, una para que te cuide los hijos y otra para que te cocine.

Esa es una gran diferencia con el caso de Puerto Rico. Aquí las mujeres de clase media tienen problemas de doble jornada. Cuando en los setenta las organizaciones puertorriqueñas hacían los llamados a crear centros de cuido y se discutían los diferentes problemas que confrontaban y aun confrontan las mujeres que trabajan fuera de la casa, se ve que el problema de la doble jornada es uno bien grande en Puerto Rico. No hay la posibilidad del servicio doméstico, salvo para las personas que tengan mucho más dinero; las mujeres de clase media por norma no tienen empleadas domésticas. Eso también podría explicar un crecimiento de las mujeres de clase media dentro del movimiento de mujeres en Puerto Rico.

En la década del 1970, Puerto Rico también tenía una clase obrera con una composición femenina importante, que no existía en países como la República Dominicana donde todavía el sector terciario, principalmente el trabajo doméstico era la fuente principal de trabajo de las mujeres, no el trabajado industrial De modo que la doble jornada y la inserción temprana de las mujeres en la industria manufacturera en Puerto Rico fueron elementos económicos fundamentales para que el feminismo en Puerto Rico pudiera abarcar a muchos otros sectores sociales y no solamente a las mujeres de clase media radicalizadas.

En Puerto Rico estuvo más claro que los cambios tenían que darse también en el marco legal institucional. Eso también podría explicar por qué se dieron cambios a nivel de los marcos legales más rápidamente. Estos cambios no eran parte de nuestra agenda en los otros países latinoamericanos en la década del 1970. De hecho, pienso que cuando luchábamos contra la violencia, durante mucho tiempo la Ley no aparecía como una demanda natural en esa lucha. Era como si nuestro marco de izquierda nos alejara un poco de toda esta visión de legalidad, y nuestro deseo de cambiar las cosas de raíz hacía aparecer como reformista cualquier medida de cambio jurídico.

En los ensayos de este libro vemos unos intentos de asomo feminista de izquierda en Puerto Rico, pero el embrión feminista no tenía una marca partidaria o una marca ideológica tan clara como la que tuvo el movimiento feminista en otras partes de América Latina. Eso me parece es lo que ha hecho que la agenda feminista en Puerto Rico progrese. Tiene que ver con la situación colonial y con la búsqueda de los consensos en los temas de las mujeres, que tienen que ser consensos más allá de la ideología política de izquierda o de derecha. Los puntos de concierto en Puerto Rico primero fueron los legales, los del marco jurídico.

A pesar de lo dicho, al leer el libro queda claro que el asunto de mezclar la independencia con el feminismo también fue motivo de debate y lucha. El sector del feminismo independentista más visible, el que tenía más proyección desde la izquierda era la Federación de Mujeres Puertorriqueñas (FMP). Esto se ve al analizar la bibliografía y el listado de artículos de prensa en el libro. La Alianza Feminista por la Liberación Humana, que al parecer era independentista y de izquierda, no me parece que tuvo esa proyección, o la tuvo en otro sector de la izquierda distinto al de la FMP. Imagino, por otro lado, que la gente que no era de la izquierda sabía más de Mujer Intégrate Ahora (MIA), pero no sabía tanto de la Federación. MIA, por lo que vi en el libro, estaba en la prensa "mainstream" y la Federación estaba en Claridad. Eso es una cosa que me llamó mucho la atención y es un aporte interesante de este libro.

Uno de los debates que se discute en el libro es la contraposición entre la reforma y la revolución. Es decir, se discutía si en Puerto Rico los cambios tenían que ser de raíz o si podían ser dentro de la estructura social establecida. Este debate se dio polarizado entre dos sectores. En mi país se dio dentro de nosotras mismas y resultó ser paralizante de las acciones de reforma. En Puerto Rico, en cambio, existían perspectivas distintas, pero la reforma se empujó. Como decía , en otras partes de la región no es hasta los ochenta o los noventa cuando este movimiento mucho más maduro, tal vez mucho mas realista, se da cuenta de que es ésta la sociedad que tiene que empezar a hacer reformas si quiere avanzar porque el cambio revolucionario no está en la perspectiva cercana.

Otro debate que parece más moderno, pero que ya era una realidad en Puerto Rico en la década del 1970, es el debate de la autonomía del movimiento de mujeres. Por ejemplo, en la Región como un todo no se dio hasta el 1981 en el Primer Encuentro Feminista. En el Encuentro Feminista el debate estaba en ser o no del partido, eso definía tu autonomía. En Puerto Rico, iba mucho más allá, y hablaban de si se reconoce al feminismo como un movimiento político en sí mismo. Creo que realmente esa fue una postura de vanguardia, en este caso de MIA. Muchas feministas, y tal vez yo misma, no la hubiéramos visto como una postura de vanguardia en los setenta. Tal vez la hubiéramos visto como despolitizada, apolítica, burguesa, o incluso "pitiyanki", desde la perspectiva que impedía pensarse sin ubicarse en la necesidad de un cambio radical del sistema político y económico o pensar desde las mujeres esos cambios.

También es interesante ver en el libro por qué tan tempranamente se comienza a discutir el aborto en Puerto Rico. Ese sigue siendo un tema que no logra ser un punto central en las agendas del movimiento de mujeres en América Latina. En Puerto Rico, sin embargo, muy tempranamente surgió una situación legal poco restrictiva. En la discusión de este tema se ve claramente cuán complicado es entender que en Puerto Rico las cosas no son necesariamente un reflejo de lo que ocurre en los Estados Unidos. La discusión del tema del aborto en el libro nos ayuda a acercarnos más a las tensiones entre el estatus y los derechos de las mujeres en la Isla. También nos vuelve a poner la mirada en una sociedad donde han pasado 27 años en que hay claramente un aborto sin restricciones, desde 1973 por el caso de

Roe v. Wade, y sin embargo para la mayoría de la población femenina puertorriqueña no hay un derecho verdadero a elegir. Para mí tener esa información es impresionante.

Otro elemento que debo retomar aquí es la relación que existe entre los avances de las mujeres y la institucionalidad democrática. Por ejemplo, los medios de comunicación tienen historias distintas en Puerto Rico y en la República Dominicana. En la República Dominicana los medios nacen con la democracia. Es decir, durante los treinta y un años de la dictadura de Trujillo, había un control absoluto sobre los medios. El único canal de televisión era del Estado, el único periódico era del Estado, las emisoras eran estatales, y las que eran de propiedad privada solamente podían manejar música. Cuando se dió la apertura democrática en el 1961, surgió una necesidad de canalizar la expresión de la gente. El acceso a los medios de comunicación para cualquier movimiento social no se veía como una alternativa viable hasta muy recientemente.

En Puerto Rico, las feministas se dieron cuenta rápidamente de que los medios de comunicación son todo. Multiplican una imagen y multiplican un poder. Esto también tiene que ver con ser un país pequeño. Ser un país pequeño generalmente implica que hay una sola lengua, que no hay grandes diversidades culturales o étnicas, y esto hace posible que un discurso pueda impactar más rápidamente en una comunidad. Esto fue uno de los grandes aciertos de los setenta en Puerto Rico según se ve en el libro. Los medios de comunicación en Puerto Rico han convertido desde entonces al movimiento feminista, no importa cuántas mujeres integren los grupos, en un sector de poder. La cantidad de artículos que se detallan en la bibliografía del libro es impresionante e ilustra cómo la prensa cubrió las agendas de las feministas, sin que contemos lamentablemente con el recuento de las intervenciones en la radio, ni en la televisión.

En el libro se ve la importancia de la Sociedad de Mujeres Periodistas, se ven también mujeres periodistas como integrantes de organizaciones feministas, simpatizantes o colaboradoras. Lo cierto es que el uso de los medios masivos para multiplicar los mensajes de las feministas fue un fenómeno muy interesante en los setenta. Entiendo que aunque no era una estrategia claramente diferenciada, salió natural, como parte del hecho de que había tanta mujer comunicadora en los grupos.

El libro es una historia contada a dos voces a las cuales se le añaden las entrevistas a Flavia Rivera Montero, a Norma Valle Ferrer, a Carmen Torres y a Madeline Román López, todas protagonistas de las luchas feministas de la década del 1970. La voz de Elizabeth es una analítica, pero no es un ejercicio académico frío sino que tiene una perspectiva comprometida. La lectura es interesante pues las preguntas que levanta Elizabeth son contestadas por Ana Irma, y al leer lo que dice Ana Irma consideré que tenía que mirar lo que dijo Elizabeth sobre el mismo elemento.

Un elemento muy importante es el sentido de cuidar y preservar la historia que distingue a este libro. En el ensayo de Ana, me impresionó la posibilidad de narrar la historia a base de documentos. Ana fue casi como el archivo histórico feminista. El ensayo de Ana Irma tiene pasión, es decir, que contada treinta años después, su historia todavía conserva la pasión de la que está comprometida con lo que hizo. La pasión conlleva riesgos, pero más importante aun, motiva a otra gente a decir su visión de la historia que es una de las cosas que las autoras proponen en la introducción al libro. Eso inicia un proceso muy rico. Ojalá que otras se atrevan no solamente a hacer reacciones pasionales sino que se propongan sustentarlas con documentación como lo han hecho las autoras. Tener muchas miradas a una misma historia, enriquece las lecturas y las lecciones para otras generaciones a quienes les toca dar continuidad a este movimiento.

Una de las riquezas de este trabajo está en lo minuciosa de su documentación, y en la posibilidad que tiene de revelar un proceso y poner a las(os) lectoras(es) a ser parte de él muy rápidamente. Al leer la obra, sentía que iba descubriendo los procesos políticos en Puerto Rico, pero a la vez podía saltarme las consideraciones de las autoras y hacer mis propios análisis con las referencias bibliográficas y los documentos originales que se incluyen en el libro. Sigo pensando que hay que poner un aviso de que lo que se narra ocurrió en la década del setenta. La circulación del libro en toda América Latina es muy importante para salir del aislamiento y del anonimato y para recibir el goce de oír, ¡bueno, pero que adelantadas son estas puertorriqueñas! También puede estimularnos a que tengamos más sentido de la historia, y que en cada país nos pongamos a guardar y a juntar los documentos dispersos para poder pensar en la reconstrucción de nuestras historias e impedir que nos vuelvan a ocultar y a borrar de la historia de nuestras sociedades. Así escrita, divulgada y puesta en las bibliotecas nunca más el olvido podrá tapar nuestros sueños.

Una de las cosas que es importante discutir luego de leer este libro es ¿cuál es la lección aprendida? Es decir, ¿qué ha significado el hecho de los avances en el marco de las reformas legales que ocurren tan temprano y fueron de tanto impacto en Puerto Rico? ¿Cuáles son las ventajas de haber tenido tan adelantadamente ese marco jurídico? ¿Ha fortalecido o no al movimiento? ¿Cuáles son los impactos sobre las vidas de las mujeres en general? ¿Lo entienden las mujeres como una conquista, lo han incorporado a su vida cotidiana, ha empoderado ese marco legal a las mujeres? ¿Cuáles son las cosas que el marco legal no ha cambiado? ¿Dónde está el techo de cristal de un marco legal? En la lucha por esas transformaciones, ¿se comió la reforma a la revolución? o ¿es el cambio radical de las ideas patriarcales ahora la agenda del movimiento para este nuevo milenio? El libro es una historia de un siglo para darse una mirada y plantear cómo construir nuevas estrategias y nuevos paradigmas. Es un libro de historia para pensar el futuro. Producirá reflexiones sobre lo ganado y también sobre las nuevas agendas del milenio.

año 2000
República Dominicana y Puerto Rico

INTRODUCCIÓN

Uno de los acontecimientos más importantes durante la década de 1970 en Puerto Rico fue la formación de organizaciones feministas autónomas, creadas fuera de partidos políticos, o instituciones gubernamentales. En este primer volumen de *Documentos del Feminismo* escribimos sobre estas organizaciones y recopilamos documentos originales de las mismas, o sobre éstas.

Las organizaciones feministas autónomas se plantearon la necesidad de intervenir en la política del país de manera independiente a los partidos, el Gobierno, y las organizaciones gremiales, con el fin de desarrollar y promover sus propias agendas. Es por ello que se denominaron organizaciones feministas autónomas. Estas organizaciones trajeron al debate público problemas que afectaban a las mujeres como grupo social y denuciaron las prácticas de discrimen en contra de las mujeres, asuntos que los partidos políticos, los sindicatos y los gobiernos no contemplaban. Fueron organizaciones cuya membresía estaba compuesta sólamente por mujeres. Desempeñaron un rol importante al abrir un espacio político desde el cual se han logrado importantes cambios en la situación socioeconómica, política y jurídica de las mujeres en Puerto Rico. Aunque las organizaciones de los años setenta dejaron de existir, muchas de sus integrantes han continuado como activistas feministas, se han unido nuevas caras, voces y generaciones, y se han formado muchas organizaciones en las décadas subsiguientes.

Los logros obtenidos sobre todo en materia de legislación, y más recientemente en torno al tema de la violencia doméstica, han creado una imagen de las feministas como una fuerza política importante en el país. Para entender el desarrollo de este espacio político es necesario trazar históricamente las organizaciones, los debates, las controversias y las actividades que fueron abriendo el mismo. Las mujeres de los setenta no sólo reclamaron participación política sino que comenzaron a cuestionar qué es lo político. También cuestionaron la manera misma en que se hacía y se hace la política. Este libro es una ventana a ese tiempo.

Las organizaciones feministas autónomas formadas en esta década fueron: Mujer Intégrate Ahora (MIA), fundada en enero de 1972; un capítulo de la organización feminista estadounidense National Organization for Women (NOW), formada en 1973; Federación de Mujeres Puertorriqueñas (FMP), fundada en febrero de 1975 y Alianza Feminista por la Liberación Humana (AFLH), fundada en abril de 1978. Para fines de este trabajo no se presentará Taller Salud, organizada en diciembre 1979, ya que esta organización tuvo propiamente su desarrollo a partir de la década de los ochenta. Aunque no fue una organización autónoma, incluimos información y documentación de la Alianza de Mujeres de la Comunidad de Orgullo Gay (AMCOG), fundada en agosto de 1974. La Alianza tuvo gran relevancia en la discusión del tema del lesbianismo.

Hay otras organizaciones feministas y de mujeres que han desempeñado un papel importante, como lo son: los grupos feministas y de mujeres creados dentro de las organizaciones o partidos políticos, los organismos gubernamentales formados para dar servicios y velar por la política pública en torno a las mujeres, las agrupaciones cívicas-sociales, las organizaciones de mujeres en las comunidades, en los sindicatos y en las asociaciones profesionales. Nuestro libro no trata sobre estos grupos. Esto es tema de otra investigación.

¿Cómo surgió la idea de escribir este libro? Ana Irma Rivera Lassén ha sido militante feminista por varias décadas. Hace unos años se dio cuenta que los documentos y la información de las organizaciones feministas a las que había pertenecido, o de las que guardaba algún documento, se acumulaban por los rincones de su casa. Cada vez que algún(a) estudiante le pedía información de esos tiempos en que se fundaron las primeras organizaciones feministas de la segunda época en Puerto Rico, se percataba más de la necesidad de que los documentos que buscaban estuvieran al alcance de la gente interesada. Comenzó con un escrito que aún sin haberlo publicado, ha circulado y ha sido citado en las investigaciones de otras compañeras. La idea de escribir un libro que además contuviera documentos de organizaciones, y poner así las fuentes primarias más accesibles, la había conversado con otras personas. De hecho, trataron ella y otras compañeras de hacerlo, pero la idea se quedó sin desarrollar.

Elizabeth Crespo Kebler había recogido información de archivos históricos, de bibliotecas, en los locales de las organizaciones feministas, en las casas de militantes feministas, y había entrevistado a mujeres de las diversas organizaciones por varios años. En sus clases en la universidad, trataba el tema de los movimientos feministas y de mujeres en Puerto Rico y en América Latina, estimulando las investigaciones entre sus estudiantes.

Cuando nos conocimos y comenzamos a hablar sobre los feminismos y sus historias, pareció natural compartir el trabajo de hacer este libro juntas. Entre las dos teníamos bastante documentación para un libro, mejor era entonces seguir juntas en el esfuerzo de sacar la misma para que más personas tuvieran acceso al material. Así surgió la idea de escribir el libro.

El nombre "Facsímiles de la historia" explica lo que es el libro: contiene dos ensayos analíticos, entrevistas a militantes feministas de la época, copias de materiales originales, de las fuentes mismas, de los documentos donde se establecieron posiciones, se discutieron temas o se lanzaron retos.

El ensayo de Elizabeth Crespo Kebler, recoge muchos de los debates más significativos de la época. Los parámetros analíticos de su investigación la han llevado a explorar la década partiendo de la diversidad de los feminismos. Como se deja ver en el ensayo, esta diversidad era muchas veces difícil de aceptar o incluso de identificar. El garantizar la autonomía de las organizaciones feministas fue elemento crítico en los debates dentro de las organizaciones. ¿Cuál era la relación entre el feminismo, el socialismo y los movimientos anti-coloniales? Todas estas ideologías y movimientos luchaban por la justicia social. ¿Podía concebirse la lucha feminista sin ligarla de forma necesaria e inmediata con proyectos políticos como la independencia o el socialismo? ¿Cómo enfrentaron los feminismos los supuestos valores nacionales ligados a concepciones tradicionales de las mujeres en el ámbito doméstico? Estas y otras preguntas se discuten en su ensayo.

La perspectiva teórica del ensayo de Elizabeth Crespo Kebler le permite elaborar una crítica de los paradigmas binarios y sus supuestos esencialistas. Contrario a los esquemas dualistas que permearon los debates, en el análisis de las posturas de las organizaciones la autora observa una fluidez de posicionamientos teóricos en torno al género, la nación y la clase social en las organizaciones y entre sus integrantes en momentos específicos y a través del tiempo. De igual forma, sus posicionamientos cómo sujetas dentro de la estructura social eran mucho más fluidos de lo que quizás parecían. Las perspectivas surgían desde múltiples y fluctuantes posiciones en la estructura social como profesionales, estudiantes, obreras, amas de casa, casadas, solteras, lesbianas, heterosexuales, militantes de partidos políticos o personas desafiliadas.

En su ensayo, Ana Irma Rivera Lassén quiere contar su versión de la historia, de la experiencia de la formación y el desarrollo de organizaciones feministas desde el punto de vista de una militante. Contará esta historia de una manera personal y a través de ella llevará a las(os) lectoras(es) en un recuento histórico de cómo fueron surgiendo las diferentes organizaciones feministas de los setenta. Además de su recuerdo, apoyará sus comentarios en los documentos que forman parte de la publicación. Este ensayo tiene el propósito de hilvanar esos documentos para explicar por qué se escogieron unos y otros, cuál fue el propósito de incluirlos y qué importancia tienen en el desarollo de los trabajos de las organizaciones.

La información y relatos de este ensayo prometen darle a este libro la dimensión testimonial que el análisis "objetivo" y distante de las(os) estudiosas(os) no puede incluir. ¿Qué pasó?, ¿cómo fue? y a veces, qué dijo cada quién, resulta además de interesante, muy revelador para entender mejor lo que pasaba al interior de las organizaciones en esos años de los setenta. Las posiciones sobre diversos temas, las visiones de tipos de organización y feminismos, las luchas de poder al interior de las organizaciones y entre éstas, quiénes pertenecían a estos grupos, quiénes no querían pertenecer a ellos, de qué hablaban y de qué no hablaban, será parte de lo que recordará Ana Irma Rivera Lassén en su ensayo. Este ensayo abre sus archivos personales y los pone a la disposición de las(os) lectoras, al ir explicando lo que fueron las posiciones y publicaciones de las organizaciones. Es un ejercicio de mirar al pasado desde el pasado y desde el presente. Más allá de ser solamente una cronología, este ensayo es una memoria viva contada por una participante de los sucesos que algún día esperamos, estarán en algún libro de historia de nuestras escuelas.

Al ensayo de Ana Irma Rivera Lassén, le siguen cuatro entrevistas a líderes de las organizaciones de la década. Las entrevistas complementan y ayudan a interpretar la información contenida en los documentos que presentamos. Estas entrevistas, son además, una reflexión crítica sobre las organizaciónes a partir de las experiencias y perspectivas que han adquirido estas dirigentes durante las dos décadas subsiguientes a su militancia en las organizaciones de los setenta.

Además de los ensayos y las entrevistas, este volumen recoge documentos producidos por las organizaciones feministas autónomas o sobre ellas. Se incluyen boletines, periódicos feministas, hojas sueltas, notas, artículos nunca publicados, planes de trabajo, informes, ponencias, cartas, comunicados de prensa, consignas usadas en piquetes, y fotografías.

Las historias siempre están ahí, en la interpretación que cada quien le dé al leer los documentos; para otras(os) las historias están en la búsqueda de explicaciones desde el hoy de las decisiones tomadas ayer, en la reflexión de ahora de lo que no pensamos antes, de lo que quisimos decir, o lo que no dijimos. Están en la contestación imposible a la pregunta de, ¿cómo es posible que alguna vez dije o hice eso? En estas interpretaciones de los documentos también se reflejan los proyectos y perspectivas políticas que quisimos adelantar. Para este volumen escogimos materiales lo más diversos posible, incluyendo los que reflejan posiciones distintas unas de otras, cambios de posiciones, rupturas, y nacimientos de nuevas organizaciones.

Los documentos hablan en ocasiones mejor que la memoria, sobre todo cuando ésta se entrelaza con lo que pensamos ahora. En otras ocasiones, la memoria de las protagonistas de estas luchas es importante para interpretar y entrelazar eventos. El poner los documentos accesibles permite que cada lectora(or) pueda hacer su interpretación y remitirse a los escritos originales. También creemos que resultará una lectura llena de gratas sorpresas y de historias que muchas(os) desconocían. Los documentos y la investigación que se presenta en este volumen amplían las fuentes que se tienen disponibles para el estudio de los movimientos feministas. Seguramente contribuyan a romper con algunos mitos y abran capítulos de investigación que no hayan sido posibles sin esta información.

La investigación hecha para escribir los ensayos analíticos de nuestro libro se ha nutrido además de otros materiales y entrevistas que no hemos reproducido aquí. Entre éstos, los documentos de mayor importancia son las dos revistas feministas de la época: seis números de *El Tacón de la Chancleta*[1] y un número de *Palabra de Mujer*[2]. Hemos donado copias de estas revistas a la biblioteca José M. Lázaro de la Universidad de Puerto Rico.

Los periódicos comerciales también contienen material importante para la investigación sobre el activismo feminista de la época. Hemos hecho uso de esta información e incluimos referencias bibliográficas de ella. Este material y los artículos de las publicaciones feministas están organizados por temas y en orden cronológico en la bibliografía. Una ojeada a los títulos permite una visión a grandes rasgos de la cobertura que hicieron los medios noticiosos de los temas que trajeron las feministas a la palestra pública. Este material además será de utilidad para aquellas(os) que deseen investigar temas específicos con mayor profundidad.

Agradecemos el acceso que varias activistas nos han dado a las actas de organizaciones y a notas personales de algunas de sus integrantes. Este material es muy voluminoso para incluirse en este volumen y muchas veces está escrito a mano y a lápiz. Además, con frecuencia tiene información personal y por lo tanto, son documentos potencialmente sensitivos. En muchas ocasiones, las actas no están

---

[1] *El Tacón de la Chancleta, Número Preliminar*, publicado en la revista *Avance*. (30 de septiembre de 1974): 28-40. *El Tacón de la Chancleta*, Números 1, 2, 3, 4 y 5, 1975.
[2] FMP, *Palabra de Mujer*, 1977.

editadas y no hay evidencia de que fueran formalmente aprobadas por la organización. Por estas razones no las hemos incluido entre los documentos.

Las carpetas levantadas por el Gobierno de Puerto Rico a algunas organizaciones feministas y a algunas de sus militantes también nos han servido para recoger información. La mayor parte de los documentos y la propaganda de las organizaciones que la Policía incluyó en sus informes ya la habíamos obtenido de otras fuentes. Con una sola excepción, no hemos incluido los informes de los agentes en este volumen por razones de confidencialidad.

La información contenida en las carpetas es interesantísima y a la vez presenta retos para las y los investigadores. En el caso de una de las organizaciones feministas, por ejemplo, los documentos recogidos por la informante de la Policía contienen las minutas más detalladas y completas de la organización. Sin embargo, surge la pregunta de si la perspectiva de estos documentos es la de la organización, o si el lenguaje y el punto de vista son de la Policía. Hemos usado las entrevistas y las notas personales de otras miembras de la organización con el propósito de comparar y verificar esta información.

Esta publicación es sobre organizaciones feministas, sobre las luchas de éstas en la construcción de sus espacios como entidades políticas autónomas. El primer tomo cubrirá desde comienzos de los setenta hasta el final de esa década. Los próximos números cubrirán la década de los ochenta y los noventa.

Este trabajo contó con el apoyo económico de City University of New York Research Foundation y el Summer Research Grant Program de Bucknell University. Agradecemos a María Soledad Rodríguez por su apoyo a este proyecto desde sus inicios; a Alina Luciano por su valiosa colaboración en la reproducción y preservación de los documentos; a María Isabel Báez Arroyo, Marithelma Costa y Ariel Ruiz por revisar distintas versiones de los manuscritos; a Elsie de Jesús, Carmen Torres, Margarita Mergal, Flavia Rivera Montero, Madeline Román López, Aida Santiago (q.e.p.d.), y Norma Valle Ferrer por darnos acceso a materiales de las organizaciones y compartir con nosotras sus recuerdos; a Sara Benítez Delgado, Nydza Correa de Jesús, Aida

Iris Cruz Alicea, Olga López Báez, Loida Martínez Ramos, Marta Orona Marrero, María A. Ortíz Rivera, Josefina Pantoja Oquendo, Olga Sánchez Sánchez, y Lizandra Torres Martínez por haber contribuido en diversas maneras a esta investigación. Y por último, un agradecimiento especial a doña Ana Irma Lassén Figueroa y a don Eladio Rivera Quiñones, madre y padre de Ana, por haber apoyado siempre a su hija en su búsqueda de respuestas feministas; a doña Eunice Kebler (q.e.p.d) y a don Dionisio Crespo Vélez por haberle brindado a su hija Elizabeth lo mejor de sí.

PARTE I
ENSAYOS

Liberación de la mujer: los feminismos, la justicia social, la nación y la autonomía en las organizaciones feministas de la década de 1970 en Puerto Rico

Elizabeth Crespo Kebler

Las reflexiones aquí contenidas tienen como propósito presentar los elementos más significativos del debate feminista de los años setenta en Puerto Rico. En este ensayo se narran algunos de los acontecimientos más relevantes de la década y se analizan los conceptos que encauzaron el activismo feminista de la época. Uno de los sucesos más sobresalientes fue la creación de organizaciones feministas autónomas, es decir, grupos de mujeres que se definían como feministas y que se formaron fuera de las estructuras de los partidos políticos. Estas organizaciones jugaron un papel decisivo en la creación de un espacio político desde el cual incidir sobre la problemática de la subordinación de las mujeres. Les permitió poner sobre la palestra pública muchos temas vitales para las mujeres y crear estructuras políticas que no estaban dominadas por los hombres.

Este es un estudio de los conceptos, los debates y las estrategias formuladas por estas organizaciones con el fin de llevar a cabo sus propuestas feministas para promover el cambio social. Es importante advertir que este ensayo no pretende ser un recuento cronológico de la trayectoria de estas organizaciones ni una historia de cada una de ellas. Es una reflexión crítica de los feminismos de la década. Como tal, los eventos y las controversias que destaco son tanto un reflejo de la época como de las perspectivas teóricas que adopto y desde las cuales miro este periodo. Unas organizaciones tuvieron una vida más larga que otras. Mujer Intégrate Ahora, se mantiene activa a través de casi toda la década. La Federación de Mujeres

Puertorriqueñas tuvo una vida de aproximadamente tres años y la Alianza Feminista por la Liberación Humana, de dos años[1].

¡LIBERACIÓN DE LA MUJER!

Al inicio de la década de los setenta muchas feministas acuñaron la consigna "liberación de la mujer" para articular sus demandas formuladas a partir del concepto de la igualdad. Deseaban liberar a la mujer de las trabas sociales que les impedían desempeñarse como ciudadanas con igualdad de derechos y oportunidades en todos los ámbitos de la sociedad. La igualdad se proponía como un remedio o solución a corto plazo que contribuiría a modificar el sistema social que discriminaba en contra de las mujeres.

Una de las tareas que emprendieron con el fin de lograr mayor igualdad para las mujeres fue una reforma legal. A pesar de que la constitución de Puerto Rico prohibe la discriminación por sexo, muchas de las leyes vigentes en Puerto Rico consideraban a las mujeres como ciudadanas de segunda categoría, en algunas ocasiones poniéndolas a la par con los niños y los incapacitados mentales. Las feministas de la época lograron reformas legales en varias áreas. Por ejemplo, consiguieron transformar las leyes del Código Civil referentes a la familia, lograron cambiar algunas leyes laborales que discriminaban contra la mujer al excluirlas de ciertos empleos y alcanzaron la aprobación de otras en el ámbito de la violación sexual[2].

---

[1] En el 1976 se formó una organización, el Centro Feminista de Bayamón que no fue una organización feminista autónoma sino un grupo de empoderamiento comunitario. El Centro se proponía ayudar a las familias y particularmente a las mujeres pobres a resolver sus problemas económicos a través de la formación de cooperativas de macramé, costura, cerámica, artesanía, floristería, agricultura y apicultura. Véase "Grupo mujeres abre en Bayamón Primer Centro Feminista de PR," *El Mundo*, 30 agosto 1978; Sonia L. Cordero, "Interesante labor de Centro Feminista," *El Mundo*, 19 octubre 1978, 1B-2B; Karen Lowe, "Feminist Center Keys on Battle Against Crime," *The San Juan Star*, 12 August 1980, 6; Ellen Sweet, "Keeping 'Down' with the Joneses - What your neighbors are doing about inflation - New uses for old crafts," *Ms.*, December 1980, 83.
[2] Véase Ana Irma Rivera Lassén, "La ley no cambia a la mujer pero la mujer sí cambia la ley," *Mujer/fempress - Especial - Igualdad y derecho*, 1992; E. Vicente, "Las mujeres y el cambio en la norma jurídica," en *La mujer en Puerto Rico: Ensayos de investigación*, ed. Y. Azize (San Juan: Ediciones Huracán, 1987), 172-191.

El Gobernador Rafael Hernández Colón firma legislación conocida como la Reforma de Familia impulsada por las feministas de la época, en junio de 1976. Sentados(as) desde la izquierda, Juan Cancel Ríos, presidente del Senado, el Gobernador y la Representante Olga Cruz Jiménez quien redactó y presentó varios de los 16 proyectos que se convirtieron en ley. De pie, desde la izquierda se encuentran Angelita Riekehoff, miembra de la Comisión para el Mejoramiento de los Derechos de la Mujer, Lila Mayoral, esposa del Gobernador, María Luisa Serrano, Comisionada, Isabel Picó Vidal, presidenta de la Comisión y la Dra. María Teresa Berio, anterior presidenta de la Comisión. Foto por Elizabeth Viverito, cortesía del San Juan Star.

A comienzos de los años setenta, los espacios para las mujeres en el ámbito tradicionalmente definido como político eran muy limitados. El número de mujeres elegidas para puestos públicos era mínimo y la jerarquía de los partidos y organizaciones políticas estaba dominada por los hombres. La marginación de las mujeres en este ámbito se reflejó en la conclusión a la que llegó la Comisión del Gobernador sobre el Estatus de la Mujer (1968 -1970). Según esta comisión, no existía discrimen contra la mujer. En el 1971, la Asamblea Legislativa se vio obligada a cuestionar ese dictamen y ordenó que la Comisión de Derechos Civiles llevara a cabo una investigación sobre el "alegado discrimen contra la mujer puertorriqueña en las distintas actividades a que se dedica"[3]. La Licenciada Genoveva Rodríguez de Carreras y la Dra. Belén Serra fueron nombradas asesoras a esta comisión, compuesta totalmente por hombres[4].

---

[3] Estado Libre Asociado de Puerto Rico, 6ta Asamblea Legislativa, 3ra. Sesión Ordinaria. *Informe de la Comisión Especial de la Cámara de Representantes y el Senado*, (San Juan, P.R., 10 de mayo de 1971).

[4] Estado Libre Asociado de Puerto Rico, Comisión de Derechos Civiles, *Informes de la Comisión de Derechos Civiles del Estado Libre Asociado de Puerto Rico, Años 1968 - 1972*. (New Hampshire: Equity Publishing Corporation, 1973) xxi; I. Picó. "Una década de triunfos, con algunos reveses, para cruzada feminista," *El Mundo*, 6 enero 1970, 5A y 6A.

Portada del programa de un foro auspiciado por el Instituto del Hogar, en el que participó la presidenta de la Sociedad de Mujeres Periodistas.

La Sociedad de Mujeres Periodistas, reactivada en el 1970 con una nueva directiva cuyas integrantes estaban interesadas en los temas feministas, asume un papel muy importante al traer a la atención pública la discriminación en contra de las mujeres[5]. Con este fin, desde su posición como organización profesional con acceso a los medios de comunicación masivos, desarrolla una serie de charlas mensuales y además se le invita a diversos foros. Una de las actividades que causó mayor impacto fue la visita en el 1971 de la conocida feminista estadounidense, Gloria Steinem, quien vino a hablar sobre el tema de la liberación femenina. Su visita intensificó y añadió nuevas dimensiones a la discusión en torno a la situación de la mujer. Su apariencia física representaba el estereotipo de la mujer blanca norteamericana; era rubia, de cabellos lacios, piernas largas, y hablaba sólo inglés. En el ámbito político, se vinculaba abiertamente con organizaciones tildadas de comunistas y hacía declaraciones a favor de la independencia para Puerto Rico. Esta combinación de características personales y posturas políticas provocó una mezcla de aceptación y rechazo. Pero, lo que creó mayor controversia fueron sus manifestaciones acerca de la liberación de la mujer. Estas

[5] "Instalan Junta Sociedad Mujeres Periodistas," *El Mundo*, 10 octubre 1970, 9.
Véase además la entrevista a Norma Valle en este volumen.

exacerbaron variados discursos nacionalistas, anticomunistas, religiosos, y por supuesto, sexistas. La caricatura de Filardi en el rotativo *El Mundo* expresa muy bien varios de estos temas. En ella aparece Gloria Steinem como una bruja. Sus largos cabellos están alborotados, sus uñas son largas y su figura es alta y voluptuosa. Está montada como a caballo sobre el lomo de un hombre delgado con un tradicional bigote y sombrero de ala fina. Steinem con un semblante decidido, enarbola una bandera, que también sirve de látigo, y dice "Liberación". El hombre asustado y sometido expresa su emasculación diciendo "Y nuestros pantalones: color de rosa". La caricatura, que no desperdicia espacio, también presenta en el fondo dos palmeras y una casita montada en una loma y lleva por título "¡Hay (sic) Bendito!"[6]. Los temas aquí representados cobraron nuevos bríos en la prensa del país: el feminismo es traído de afuera y atenta contra los valores nacionales; por naturaleza la mujer es susceptible a las influencias diabólicas si no se le somete a los regímenes de dominación religiosa y patriarcal.

El calce de la foto según publicada en El Nuevo Día *del 1 de marzo de 1971, decía: "Esta carita tan inocente es de Gloria Steinem, pero no se confíen mucho en ella, vino a Puerto Rico a provocar la rebelión de las doñas." Foto* El Nuevo Día *por Gary Williams.*

---

[6] A pesar de que las palmeras y la casita de madera era una especie de firma que aparecía en todas las caricaturas de Filardi, en el contexto de la figura de Steinem recalca el elemento nacionalista de la añoranza del campo y de los valores patriarcales de la familia que se teme están en peligro con los avances de la modernización. "¡Hay (sic) bendito!" *El Mundo*, 7 marzo 1971, 6-A; Véase también C. Filardi, "Nuestra liberación. Abajo las tiranas. Exigimos devolución de pantalones," *El Mundo*, 11 marzo 1973, 6A.

Dentro de este clima, muchas veces abiertamente hostil a los reclamos de las mujeres, muchas se propusieron formar o integrarse a organizaciones feministas. Algunas estuvieron motivadas por la desigualdad jurídica de la mujer, su papel subordinado dentro del hogar y el discrimen por género dentro del campo de trabajo. Otras, se integraron por sus experiencias en movimientos de izquierda, estudiantiles y obreros. Percibían éstas que los problemas que afectaban a las mujeres no recibían la debida atención en dichos movimientos, y además encontraban grandes obstáculos para ocupar los puestos directivos. Las que militaban dentro de los partidos políticos tenían experiencias similares.

El activismo durante esta década giró en torno a preguntas tales como: ¿Qué aportación hace el feminismo al cambio social? ¿Quiénes protagonizan este cambio? ¿Cómo se logra transformar la condición de las mujeres, las mentalidades, los símbolos, las relaciones personales y la vida cotidiana? ¿Cómo se politiza la sexualidad y la capacidad reproductora de las mujeres? ¿Es el feminismo una lucha legítima en sí misma o solamente si se ubica ideológica y organizativamente dentro de un concepto de cambio social mas amplio? ¿Qué relación hay entre el feminismo y el socialismo? ¿Es el feminismo un movimiento importado y controlado por las mujeres blancas norteamericanas? ¿Representa una traición a los valores culturales nacionales? ¿Cuál es la relación entre el lesbianismo y el feminismo? ¿Qué relación debe existir entre las entidades gubernamentales, los partidos políticos y las organizaciones feministas? ¿Cuán autónomas son las organizaciones feministas? Las discusiones se daban tanto dentro de los grupos como entre ellos. Las respuestas reflejaban distintas visiones del feminismo y distintas posiciones en torno a tres grandes temas que examino en este ensayo: la justicia social, el concepto de la nación y la autonomía de las organizaciones feministas.

LOS FEMINISMOS Y OTROS MOVIMIENTOS A FAVOR DE LA JUSTICIA SOCIAL

Las mujeres que no estuvieron dispuestas a aceptar el dictamen oficial de que no existía discrimen en contra de la mujer, se enfrentaban a la necesidad de organizarse para hacer oír su voz. ¿Cómo articular las injusticias que se cometían en contra de las mujeres y hacerse un lugar en el espacio político en Puerto Rico? Una de sus primeras tareas fue la de educar y convencer a muchos de que las mujeres constituían un sector social con unas necesidades específicas. En los documentos del periodo observamos intentos de redefinir el concepto de justicia social para incluir los problemas que las afectaban.

Las feministas no sólo querían convencer a todos(as) de que las mujeres eran un sector social con problemas únicos, sino también señalar el sinnúmero de barreras sexistas que confrontaban las mujeres para hacerse oír. La labor de educación tenía que hacerse entre todos los sectores políticos, desde los más conservadores hasta los más radicales. Las feministas identificaron estas barreras en múltiples ámbitos sociales, tanto en los que se consideraban públicos como en los que se consideraban privados; en las izquierdas y en las derechas políticas, entre los(as) heterosexuales y entre los homosexuales y las lesbianas. Por lo tanto, dirigieron sus mensajes a una variedad de sectores sociales, incluyendo el más importante, las mujeres mismas.

Acorde con su particular visión del feminismo, cada organización feminista estableció vínculos particulares con otros movimientos a favor de la justicia social de la época. Entre los movimientos de la época que abogaban por la justicia social se encontraban los movimientos nacionalistas, independentistas, anti-coloniales, socialistas, obreros y estudiantiles; los movimientos a favor de la justicia racial, y aquellos a favor de los derechos de los homosexuales y las lesbianas. La lucha en contra del Servicio Militar Obligatorio, los(as) rescatadores(as) de terrenos y los grupos que se movilizaban en contra de la destrucción del ambiente también se hicieron sentir durante esta década. Como veremos, los vínculos con otros movimientos, particularmente los de la izquierda, reflejaban diferencias importantes entre los feminismos de la década. Iban a la raíz de sus ideas sobre la causa de la opresión de la mujer y cómo eliminarla.

Los vínculos entre los feminismos y los movimientos en contra del racismo no se desarrollaron durante esta década. El silencio en torno al racismo dentro de los feminismos en Puerto Rico fue marcado. El racismo se veía como un problema que aquejaba al feminismo norteamericano dentro de sus fronteras nacionales y en sus relaciones con las mujeres del tercer mundo. Los feminismos no discutían el discrimen en contra de las mujeres negras en Puerto Rico ni había espacio para abordar el tema dentro de sus paradigmas teóricos excepto como forma de distanciarse de "**el** feminismo" norteamericano o "**el** feminismo" de las mujeres del primer mundo. "La mujer", "la mujer puertorriqueña", o "la mujer obrera" era el ente social a favor del cual se proponían luchar los feminismos de la época en Puerto Rico. Este sujeto social se asumía como uno unitario, eliminando así las posibilidades de reconocer otros sujetos que podrían representarse bajo la categoría mujer.

Las excepciones a este silencio en torno al tema de la raza, fueron varios escritos de la organización Mujer Intégrate Ahora pero en éstos solo se hacía mención de los movimientos a favor de la justicia étnica y racial y no se trataba el tema en su fondo[7]. Igualmente, un artículo en *Palabra de Mujer* hace mención breve de la importancia de concientizar a las niñas y a los niños de la dignidad de ser puertorriqueñas(os) negras(os)[8]. El único documento que aborda el tema del racismo y su efecto en las mujeres negras es una ponencia presentada en un foro sobre el prejuicio racial y no en una actividad feminista. Hemos incluido este escrito titulado "La mujer puertorriqueña negra"[9] por la importancia del tema y porque fue escrito por una feminista negra.

Los vínculos con los movimientos en favor de los derechos de las lesbianas y los homosexuales se dieron en forma desigual entre las feministas de la época. Algunas feministas hacían hincapié en la necesidad de eliminar los prejuicios y el discrimen en contra de las lesbianas y los hombres homosexuales. Para éstas, la crítica de la homofobia y la lesbofobia era también una en contra de los roles estereotipados asignados a las mujeres y a los hombres. No obstante, los documentos del periodo reflejan que la lesbofobia era un prejuicio marcado, y a la vez, no reconocido aún dentro de las organizaciones feministas. Este prejuicio podría considerarse aún más fuerte que los

---

[7] Véase "El movimiento feminista y la revolución social" y artículos publicados en *MIA Informa* incluidos en este volumen.

[8] O. Nolla, "Haciendo punto al son de los pequeños loiceños," *Palabra de Mujer*, 1977, 39.

[9] A. Rivera Lassén. "La mujer puertorriqueña negra," Foro prejuicio racial, 1974.

prejuicios en contra de los hombres homosexuales, a juzgar por los silencios y los intentos por hacer invisibles a las lesbianas. Muchas intentaban alejarse de posiciones que podrían identificarlas como lesbianas, incluyendo el uso de la palabra feminista, que con frecuencia se consideraba sinónimo de lesbiana.

Las luchas ambientales es otro tema que no era central para los feminismos de la década de 1970. Este tema se abordó mayormente por la vía de las denuncias del capitalismo dependiente. Habían feministas interesadas en las luchas a favor del ambiente, pero no encontramos análisis feministas de los problemas ambientales durante esta década.

LOS FEMINISMOS Y LAS IZQUIERDAS

Los reclamos de los grupos feministas de la época a favor de las transformaciones sociales, su denuncia de las desigualdades sociales entre los ricos y los pobres y las manifestaciones de varios grupos (MIA, la FMP y la AFLH) en contra de la situación colonial de la Isla, contribuyeron a establecer un vínculo con los movimientos de la izquierda. Sin embargo, muchas feministas querían mantener su independencia ideológica y organizativa de los partidos políticos y los grupos de la izquierda. Como veremos, durante esta década surgieron muchas interrogantes entre las feministas en torno a cómo articular y preservar la autonomía de sus organizaciones. Mientras que para algunas los lazos ideológicos con las organizaciones de izquierda eran marcadas, para otras era importante distanciarse de ellas.

La relación entre los feminismos y las izquierdas ha generado considerables debates tanto en Puerto Rico como en América Latina. Según Saporta Sternbach y sus co- autoras[10], la segunda época del feminismo en América Latina nació de la "nueva izquierda". Afirman que las mujeres que crean grupos feministas habían formado parte anteriormente de las organizaciones de izquierda las cuales

---

[10] Saporta Sternbach y otras. "Feminismo en América Latina: De Bogotá a San Bernardo," en *Mujeres y Participación Política - Avances y desafíos en América Latina*, compiladora M. León (Bogotá: Tercer Mundo Editores, 1994) 74.

abandonaron porque las mujeres y sus problemáticas se relegaban a un segundo plano. Sin embargo, me parece que ésta no es una caracterización adecuada del feminismo en Puerto Rico[11]. Existieron muchos feminismos y sus orígenes fueron también diversos. Ciertamente, algunas organizaciones feministas se formaron a raíz de la insatisfacción de sus integrantes con los grupos de izquierda, pero generalizar a base de esta experiencia deja fuera otras vivencias y perspectivas políticas que también formaron parte de la segunda época del feminismo en Puerto Rico. MIA, que fue la primera organización feminista autónoma y la de más larga duración en la década de 1970, nace a raíz de la investigación que realiza la Comisión de Derechos Civiles en torno al discrimen contra la mujer. Las fundadoras y primeras integrantes de MIA no fueron miembras de organizaciones de izquierda. La Alianza de Mujeres de la Comunidad de Orgullo Gay, surge como un grupo de afirmación de mujeres Gay dentro de un colectivo compuesto por mujeres y hombres. A partir de allí, algunas de las integrantes desarrollan unas perspectivas y un activismo feminista. Las mujeres se integran al activismo y a las organizaciones feministas por vías y razones distintas, y no necesariamente a través de las entidades políticas de la izquierda o en respuesta a sus prácticas excluyentes. No obstante, sí coincido con las autoras en que el fenómeno de la doble militancia en los grupos feministas y de izquierda dejó fuertes huellas en el feminismo. Asimismo, los discursos independentistas, socialistas y antiimperialistas tuvieron una marcada influencia sobre los debates feministas en Puerto Rico. Decir, sin embargo, que el feminismo nace de la nueva izquierda es una generalización que no reconoce la diversidad de los feminismos[12].

Al igual que en otros países de América Latina, la influencia de los esquemas teóricos de las izquierdas crearon una distinción entre el feminismo "bueno"/ revolucionario/ proletario y el feminismo "malo"/reformista/burgués[13]. El feminismo proletario o revolucionario

---

[11] Las autoras dicen que éste tampoco es el caso de Argentina donde las feministas provenían de sectores profesionales y no necesariamente de los grupos de izquierda. Sin embargo, sostienen que ésta es la excepción que confirma la regla. Ibid., 112.

[12] Esta generalización contradice otros señalamientos de las autoras dirigidos a demostrar la diversidad de los feminismos en América Latina.

afirmaba que la causa de los problemas de las mujeres era la explotación de la clase obrera por la burguesía. En Puerto Rico, este feminismo se presentaba como sinónimo no sólo de las luchas por el socialismo, sino también de la lucha a favor de la independencia para Puerto Rico. Se establecía una jerarquía de prioridades en la que las luchas en contra del capitalismo y el colonialismo tenían primacía sobre las luchas en contra de la opresión de las mujeres. Se le asignaba un potencial subversivo solamente a la lucha contra la propiedad privada y contra la explotación colonial y de clase. Según un dirigente del Partido Socialista Puertorriqueño, "Es por eso, entonces, que decimos arriba que este asunto [la emancipación de la mujer] no tiene mucha prioridad en nuestro programa"[14]. De manera similar, Rubén Berrios, presidente del Partido Independentista Puertorriqueño afirmó que la opresión de la mujer es una "contradicción secundaria" y que la mujer puertorriqueña se liberará plenamente cuando la Isla se convierta en una república socialista[15].

Según el paradigma que se describe arriba, el capitalismo y la ideología burguesa fomentaban una imagen falsa de la liberación femenina: la imagen de la mujer que se libera al consumir productos vanos e innecesarios y la mujer como mercancía sexual. Más aún, los "valores estéticos y morales" que promovía la ideología burguesa eran los de la "norteamericana blanca, rubia, esbelta y provocadora"[16]. Argumentaban que la concepción moral de la burguesía conducía a la falta de moderación y hasta al desenfreno sexual[17].

---

[13] Saporta Sternbach y otras, 69-115. Véase también, J. Fisher, *Out of the shadows - Women resistance and politics in South America*, London: Latin America Bureau, 1993; E. Jelin, ed., *Women and social change in Latin America*, London and NJ: Zed Books, 1993; S. Radcliffe and S. Westwood eds., *'Viva' Women and popular protest in Latin America,* London: Routledge, 1993.

[14] A. Gaztambide, "El hombre socialista frente a la emancipación de la mujer," *Chispa*, enero-marzo 1973, 11-15.

[15] B. Brignoni, "Rubén Berríos afirma sólo república liberará la mujer aquí," *El Mundo*, 7 mayo 1971, 12C; L. Muñiz, "Womens' rights become part of PIP's platform," *The San Juan Star*, May 7, 1971.

[16] Segundo Congreso Partido Socialista Puertorriqueño, *Ponencias suplementarias ante-proyecto programa, Apéndice número 6*, San Juan, P.R., [1975].

[17] Partido Socialista Puertorriqueño (Movimiento Pro Independencia), *Programa socialista*, Trujillo Alto, Puerto Rico, noviembre 1975, 37-38; Véase también, Partido Socialista Revolucionario, *Programa sobre la mujer,* Río Piedras, Puerto Rico: Ediciones PSR, (s.f.), 33-37.

Se afirmaba que la falsa conciencia creada por la sociedad capitalista llevaba a algunas mujeres a señalar a los hombres como sus enemigos. Estas mujeres, se decía, fomentaban el divisionismo que las apartaba de la lucha "verdadera", que era la lucha de clases. De esta manera se manifestó Lolita Aulet, una dirigente del Partido Socialista Puertorriqueño (PSP) en una columna en el periódico Claridad que escribió a raíz de la celebración de un Acercamiento Feminista organizado por MIA. Criticó lo que llamó el intento de algunas organizaciones feministas (al parecer aquí estaba incluida MIA) de contrarrestar su opresión como mujeres con "una persistente negativa a tener hijos y otras formas de protestas vanas"[18]. Para Aulet, la lucha por la independencia y la revolución socialista que encabezaba el PSP era la forma de canalizar la lucha por la liberación de las mujeres puertorriqueñas.

Dentro de este esquema, las mujeres eran un sector social con tendencias conservadoras, propensas a ser cooptadas por la ideología burguesa. El feminismo reformista o burgués, en el mejor de los casos, sólo podía aminorar los problemas a corto plazo que afectaban a las mujeres. Sin embargo, si la lucha por estas reformas se daba bajo la dirección del partido de la clase obrera, las mujeres podrían adquirir una conciencia de clase que las conduciría a la auténtica liberación, la revolución socialista. De aquí que la labor del partido revolucionario era educar a la mujer e integrarla a la lucha por su verdadera liberación[19].

Podemos observar interesantes paralelos entre las imágenes nacionalistas y religiosas descritas anteriormente en relación a Steinem y la visión socialista sobre la liberación de la mujer. La imagen nacionalista presenta a la mujer feminista como una extranjera (o una que cae presa de influencias extranjeras), mientras que para la

---

[18] L. Aulet, "Reformismo versus revolución," Claridad, 17 abril 1973, 11. Véase la contestación por A. I. Rivera Lassén, "Un debate: La liberación femenina," Claridad 3 junio 1973, 14. También R. Estrella, "Femenino y masculino," Claridad, 1 julio 1973, 10; y la contestación de Nancy Zayas, "Más sobre femenino y masculino," Claridad, 10 julio 1973, 13.
[19] Partido Socialista Puertorriqueño Programa Socialista, 41-43; A. Gaztambide, 11-15; P. Pesquera, "La mujer socialista frente a la emancipación del hombre," Claridad, 28 enero 1973, 20; P. Albizu Meneses, "Paso decisivo hacia la liberación femenina," Claridad, 23 junio 1975, 14; Partido Socialista Revolucionario, 51-61.

socialista, las influencias son burguesas. En ambos casos se representa a la mujer como maleable, débil y fácilmente engañada. Estas características tienen efectos destructivos si no se encauza (o somete) a la mujer a la dirección patriarcal o revolucionaria. Tanto en uno como en el otro esquema, la mujer blanca, rubia, norteamericana es un símbolo de enajenación, demencia, o despropósito. La imagen de esta mujer también se asocia con la inmoralidad burguesa. Ella representa la destrucción de los valores nacionales y proletarios.

LOS FEMINISMOS Y EL ORIGEN DE LA OPRESIÓN DE LAS MUJERES: METAS Y PLATAFORMAS FEMINISTAS

¿Por qué están subordinadas las mujeres? ¿Qué hacer para cambiar esta situación? Las organizaciones feministas formularon diversas respuestas a estas preguntas, y a tono con ello, articularon sus metas y su relación con otros movimientos sociales.

La primera organización de este periodo, Mujer Intégrate Ahora (MIA), se forma en el 1972 y se mantiene activa a través de toda la década. Las primeras integrantes (estudiantes, profesionales y una ama de casa) asistieron a las vistas de la Comisión de Derechos Civiles a finales del 1971[20] donde una de ellas pasó una hoja suelta entre el público invitando a organizar un grupo feminista. En su documento de presentación, MIA señala que su propósito es

> "Ayudar a lograr la completa realización de la mujer como individuo dueño de sí mismo, capaz de tomar decisiones y de dirigir su vida, y su integración a las fuerzas de cambio de la sociedad, con plena igualdad de derechos en todos los aspectos de la vida[21]".

Para lograr "la realización de la mujer como individuo dueño de sí mismo" trazaron una reforma legislativa amplia ya que el sistema

---

[20] El informe sometido por esta comisión se encuentra en: Comisión de Derechos Civiles de Puerto Rico, *La Igualdad de Derechos y Oportunidades de la Mujer Puertorriqueña, 9 de septiembre de 1972,* en Comisión de Derechos Civiles. *Informes de la Comisión de Derechos Civiles del Estado Libre Asociado de Puerto Rico, Años 1968 - 1972, Tomo 2,* (New Hampshire: Equity Publishing Corporation, 1973) 583-849.

[21] MIA, *Objetivos, Reglamento, Posiciones,* octubre 1973, 1.

Cuatro de las fundadoras de Mujer Intégrate Ahora, abril de 1973. De izquierda a derecha, Mary Bird, Alma Méndez Ríos, Ana Irma Rivera Lassén y Nilda Aponte Lebrón. Falta en la foto, Patricia Shahen. Foto archivos de Mujer Intégrate Ahora.

legal trataba a la mujer como una ciudadana de segunda clase y como una menor de edad dentro del matrimonio. (Véase el ensayo de Rivera Lassén en este volumen.) También elaboraron una crítica de la heterosexualidad y de la familia nuclear como normas sociales. La realización de la mujer a la que aspiraban se colocaba al lado de las fuerzas sociales que promovían una sociedad libre de desigualdades económicas y sociales[22].

Según este grupo, la desventaja de la mujer en la sociedad se debía a la relación de opresión entre los sexos[23]. En el escrito titulado "El movimiento feminista y la revolución social", Ana Rivera, coordinadora de MIA, sostiene que tanto los grupos conservadores como los de izquierda rechazan el movimiento de liberación femenina porque "ambos veían la amenaza que representaba la creciente conciencia feminista para el predominio de los hombres en la sociedad[24]". Añade que "[el] desarrollo del movimiento debe abarcar las mujeres de todas las clases sociales…[25]". Los esquemas socialistas e independentistas, que también compartían algunas feministas, catalogaban este análisis como uno burgués o reformista[26] porque no

---

[22] Ibid., 4

[23] ¿Por qué un movimiento político? *El Tacón de la Chancleta*, marzo-abril 1975, 2; publicado como "¿Qué es el movimiento Feminista? ¿Por qué un Movimiento Político?" *MIA Informa*, 1977, 2-3.

[24] A. Rivera Lassén, 1977, 1.

[25] Ibid.

reconocía el predominio de la división antagónica entre burgueses y proletarios. Para otros sectores de izquierda y feministas, el feminismo de MIA era apolítico porque no se identificaba con partido político alguno, con el socialismo, ni con proyecto alguno en relación al estatus político de Puerto Rico. Dados estos entendidos, MIA tenía el reto de plantearse ¿cómo podía legitimarse el feminismo como movimiento político? ¿Había que apelar al nacionalismo o al socialismo para que los reclamos de las mujeres se vieran como políticos o para convertir el movimiento en uno legítimo?

En varios escritos, MIA intenta contestar estas preguntas y articular su visión del feminismo como movimiento político. En el escrito arriba mencionado, Rivera hace un llamado a una lucha feminista "...independiente y paralela a la lucha por una sociedad más justa[27]". MIA definía el feminismo como un movimiento social entre otros tales como los que luchan por la justicia étnica y racial, la liberación nacional, los derechos de los homosexuales, los estudiantes y los trabajadores. Consideraba que dentro de todos estos grupos las mujeres eran las más explotadas debido a una doble opresión: sufrían la discriminación dirigida contra cada grupo en particular, y la discriminación por ser mujeres. De esta manera, el tema de la justicia social se presentaba dentro del marco de una variedad de relaciones de poder que incluía no sólo el género, sino también la raza, la nación, la etnicidad, la clase y la sexualidad. Las mujeres deberían constituirse como fuerza de cambio social en contra de todas las formas de opresión[28]. Nilda Aponte Raffaele, dirigente de MIA, argumentaba que el feminismo era el más significativo de todos los movimientos sociales que luchaban a favor de la justicia social; si los cambios sociales no se hacían con consciencia feminista, no se lograría un cambio total en la sociedad[29].

MIA concebía el feminismo como una lucha por la igualdad: igualdad en ascensos y oportunidades en el trabajo asalariado, igualdad en los salarios, y en las tareas domésticas. Apoyaba una educación

---

[26] Véase la nota número 18.

[27] A. Rivera Lassén, "El movimiento feminista y la revolución social," 10.

[28] "¿Por qué un movimiento político?," 2.

[29] Nilda Aponte Raffaele, "Liberación Humana Liberación Femenina," *El Tacón de la Chancleta*, (julio-agosto 1975), 10.

dirigida a romper con los roles tradicionales asignados a las mujeres y demandaba el control de la mujer sobre su propio cuerpo. Esta organización promovió la creación de centros de cuidado de niños(as), la educación sexual y se declaró en contra de la esterilización masiva. No sólo validaba la existencia de alternativas a la familia nuclear, sino que afirmaba que otros tipos de familias eran preferibles para muchas mujeres. Más aún, manifestó su acuerdo con las relaciones sexuales fuera del matrimonio y favoreció los derechos de los homosexuales y lesbianas[30]. El grupo se declaró a favor de la legalización de la prostitución como una medida a corto plazo para aminorar la explotación de estas mujeres bajo los códigos legales vigentes.

Piquete organizado por MIA para protestar las manifestaciones del Alcalde de Guaynabo, Alejandro Cruz quien argumentaba que las atletas lesbianas destruían el deporte puertorriqueño. Foto The San Juan Star *por Eddie Crespo, 26 de agosto de 1977.*

```
                M.I.A.
           21515 U.P.R. Station
         Rio Piedras, P.R. 00931

1. LAS MUJERES TRABAJAN Y CRUZ LAS DIFAMA.
2. PARTICIPACION SI...DISCRIMINACION NO!
3. SI CALIDAD EN EL DEPORTE SE PERSIGUE...CON CRUZ NO SE CONSIGUE.
4. LAS MUJERES NO DAN APORTE CON ALEJANDRO CRUZ EN LOS DEPORTES.
5. ANTE LA DISCRIMINACION: MUJERES EN ACCION.
6. ALEJANDRO MACHISTA...CONTRA LAS DEPORTISTAS.
7. CONTRA LA OPRESION SEXUAL VAMOS A BATALLAR.
8. DETERIORO DEPORTISTA POR ACTITUDES MACHISTAS.
9. MIA SE SOLIDARIZA CON MUJERES DEPORTISTAS.
```

[30] MIA. *Objetivos, Reglamento, Posiciones*, 6-7. El tema de la preferencia u orientación sexual figuró en los medios noticiosos de fines de la década de los sesenta con el caso de dos reclusos en la Penitenciaría estatal a quienes se les dicta sentencias por violación del Artículo 278 del Código Penal que castiga el delito "contra natura". El abogado constitucionalista Santos P. Amadeo radica una moción solicitando la anulación de las sentencias sosteniendo que el castigo viola la doctrina de la separación de la Iglesia y el Estado y viola el derecho a la privacidad de los confinados. En el 1971 se somete legislación para estudiar la legalización de la prostitución y el homosexualismo. En el 1974 se forma la Comunidad de Orgullo Gay para oponerse al recién revisado Código Penal. V. Padilla, "Amadeo Pide Anular Fallos por Delito Contra Natura," *El Mundo*, 15 mayo 1969, 12A; V. Padilla, "Dice Castigo por Sodomía Viola Constitución," *El Mundo*, 23 octubre 1969, 5A; E. Combas Guerra, "En Torno a la Fortaleza," *El Mundo*, 12 mayo 1971, 6A.

Una de las primeras campañas de MIA fue en favor del aborto. Su activismo en torno a este tema incluyó piquetes, la publicación de artículos en revistas y periódicos y la celebración de "Acercamientos Feministas". Como veremos en la próxima sección, muchas de las organizaciones de la izquierda y las religiosas se abalanzaron en contra de la decisión del Tribunal Supremo de Estados Unidos que estableció el derecho al aborto porque consideraban que era una imposición colonial, un ataque a la maternidad, a los valores familiares y a la nación puertorriqueña.

En el 1974, MIA celebra el 8 de marzo, Día Internacional de la Mujer. El tema de la actividad que llevaron a cabo se alejó un tanto del tradicional recuento de las luchas de las mujeres obreras en Nueva York a comienzos del siglo veinte. MIA presentó una exhibición de diapositivas en el centro comercial Plaza Las Américas cuyo contenido retaba los roles de género que se les enseñan a las niñas desde temprana edad, y presentaba imágenes de mujeres en ocupaciones no tradicionales[31]. Los anuncios que convocaban a esta actividad hacían un llamado a la celebración del Día Internacional de la Mujer. La palabra "trabajadora" se eliminó del nombre consagrado a la fecha como un intento de distanciarse de una interpretación estrictamente sindicalista y socialista del día[32].

Así como en otros movimientos feministas de esta década en Europa, América del Norte y América Latina, las organizaciones en Puerto Rico se preocupaban por establecer una causa de la opresión de las mujeres[33]. Buscaban en el pasado distante la causa original sobre cuya base se había erguido la opresión de la mujer. ¿Era en la familia o era en la esfera del trabajo donde se encontraba la fuente primordial de la subordinación? ¿A qué sistema social se le debía asignar mayor peso, ¿al patriarcado o al capitalismo? El planteamiento de MIA que describe el aspecto central de la opresión de género como uno de desigualdad entre los sexos, se contrapuso al discurso que

---

[31] "Celebran el Día Internacional de la Mujer," *El Nuevo Día* , 7 marzo 1974, 40.
[32] A. Rivera Lassén, Entrevista por Elizabeth Crespo, San Juan, agosto de 1996. Véase además el comunicado de prensa sobre la actividad que se incluye en este libro.
[33] M. Barrett y A. Phillips, Debates feministas contemporáneos," *Debate Feminista*, 6, vol. 12, (octubre 1995): 143.

planteaba que el problema de género tenía sus raíces en la explotación de clases y en el colonialismo. Esta última proposición era parte central del esquema teórico que siguió la Federación de Mujeres Puertorriqueñas (FMP) y mas tarde también, la Alianza Feminista Pro Liberación Humana (AFLH). Veamos.

En su declaración, la FMP vincula la opresión de la mujer con el capitalismo y el estatus colonial de la Isla.

> "La mujer puertorriqueña es un ser doblemente explotado como resultado del sistema económico capitalista colonial que impera en nuestro país. Es explotada como miembro de la sociedad y es explotada como mujer"[34].

A pesar de que la FMP se define como una organización no partidista, la asamblea constituyente fue dedicada a Lolita Lebrón y la frase lema fue: "Si los hombres no logran la independencia la logrará la mujer[35]". De aquí, que la FMP planteara su lucha en dos frentes: uno, por las reformas o reivindicaciones dentro de la sociedad actual y el otro, "para luchar contra unas estructuras económicas opresivas que en última instancia son las que explotan tanto a hombres como a mujeres"[36]. Adoptando el discurso socialista y obrero, la FMP destaca a "la mujer trabajadora" como el grupo social más discriminado[37]. Por ello, la FMP dedicó muchos esfuerzos a desarrollar trabajos con varias organizaciones sindicales como el Movimiento Obrero Unido (MOU), el Frente Unido de Trabajadores (FUT), La Central Latinoamericana de Trabajadores, la Federación Puertorriqueña de Sindicatos Democráticos, la Comisión Nacional de Unidad Sindical, y el Comité de Apoyo de Esposas de los Trabajadores en Huelga de la Ponce Cement[38]. Llevaba a cabo micromítines, seminarios, y charlas para integrar a las mujeres a la lucha sindical en múltiples uniones locales y centros de trabajo[39]. Junto con organizaciones sindicales celebró y co-auspició la celebración del Primero de Mayo en el 1975, 1976 y 1977.

---

[34] Federación de Mujeres Puertorriqueñas, *Declaración de la Federación de Mujeres Puertorriqueñas*, 1.
[35] Actas FMP 2 febrero 1975.
[36] FMP, *Declaración*, 1.
[37] Ibid. Véase también, FMP, *¿Qué es la FMP?*.
[38] FMP, "Boletín," abril 1975.
[39] Véase los boletines de la FMP en este volumen.

La FMP aspiraba a tener una proyección amplia a través de toda la Isla y ser una organización de masas. Su ante-proyecto de reglamento[40] describía una estructura organizativa con varios niveles: una Asamblea General (cuerpo representativo más alto), un Directorio, una Junta Directiva, y capítulos a través de la Isla que a su vez tenían su asamblea, directiva y unos grupos de trabajo que se organizarían en centros de trabajo, escuelas y barrios. Este plan fue adaptándose a las realidades de una estructura mucho más pequeña. La FMP estableció capítulos en muchos pueblos de la isla pero se enfrentó a los limitados recursos que tenía la organización para darles seguimiento[41]. No obstante, algunos capítulos se mantuvieron activos y la FMP se propuso llevar su mensaje a una cantidad grande de personas a través de actividades tales como conferencias, marchas, programas de radio y televisión, micromítines en los centros de trabajo, y actividades auspiciadas con el movimiento obrero. La visibilidad de la FMP contribuyó a incrementar y ampliar el activismo feminista más allá de la proyección de las dirigentes más reconocidas de la organización[42]. Los documentos de la FMP que incluimos en este volumen no presentan evidencia de discusiones críticas en torno a los supuestos teóricos para constituir una organización de masas.

Asamblea Capítulo de Bayamón, Federación de Mujeres Puertorriqueñas, 22 de junio de 1975. Foto Claridad.

---

[40] Se incluye en este volumen.
[41] Véase la entrevista a Norma Valle en este volumen.
[42] Los capítulos generaron diversidad dentro de la organización en cuanto a los temas que se discutían y las perspectivas sobre el feminismo, diversidad mayor de lo que reflejan los documentos que se generaban por el directivo nacional según conversaciones que he tenido con mujeres que fueron militantes de la FMP.

No obstante, estas críticas se comenzaron a elaborar dentro de los marxismos y los feminismos de la década y existe constancia escrita de que se discutían en algunos sectores de las izquierdas[43].

Al identificar a la mujer obrera como el grupo principal a quien la FMP quería llegar, la organización se movilizó al interior de los sindicatos para que éstos se percataran de las problemáticas específicas de las mujeres y para lograr integrarlas a los puestos dirigentes. El liderato sindical, según Flavia Rivera vice-coordinadora de la FMP, usaba a las mujeres de "secretarias o recoge-chavos"; no para dar discursos o asumir liderato. Un resultado del trabajo de la FMP en los sindicatos fue ser un vehículo para politizar a las mujeres. "Muchas de estas mujeres nunca en su vida habían participado de nada. Pero cuando tu les hablabas de que su cadena era el fregadero, y le hablabas de la opresión de la casa, rápido respondían. No les importaba la independencia [de Puerto Rico] ni nada, pero ellas sabían que tenían una opresión, porque la vivían todos los días"[44]. Según Rivera, la actividad sindical fue el aspecto central del activismo de la organización en el plano nacional.

Norma Valle, presidenta de la FMP, nos dice que uno de los temas que generó mayor controversia fue el reclamo de que se valorara socialmente el trabajo que hacía la ama de casa.

> "El discurso que yo di el Primero de Mayo de 1975 ante más de diez mil personas frente al Capitolio, giró en torno a reconocer la tarea doméstica como trabajo importante y a eliminar la barrera entre lo público y lo privado. Eso fue sumamente criticado por el movimiento obrero porque ellos entendían que yo había ocupado un espacio precioso para hablar del lavado y planchado. ¿Cómo es posible que Norma Valle, oradora principal del Primero de Mayo del 75, fuera a hablar del lavado y del planchado? Toda la contención de mi discurso en ese momento era que había que reconocer como trabajadora a la mujer ama de casa y que el trabajo doméstico era trabajo"[45].

---

[43] Véase por ejemplo, varios números de la revista *Proceso* de fines de la década del 1970 publicada por el Colectivo Socialista de San Juan, formado a raíz de uno de los rompimientos del Partido Socialista Puertorriqueño.

[44] Flavia Rivera Montero, entrevista con la autora, San Juan, enero de 1996. Flavia Rivera era, además de vice-coordinadora de la FMP, miembra del cuerpo dirigente más alto del Partido Socialista Puertorriqueño que luchaba por la independencia para Puerto Rico.

[45] Norma Valle, entrevista por la autora, San Juan, agosto 1993.

Norma Valle habla en la celebración del Primero de Mayo de 1975. La observan Juan Mari Bras y líderes sindicales. Foto Claridad.

Algunas de las miembras del Partido Socialista Puertorriqueño que se integran a la FMP se proponían luchar por crear espacios que no tenían dentro del partido para la acción política de las mujeres. Es el caso de Flavia Rivera:

> "En ese momento necesitábamos tener un espacio solas para dialogar y decir las cosas nuestras sin hombres presentes... Éramos mal vistas en el PSP. Decían que estábamos desviando y desnaturalizando la lucha, que la prioridad es la independencia, que esto es una división falsa que se está creando, que se está restando fuerzas y que aquí el enemigo principal es el imperialismo; toda esa cantaleta... No era como muchas personas creían, que nosotras estábamos allí puestas por el PSP. Bastantes discusiones que nos costó y bastantes malos ratos"[46].

Es significativo que dentro del contexto sindical y del Partido Socialista Puertorriqueño, los planteamientos feministas de Norma Valle y de Flavia Rivera eran percibidos como divisionistas y se les acusaba de desviar la atención de las luchas prioritarias, que para ellos eran la independentista y socialista. Estas eran las mismas acusaciones que se lanzaban en contra de MIA dentro y fuera de los ámbitos feministas. Sin embargo, el análisis de la opresión de la mujer que hacía la FMP, era muy afín al del Partido Socialista Puertorriqueño.

---

[46] Flavia Rivera Montero, entrevista por la autora, San Juan, enero 1996.

Tanto el PSP como la FMP ubicaban las raíces del problema de género en la explotación de clases y en el colonialismo, mientras que MIA sostenía que la causa de la opresión de la mujer era la desigualdad entre los sexos. Dentro de los esquemas binarios del feminismo bueno y malo, las dirigentes de la FMP ocupaban ambas posiciones. A pesar de ubicarse a sí mismas dentro del feminismo obrero, dentro de algunos de los esquemas de las izquierdas sindicales y partidistas, estas dirigentes representaban una posición burguesa y extranjerizante. Esto ejemplifica la fluidez de las posiciones estructurales e ideológicas de las feministas.

Como resultado de sus luchas, la FMP logró crear algunos espacios políticos para las mujeres dentro de los partidos políticos. No dudamos que la experiencia que cuenta Flavia Rivera se dio también en otras organizaciones de izquierda[47].

A pesar de que la FMP se coloca dentro del esquema del "feminismo proletario" y visualizaba las luchas a largo plazo por la liberación nacional y por el socialismo como fundamentales, el esfuerzo mayor de su trabajo favoreció las "reformas" o reivindicaciones dentro de la sociedad actual. Aunque la FMP se identificó con una ideología socialista e independentista, a diferencia de algunos de los planteamientos de las izquierdas políticas, sostenía que el advenimiento del socialismo o de la independencia no garantizaba el fin de la opresión de la mujer. Argumentaban que las mujeres no podían esperar; había que comenzar a luchar dentro de la sociedad capitalista por los derechos de las mujeres.

Esta agenda política planteaba en ocasiones un sentimiento de aislamiento pero también de desafío, que expresó Norma Valle en su artículo "Viva controversia entre las vertientes del movimiento feminista,[48]" Aquí Valle identifica y contrapone la vertiente reformista y la revolucionaria. El feminismo reformista, calificando de político aquello que cuestionaba el estatus quo, intentaba "despolitizar" la lucha de la mujer con la intención de excluir a mujeres y hombres socialistas. Al mismo tiempo, según Valle, las reformistas, desde sus

[47] Ibid.
[48] *Claridad, En Rojo*, 24-30 junio 1977, 8-9.

puestos gubernamentales, eran tímidas a la hora de defender las reivindicaciones propias de la democracia burguesa como el aborto, el divorcio por consentimiento mutuo y los centros de cuidado diurno. Por otro lado, muchos en la izquierda, ignoraban la lucha de la mujer e incluso catalogaban los intentos por organizar a las mujeres como desviación o confusión ideológica, alegando que el problema de la mujer se resolvería con la abolición del capitalismo. Esta actitud socialista, afirmaba Valle, hacía más ardua aún la lucha de las mujeres revolucionarias cuyas voces eran ahogadas por las representantes de la burguesía y el reformismo.

Muchas de las metas de la FMP para lograr cambios 'dentro de la sociedad capitalista actual' coinciden con el programa de MIA aunque la FMP le dedica distinta prioridad y se guía por ópticas diferentes. Por ejemplo, la FMP propuso poner en vigor el Artículo 2 de la Carta de Derechos que garantiza la igualdad de los sexos ante la ley, demandaba igual paga por igual trabajo y presentó proyectos para reformar varias leyes laborales que atañen a la mujer. Impulsó el Proyecto de la Cámara 739 presentado por los representantes Gallisá y Torres Torres, "Para conceder una licencia de 8 semanas con paga completa a las trabajadoras en estado de embarazo"[49]. La FMP abogaba por la revisión del Código de Familia y las leyes que rigen la Sociedad de Bienes Gananciales, por la creación de centros de cuidado infantil, y por transformar el sistema educativo para eliminar los roles estereotipados. Se manifestaba en contra del uso de la mujer como objeto sexual en los medios de comunicación, pedía un alto a la esterilización y sostenía una posición a favor del aborto libre de costo[50]. Celebró activamente el 8 de marzo, Día Internacional de la Mujer. Además se propuso llevar a cabo círculos de estudio para leer obras tales como *El origen de la familia* de Federico Engels, *La emancipación de la mujer* de V. Lenin, *El segundo sexo* de Simone de Beauvoir, *Hacia una ciencia de la liberación de la mujer* de Isabel Largía y John Dumolin y varios escritos de Margaret Randall[51].

---

[49] Cámara de Representantes Legislatura de Puerto Rico, Proyecto de la Cámara 739, 23 enero 1974.
[50] *Estatutos de la Federación de Mujeres Puertorriqueñas*, Artículo VII, Sección 3.
[51] Actas FMP.

Distinto a MIA, la FMP no asume una posición a favor del derecho a escoger la preferencia u orientación sexual. En muchas ocasiones se distancian de una llamada posición anti-hombre con frases cuyo subtexto es lesbofóbico: "evitando que se convierta en una lucha de mujeres contra hombres[52]"; "la lucha de la mujer NO es una lucha contra los hombres[53]" (el énfasis de las mayúsculas se encuentra en los escritos citados). Distinto a MIA, la FMP hablaba de la familia como un núcleo compuesto por el hombre, la mujer y los hijos[54].

Como veremos más adelante al discutir el tema de la autonomía, dentro de la FMP existía un debate en torno a las influencias partidistas en la organización, y lo que algunas miembras percibían como una falta de amplitud y de inclusión de mujeres de otras posiciones ideológicas. Vemos aquí que existían distintas posiciones dentro de la FMP en torno a la relación de la organización con los partidos políticos, el socialismo, y la independencia de Puerto Rico.

Otro tema de debate dentro de la organización se refleja en el editorial que aparece bajo la firma de Olga Nolla en la revista de la FMP, *Palabra de Mujer*, donde la autora parece distanciarse de las posiciones obreristas reflejadas en los estatutos, boletines, y otros documentos de la FMP. Aquí, Nolla habla de la mujer como clase social.

> "La subordinación de la mujer, su "status" de ciudadano inferior, es parte del sistema de escalones o "clases" en que se organiza la sociedad puertorriqueña actual. Dentro de esta estructura, la mujer forma un grupo humano que no opera en igualdad de condiciones que el hombre. Burguesa o proletaria, la mujer estará regida, o al amparo de, las decisiones que los hombres hagan; ...[55]"

Ocurren cambios dentro de MIA en sentido contrario. Al entrar un grupo de mujeres del Frente Revolucionario Anti-Imperialista (FRAI)

---

[52] FMP, Capítulo Universitario. "Federación de Mujeres Puertorriqueñas y la Problemática de la Mujer" (s.f.), 2.

[53] *¿Qué es la FMP?* 1; Véase también: *Mujer Participa - Boletín Informativo de la Federación de Mujeres Puertorriqueñas Capítulo Jardines de San Ignacio.* (s.f.); Olga Nolla, "Compartir si, competir no," *Palabra de Mujer*, 1977, 4. En la entrevista incluida en este volumen, Flavia Rivera Montero identifica actitudes lesbofóbicas en las discusiones en torno a si la FMP debería identificarse como organización feminista.

[54] FMP, *Estatutos*

[55] "Compartir sí, competir no," 2.

y otras de la Liga Internacionalista de los Trabajadores (LIT) en el 1976, los escritos de MIA reflejan un mayor interés en los temas sindicales y en la mujer obrera. Según una de las integrantes del FRAI que ingresa a MIA, un grupo de mujeres se reunió para evaluar si debían formar una organización feminista nueva o unirse a una existente. Decidieron unirse a MIA con el objetivo de cambiar el enfoque de la organización a uno obrerista[56]. En el 1977 y 1978 MIA asiste a la celebración del Primero de Mayo convocado por el movimiento sindical y reparte un boletín[57]. Las consignas que llevan a estas manifestaciones son bastante variadas en sus enfoques. Ciertamente incluyen algunas que enfatizan en el tema sindical, como por ejemplo, "en la sindicalización exige participación", pero también llevan la consigna "mujer puertorriqueña de tu cuerpo eres dueña".

> 1. **Si derechos quieres tener en la lucha debes creer.**
> 2. **Por cuidado infantil la mujer a combatir.**
> 3. **A luchar contra la opresión y hallarás la liberación.**
> 4. **En la sindicalización exige participación.**
> 5. **Mujer puertorriqueña de tu cuerpo eres dueña.**
> 6. **Mujer trabajadora tus derechos exige ahora.**
> 7. **Mujer trabajadora la lucha empieza ahora.**
> 8. **Si violación ha sido el hecho el aborto es tu derecho.**

El grupo que pertenecía al FRAI abandona MIA en noviembre de 1977 por conflictos relacionados con su doble militancia en organizaciones políticas de izquierda[58] y forman la AFLH. Varios años después, escriben lo siguiente:

> "El aislamiento de la lucha de la mujer de la liberación nacional y la concepción pequeño burguesa de la lucha feminista motiva que un grupo de compañeras decidamos abandonar MIA. La Alianza Feminista por la Liberación Humana surge en el 1978 para dar un nuevo enfoque al feminismo puertorriqueño que hasta ese momento estaba viciado por la tendencia liberal reformista norteamericana"[59].

---

[56] Véase la entrevista a Madeline Román en este volumen.
[57] *Celebremos 1 de mayo,* Boletín Especial, [1977]; *Por la participación de la mujer en la lucha sindical,* 1 mayo1978.
[58] Véase cartas de renuncia en este volumen.
[59] Miembras de la Alianza Feminista por la Liberación Humana. Sin Título. "El motivo principal..." 1982.

La AFLH refleja algunos de los conflictos y contradicciones de la teoría que aspiraba vincular la independencia, el socialismo y la liberación de la mujer y crear un movimiento unitario de cambio social. Según documentos de esta organización, aspiraban aglutinar a las mujeres para "crearles conciencia de su opresión e incorporarlas a un cambio social radical[60]". Indican que querían agrupar personas de todos los partidos. Sin embargo, se definen como socialistas y participan enérgicamente en actividades de varios grupos independentistas y socialistas. A pesar de su visibilidad en actividades de las izquierdas, decían que la independencia y el socialismo tenían que mantenerse como agendas que la organización no debía sacar a la luz pública porque podían asustar a algunas mujeres que desearan unirse al grupo[61]. Una vez estas mujeres se unieran al grupo, se convencerían de la necesidad del socialismo y la independencia. Al igual que otros feminismos en Puerto Rico durante esta década, asumían que tenían un saber superior que transmitirían a los obreros y a las obreras, que en teoría, serían la vanguardia del cambio social.

A la par con su defensa de la independencia y el socialismo, desarrollan actividades mayormente dirigidas al núcleo de miembras de la organización en torno a la sexualidad y el lesbianismo[62]. Sin embargo, decían que el lesbianismo debía mantenerse escondido pese a que la dirigente principal de la AFLH y muchas de las integrantes del grupo eran lesbianas. Esta posición es reflejo del rechazo que experimentaban las lesbianas dentro de los movimientos de izquierda[63], en algunos sectores feministas y en la sociedad en general. Dada esta lesbofobia, el identificarse como lesbianas haría muy difícil o imposible que la AFLH trabajara en conjunto con muchos grupos. También es evidencia de los regímenes de exclusión y los conflictos que producía la visión del cambio social de las izquierdas que establecían una jerarquía de luchas.

Examinemos por último las metas de La Alianza de Mujeres de la Comunidad de Orgullo Gay. Esta fue la primera organización que

---

[60] AFLH Actas Abril - Noviembre 1978.
[61] Actas AFLH.
[62] Véase la entrevista a Madeline Román en este volumen.
[63] "La izquierda organizada - la voz de un joven independentista," *Pa'fuera!*, junio-julio 1975, 1.

se formó para luchar a favor de los derechos de las lesbianas, o las mujeres homosexuales, término que usaban con mayor frecuencia para auto-identificarse en esta década en Puerto Rico. Al igual que la Comunidad de Orgullo Gay, de la cual formaban parte, la Alianza de Mujeres era una organización no partidista y no se identificó con ninguna propuesta en torno al estatus de Puerto Rico. Sus luchas eran de carácter inmediato en contra del código penal revisado que criminalizaba por vez primera las relaciones sexuales entre dos mujeres. Luchaban por eliminar los agravios que sufrían las lesbianas en la calle, y por educar no solamente a la comunidad heterosexual sino también a la homosexual. Con este último fin, crearon un ambiente dentro de la COG donde las lesbianas pudieran discutir temas tales como la sexualidad, los roles de género, y los problemas con sus familias[64].

Los planteamientos de la AMCOG en torno a la preferencia u orientación sexual eran más radicales que los de las organizaciones feministas. El cuestionamiento de la heterosexualidad como única opción de sexualidad, tema que muchas feministas no querían abordar, tocaba aspectos fundamentales de los roles de género. Politizar el tema de la orientación sexual, particularmente en el caso de las mujeres, rompía públicamente con las normas sociales que representaban al sistema de género como uno natural basado en un esquema binario masculino y femenino, uno en donde la sexualidad de las mujeres estaba subordinada a la de los hombres. Por estas razones, la AMCOG ocupa una posición importante como organización formada fuera de las organizaciones políticas tradicionales durante la década del 1970. Este grupo hizo irrumpir en el escenario político la presencia de mujeres que reclamaban derechos para sí basados en su sexualidad haciendo visibles a todas las mujeres como seres sexuales de una forma antes no reconocida públicamente; con la AMCOG se hizo presente por primera vez un grupo político cuya agenda principal era denunciar la discriminación en contra de las lesbianas dándole nombre público a una sexualidad prohibida.

Las organizaciones feministas de la década del setenta compartían la utopía de las transformaciones sociales característica del periodo.

---

[64] Véase la entrevista a C. Torres en este volumen.

Le introdujeron a esta utopía el elemento género y deslindaron sus visiones acerca de la opresión de las mujeres. A través del concepto de la justicia social manifestaron sus visiones acerca de cómo debía cambiar la sociedad y el papel de las mujeres en estas transformaciones. Se debatió el tema de la relación del feminismo con otros movimientos por el cambio social, sus vínculos con los partidos políticos, y en particular su relación con las izquierdas políticas. Los grupos feministas asumieron diversas posiciones en cuanto a la relación entre la opresión de la mujer, el discrimen contra las lesbianas y los homosexuales, la explotación de clases y el colonialismo. También manifestaron distintas posturas en torno a qué constituye un movimiento político.

Las mujeres se unen a las organizaciones feministas porque habían experimentado la opresión de género en muchas formas distintas y deseaban hacer algo por cambiar esa situación. No necesariamente ingresaban a una u otra organización porque se adherían a una u otra posición teórica en torno al origen de la opresión de las mujeres. Las diferencias entre las feministas muchas veces se articulaban como diferencias en torno a si las luchas locales deberían tener precedencia sobre la asistencia a las conferencias internacionales, si se debía enfocar más en la formación teórica o en el activismo, o si la organización y sus integrantes se identificaban con una u otra organización de izquierda y sus estilos de trabajo. Existían además luchas de poder entre las dirigentes de distintas organizaciones políticas, tema que amerita un estudio en sí mismo.

Como hemos visto, las posiciones eran fluidas y cambiantes: había diversidad dentro de cada organización y los posicionamientos en torno a estos temas cambiaron a través de la década. Las diferencias en torno a cuál es la causa de la opresión de la mujer y por ende, cómo deben las organizaciones feministas vincular sus luchas con las de otros movimientos por la justicia social, se manifiestan al comparar los sectores de mujeres a los cuales se dirigen con prioridad, y los temas alrededor de los cuales concentran su trabajo. Estas discrepancias se manifiestan también en los debates en torno a la autonomía de las organizaciones feministas, y en su participación en foros internacionales, temas que abordaré más adelante.

Los feminismos y la nación

Los feminismos en Puerto Rico han tenido una relación conflictiva con los discursos sobre la nación. Como veremos, los conceptos de nación tradicionalmente han sostenido los roles consagrados a la mujer en la esfera privada: madre, esposa e hija. Estos roles asignados a las mujeres se representan como naturales e incambiables y se afirman como características definitorias de la nacionalidad puertorriqueña. Cuando las(os) defensoras(es) de la nacionalidad puertorriqueña han recabado el apoyo de las mujeres, generalmente han invocado sus cualidades como madres, hijas, y pilares de la unidad familiar. Han recabado su apoyo para proyectos que no las incluyen como ciudadanas con iguales derechos, responsabilidades y posibilidades de participación en la vida pública y privada[65].

Un examen de esta relación en perspectiva histórica revela interesantes antecedentes a los discursos de la década de los setenta. Isabel Picó[66] describe el surgimiento de una ideología nacionalista machista defensiva en las primeras décadas de la dominación de los Estados Unidos en Puerto Rico. En el proceso de desarrollar una defensa frente a la agresión cultural y económica, la clase dominante generó un conservadurismo cultural patriarcal como expresión de su lucha anticolonial. Picó argumenta que las mujeres de las clases sociales más privilegiadas mostraban una mayor tolerancia de la dominación cultural que los hombres, porque para las mujeres, la dominación estadounidense significaba un mayor acceso a la educación y a la posibilidad de una carrera independiente.

Según Picó, los hombres, por otro lado, veían cualquier señal de un movimiento hacia la igualdad sexual como un proceso de

---

[65] Un análisis de este tema en Chile se encuentra en C. M. Boyle,. "Touching the Air: The Cultural Force of Women in Chile", en 'Viva' Women and popular protest in Latin America, ed. S. Radcliffe and S. Westwood, (London: Routledge, 1993). Véase también un escrito sobre el nacionalismo y el movimiento sufragista en Estados Unidos: Philip Cohen, "Nationalism and Suffrage: Gender Struggle in Nation-Building America," *Signs* 21, no. 3, (Spring 1996): 707.

[66] I. Picó, "Apuntes preliminares para el estudio de la mujer puertorriqueña y su participación en las luchas sociales de principios del siglo XX" en *La mujer en la sociedad puertorriqueña*. ed. E. Acosta Belén (Río Piedras: Ediciones Huracán, 1980) 39-40.

americanización que había que combatir. Esta autora sugiere que por esta razón, el movimiento sufragista entre las mujeres de clase alta se desarrolló al margen de los movimientos anticoloniales y en muchas ocasiones en abierto conflicto con ellos.

Edna Acosta Belén también observa una relación entre el nacionalismo y el sexismo al estudiar la creación literaria conocida como la generación del cincuenta. Esta generación de escritores se caracteriza por una actitud cultural defensiva que es a la vez anticolonial y antimujer[67]. Son abundantes las imágenes de norteamericanos que lo usurpan todo incluyendo a las mujeres quienes se dejan seducir por el invasor. Otra imagen común en esta literatura es aquella de las mujeres obsesionadas con los bienes materiales quienes exigen que los hombres les provean los objetos que ellas desean. Estas exigencias se presentan como un obstáculo que confrontan los hombres en su búsqueda de un sentido de autorealización[68].

En el pasaje que sigue a continuación, René Marqués, un exponente de esta tradición literaria lamenta la destrucción de la estructura social y cultural patriarcal como resultado de la influencia anglosajona. Estas fuerzas destructivas se describen como matriarcales. En la cita que sigue, Marqués nos indica que la subordinación de la mujer en la familia patriarcal es un elemento definitorio del ser puertorriqueño.

> "El feminismo puertorriqueño había ya obtenido la igualdad política, pero no había logrado -ni en verdad lo había pedido o intentado- destruir la estructura social y cultural establecida. Fue con el vendaval democratizador iniciado desde 1940, que la sociedad puertorriqueña dio un rápido viraje hacia el matriarcado estilo anglosajón. Los patrones culturales y éticos de una estructura social basada en la tradición del pater familiae se deterioraron y sucumbieron con vertiginosidad tal que quedó demostrada claramente la poca estima que de estos patrones y valores tenía la sociedad puertorriqueña."[69]

---

[67] E.Acosta Belén, "Ideología e imágenes de la mujer en la literatura contemporánea," en *La mujer en la sociedad puertorriqueña*, 149-156.
[68] El cuento de Pedro Juan Soto titulado "Garabatos" es un buen ejemplo de esta temática. La esposa del personaje principal se presenta como un obstáculo para la realización de éste como artista. Pedro Juan Soto, Spiks. New York: Monthly Review Press, 1973.

Un análisis hecho por María Fernós[70] sobre los primeros cuentos de José Luis González revela muchos de los temas señalados por Acosta Belén. La mujer con frecuencia se presenta como la que precipita la tragedia inevitable; los cambios sociales que liberan a la mujer son negativos para el hombre y desmerecen su hombría; la desintegración de valores familiares es impuesta por el designio extranjero; la mujer es víctima inocente, violada, así como la Patria es violada por el poderoso.

En un escrito posterior a los que examina Fernós, José Luis González también describe y critica la defensa de una sociedad patriarcal por representantes de la literatura nacional puertorriqueña. Señala además que la añoranza e idealización de una sociedad patriarcal está acompañada de un profundo racismo.

> "El progreso relativo -relativo por dependiente y colonial, pero real y objetivo ello no obstante- de la mujer y del puertorriqueño negro y mestizo, no podía ser sino un factor negativo e irritante en el contexto de las aspiraciones hegemónicas de la burguesía tradicional a nivel local."[71]

Coincide Isabel Picó con González al señalar que, mientras los cambios económicos que se desarrollan en Puerto Rico a comienzos del siglo veinte minaron las tradiciones patriarcales a través de la incorporación de la mujer a la fuerza de trabajo y el acceso a la educación, el nacionalismo actuó como una fuerza contraria que afianzó estas tradiciones[72].

El rol de protector es otro postulado básico de la tradición patriarcal que define al nacionalismo puertorriqueño. La mujer/patria, víctima del extranjero encuentra su defensor en los hombres de la nación. Esta defensa se presenta como una defensa de la familia. Transportada al contexto de Estados Unidos, una escena de la película West Side Story expresa esta idea de forma muy concisa y poderosa. Cuando el hermano de María se entera de que su hermana se enamora

---

[69] Citado por E. Acosta Belén "Ideología e imágenes de la mujer...," 139-40.
[70] M. D. Fernós, "La mujer en los primeros libros de José Luis González," *Pensamiento Crítico*, enero/junio 1991, 30-33. Véase también M. Solá, "René Marqués ¿escritor misógino?, *Sin Nombre*. X, 3, 1979.
[71] José Luis González, "Literatura e identidad nacional en Puerto Rico," en *El país de cuatro pisos*, Río Piedras: Ediciones Huracán, 1983, 86-87.
[72] I. Picó, "Apuntes preliminares..." 39-40.

de Tony, un joven italiano, le grita: Aléjate de mi hermana. ¿Acaso no sabes que los puertorriqueños somos una familia? ("Don't you know we are a 'family people'?")

La contrapartida del rol del hombre como protector de la mujer/patria es la acusación de traidoras que se les hace a las mujeres que se envuelven sexualmente con los hombres del extranjero[73]. Los autores de la generación del cincuenta desarrollan este estereotipo misógino a través de la imagen de la mujer que se deja seducir por el invasor. Pero la imagen no es sólo misógina, sino también heterosexista, pues la definición de mujer puertorriqueña que se asume aquí, es heterosexual. La lesbiana no se considera puertorriqueña; es extranjera, o ha llegado a ser lesbiana porque estuvo expuesta a las influencias del extranjero.

Pero pasemos a examinar cómo se resucitan estas representaciones del género, la clase social y la nación y cómo se les añaden otras imágenes en la década del 1970. A pesar del afán feminista característico del período por ubicarse a sí mismas y a otras a un lado u otro del feminismo "verdadero", del feminismo reformista o revolucionario, pequeño burgués o proletario, encontramos que sus posicionamientos teóricos y como sujetas dentro de la estructura social eran mucho más fluidos de lo que quizás parecían. Estos dualismos eran incapaces de definirlas. Por otro lado, los planteamientos feministas, sin importar sus afinidades ideológicas con las izquierdas o las derechas políticas, se percibían como una amenaza al sistema social de género y a los supuestos valores que definían lo puertorriqueño.

---

[73] El ejemplo más clásico de la cultura Latinoamérica la encontramos en la leyenda de La Malinche. Esta se considera una traidora porque se hace amante de Cortés, el conquistador de los Azteca. Las feministas chicanas han señalado que antes de la conquista española su propia familia había vendido a La Malinche como esclava. Por lo tanto, ésta no tenía por qué ser leal a los Aztecas. Los Aztecas habían esclavizado no sólo a su propio pueblo, sino también a varias naciones aledañas. Para algunas chicanas feministas este personaje histórico se ha convertido, de maneras diversas, en una figura contestataria a la tradicional subordinación femenina. También representa una crítica a la noción de que se le debe lealtad a la cultura nacional frente a la agresión extranjera. Véase C. Moraga, *Loving in the War Years - Lo Que Nunca Pasó por sus Labios*, Boston: South End Press, 1983; Gloria Anzaldúa, *Borderlands La Frontera - The New Mestiza*, San Francisco: Spinsters/Aunt Lute, 1987.

A principios de la década de 1970, la amenaza del feminismo a la nación adquirió corporalidad en la figura de Steinem. Se desplazaron hacía Steinem los temores que provocaban los nuevos grupos de feministas que irrumpieron en el escenario político amenazando los entendidos sociales sobre el género, y las jerarquías sociales de status y clase social que se representaban como los pilares de la nación. Las feministas rompían las concepciones tradicionales sobre el género; no conformaban el estereotipo de la feminidad. Eran solteras, casadas, divorciadas, lesbianas y heterosexuales. Las feministas pertenecían a diversas clases y estratas sociales: habían obreras, profesionales, amas de casa, y mujeres de sociedad. Eran de Puerto Rico y también del extranjero. De éstas y otras maneras el feminismo atravesaba las barreras tradicionales erguidas en la sociedad puertorriqueña. Las diversas imágenes de Gloria Steinem y el público de mujeres tan diverso que atrajo su visita lo hicieron patente. Veamos.

"Do you think you might enjoy a weekend in Puerto Rico at the end of January or February?"[74] Así comienza la carta de invitación que le extiende Maggie Bobb de la Sociedad de Mujeres Periodistas a Gloria Steinem. Los turistas suelen gozar del sol caribeño con mayor ímpetu durante los meses de enero y febrero cuando el invierno es más cruento en su país. La contestación de Steinem es la esperada. "I know that in mid-winter, nothing is going to look better than a sunny weekend in Puerto Rico"[75]. La llegada de Steinem se anuncia en las páginas de los periódicos de la capital donde suelen aparecer los asuntos que conciernen a las mujeres "de sociedad". A tono con el contexto profesional y cívico de la actividad, se anuncia su charla como "sobremesa de un almuerzo a celebrarse... en el Hotel San Jerónimo Hilton"[76]. En las páginas de *El Mundo* se describe a Gloria Steinem como "la mujer idealmente bella, comprometida con los problemas sociales y culturales del país y libre de escoger lo que ella quiera hacer"[77]. Hasta aquí, la imagen de Steinem podría ser compatible con la de una turista, una mujer profesional, una mujer

---

[74] Carta a Gloria Steinem suscrita por Maggie Bobb, 17 octubre 1970.
[75] Carta de Gloria Steinem a Maggie Bobb, 23 octubre 1970.
[76] C. Reyes Padró, "Entremés", *El Mundo*, 26 febrero 1971, 12A.
[77] Ibid.

puertorriqueña de sociedad o hasta una reina de belleza. En Estados Unidos era casi una celebridad: su foto aparece junto a la de Henry Kissinger en las revistas *Time* y *Life*, compartió su apartamento con Ali MacGraw, y ocupaba una silla de invitada que ya casi tenía su nombre en los programas de Johnny Carson y Dick Cavett[78].

Por otro lado, Steinem evoca imágenes que no son las de una mujer de sociedad en Puerto Rico ni en los Estados Unidos. Se identifica con los Young Lords y con las Panteras Negras. Uno de los ayudantes del alcalde de Nueva York, un joven puertorriqueño, nos dice que la hicieron puertorriqueña honoraria "We even made her an honorary Puerto Rican. And not too many white Anglo-Saxon females get that.[79]"

Sin embargo, Steinem carece de atributos que la harían puertorriqueña: No es casada y no es madre. Cuando se le pregunta si alguna vez se ha casado, responde que sí, ha tenido pequeños matrimonios ("little marriages") que han durado unos cuantos meses, un año o dos, a lo sumo cuatro años.[80] Además, es blanca y rubia, como se suele representar a las norteamericanas, y no habla español. Es más, viene a hablar sobre "la liberación femenina".

Las que la invitan son mujeres profesionales y podría argumentarse que la razón por la cual aparece como una actividad de sociedad es que los espacios que concibe el periódico para "cosas de mujeres" son la sección del hogar y las páginas sociales[81]. Más aún, cuatro años más tarde, Norma Valle, una de las mujeres que organiza esta actividad, será una de las fundadoras de la Federación de Mujeres Puertorriqueñas, un grupo feminista que definiría sus luchas como representativas de las mujeres obreras[82].

Como vemos, esta actividad, la polémica que genera, y Steinem misma, ejemplifican variadas y fluidas posiciones en torno al género, la nación y la clase social. Las feministas se ubican en muy variados

---

[78] L. Sherr, "She's Everygirl's Dream," *The San Juan Star*. 12 abril 1970, 6-7.
[79] Ibid.
[80] E. Combas Guerra, "En torno a la fortaleza", *El Mundo*, 2 marzo 1971, 6A.
[81] Mi examen de los periódicos *El Mundo* y *The San Juan Star* de la época refleja esta distribución de los espacios y categorías.
[82] La presidenta de la Sociedad de Mujeres Periodistas era Norma Valle, quien luego sería presidenta de la FMP.

y cambiantes escenarios públicos, profesionales, políticos y de clase social. Aparecen como conservadoras y radicales, son de aquí y vienen del extranjero, hablan inglés y español y se resisten a definirse como solteras o casadas. Según el diario *The San Juan Star*, "Steinem moves graceful, between both worlds —monied sophistication and tenement poverty— turning up at both in microshort clingy dresses and tall boots"[83]. (Steinem se mueve con gracia, entre ambos mundos —la sofisticación adinerada y la pobreza del arrabal— y en ambos se aparece con mini faldas ceñidas y botas hasta las rodillas.)

En la carta de invitación a Gloria Steinem, la periodista Maggie Bobb relata las transformaciones del "Women's Press Club of Puerto Rico", que se había establecido hacía trece años para promover la carrera de periodista entre las mujeres y combatir la discriminación. La presidenta en esta nueva etapa era Norma Valle. Las dirigentes deseaban convertir a la asociación en una organización profesional activista y sobresaliente. Para ello, querían organizar un evento de impacto invitando a una mujer activa en el movimiento de liberación femenina. "The woman's Lib movement", nos dice Maggie Bobb,

> "hasn't really arrived here in Puerto Rico yet. Being a Latin country, the problems here are somewhat different from the States, but they are there (lack of day-care centers for working mothers is an example that occurs to me). You would be the first person associated with the Women's Lib movement in the States to have visited Puerto Rico."[84]

La visita de Steinem ciertamente resultó ser un elemento catalítico a tenor con las expectativas de Bobb: "what we need to kick us off with a bang[85]". Le dio gran visibilidad y auge, no sólo a la recién reconfigurada Sociedad de Mujeres Periodistas, sino que abrió con bombos y platillos la década de activismo feminista en Puerto Rico de los setenta. No es de sorprender que el hecho de que la invitada fuese una norteamericana tuviera tanto impacto. Avivó las llamas de la nación y sus definiciones de género en un momento en que se daba un debate en torno a si existía o no discriminación contra la mujer en Puerto Rico.

---

[83] L. Sherr, 6.
[84] Carta a Gloria Steinem...
[85] Ibid.

Gloria Steinem habla en el foro organizado por la Sociedad de Mujeres Periodistas en el Hotel San Jerónimo Hilton en febrero de 1971. Foto The San Juan Star.

Evocando a los autores de la generación del cincuenta, los periódicos leen: "Dice Gloria Steinem Ofende la Maternidad"[86;] "el país donde más domina el matriarcado, es precisamente Estados Unidos"[87]; "Aún cuando la mujer domina en todo el mundo, en otros países no llega a los extremos de la mujer norteamericana"[88]. Al relatar los intercambios entre las asistentes a la conferencia de Gloria Steinem, el conocido columnista Eliseo Combas Guerra evoca la imagen de la mujer puertorriqueña destrozada por el feminismo-traido-de-afuera:

"sentimos nostalgia al recordar aquellas preciosas inspiraciones del vate Luis Lloréns Torres, cuando al cantarle a la mujer puertorriqueña decía 'Mujer de la tierra mía. Venus y a un tiempo María de la India Occidental. Vengo a cantar la poesía de tu gracia tropical.' "[89]

Si bien el feminismo parecía trascender las fronteras acostumbradas de clase social, de idiomas, de nacionalidades y de ideologías políticas, las reacciones en contra del feminismo parecían hacer lo mismo. A la hora de criticas al feminismo, las ideologías políticas en torno al estatus de Puerto Rico parecían confundirse. En un foro público un legislador argumentaba que el movimiento de liberación femenina, no tenía aplicación en Puerto Rico. Aunque

---

86 *El Mundo*, 3 marzo 1971, 13B.
87 M. Almazán "La mujer y el cosmos," *El Mundo*, 7 febrero 1971, 7A.
88 Ibid.

este legislador era del partido que abogaba por la estadidad, sus planteamientos parecían los de un independentista. Según las palabras del periodista que reportó la noticia, señalaba el legislador que se estaba hablando mucho de ese movimiento "porque la sociedad puertorriqueña tiende a imitar la sociedad norteamericana... agregando que desconoce los beneficios que recibirá la sociedad puertorriqueña del movimiento de liberación femenina"[90]. Extraña crítica de alguien que se adhiere a la fórmula política de la estadidad para Puerto Rico si no tomamos en cuenta el vínculo entre el discurso del patriarcado y la afirmación nacional puertorriqueña. Su oposición al movimiento de liberación femenina radicaba en que dicho movimiento atenta contra "la condición de madre de la mujer puertorriqueña"[91].

El discurso de la nación, se manifiesta nuevamente en la polémica en torno al aborto. El dictamen judicial del Tribunal Supremo de Estados Unidos en el caso *Roe v. Wade* del 22 de enero de 1973, establece el derecho al aborto. Algunos sectores nacionalistas e independentistas se declaran en contra de Roe v. Wade por ser una imposición colonial. González Cruz, un líder sindicalista del Partido Socialista Puertorriqueño comenta:

> "Nada de extraño hay en ello. Es una imposición más de las tantas que sufre nuestro pueblo. La aplicación indiscriminada y por imposición de las leyes de la metrópoli es consustancial a la relación colonial que sufrimos."[92]

Añade que el aborto es un componente más de la política de control poblacional imperialista y genocida de Estados Unidos hacia Puerto Rico. Esta política pretende evitar una explosión social que tomaría la forma de una revolución socialista.

Usando casi las mismas palabras del legislador estadista citado arriba que se proclamaba en contra del movimiento de liberación femenina, un comentarista independentista afirma que el derecho al aborto es una expresión del colonialismo judicial, añadiendo que es

---

[89] En torno a la fortaleza. *El Mundo*, 2 marzo 1971, 6A.
[90] B. Brignoni, "Cerezo y una periodista discrepan sobre liberación femenina," *El Mundo*, 7 mayo 1971, 16A.
[91] Ibid.
[92] R. González Cruz, "Una imposición colonial," *Claridad*, 13 febrero 1973, 11.

además una manifestación del "mimetismo colonial", una adopción indiscriminada de los "falsos valores y los patrones culturales del colonizador"[93]. De forma similar el presidente del Ateneo Puertorriqueño, Eladio Rodríguez Otero, se declaró en contra de que las decisiones de un tribunal extranjero tuvieran efecto en Puerto Rico. Habló como partidario de la independencia y como católico.

> "La más intolerable de todas las imposiciones de Estados Unidos en Puerto Rico ha sido y es la que ejerce en el orden moral y de las costumbres porque es la que ha tenido efectos más destructores en el alma de nuestro pueblo (...) legaliza el dar muerte a seres inocentes y absolutamente indefensos durante los primeros tres meses de vida[94]".

Más de cincuenta miembros del Colegio de Abogados firmaron una petición solicitando que este asunto se discutiese en la siguiente deliberación sobre el caso de Puerto Rico en el Comité de Descolonización de las Naciones Unidas[95].

Con la mirada de los noventa, podría parecer obvio que el punto de vista de la mujer estaba ausente de estos planteamientos. Sin embargo, en aquel momento esto no era tan evidente. El título de un artículo que suscribe una de las integrantes de MIA recalca esta ausencia en el debate: "El Aborto: La Mujer es La Que Decide"[96]. En este ensayo la autora examina los conceptos jurídicos pertinentes y aplaude la decisión de Roe v. Wade por los beneficios que representa para las mujeres. Al hacerlo, se coloca en abierta oposición al planteamiento de las izquierdas que condena la aplicación de la decisión a Puerto Rico como ejemplo del poder jurídico de Estados Unidos sobre Puerto Rico. Afirma Aponte: "...está claramente establecido que toda materia de derecho constitucional atañe a todo ciudadano norteamericano, sin ninguna excepción... La realidad es que queramos o no, somos parte del sistema federal norteamericano"[97]. Contrario a la posición independentista, Aponte antepone el interés de las mujeres en que se reconozca su derecho a controlar sus propios

---

[93] A. Parrilla Bonilla, "Aborto y control poblacional," *Claridad*, 11 marzo 1973, 10.
[94] "Rechaza apliquen ley permite los abortos," *Claridad*, 4 febrero 1973, 5.
[95] "Protestan ante ONU imposición aborto," *Claridad*, 13 febrero 1973, 6.
[96] N. Aponte Raffaele, *Avance*, 16 abril 1973, 17-18.
[97] Ibid., 20.

cuerpos por encima del reclamo a una autonomía jurídica. De forma similar, MIA declara "Creemos que se debe reconocer el derecho de la mujer (aconsejada por su medico) a decidir qué va a hacer con su cuerpo ya que es la única dueña del mismo."[98] Como en épocas anteriores, la afirmación de la nacionalidad estaba encontrada con el feminismo.

Al exponer el prejuicio masculino y la hipocresía contenida en la perspectiva nacionalista, señalaba MIA que aún antes de la decisión de Roe v. Wade, Puerto Rico era uno de los centros más grandes de abortos del hemisferio. Muchas mujeres estadounidenses que podían pagar una cantidad de dinero considerable venían a Puerto Rico a hacerse un aborto. Esto sucedía a pesar de que la ley de Puerto Rico penalizaba con hasta 10 años de prisión al médico que lo practicara y de 1 a 5 años a la mujer que se sometiera a ese procedimiento, de no ser necesario para salvar su vida. Salvo esta excepción, todos los abortos practicados en Puerto Rico eran ilegales. Los médicos que se lucraban de los mismos operaban fuera de la ley y las autoridades se hacían de la vista larga. Sin embargo, las mujeres de escasos recursos tenían que someterse a procedimientos que no ofrecían seguridad, o se trasladaban a clínicas en las Islas Vírgenes donde los costos eran más bajos. Muchas recuerdan que cuando una mujer decía que se iba para San Tomas se daba por sentado que el motivo de su viaje no era tomar unas vacaciones.

La organización feminista MIA lamentó que la decisión del Tribunal Supremo de Estados Unidos fuese lo que motivara a la Legislatura de Puerto Rico a considerar la legalidad del aborto. En el 1972, un año antes de Roe v. Wade, MIA había hecho un llamado para que se aprobara una ley que permitiera el aborto a solicitud de la mujer, argumentando que debería ser ésta la que decidiera este asunto y no el gobierno[99]. El aborto legal le otorgaba el derecho a controlar su cuerpo a las mujeres de todas las clases sociales, no sólo a las que tuvieran dinero para pagarlo. Sin embargo, la política del gobierno efectivamente obstaculizó la implementación de la disposición constitucional. Esto lo hacía, amparándose en la estipulación de la

---

[98] "Las mujeres 'Liberacionistas' y el aborto," *Avance*, 16 abril 1973, 18.

corte de que no se puede obligar a las doctoras y a los doctores a realizar un aborto si su conciencia le dicta que no los debe practicar. Frente a numerosas solicitudes de mujeres para que se les hiciera un aborto en un hospital público, los y las directoras(es) médicos alegaban que todos(as) sus doctoras(es) estaban opuestos moralmente a la práctica. Además, argumentaban que los hospitales no tenían fondos para comprar el equipo y el personal necesario para realizarlo[100].

La posición de MIA en torno a otro tema importante de la década, la esterilización masiva, también pone de manifiesto las limitaciones del discurso nacionalista que describimos. Su planteamiento se distingue de otros que se mantienen dentro del discurso tradicional del genocidio premeditado para acabar con las puertorriqueñas y los puertorriqueños[101]. En el Tribunal Internacional de Crímenes Contra la Mujer en Bruselas en el 1976, MIA argumentó que la política de esterilización tenía varios componentes: era una política sustentada por el machismo puertorriqueño (un valor que junto a la sumisión de la mujer se ha presentado como parte de la cultura puertorriqueña) y además era una política que le negaba a las mujeres el derecho a controlar sus cuerpos. A la misma vez, MIA denunció la esterilización masiva y el uso de mujeres puertorriqueñas para la experimentación con drogas anticonceptivas, como una política económica que favorecía a los ricos sobre los pobres. Señaló además que "irónicamente, el invento que prometía dar poder a la mujer para controlar su cuerpo era impuesto en los cuerpos de otras mujeres que al parecer ni siquiera tenían el derecho a ser consideradas seres humanos.[102]" Su planteamiento pone en evidencia la convergencia

---

[99] "El aborto y la integración de la mujer," *MIA Informa,* mayo 1972, 5.

[100] R. Lovler, "¿Y los aborteros dónde están?" *Avance - El Tacón de la Chancleta -* ejemplar preliminar, 30 septiembre 1974, 12.

[101] El planteamiento de MIA difiere del argumento presentado en la película "La operación". (A. M. García, *La operación,* Puerto Rico: 1982, distribuido por Cinema Guild, NY. Discusiones análogas se dan en otros países de América Latina donde las feministas luchan por colocar las perspectivas de las mujeres en las políticas de control poblacional. Véase C. Barroso, y C. Bruschini, "Building politics from personal lives - Discussions on sexuality among poor women in Brazil," in *Third World Women and the Politics of Feminism,* ed. C.T. Mohanty, A. Russo & L. Torres (Bloomington: Indiana University Press, 1991), 153-172.

[102] MIA, "*La Mujer Puertorriqueña: Objeto del Control Poblacional,*" Presentación ante El Tribunal Internacional de Crímenes Contra la Mujer, Bruselas, marzo 1976, 15.

entre la premisa cultural de que la mujer es la única responsable de la procreación y la propaganda oficial de que el exceso poblacional causa la pobreza. Su análisis crítico de las premisas culturales sobre las que se monta la política de esterilización masiva rompe con el análisis que subraya solamente la agresión genocida imperialista. Sin embargo, en el documento de MIA no está ausente el discurso antiimperialista tradicional. MIA acusa a los Estados Unidos de Norteamérica como potencia colonial, al gobierno de Puerto Rico y a "los intereses económicos de explotación que ambos representan[103]" de ser responsables de esta situación. Algunas preguntas que quedan pendientes y que se elaborarán durante la próxima década son: ¿Fueron las mujeres tan sólo víctimas de este proceso? ¿En qué medida fueron participantes activas? ¿De qué otras maneras convergen las políticas machistas nativas con las políticas imperialistas en contra del derecho de las mujeres a controlar sus cuerpos? Al proponer estas interrogantes, la categoría nación y el concepto de genocidio deben replantearse.

El nacionalismo también se presentó como un elemento importante en la discusión sobre la orientación sexual. Se caracterizaba a las feministas como lesbianas en un intento de marginarlas y presentarlas en contraposición a la heterosexualidad de la mujer/madre puertorriqueña. Desde una perspectiva heterosexista, para afirmar los derechos de la mujer y aún así ser aceptada por los hombres, era necesario afirmar la heterosexualidad y establecer una diferencia entre "nuestro" feminismo y "su" feminismo (el feminismo de las "otras", esto es de las lesbianas).

El lesbianismo y la homosexualidad se presentaron durante esta década no solamente como enfermedad e inmoralidad, sino como un elemento cultural extranjero ajeno a los valores puertorriqueños. Moraga[104], una escritora chicana, nos recuerda que el asumir una identidad lesbiana significa no solo confrontar los tabúes sexuales, sino también las fronteras culturales y raciales. La norma social que equipara la heterosexualidad con la puertorriqueñidad convierte a las lesbianas en extranjeras. Cuando una mujer afirma su independencia

---

[103] Ibid., 1.
[104] C. Moraga, 90-149.

sexual o intelectual, se interpreta como un resultado de las influencias del extranjero. Ser lesbiana implica una traición, de manera que la lealtad a la nación se traduce como lealtad a los hombres. La heterosexualidad es la forma en que una mujer demuestra sin lugar a dudas que es leal a su nación. Esta lealtad no significa solamente preservar a una comunidad y a un pueblo en contra del exterminio. Es un compromiso con la heterosexualidad.

LOS FEMINISMOS Y LA AUTONOMÍA DE LAS ORGANIZACIONES

A pesar de que las organizaciones feministas que estudiamos aquí se constituyeron fuera de los partidos y organizaciones políticas establecidas, uno de los debates principales giró en torno a la autonomía de las organizaciones feministas. Esta autonomía se discutía de forma predominante frente a los partidos y organizaciones políticas de izquierda. La influencia de las izquierdas se hacía sentir a través de la incorporación de posiciones socialistas e independentistas dentro de los discursos feministas, tema que hemos abordado arriba, y a través de la doble militancia en organizaciones feministas y de izquierda, tema que examinaremos a continuación. La doble militancia amenazó la autonomía de las organizaciones y fue razón de rupturas tanto en Mujer Intégrate Ahora, la Federación de Mujeres Puertorriqueñas como en la Alianza Feminista por la Liberación Humana.

La autonomía de las organizaciones feministas también se debatía en relación a la Comisión para el Mejoramiento de los Derechos de la Mujer, organización gubernamental que se creó para proveer servicios directos a las mujeres, promover legislación y desarrollar investigación. Cuando cambiaba el partido en el poder, también cambiaban las agendas y prioridades de esta entidad gubernamental. (Sobre éste tema véase el ensayo de Rivera Lassén en éste volumen.) La autonomía de las mujeres y la visibilidad de las lesbianas también se discutió en el contexto de las organizaciones Gay.

Examinemos cómo se dieron los debates en torno a la autonomía de las organizaciones feministas dentro de la Federación de Mujeres Puertorriqueñas (FMP). A pesar de que la FMP se definía como una organización no partidista, toma una posición a favor de la independencia de Puerto Rico desde su primera asamblea donde en la dedicatoria afirman el papel de las mujeres en el logro de la independencia, como hemos detallado anteriormente[105]. La postura en favor de la independencia no identificaba a la FMP con uno u otro partido político independentista, pero sí excluía de la organización a mujeres de otras ideologías en torno al estatus político de Puerto Rico. No obstante, la FMP sí se planteó recabar el apoyo de distintos sectores políticos dentro de la legislatura de Puerto Rico en torno a varios proyectos en favor de las mujeres.

En abril de 1975, la FMP forma parte del Comité Nacional de Apoyo a la Conferencia Internacional de Solidaridad con la Independencia de Puerto Rico[106]. Según su comunicado al Comité Nacional de Apoyo, desean integrarse para que "la mujer puertorriqueña tenga voz y participación egalitaria"[107]. Más tarde, en el 1977, la FMP junto a diecisiete organizaciones, suscriben un documento sobre el caso colonial de Puerto Rico que se presentó ante el Comité de Descolonización de la Organización de las Naciones Unidas. Fue importante dejar sentir la presencia de una organización feminista en un foro internacional sobre la situación política de Puerto Rico. Sin embargo, en este documento no hay planteamientos feministas ni se hace alusión a las problemáticas específicas de las mujeres puertorriqueñas[108].

La doble militancia en organizaciones feministas y de izquierda creó muchas polémicas dentro de la FMP. Varias miembras de la FMP, incluyendo la vice-coordinadora, Flavia Rivera Montero, eran miembras del Partido Socialista Puertorriqueño (PSP). Rivera Montero era miembra del cuerpo dirigente más alto del PSP. Su participación en actividades internacionales y nacionales donde asiste representando a las dos organizaciones, crea conflictos dentro de la FMP.

---

[105] Véase nota 35 y los comentarios de Flavia Rivera Montero en la entrevista que aparece en este volumen.

[106] "Frente amplio patriótico pro Conferencia," *Claridad*, 23 abril 1975, 5.

[107] "Mensaje de la Coordinadora de la Federación de Mujeres Puertorriqueñas al Comité Nacional de Apoyo a la Conferencia Internacional de Solidaridad con la Independencia de Puerto Rico," 20 abril 1975.

[108] El documento presentado aparece bajo el título "Puerto Rico en Lucha,"

Una de las controversias más dramáticas se dio apenas cinco meses después de la fundación de la FMP a raíz de su participación en la Conferencia Mundial sobre la mujer celebrada por la Organización de las Naciones Unidas (ONU) en México, en el 1975. La ONU organiza esta conferencia como parte de las actividades del Año Internacional de la Mujer. Asisten delegaciones de todos los gobiernos del mundo para tomar medidas específicas en torno a los problemas que afectan a las mujeres. Simultáneamente, las Organizaciones No Gubernamentales (ONGs) celebran una Tribuna con el fin de ejercer presión sobre los gobiernos para que suscriban y luego pongan en vigor los acuerdos oficiales de la Conferencia. La FMP acude a dicha conferencia representada por su coordinadora, Norma Valle[109] y su vice-coordinadora, Flavia Rivera Montero[110]. También asisten de forma independiente miembras de Mujer Intégrate Ahora.[111]

Además de representar a la FMP, Flavia Rivera asiste como representante del PSP. Como miembra del PSP, hace contactos con el secretario organizador del gobernante Partido Revolucionario Institucional (PRI) mexicano para que éste haga una declaración oficial en apoyo a la Conferencia Internacional de Solidaridad con la Independencia de Puerto Rico, a celebrarse en La Habana en septiembre del mismo año[112]. Según un editorial de Claridad, "el marco para las declaraciones del dirigente mexicano fueron las conversaciones sostenidas con él por la compañera Flavia Rivera Montero, miembro de la Comisión Política del Partido Socialista Puertorriqueño, quien asiste a la Tribuna, ...[113]" Rivera Montero no veía problema alguno con su doble militancia dado el hecho de que los estatutos de la FMP ligaban la lucha por la igualdad de la mujer con la erradicación del coloniaje[114]. Rivera Montero escribe un edi-

---

[109] Norma Valle no era miembra del PSP.

[110] "FMP participa en 'Tribuna'," *Claridad*, 12 junio 1975, 7.

[111] Véase *El Tacón de la Chancleta*, julio-agosto 1975, 3-7.

[112] W. Fernández, "México apoya independencia PR," *Claridad*, 26 junio 1975, 2; "Denuncian situación colonial," *Claridad*, 26 junio 1975, 2.

[113] "México con Puerto Rico," *Claridad*, 26 junio 1975, 13; Véase también, "Apoyo unánime a la lucha Puerto Rico," "Organizaciones de mujeres se unen", *Claridad*, 30 junio 1975, 11.

[114] Véase comentarios de Rivera Montero sobre la doble militancia en el PSP y la FMP en la entrevista en este volumen.

torial en las páginas de **Claridad** donde argumenta que la importancia de este evento fue la ratificación por la ONU del concepto que une la lucha por la igualdad de la mujer con la erradicación del colonialismo.

> "En este sentido las resoluciones establecidas por la Naciones Unidas al proclamar el Año Internacional de la mujer con (sic) claras: Para lograr la igualdad de la mujer en la sociedad es necesario erradicar el colonialismo, el discrimen racial y luchar por la independencia, la paz y el progreso de los pueblos".[115]

Para el liderato de la FMP, esta resolución y las declaraciones del oficial mexicano, fueron importantes logros de su participación en México.

Otra situación de doble militancia se da con la participación de la FMP en La Segunda Conferencia Interamericana Sobre Aspectos Jurídicos de la Independencia Económica. La representante de la FMP asiste a la conferencia también como representante del PSP[116]. Nuevamente, la página editorial del secretario general del PSP destaca este evento como uno más donde "Despega el apoyo internacional"[117] (para la independencia de Puerto Rico).

Estos sucesos crean incomodidad dentro de la FMP ya que los deslindes de la participación simultánea de Flavia Rivera como representante de la FMP y del PSP no quedaron claros. Algunas miembras de la FMP caracterizaron esta participación como indebida y sostuvieron que le dio credibilidad a los que decían que la FMP era un frente del PSP[118.]

El tema fue de preocupación tal que provocó un cambio a la agenda establecida para la primera asamblea general de la FMP celebrada el 20 de julio de 1975 en el Colegio de Abogados. Esta reunión se había convocado para discutir el reglamento de la FMP que habría de definir las bases de trabajo de la organización. Las miembras que asisten a la asamblea presentan y aprueban una moción

---

[115] F. Rivera, "La Conferencia internacional de la mujer," *Claridad*, 12 junio 1975, 12.
[116] "Juristas americanos junto a PR," *Claridad*, 26 junio 1975, 3; "Editoriales" *Claridad*, 26 junio 1975, 13; Actas FMP.
[117] J. Mari Bras, "Despega el apoyo internacional," *Claridad*, 27 junio 1975, 12.
[118] Actas FMP, 27 junio 1975.

para que se discuta la vinculación política de la FMP con el PSP[119]. Una federada pide una explicación sobre el hecho de que los periódicos Claridad y el Nuevo Día destacan la participación de Flavia Rivera en otros eventos relacionados con la Comisión Política del PSP durante La Conferencia Mundial de la Mujer en México.

Rivera Montero responde que en la Declaración General de la FMP aprobada el 2 de febrero de 1975, cuando se constituye formalmente la FMP, la organización se declara en contra del sistema capitalista colonial. También sostuvo que no habló en nombre de la FMP cuando se reunió con grupos políticos. Afirmó que le preocupaba que la organización discriminara en contra de ella por su pertenencia a la Comisión Política del PSP[120]. Las opiniones sobre el particular eran diversas, desde una aceptación del hecho de que las posiciones del PSP coincidieran con las de la FMP, una petición de ampliar la directiva de la FMP para que fuera más representativa de la membresía, hasta la posición de que ninguna miembra debería asistir a actividades ajenas a la FMP en eventos internacionales[121]. Esta última posición quedó descartada a juzgar por el Artículo IX de los Estatutos que fueron finalmente aprobados en la Asamblea del 14 de septiembre de 1975 en el local de la Cervecería Corona en Santurce. (Véase los Estatutos de la FMP en este volumen.) Algunas de las miembras critican fuertemente al liderato y renuncian a la organización por sentir que era usada como vocero del PSP. Una Federada presenta su carta de renuncia a la organización en una comunicación publicada en un diario del país.[122] Este conflicto no quedó resuelto en esta Asamblea[123]. Fue motivo de discusión durante una porción significativa de la vida de la organización.

MIA se ve afectada por la dinámica de la doble militancia durante el 1976-77. Desde sus comienzos este grupo había articulado

---

[119] Actas FMP, 20 julio 1975.
[120] Ibid.
[121] Ibid.
[122] "Decepcionada con la Federación de Mujeres," (Carta firmada por Alma Irizarry Maldonado) El Nuevo Día, 27 octubre 1975, 20.
[123] Véase E. Vázquez, "La Federación de Mujeres Puertorriqueñas: Una evaluación crítica," Boletín Informativo Federación de Mujeres Puertorriqueñas, 25 febrero 1976.

de forma expresa su visión del feminismo al abogar por la "lucha feminista independiente y paralela a la lucha por una sociedad más justa[124]". No se declaran nunca a favor de posición alguna en torno al estatus político de la Isla contrario a la AFLH y la FMP quienes se manifestaron a favor de la independencia. No obstante, al ingresar miembras de la Liga Internacionalista de Trabajadores (LIT) y del Frente Revolucionario Anti-Imperialista (FRAI), surge una disputa en torno a si las posiciones que sostiene una miembra de la organización en un foro feminista (Frente Amplio de Mujeres) eran las de MIA o si eran de la LIT, organización a la cual también pertenece dicha miembra. Las integrantes de MIA que pertenecen al FRAI dicen que MIA se abanderiza a favor de la LIT y critican a la coordinadora de MIA por no dejarlas expresarse. Mientras tanto, la coordinadora entiende que una discusión entre dos grupos políticos de izquierda no tiene lugar alguno en una organización feminista y por ello decide cortar la discusión[125]. A raíz de esto, renuncian cinco integrantes de MIA y forman el grupo feminista-socialista AFLH.

Dentro de la AFLH también se sintió la influencia de las organizaciones de izquierda. El grupo dedicó muchos de sus esfuerzos a la participación en actividades independentistas como el Comité Soto Rosado, Comité Pro Defensa de Vieques, Comité de Excarcelación de los Presos Políticos, entre otros. Además, parte del liderato milita en organizaciones de izquierda. Una de las razones para la desintegración de la Alianza fue "el choque de tendencias ideológicas partidistas"[126].

Las estructuras organizativas y el léxico de varias de las organizaciones feministas reflejan también la influencia izquierdista. Por ejemplo, la AFLH, una organización que contaba con aproximadamente quince integrantes tenía un comité central, secretarías de propaganda, de educación, de finanzas, de actas y de organización. Además, tenía un comité de disciplina[127].

---

[124] A. Rivera Lassén, "El movimiento feminista y la revolución social," 1
[125] Véase cartas de renuncia a MIA y la entrevista a M. Román en este volumen; A. Rivera Lassén, entrevista con la autora, San Juan, 1992.
[126] "Recuento Histórico," documento presentado ante la III Conferencia de la Mujer Trabajadora, marzo 1982.
[127] Actas AFLH.

A pesar de la afinidad ideológica de algunas(os) miembras(os) de la Comunidad de Orgullo Gay (COG) y de la Alianza de Mujeres de la Comunidad (AMCOG) con la independencia de Puerto Rico y a pesar de su militancia en organizaciones Gay y de izquierda, no había interés de los partidos de izquierda por controlar o influenciar las agendas políticas de la AMCOG. Según una de las dirigentes,

"Para la izquierda nosotros no existíamos. Ellos no se querían envolver en eso. Teníamos más acercamientos con la derecha que con la izquierda porque íbamos a la policía y a las escuelas a realizar actividades educativas y a crear presión para tratar de eliminar la represión en las calles contra lesbianas y hombres Gay."[128]

Aunque la AMCOG no fue una organización feminista autónoma, sus experiencias son un ejemplo interesante de cómo se organizan las mujeres, el proceso a través del cual definen sus problemas y reclaman un espacio propio para desarrollar sus proyectos políticos. Procesos como éste son centrales al desarrollo de las organizaciones feministas autónomas.

Al parecer, las y los fundadoras/es de la COG habían contemplado la desigualdad entre los géneros. La estructura formal de la organización le daba algún grado de poder y participación a las mujeres. Por ejemplo, la primera declaración pública de la COG contiene la afirmación que sigue: "Nos solidarizamos con la lucha de la mujer contra la opresión que sufre del machismo y de los roles inferiorizantes que le impone la llamada moral social"[129]. Más aún, la constitución de la organización disponía que en el comité ejecutivo "se elegirán suficientes delegados para que ningún sexo tenga una mayoría de más de dos terceras partes en el comité ejecutivo"[130].

No obstante, las disposiciones contenidas en la estructura formal de la organización probaron no ser suficientes. A los tres meses de fundarse la COG las mujeres se ven en la necesidad de formar un grupo dentro de la organización, la Alianza de Mujeres de la Comunidad. La problemática mayor en torno a la autonomía y el

---

[128] C. Torres.

[129] "Declaración Pública," *Pa'fuera!*, septiembre 1974, 1.

[130] "Constitución COG irá a votación el 20," *Pa'fuera!*, octubre 1974, 6; "C.O.G. elige directores," *Pa'fuera!*, febrero 1975, 1.

poder de las mujeres se definió en la práctica diaria de la organización. El sexismo dentro de la COG se manifestaba en las actitudes de la membresía y en el hecho de que los hombres tenían mayor visibilidad y poder dentro de la organización[131]. La formación de la Alianza de Mujeres generó mucha incomodidad según nos narra Carmen Torres, una dirigente del grupo. "Creó tremendos conflictos dentro de la organización. Los hombres querían ir a nuestras actividades. No veían el por qué de la separación. Veían que estábamos haciendo otro poderío aparte."[132]

El desbalance numérico entre hombres y mujeres era otro obstáculo. Habían más hombres que mujeres en la organización, y los hombres tendían a votar por los hombres. Además, nos narra Carmen Torres en la entrevista que publicamos en este volumen, la atracción sexual se convertía en un factor importante en la elección de dirigentes. "Si el tesorero era un pollo [un hombre físicamente atractivo], se llevaba dos o tres de los chicos y le pasaba la mano en una barra; ganaba el chico"[133].

Por otro lado, había una falta de conciencia feminista entre las mujeres. El propósito de la Alianza de Mujeres era desarrollar actividades para las lesbianas de la COG con el fin de levantar una conciencia feminista y una comprensión de su opresión como lesbianas[134].

> "Muchas de las mujeres no entendían la necesidad de reunirse solas. Venían a las reuniones con el amiguito, muchas veces porque sus padres no las dejaban salir de sus casas solas. Otras mujeres veían el tiempo solas como discriminatorio contra los hombres. Algunas de las mujeres más buchas se veían a sí mismas como si fueran cuatro chicos más y votaban con los hombres."[135]

La organización de las mujeres dentro de la COG fue elemento crucial para lidiar con estos problemas. Las mujeres llegaron a tener

---

[131] "Feminismo," *Pa'fuera!*, junio-julio 1975, 2. N Mogrovejo discute las experiencias de otros grupos en América Latina en, *El amor es bxh/2 - Una propuesta de análisis histórico-metodológica del movimiento lésbico y sus amores con los movimientos homosexual y feminista en América Latina.* México: Centro de Documentación y Archivo Histórico Lésbico.

[132] C. Torres. Véase también: "Feminismo," *Pa'fuera!*, junio-julio 1975, 2.

[133] C. Torres.

[134] "Mujeres Gay se Organizan," *Pa'fuera!*, octubre 1974, 6.

[135] C. Torres.

entendimientos en común y mayor unidad de propósitos. Contrario a los hombres, ya no votaban por candidatas(os) porque era su consorte en las actividades sociales, o motivadas por una atracción sexual. Al reunirse, las mujeres comenzaron a crear más conciencia feminista y tendían a votar en bloque como resultado de ello.

LOS FEMINISMOS: MÁS ALLÁ DEL SUJETO ÚNICO Y EL FEMINISMO VERDADERO

¿Cuál era la mujer a ser liberada? ¿Estaban todas las mujeres oprimidas por igual? ¿Qué mujeres debían ser las actoras principales en este proceso de liberación? Para construir el movimiento de liberación era importante definir un grupo social a ser liberado, identificar las formas en que estaba oprimido y las causas de esa opresión. En las plataformas feministas arriba delineadas encontramos distintas contestaciones a estas preguntas. A partir de estas respuestas, cada organización construyó su versión del feminismo verdadero. Sin embargo, todas partían de una premisa común. Los feminismos de la época, más allá de las fronteras de una u otra organización, identificaban un sujeto que se constituyó como una categoría unitaria. Este sujeto sería el foco de su activismo: para unas era la mujer obrera, para otras era un sujeto mujer que trascendía diferencias tales como la clase social, las razas, o las etnias. Ambas visiones producían exclusiones.

La primacía que se le daba a la mujer obrera como actora social, homogeneizaba las diferencias que existían entre las obreras mismas por raza, por etnia, y por preferencia sexual. La sobrevaloración del trabajo, ya fuera doméstico o asalariado, limitaba el ámbito de intervención política a los temas cuyo referente se remitía directamente al trabajo. Asuntos que tenían que ver con la sexualidad, por ejemplo, se consideraban secundarios. El discurso obrerista además excluía a sectores crecientes de la población puertorriqueña expulsados(as) de la fuerza de trabajo asalariado[136].

---

[136] Véase M. M. López, "Feminismo, dependencia y Estado benefactor: relaciones de desasosiego en la sociedad posttrabajo," en *Más Allá de la Bella (In)Diferencia*, ed. Figueroa-Sarriera, y otras (San Juan: Publicaciones Puertorriqueñas, 1994), 124-

El paradigma feminista obrero buscaba el origen de la opresión de las mujeres en el capitalismo, e intentó establecer vínculos ideológicos con el socialismo y la independencia. Compartía con el socialismo la visión de crear un marco teórico abarcador y un movimiento unitario a favor del cambio social bajo la bandera del proletariado. Esta perspectiva intentaba aglutinar a diferentes grupos sociales, pero tenía el efecto de excluir a muchos porque no examinaba la especificidad de cada opresión y por lo tanto negaba su existencia. Los dualismos que establecía entre lo político y lo apolítico, lo revolucionario y lo reformista restringía el campo de acción política feminista. Erguía la lucha de clases (burguesas contra proletarias) como la principal lucha y procedía a establecer una jerarquía de luchas principales y luchas secundarias. Esta perspectiva no concebía que pudieran producirse una gran variedad de formas de opresión a partir de múltiples posiciones de subordinación que ocupaban las personas y los grupos en las estructuras de poder de la sociedad.

Las lesbianas y los homosexuales eran uno de los sectores excluidos por la propuesta de un movimiento social único y por la lucha por el socialismo lidereada por la clase obrera. Esta contradicción se manifestaba con particular agudeza dentro de la AFLH, como hemos visto, porque conllevaba lo que podríamos llamar una autocensura obligada en una organización feminista-socialista lidereada por lesbianas. Esta perspectiva también excluía a las mujeres, aunque en mucho menor grado que la exclusión que experimentaban las lesbianas y los homosexuales. El movimiento incorporaba a las mujeres a la actividad política, pero en un rol subordinado. Las feministas-socialistas de la época veían esta exclusión como un problema de la práctica revolucionaria o como un problema de actitudes a superarse, pero no como un problema que se planteaba a partir de la teoría misma. La visión de un cambio social que surgiría bajo el liderato y dirección de la clase obrera y de un partido político que decía representar a esta clase social, producía sectarismos y tribalismos entre los grupos que se adjudicaban el rol de vanguardia.

139. Véase también Nydza Correa, y otras, "Las mujeres son, son, son"... implosión recomposición de la categoría," en *Mas allá de la bella (in)Diferencia*, 34-50.

Subordinaba a los demás grupos sociales marginados al liderato político de la clase obrera.

Por otro lado, la visión de la mujer como clase social también era homogeneizante y por ende tenía un efecto excluyente. Esta visión definía el sujeto mujer como uno que trascendía barreras sociales de clase, etnia, raza y orientación sexual. Abría las puertas para convertir a *LA* mujer en un sujeto con una esencia especial inherente a su condición de ser mujer. Este marco conceptual compartía así el supuesto normativo patriarcal que le asignaba otra esencia a la mujer, en este caso, basado en la biología, la cultura o la designación divina.

Al igual que el sujeto mujer obrera, el sujeto mujer ocultaba diferencias y particulares modos de opresión tales como el racismo, y el heterosexismo. Como hemos indicado anteriormente, el racismo no fue tema abordado con profundidad por las organizaciones feministas. Por otro lado, la preferencia sexual se abordó con dificultad aun en el caso de MIA, que abogaba en su programa por la homosexualidad como una preferencia sexual legítima[137]. Aunque habían lesbianas en todas las organizaciones feministas, éstas se relacionaban con otras feministas intentado obviar el issue lésbico por la marginación a la que se les sometía cuando hacían visible su sexualidad. De allí la importancia de la Alianza de Mujeres de la Comunidad de Orgullo Gay, quien hizo público el tema del lesbianismo como el asunto único de su actividad política. Este grupo abrió un ámbito de intervención para las reivindicaciones de las lesbianas que no pudieron abrir las organizaciones feministas autónomas. Sin embargo, aun en este caso, había un intento por presentarse como "normales": una mujer como cualquier otra[138].

El esquema de la mujer como clase social dejaba intactas las estructuras de poder al alcance de las feministas del primer mundo, y de las mujeres más privilegiadas. Aunque estas estructuras de poder no pasaban desapercibidas por las feministas puertorriqueñas de la época que veían a la mujer como clase social[139], este modelo teórico tenía el efecto de subordinarlas en tanto mujeres de una colonia y

---

[137] Véase el escrito "¡Anita Bryant, salte de nuestro camino!" en este libro.
[138] Fue asunto controversial dentro de la COG. "Son nuestros cuerpos," *Pa'fuera!*, noviembre 1974, 7 y 9.

mujeres de limitados recursos económicos; a la vez este esquema conceptual le otorgaba voz para obviar el privilegio que tenían sobre otras mujeres menos privilegiadas o sencillamente distintas, que decían representar bajo la categoría mujer.

Uno de los escollos enfrentados en los debates de esta década fue la dificultad de plantearse la diversidad de los feminismos. A partir del sujeto único que constituyeron como el foco de su activismo, construyeron su versión del feminismo verdadero. Ubicadas dentro de la estructura social como organizaciones que se oponían al estatus quo, los grupos feministas compartían con otros movimientos sociales (aunque en diversos grados) discursos vanguardistas y homogeneizantes[140]. La FMP, por ejemplo, se identificaba como la "verdadera representante[141]" de la mujer puertorriqueña, mientras que MIA, por otro lado, afirmaba en sus boletines de las postrimerías de la década, "La alternativa es MIA"[142]. Cuando asistían a eventos internacionales las feministas se adjudicaban la representación de la mujer puertorriqueña.

El vanguardismo también se manifestó en la idea de que el cambio social se efectuaría una vez las mujeres pudieran, con la ayuda de la vanguardia feminista, sobreponerse a la falsa conciencia de la ideología burguesa o patriarcal. Compartían el supuesto de que las feministas poseían un conocimiento superior que impartirían a las mujeres como condición de su liberación.

Es interesante observar que la homogeneidad es un paradigma que se utiliza tanto por las feministas latinoamericanas como por las feministas en Estados Unidos. Las feministas del mundo académico occidental norteamericano, crean por un lado, una "mujer tercermundista". A través de este filtro, las mujeres del tercer mundo se perciben "uniformemente pobres, sin poder y vulnerables, mientras que las mujeres occidentales constituyen la

---

[139] Véase por ejemplo, MIA, "*La Mujer Puertorriqueña: Objeto del Control Poblacional*," Aquí señalan cómo una tecnología que tiene el potencial para liberar a las mujeres, se usa en contra de las mujeres del tercer mundo.

[140] Vargas, Virginia, "El Movimiento Feminista Latinoamericano: Entre la Esperanza y el Desencanto," en *Mujeres y Participación Política*, ed. Magdalena León, (Bogotá: Tercer Mundo Editores, 1994), 45-67.

[141] Frase usada repetidamente por la FMP para describirse: véase carta que convoca a organizar la FMP, 25 enero 1975; FMP, *Boletín*, Año I, Num. 1, p. 4; FMP, *Boletín*, abril 1975, 2; *Boletín Informativo - Federación de Mujeres Puertorriqueñas*, 25 febrero 1976, 2.

[142] "8 de marzo Día Internacional de la Mujer," *MIA Informa*, 1977.

piedra de toque de la feminidad moderna, educada y sexualmente liberada[143]". Otra vertiente de esta homogeneización proyectada desde el norte se encuentra en algunos escritos de las feministas/socialistas que escribían sobre los movimientos de mujeres en América Latina. Según estos textos "la mujer" y/o "el feminismo" Latinoamericano se interesaba sólo por problemas de sobrevivencia económica y su potencial revolucionario se definía en relación a las revoluciones antiimperialistas y de corte proletario[144]. Algunas/os sostenían que la etiqueta feminista tenía un sello de clase alta y era casi unánimemente rechazada por las mujeres obreras en América Latina[145].

Por otro lado, algunas feministas de los países del "tercer mundo" reciprocaban la homogeneización al caracterizar a las feministas del "primer mundo" como uniformemente privilegiadas, blancas, y burguesas. Así, en Puerto Rico, algunas feministas catalogaban al feminismo norteamericano como "burgués y enajenado", enfocado hacia la "liberación sexual". "En esencia", afirmaban, "el movimiento femenino se ha enfocado principalmente hacia la defensa de los derechos de la mujer pequeño burguesa y de los conceptos morales de ese grupo social"[146]. Mientras tanto, en Estados Unidos, muchas feministas afroamericanas, entre otras, denunciaban el racismo y objetaban la caracterización del feminismo como un movimiento blanco[147]. Es importante observar que ambas perspectivas

---

[143] J. Parpart, "¿Quién es la 'otra'?: Una crítica feminista postmoderna de la teoría y la practica de mujer y desarrollo," *Debate Feminista*, 7, no. 13, (abril de 1996): 333; F. Anthias y N. Yuval-Davis, "Contextualizing Feminism-Gender, Ethnic and Class Divisions," en *British Feminist Thought: A reader*, ed. T. Lovell (Oxford: Blackwell, 1990), 103-118.

[144] Para algunas/os, perspectivas como las de Domitila Barrios de Chungara, en M. Viezzer, *'Si me permiten hablar...'*, México: Siglo XXI, 1977, representaban el prototipo de la mujer latinoamericana y su aversión al feminismo. Los primeros trabajos de Margaret Randall sobre las mujeres en Nicaragua y Cuba son ejemplo de una perspectiva homogeneizante desde el punto de vista feminista socialista. En sus trabajos más recientes, sin embargo, su visión del feminismo latinoamericano se ha ampliado para incluir entre otros temas, una crítica del heterosexismo. M. Randall, "To change our own reality and the world: A conversation with lesbians in Nicaragua," *Signs*, 18, (1993): 907-924; M. Randall,. *Gathering Rage: The Failure of 20th Century Revolutions to Develop a Feminist Agenda.* New York: Monthly Review Press, 1992.

[145] J. Fisher, 204-206.

[146] "La mujer trabajadora y el movimiento feminista en Estados Unidos," *Pensamiento Crítico*, junio/julio 1978, 27. Esta caracterización del feminismo en Estados Unidos es semejante a la hecha en Segundo Congreso Partido Socialista Puertorriqueño, *Ponencias suplementarias ante-proyecto programa*.

[147] Véase Bell Hooks, *Ain't I a Woman - Black Women and Feminism*. Boston: South End Press, 1981.

homogeneizantes tratan los asuntos relacionados a la sexualidad como insignificantes preocupaciones burguesas. La heterosexualidad compulsoria, es después de todo, también una perspectiva homogeneizante.

La idea de la nación tiende a crear una supuesta homogeneidad que esconde diferencias tales como las de género, preferencia u orientación sexual, raza, región e idioma[148]. Durante esta década el activismo de las organizaciones feministas en torno al derecho al aborto y el análisis de MIA en torno a la esterilización comienzan a deconstruir el concepto de nación. El activismo Gay cuestiona la homofobia y la lesbofobia de la puertorriqueñidad y de las organizaciones independentistas. ¿Quiénes componen la nación? ¿Qué sectores sociales la representan? ¿Quién habla por la nación? ¿Cómo se usan los roles de género y la heterosexualidad para representar la puertorriqueñidad? ¿Tienen los feminismos algún interés en reafirmar la nación? ¿Deben redefinir el concepto de nación, o rechazarlo por completo? ¿Qué espacios políticos pueden crear los feminismos dentro de un proyecto a favor de la independencia? En la década de los ochenta muchas feministas irán redefiniendo, y en algunos casos eliminando, los vínculos con organizaciones independentistas. Muchos grupos feministas comienzan a definir sus proyectos de forma autónoma y paralela a otros movimientos políticos.

La perspectiva del feminismo único refleja, como hemos visto, perspectivas dualistas. El feminismo es o burgués, o proletario; bueno o malo; reformista o revolucionario; político o apolítico. Estos dualismos se reproducían en las izquierdas y dentro de las organizaciones feministas. También se convirtieron en el paradigma de muchas de la investigaciones sobre género que se centraban en la incorporación de la mujer a la fuerza de trabajo asalariado haciendo

---

[148] Véase M. Cámara. "Feminismo vs totalitarismo: notas para un estudio de textos y contextos de mujeres en Cuba Contemporáneo (1989-1994)," *Bordes*, 2, (1995): 54-64; G. Mosse, *Nationalism and Sexuality*, Madison: University of Wisconsin Press, 1985; A. Parker, y otros, eds. *Nationalisms and Sexualities*. New York: Routledge, 1992; A. McClintock, y otros, eds., *Dangerous Liaisons*. Minn: University of Minnesota Press, 1997.

una división tajante entre las luchas de las obreras y las burguesas[149]. Muchos de los escritos sobre el activismo feminista asumieron el feminismo obrero como el único, obviando casi por completo a las feministas y las organizaciones feministas autónomas de los setenta que no eran obreristas.

Sin embargo, comienzan a surgir perspectivas distintas. Dentro de la FMP, por ejemplo, se desarrolla una crítica que reconoce que la membresía no era representativa de la "diversa gama de mujeres progresistas del país", y que había "imperado un estilo sectario que había impedido, o (sic) obstaculizado... la integración de mujeres provenientes de diversas organizaciones progresistas o mujeres independientes al trabajo de la organización". Esta reflexión concluye que la FMP "no puede ser un apéndice ni puede convertirse en un frente femenino de ningún partido político[150]".

Empieza a surgir durante la década de los ochenta y noventa la necesidad de criticar el paradigma tradicional del sujeto único, coherente y estable[151] y la idea de que existe una sola teoría del cambio social. Se desarrollan críticas de estos paradigmas en las décadas subsiguientes cuando las organizaciones feministas se plantean una mayor autonomía y comienzan a reclamar espacios más diversos para la acción política tales como: la salud, la sexualidad, el trabajo, el ambiente, la vivienda, la educación. Estos espacios se comienzan a percibir más como áreas de acción que tienen un significado político en sí mismos sin tener que vincularlos de forma necesaria ni inmediata a un cambio social mayor. Comienzan a surgir nuevos planteamientos e interrogantes en torno a ¿qué es lo político? ¿De qué maneras pueden las mujeres advenir al poder político? ¿Cuál es el rol de las organizaciones feministas, y a quiénes representan las feministas? ¿Cómo se logra un cambio radical en las estructuras de desigualdad

---

[149] Véase: N. Valle Ferrer, *Luisa Capetillo: historia de una mujer proscrita.* San Juan: Editorial Cultural, 1990; I Picó, "Apuntes preliminares". Para Picó el movimiento sufragista era primordialmente uno de las mujeres de clase alta. Las luchas de las mujeres obreras, argumenta, estaban inspiradas en la explotación en los centros de trabajo. Véase también Y. Azize Vargas, *La mujer en la lucha*, Río Piedras: Editorial Cultural, 1985.

[150] *Boletín Informativo - FMP*, 25 febrero 1976, 2.

[151] J. Butler, *Gender Trouble - Feminism and the Subversion of Identity*. New York: Routledge, 1990.

sociales? ¿Es necesario un movimiento único, o aportan distintos sectores a este cambio, cada cual desde su particular trinchera? Contrario a la década del setenta, en los ochenta el concepto de vanguardia pierde alguna vigencia y no predomina la aspiración a convertirse en organización de masas.

Los discursos patriarcales de los setenta pensaban a las mujeres en tanto madres, esposas e hijas. La desigualdad y exclusión que genera esta visión motiva a las mujeres a formar organizaciones feministas y a desarrollar un discurso sobre la igualdad de derechos. El concepto de la liberación de la mujer prendió durante esta década en tanto expresaba la discriminación e invisibilidad de las mujeres dentro de la sociedad puertorriqueña. Como vehículos de emancipación las feministas adoptaron estos conceptos que las llevan a obtener nuevos espacios políticos dentro de los partidos políticos, en los sindicatos, en la esfera gubernamental (Comisión Para el Mejoramiento de los Derechos de la Mujer y Centro de Ayuda a Víctimas de Violación) y en varios otros ámbitos de la sociedad. Un tema a desarrollar en los análisis de décadas posteriores es ¿cuáles son los beneficios y limitaciones del discurso de la igualdad? ¿Qué acontecimientos llevan a examinar las limitaciones de éste discurso? ¿Qué nuevos obstáculos amenazan la autonomía de las organizaciones feministas?

A pesar de las visiones homogeneizantes y vanguardistas de los feminismos de los setenta, nuestra mirada retrospectiva nos permite ver una fluidez de posicionamientos de las sujetas y de las ideas. Observamos un movimiento que reemplaza la noción del dogma teórico por una visión de las mujeres, los feminismos, las políticas y los derechos en plural. Las dificultades que plantea este paradigma es el motivo del análisis de la década de los ochenta[152].

---

[152] Se discutirá en el segundo volumen. Rivera Lassén, A.I. y Crespo Kebler, E (Eds.). *Documentos del Feminismo en Puerto Rico: Facsímiles de la Historia Volumen II (1980-1999)*.

LA ORGANIZACIÓN DE LAS MUJERES Y LAS ORGANIZACIONES FEMINISTAS EN PUERTO RICO: MUJER INTÉGRATE AHORA Y OTRAS HISTORIAS DE LA DÉCADA

Ana Irma Rivera Lassén

A todas las amigas con quienes tuve el privilegio de compartir sueños de justicia para las mujeres durante los años que fui parte de Mujer Intégrate Ahora. Todas son en gran medida coautoras de este ensayo.

Este ensayo es una memoria viva contada como participante de sucesos que dieron origen a la formación de organizaciones feministas en Puerto Rico en los años setenta. Haré un recuento introductorio de eventos anteriores a la década de los setenta, basado en los trabajos de análisis sobre esos años realizados desde las organizaciones o para las organizaciones en las que participé. El ensayo, en general, tendrá un énfasis mayor en aquellas organizaciones y experiencias donde estuve más activa. Será un testimonio cronológico en la medida de lo posible, sustentado en el recuerdo y corroborado por documentos; apoyado en los análisis personales que a lo largo de estos años se acumulan también como facsímiles de la historia.

Las sufragistas, feministas de la primera época del movimiento por los derechos de la mujer en Puerto Rico lucharon por el derecho al voto. Sin embargo, esto no garantizó mayor poder y participación política para la población femenina en general. Tampoco la concesión del derecho al sufragio acabó la necesidad por continuar luchando por mayor equidad y derechos. Esa continuación de luchas, sin embargo, tendría que esperar, en el sentido de activismo, ya que en Puerto

Rico, luego de que las mujeres obtuvimos el voto,[1] la actividad de los grupos que abogaban por los derechos de la mujer disminuyó y al igual que en otras partes del mundo, resurgió unas cuatro décadas más tarde en lo que comúnmente se llamó segunda época del feminismo. Veremos el inicio y nacimiento de nuevas organizaciones dentro de un movimiento que se desarrollará en varios países para finales de la década del sesenta y principios del setenta. En los setenta se hablaba de un feminismo único y cada organización reclamaba tener el verdadero. Ahora hablamos de los feminismos para poner énfasis en la diversidad de visiones o tendencias, así como la diversidad de temas y sectores de la población femenina a los que cada quien dirige sus discursos.

En el caso nuestro esas décadas intermedias, entre la primera y segunda época del feminismo, estarán dominadas por el desarrollo del Estado Libre Asociado de Puerto Rico y el proceso de industrialización de la Isla. Esos son dos de los puntos que más se destacan en las décadas del cuarenta y del cincuenta. Muchas mujeres se incorporaron al trabajo de las fábricas auspiciadas por el Gobierno. Se desarrollaron planes de control poblacional masivo, como parte de esto las mujeres de Puerto Rico fuimos utilizadas como conejillos de Indias para experimentos de métodos anticonceptivos y se desató una campaña de esterilización femenina a gran escala.

La organización Mujer Intégrate Ahora, (MIA), para 1976, al estudiar las décadas posteriores al voto femenino, hizo una investigación y análisis sobre el tema de la esterilización, tratando de entender lo que sucedió a partir del 1930 y su impacto sobre las mujeres. Como participante de esa organización recuerdo lo difícil que fue recopilar la información, estudiarla desde una óptica feminista y tratar de entender qué pasó y por qué. No habían sido publicados aún libros o investigaciones que dieran énfasis al asunto de la experimentación de que fueron objeto las mujeres en la Isla. Las denuncias existentes eran o religiosas o político partidistas, pero

---

[1] Luego de largas e intensas luchas por parte de las sufragistas, los legisladores puertorriqueños sólo reconocieron el voto a las mujeres que sabían leer y escribir en el año 1929. Más tarde al aprobarse en 1935 la Ley del sufragio universal las mujeres analfabetas también pudieron hacerlo.

ninguna de las mismas tomaba en cuenta el punto de vista de las que se sometieron a los experimentos y a las esterilizaciones. Tampoco se estableció la relación entre esto y la responsabilidad de evitar los embarazos y la reproducción, que se pone principalmente sobre las mujeres. En esa época poco o nada se había escrito desde una óptica feminista en torno al tema del control poblacional.

En MIA preparamos una ponencia para ser presentada en el Tribunal Internacional de Crímenes Contra la Mujer, que se llevó a cabo en Bruselas, Bélgica, en el año 1976. La ponencia, como tal, no pudo ser leída, pero fuimos representadas en la actividad y la mujer que lo hizo utilizó la información que le dimos para la exposición.

Desde el cuerpo de las mujeres

Me permito hacer ahora un recuento breve de los datos que encontramos y que nos permitieron ir haciendo una cronología de cómo las mujeres en la Isla iniciamos los contactos con el tema de los métodos anticonceptivos. Entiendo que este recuento es importante para entender los eventos que sucedieron entre la primera y la segunda época del feminismo en la Isla y que tanto impactaron y continúan impactándonos.

En ese sentido fue muy revelador encontrar que ya desde 1930 comenzaron a realizarse aquí las primeras esterilizaciones postpartum a las mujeres. La Administración Federal de Auxilio de Emergencia (FERA) auspició para 1934, clínicas para ofrecer servicios anticonceptivos gratis a las mujeres. Este proceso inicial de tratar de abrir estas clínicas estuvo respaldado por mujeres y hombres que entendían y estaban convencidos(as) de su beneficio social, entre ellas, la destacada trabajadora social Doña Carmen Rivera de Alvarado.

Clarence Gamble, miembro de la liga para la Esterilización de New Jersey, apoyó económicamente al médico José S. Belaval y a otras personas para que formaran en 1937 la Asociación Pro Salud Maternal e Infantil de Puerto Rico. Pensaban que la clase pobre de Puerto Rico no podía entender la manera de usar los métodos anticonceptivos por lo que apoyaron la esterilización como la solución eficaz al problema[2].

Ese mismo año se aprobaron las leyes 33 y 136 para legalizar la divulgación y enseñanza del uso de métodos anticonceptivos y de la esterilización por razones de salud. Estos temas son cruciales para la población femenina ya que hablamos del cuerpo de las mujeres y del control de la reproducción a través del dominio ejercido sobre sus cuerpos. También la realidad de la pobreza de familias numerosas en hijos(as), va colocándonos a las mujeres en el centro y objeto de los planes de control poblacional, desarrollo social y económico del momento.

Las clínicas anticonceptivas que abrieron no fueron tan efectivas como se esperaba y el Gobierno les retiró su apoyo, lo que hizo el camino más fácil para el auge de la esterilización. Aunque oficialmente el Gobierno no impulsó un programa de esterilización masiva, proveyó las facilidades para realizarlas. En el 1948, ante la denuncia de que el Gobierno había dado los fondos para que se realizaran más de 14,000 esterilizaciones en Puerto Rico, el gobernador Luis Muñoz Marín negó que se intentara solucionar los problemas de la densidad poblacional de esa manera.

Por su parte el Comisionado de Salud, Dr. Juan A. Pons, explicó que el Departamento de Salud sólo tenía un programa "para la protección de las madres indigentes" que aconsejaba que de acuerdo al criterio de cada médico se le explicara a la mujer la conveniencia de no procrear si su salud se vería perjudicada. Estas madres indigentes asistían a las unidades de Salud Pública a recibir la orientación y el Departamento les proveía a los médicos las facilidades de hospital y medicinas para llevar a cabo su recomendación. Por esta razón, muchas esterilizaciones se llevaron a cabo en hospitales públicos. Dice el documento de MIA:

"El gobierno siempre se defendió diciendo que del expediente médico de cada paciente se desprendía que la condición física de esa persona hacía necesaria *la operación*"[3].

---

[2] A. Rivera Lassén, Méndez Ríos, A., Viverito Escobar E. y Rodríguez Pagán, M. Mujer Intégrate Ahora, *Presentación para el Tribunal Internacional de Crímenes contra la Mujer*, marzo 1976, Mimeo.
[3] Ibid

Más adelante se dice en el mismo documento:

> "Al gobierno dejar que las esterilizaciones se hicieran libremente se aprovechó y sacó beneficio para sus propios fines. El proceso de industrialización que estaba impulsándose necesitaba mano de obra barata y trabajadores que pudieran ser explotados lo más posible. Las fábricas textiles y manufactureras que comenzaron a llegar a Puerto Rico vieron en la mujer esa fuerza trabajadora que necesitaban. La esterilización conjuntamente con la emigración de miles de puertorriqueños sirvió para llenar los deseos del Gobierno: controlar la población y garantizar a la vez la mano de obra barata que las industrias necesitaban. **El Estado Libre Asociado sentaría sus bases de desarrollo sobre una política económica y poblacional que oprimía directamente a la mujer puertorriqueña**" [4].
> (Énfasis suplido)

El tema del control poblacional y su relación con la situación de las mujeres en Puerto Rico es uno que merece un análisis más profundo e independiente, pero es importante destacar que la ausencia de grupos feministas que denunciaran más tempranamente el atropello al derecho de controlar nuestros cuerpos es una de las grandes lagunas en la historia de la organización de las mujeres en la Isla. Entidades religiosas, como la Iglesia Católica, así como organizaciones políticas de izquierda, levantaron su voz de protesta, pero el derecho de la mujer a decidir conscientemente cuándo tener hijos(as) fue un elemento que le faltaba a esos análisis. No será hasta muchos años después, como mencionamos anteriormente, que ese tema será parte de las denuncias de grupos como Mujer Intégrate Ahora (M.I.A.), desde del punto de vista feminista.

No podemos obviar que las mujeres que tenían muchos hijos(as) y aquellas que no querían tener una familia tan numerosa obtuvieron beneficios con la "operación". Fue esa oferta de una solución eficaz a un problema que agobiaba tan fuertemente a las mujeres, sobre todo a las más pobres, lo que hizo tan fácil su aceptación. Por eso no podemos enjuiciar tan duramente a aquellos(as) que creyeron de buena fe estar ayudando a las mujeres y participaron activamente en ofrecer métodos anticonceptivos (aunque estaban en etapa de

---

[4] Ibid

experimentación) o la esterilización sin toda la información que esa intervención conllevaba.

Les invito a leer la presentación completa de Mujer Intégrate Ahora, evaluar esta situación, evaluar también la participación de la que entonces era la Asociación Puertorriqueña Pro Bienestar de la Familia, que hoy se conoce como PRO -FAMILIA, en toda esta historia. Creo que si volviéramos a escribir y releer estas historias encontraríamos a muchas mujeres luchando por el acceso a métodos anticonceptivos de otras mujeres. Podríamos decir, y decimos, que se equivocaron en permitir la experimentación y la esterilización sin información, pero no podemos negar que estaban propiciando que las mujeres no fueran esclavas de la maternidad sin control. Quizás no podemos encontrar voces femeninas organizándose como grupos en contra de los planes de control poblacional mediante la experimentación y la esterilización masiva de las mujeres en esa época porque las más conscientes de esos temas estaban abogando a favor de lo que entendieron era bueno para las pobres de Puerto Rico, precisamente trabajando para el control de los nacimientos.

Cuando en 1976 las mujeres de MIA escribimos nuestra presentación, enfatizamos, al hablar de la experimentación con la píldora en Puerto Rico, que:

> "irónicamente el invento que prometía dar poder a la mujer para controlar su cuerpo era impuesto en los cuerpos de otras mujeres que al parecer ni siquiera tenían el derecho a ser consideradas seres humanos. Porque lo que se estaba garantizando no era la libertad sexual futura de las mujeres, lo que se estaba probando era el futuro comercial de un producto que tenía la cantidad de clientes potenciales más grande del mundo"[5].

Ese juego entre el poder comercial de los productos anticonceptivos, el uso y/o el abuso de la esterilización, el dominio sobre el cuerpo de las mujeres, la libertad sexual, la explotación del trabajo de las mujeres y el control poblacional, es uno que aún tenemos que seguir descifrando en toda su complejidad. Del tema queda aún mucho por escribir en Puerto Rico, sobre todo investigar la

---

[5] Ibid

participación femenina y el activismo en favor del acceso a métodos anticonceptivos en las décadas del 30 al 60.

Del ELA a las mujeres liberadas

Las mujeres estaremos sin organizarnos en agrupaciones feministas en el medio de los cambios no sólo de la economía, sino de las relaciones sociales y políticas de Puerto Rico. La participación en organizaciones políticas, obreras o cívicas carecerá de la agitación liberacionista o activista que marcó las luchas de las primeras décadas. Las mujeres se destacan más por su ejemplo que por su visión o particular discurso sobre la igualdad de derechos entre los sexos. Buen ejemplo de esto son mujeres como Carmen M. Pérez, Isabel Rosado o Lolita Lebrón, destacadas luchadoras nacionalistas. Por otra parte, también están las figuras de Doña Fela, alcaldesa de San Juan por varios años, o María Libertad Gómez, Vicepresidenta y única mujer en la Asamblea Constituyente del Estado Libre Asociado de Puerto Rico.

Cuando en el 1952 se aprueba la Constitución del Estado Libre Asociado de Puerto Rico, se declara al menos de palabra, que "no podrá establecerse discrimen alguno por motivo de raza, color, sexo, nacimiento, origen o condición social, ni ideas políticas o religiosas"[6]. Esta constitución nos colocaría a las mujeres de la Isla en gran ventaja legal frente a muchas otras legislaciones de América, incluyendo a los Estados Unidos de Norte América. El problema es que al parecer no estábamos preparadas para reclamar y hacer uso de dicho poder. No teníamos la organización como mujeres que respaldara e impulsara el exigir al Gobierno que cumpliera con dicho mandato constitucional. Tanto es así que muchas de las leyes discriminatorias contra la mujer permanecieron inalteradas hasta que las organizaciones feministas de la segunda época y otros grupos de mujeres presionaran para comenzar a cambiarlas. La Reforma de Familia que equiparó, al menos en la letra de la Ley, a hombres y mujeres en la sociedad legal de gananciales y otros aspectos matrimoniales, se aprobó en 1976, veinticuatro años después de la prohibición constitucional de discrimen por sexo.

---

[6] Estado Libre Asociado de Puerto Rico, *Constitución*, Artículo II, Carta de Derechos, Sección1., 1952.

En el período posterior a la concesión del sufragio, las mujeres seguimos votando, seguimos educándonos, seguimos trabajando fuera del hogar y dentro del hogar, todo ello sin una conciencia del poder político que como mayoría de la población teníamos y tenemos en nuestras manos.

El movimiento feminista comienza a despertar nuevamente a nivel internacional ya para el final de los años 60. Comenzamos a notar en la prensa del país algunas noticias sobre el tema de las que de ahora en adelante serían llamadas "liberacionistas". El movimiento de liberación femenina y las voces de las "mujeres liberadas" ocupaban el espacio de los medios de comunicación. De hecho, el interés de la prensa en el tema llevó a que la Sociedad de Mujeres Periodistas trajera a Gloria Steinem para el año 1971, por primera vez, a Puerto Rico. Esta destacada líder del movimiento feminista de Estados Unidos lanzó aquí al debate público la discusión de la situación de las mujeres en la Isla. ¿Estaba ella hablando sobre temas que nos afectaban a nosotras aquí o era una americana liberacionista que las puertorriqueñas no debíamos imitar?

Esta visita causó gran impacto y provocó discusiones alrededor de si las mujeres en la Isla sufrían discriminación o no. Recuerdo la reacción fuerte y virulenta de Angela Luisa Torregrosa indignada por las expresiones de Steinem. Pero también recuerdo las expresiones de otras mujeres en Puerto Rico que sí creían que aquí había discrimen en contra nuestra. Era la época de la imagen de las llamadas liberacionistas quema sostenes o "brassiéres", con discursos fuertes en contra del poder de los hombres, una imagen que mayormente se identificaba con las norteamericanas y donde Gloria Steinem tenía un papel protagonista. Su visita, sin duda, revolcó el avispero de prejuicios contra las feministas y también revolcó nacionalismos machistas que no reconocían la validez de los reclamos de Steinem como unos que también compartíamos las mujeres de la Isla. (Para un análisis más detallado de lo publicado en la prensa, vean el ensayo de Elizabeth Crespo en este libro).

Para mí esta visita fue significativa ya que cuando leí que Angela Luisa Torregrosa dijo que las mujeres en Puerto Rico no tenían que liberarse, me hubiera gustado estar en el público entre las que contestaron que ella estaba equivocada. (Recomiendo leer "El discurso de Gloria Steinem, comentarios de Angela Luisa," *Angela Luisa Revista Gráfica de Puerto Rico*, Abril 1971, pp. 10-18)

Como parte de estas discusiones que se venían dando en la Isla antes de la visita de Gloria Steinem, sería bueno recordar dos iniciativas en torno a este tema realizadas por el Gobierno. La primera de éstas se dio de 1968 a 1970, a cargo de la Comisión del Gobernador sobre el Status de la Mujer, creada por el entonces Gobernador de Puerto Rico, Roberto Sánchez Vilella. Esta comisión fue nombrada en 1961 como secuela de un mandato del Presidente norteamericano John F. Kennedy que creó la Comisión Nacional sobre Status de la Mujer. La comisión de la Isla fue presidida por Trina Rivera de Ríos y posteriormente por Angela Luisa Torregrosa[7]. Los resultados de esta primera investigación no tuvieron impacto en términos de compromisos gubernamentales o legislación.

La segunda investigación, sin embargo, fue muy importante, la Cámara de Representantes de Puerto Rico había propuesto, en 1969, una Resolución concurrente para crear una Comisión Especial de legisladores(as) que investigara "un alegado discrimen contra la mujer trabajadora"[8]. Esta resolución fue aprobada por el Senado también. El informe rendido por esa Comisión recomendó a la Legislatura se solicitara, a su vez, a la Comisión de Derechos Civiles llevar a cabo un estudio más completo y científico sobre la situación de la mujer en Puerto Rico[9].

La Comisión de Derechos Civiles comenzó para 1971, a cargo de la Doctora Belén Serra y de la Lcda. María Genoveva Rodríguez de Carrera, el estudio así encomendado y para ello celebró vistas públicas. A dichas vistas comparecieron algunas mujeres a deponer y otras fuimos a escuchar los trabajos que se realizaban. Coincidimos allí varias de las que más tarde formaríamos parte de las próximas organizaciones feministas.

---

[7] Rojas Daporta, Malén, "Revelaciones Sobre el Status de la Mujer en Puerto Rico," *Puerto Rico Ilustrado, El Mundo*, Puerto Rico, 12 abril 1969, 6-7.
[8] Comisión de Derechos Civiles de Puerto Rico, *La Igualdad de Derechos y Oportunidades de la Mujer Puertorriqueña*, San Juan, Puerto Rico, 1973.
[9] Ibid.

Entre las asistentes estábamos, entre otras, Norma Valle que entonces era presidenta de la Sociedad de Mujeres Periodistas y más tarde lo sería de la Federación de Mujeres Puertorriqueñas; Isabel Picó, que entonces era miembra del Frente Femenino del PIP y más tarde sería parte de la Comisión para Asuntos de la Mujer, varias otras mujeres como Nilda Aponte, Alma Méndez Ríos, Mary Bird, Patricia Shahen y la que escribe este ensayo, Ana Irma Rivera Lassén, que formaríamos la organización Mujer Intégrate Ahora (MIA).

Mujer Intégrate Ahora (MIA)

Las mujeres que formamos la organización Mujer Intégrate Ahora, nos reunimos primero bajo el nombre de Comité de Mujeres Puertorriqueñas, respondiendo a la convocatoria que para ello hiciera Nilda Aponte entre las asistentes a las vistas públicas de la Comisión de Derechos Civiles. El 8 de enero de 1972 constituimos formalmente la organización y le llamamos Mujer Intégrate Ahora (MIA), acordando también los propósitos y objetivos de la misma y un reglamento para la membresía. De esta manera se formó la primera organización feminista autónoma de la segunda época del movimiento por los derechos de las mujeres en Puerto Rico.

La primera directiva quedó compuesta de la siguiente manera: Presidenta, Ana Rivera Lassén; Secretaria, Mary Bird; Tesorera, Patricia Shahen; Relaciones públicas, Alma Méndez; Segunda secretaria, Nilda Aponte.

El propósito que la organización estableció fue: "ayudar a lograr la completa realización de la mujer como individuo dueño de sí mismo, capaz de tomar decisiones y de dirigir su vida, y su integración a las fuerzas de cambio de la sociedad, con plena igualdad de derechos en todos los aspectos de la vida"[10]. Se aprobaron los objetivos y el Reglamento de la organización, así como posiciones frente a temas como la justicia social, la educación sexual, el aborto, el amor libre, la prostitución, la homosexualidad (lesbianismo) y la familia.

---

[10] Mujer Intégrate Ahora, *Reglamento*, 1972

106

Para esa época yo leía todo lo que encontraba del tema de las mujeres y como no habían prácticamente historias escritas de las luchas en Puerto Rico de las sufragistas y de las feministas de principios de siglo, me dediqué a ir en mi tiempo libre a leer en la Biblioteca de la Universidad de Puerto Rico y la Biblioteca del Ateneo. Busqué cuidadosamente sobre Doña Ana Roqué, las sufragistas puertorriqueñas, de figuras como Luisa Capetillo, también de las sufragistas inglesas, las norteamericanas y de todo lo que tuviera que ver con luchas de las mujeres hasta ese momento. Había historias de luchas feministas pero no estaban reconocidas como tal en los textos, así que había que buscar y leer entre líneas a veces para poder encontrar los datos.

Todo este tema que ya era una pasión en mí, encontró eco y compañía en otras mujeres que tenían el mismo interés y que además querían hacer algo para impulsar en Puerto Rico el movimiento feminista. Entonces yo tenía 16 años, casi 17, y fue para mí la experiencia que marcó mi vida de ahí en adelante. Éramos tres puertorriqueñas y dos norteamericanas. Alma Méndez y yo éramos

Alma Méndez Ríos, Ana Rivera Lassén y Nilda Aponte Lebrón, según aparecieron fotografiadas en una entrevista del periódico The San Juan Star, el 24 de agosto de 1972. Foto cortesía The San Juan Star.

107

las más jóvenes y ambas también estudiantes universitarias, también éramos las únicas que nunca habíamos vivido en Estados Unidos. Creo que el miedo a que dijeran que estábamos (MIA) influenciadas por las feministas americanas, entre otras cosas, hizo que me eligieran como la primera presidenta del grupo. La dirección o coordinación general, como se le llamó luego, fue rotativa durante un tiempo. Esto permitió que la experiencia de esos primeros años de portavocería y coordinación fuera compartida por varias miembras.

MIA, como organización feminista, enfrentó la tarea de abrir camino y educar en torno a los asuntos de los derechos de las mujeres. Las actividades que realizó lograron una vasta asistencia. Representantes de la organización participaron en debates, charlas y conferencias en diversos puntos de la Isla y también fuera de Puerto Rico. La prensa, tanto la radio como la televisión, invitaba a sus portavoces a hacer declaraciones públicas.

La membresía y poder de convocatoria de MIA aumentó rápidamente. La organización contó con una gran variedad en sus integrantes que incluía estudiantes, amas de casa, y mujeres empleadas en diversas profesiones y oficios. No fue una organización de cientos de militantes pero desde esos primeros años logró reunir un grupo consistente de miembras activas y una buena cantidad de mujeres en su periferia, que como simpatizantes de la organización apoyaban los trabajos de ésta y/o participaban en los grupos de concientización[11] organizados por MIA.

Una revisión de la prensa y revistas del país, así como de los documentos de la organización demuestran el impacto que rápidamente comenzaron a tener las actividades de la organización y las posiciones tomadas en torno a temas tan controvertibles entonces como el aborto, la imagen de la mujer en los medios de comunicación, la falta de textos escolares que incorporaran las luchas de la mujer, la igualdad en el matrimonio, la igualdad en el crédito, las licencias por maternidad, la prostitución, los concursos de belleza, la

---

[11] Los grupos de concientización eran pequeños grupos donde las mujeres se reunían para discutir, en un orden pre establecido, una serie de temas desde el punto de vista personal, conectando lo político a lo personal y viceversa, lo personal a lo político. Véase "¿Qué es concientización?" en este volumen.

homosexualidad (lesbianismo), los centros de cuidado de niños(as) y muchos otros temas. El análisis de las plataformas de los partidos políticos en su contenido de promesas y compromisos con las mujeres también fue analizado por MIA.

Nuestra tarea inicial fue presionar por la publicación del Informe de la Comisión de Derechos Civiles por lo que prontamente recibimos la atención de la prensa y comenzamos también a recibir ataques. Estos ataques venían de todas partes. Por un lado, organizaciones y personas de la izquierda acusaron a MIA de ser un grupo asimilista ya que para esas personas la liberación femenina era asunto de los asimilistas y la verdadera liberación vendría junto a la liberación nacional y socialista.

Un artículo de Lolita Aulet, publicado en *Claridad*, luego de una actividad llamada Acercamiento Feminista que hizo MIA [12], decía por ejemplo:

> "A la luz de esta deformación y falta de información resulta comprensible el porqué algunos grupos feministas dirigen sus campañas proclamando a los hombres sus enemigos y pretenden contrarrestar la opresión de que son víctimas con una persistente negativa a tener hijos y otras formas de protestas vanas. Estos grupos son víctimas, mucho más de lo que ellas mismas quieren admitir, de un sistema que deforma hasta sus más tenaces opositores, desviándoles de la verdadera lucha que es la lucha de clases."

Continuaba diciendo, "El problema básico de la opresión de la mujer no se puede remediar bajo el capitalismo porque la opresión clasista es parte integral del sistema capitalista." Más adelante decía, "La lucha por las reivindicaciones de la mujer constituyen parte importante e integral del movimiento general para la derrota del imperialismo y para su reemplazo por una comunidad socialista y dentro del movimiento revolucionario, la lucha por la liberación de la mujer tendrá que ser dirigida por las mujeres trabajadoras"[13].

---

[12] Los acercamientos feministas fueron actividades de un día entero donde se presentaban ponencias y se discutían temas relacionados a los derechos de las mujeres. En el libro se incluyen fotos de algunas(os) de las(os) participantes.

[13] Aulet, Lolita, "Reformismo versus revolución," *Claridad*, 17 abril 1973, 11.

Contesté el artículo a nombre de MIA y entre otras cosas le planteamos que era difícil hablar del tema de la liberación femenina en Puerto Rico ya que estas ideas chocaban tanto contra la muralla levantada por el sistema como también contra la muralla levantada por los propios puertorriqueños(as) que "veían en estas ideas un ataque imperialista de querer asimilar las mujeres a patrones socio-culturales ajenos a nuestra tradición boricua "[14]. Con estas creencias se aferraban a supuestos valores de puertorriqueñidad, como el machismo, demostrando así una falta de conocimiento histórico y una contradicción dentro de su propio pensamiento. Decía que un cambio en las estructuras económicas capitalistas no necesariamente conllevaba la liberación femenina ya que "podía resultar en una mayor opresión para la mujer el incorporarla igualmente a la producción sin quitar de sus hombros la responsabilidad familiar y los patrones culturales que le atribuyen responsabilidades y actitudes morales distintas al hombre"[15].

Esta resistencia de algunos grupos independentistas también se hizo sentir con el tema del aborto. Cuando el caso de Roe Vs. Wade[16] legalizó el acceso al aborto a petición para las mujeres en los Estados Unidos, MIA expresó públicamente que dicho derecho debía aplicarse a las mujeres en la Isla porque estaba basado en la protección de derechos fundamentales constitucionales que incluían a Puerto Rico bajo nuestra relación política con los Estados Unidos. Esta posición contrastó abiertamente con la de grupos independentistas que rápidamente condenaron no sólo el aborto sino la posibilidad de que el caso de Roe Vs. Wade se aplicara a la Isla.

Es interesante comparar esta situación con lo ocurrido cuando el voto no fue concedido a las mujeres en Puerto Rico al ser reconocido ese derecho a las mujeres en Estados Unidos en el 1920. En aquella ocasión no se garantizó a las mujeres de Puerto Rico un derecho constitucional reconocido a las mujeres de Estados Unidos, a pesar de que aquí ya desde 1917 se había extendido a Isla la ciudadanía norteamericana. Las mujeres aquí, por tanto, comenzamos a votar

---

[14] Rivera Lassén, Ana Irma, "Un debate:La liberación femenina," *Claridad,* 3 junio 1973, 14.
[15] Ibid
[16] 410 U.S. 113, 124 (1973).

sólo por virtud de nuestra nacionalidad puertorriqueña cuando se aprobó en la Isla la legislación del sufragio femenino en 1929. Este es el primer ejemplo en la historia de Puerto Rico donde el derecho al voto y la ciudadanía norteamericana no van unidos. Los hombres

Liga Femínea Puertorriqueña, según publicada en la revista "La Mujer del Siglo XX". Foto Rafael H. Trías, cortesía de The San Juan Star.

Isabel Andreu de Aguilar y Doña Ana Roqué de Duprey. Foto cortesía de The San Juan Star.

legisladores puertorriqueños, sólo aceptaron en primera instancia dar el voto a las mujeres que supieran leer y escribir, por lo que la responsabilidad de no aceptar dar el voto a las iletradas debe ser puesta sobre éstos, ya que eran ellos los que en ese momento aprobaban las leyes. Posteriormente se le reconoció el voto a todas las mujeres. Decir que algunas sufragistas tienen la culpa de ese voto condicionado inicial para las mujeres es no reconocer que la legislatura masculina de esos días sólo ofreció y aprobó lo que estaban dispuestos a conceder.

La lectura dada a los derechos reconocidos en virtud de la ciudadanía norteamericana fue distinta en el caso del aborto ya que se reconoció que los derechos constitucionales de Estados Unidos de América bajo los cuales se decidió Roe Vs. Wade eran de aplicación a las mujeres en Puerto Rico. En ambas situaciones la controversia sobre los valores que supuestamente las mujeres debíamos mantener y la resistencia masculina a reconocer nuestros derechos, alegando la defensa de la puertorriqueñidad, son muy parecidas en una y otra situación.

Por otra parte, una vez MIA comienza a realizar declaraciones públicas en defensa de los derechos de las mujeres, también organizaciones estadistas, como el Partido Nuevo Progresista, (que entonces estaba en el poder, con Don Luis Ferré en la Fortaleza), nos acusaron de querer echarle la culpa al gobernador de los males de la humanidad contra la mujer. La señora Angeles Mendoza, reaccionando a su vez a un comentario del periódico *El Imparcial* [17] contra MIA, advertía que había que mirar con cuidado las intenciones políticas de la organización. Todo ello porque habíamos denunciado que el Gobierno discriminaba contra las mujeres y que no quería sacar el informe de la Comisión de Derechos Civiles por ser año de elecciones, ya que en el mismo se establecía dicho discrimen. La autora del artículo, líder del Partido Nuevo Progresista (PNP), entendió que el ataque era contra Don Luis Ferré y que por tanto éramos una "oscura agrupación" aliada del Partido Popular Democrático (PPD). También señaló que "en el caso de MIA -a la luz de la acusación- se

---

[17] "Justicia a la mujer", *El Imparcial*, 23 agosto 1972.

verifica la sospecha de que su misión no es defender a la mujer puertorriqueña como pretende hacer ver, sino atacar lanzando sombra contra el Gobernador Ferré y su administración"[18].

Lo cierto es que MIA denunciaba lo que decía el programa económico de cuatro años, preparado en 1972 y sometido por el entonces Gobernador Luis Ferré a la sexta Asamblea Legislativa del Estado libre Asociado de Puerto Rico. Se decía allí: "Dentro de ese amplio concepto de desarrollo industrial, nuestra política futura habrá de estar dirigida a propiciar la creación de empleos compatibles con las características y destrezas de nuestra fuerza trabajadora, **poniendo especial énfasis en el empleo de varones**..."[19]. (Énfasis suplido) No esperaba quizás la señora Mendoza que una organización feminista pudiera hacer una denuncia política sin ser parte de organismos político partidistas.

El Partido Popular Democrático, mientras tanto, aprovechaba toda la discusión del tema de los derechos de las mujeres que se había generado en la Isla, para levantar como tema de campaña de las próximas elecciones el que apoyaría mayor legislación a favor de la mujer. (Recomiendo leer el MIA Informa Número 4 con el análisis de las plataformas de los partidos para esas elecciones). Ese año se presentaron a las elecciones seis partidos políticos. Casi todos, de alguna manera u otra, hicieron promesas a las mujeres.

MIA INFORMA

En esta publicación encontrarán los *MIA Informa*, el boletín que publicó la organización durante su primera y segunda época. En el primer número se destaca el rechazo al partidismo por parte de este grupo. Expresan las miembras de MIA que rechazarían toda afiliación partidista, que no abogarían por ningún status para Puerto Rico, pero que sí abogarían por la justicia social "como medio de realizar los Derechos Humanos, particularmente los de la mujer"[20].

---

[18] Mendoza, Angeles, "De interés para Mujeres," *El Imparcial*, 25 septiembre 1972, 19-A.
[19] Estado Libre Asociado de Puerto Rico,Oficina del Gobernador, Junta de Planificación, *Programa económico de cuatro años*, enero 1972.
[20] *MIA Informa*, marzo 1972, 1

Los títulos de los artículos y notas de los boletines demuestran cuáles eran los temas que preocupaban al grupo y dan una idea de las actividades en que ocuparon su agenda de trabajo. En ese primer número vemos: "Rechazamos partidismo", "Integración sí; Liberación no", "Si piensas casarte" (un consejo para las mujeres antes de casarse ya que en esa época no existía la co-administración de la sociedad legal de gananciales), "MIA, propósitos y Reglamentos", "Integración Femenina y Liberación Nacional", "Nota histórica", "Ana Roqué de Duprey, feminista puertorriqueña", "La integración de la mujer Puertorriqueña", "Cuarenta años" (recordando que ese año se cumplían 40 años de la primera vez en que mujeres votaron en la Isla).

En el segundo número vemos cómo se van definiendo los temas a los que se le daría prioridad en el trabajo organizativo y las posiciones oficiales frente a lo que entendía el grupo eran problemas básicos de nuestra sociedad: "Feminismo no importado", "Centros de cuidado diurno", "¿Está la mujer lista para la igualdad?", "La satisfacción sexual y la integración de la mujer", "La educación y la integración de la mujer", "El hombre y la integración de la mujer", "La familia y la integración de la mujer", "El aborto y la integración de la mujer", "Concientización". Es importante destacar cómo ya en 1972, antes del caso de Roe Vs. Wade[21], MIA estaba respaldando el derecho al control del cuerpo por parte de las mujeres, el derecho al aborto y las iniciativas en esa dirección que se dieron en la Legislatura en Puerto Rico, antes de dicho caso.

Este segundo número de *MIA Informa* es muy interesante porque expone la teoría feminista de la organización en sus comienzos. Las posiciones sobre otros temas como la justicia social, el amor libre, la prostitución y la homosexualidad (lesbianismo), las podrán encontrar en las diferentes versiones del Reglamento, ya que las posiciones sobre temas en particular se publicaban conjuntamente con el mismo.

El tercer número contiene posiciones del grupo, temas mundiales, literatura y la campaña en torno a la publicación del Informe de la Comisión de Derechos Civiles: "La liberación femenina en Cuba", "Comisión de Derechos Civiles y la Mujer", "Con vocación, buscando

---

[21] Roe Vs. Wade, Supra.

empleo", "La mujer sola y sus problemas afectivos" (esto era una crítica al libro del mismo nombre), "Tú me quieres blanca" (poesía de Alfonsina Storni), "Derechos sexuales".

Las críticas a la Comisión de Derechos Civiles que se encuentran en este boletín son las que se expusieron en diversos medios de comunicación por parte de MIA ya que tardaban en sacar a la luz pública el informe sobre la situación de las mujeres en Puerto Rico. Estas críticas fueron las que provocaron reacciones oficiales por parte del periódico "EL Imparcial" y por Angeles Mendoza, miembra del Partido Nuevo Progresista. Como señalamos anteriormente, MIA entendía que el informe demostraba que el Gobierno discriminaba contra las mujeres y que había evidencia de que tal discriminación era "deliberada y planificada por la administración de Ferré"[22].

El Lcdo. Baltasar Corrada del Río era entonces presidente de la Comisión de Derechos Civiles y MIA denunció que él también había ayudado a preparar la plataforma del PNP por lo que no quería que en ese año de elecciones saliera un informe que evidenciaba la política gubernamental y el plan económico del partido en el poder que discriminaba contra las mujeres. Una vez se publica finalmente el informe, en septiembre de 1972, MIA dedica mucho esfuerzo a divulgarlo.

El cuarto número de *MIA Informa* se dedicó principalmente al tema de las elecciones del 1972 y la organización analizó las plataformas de los seis partidos que en ese año participaron en las mismas. MIA no apoyó a partido alguno en particular, pero endosó la candidatura individual de Olga Cruz Jiménez, más allá del partido al que pertenecía, por ser la representante que había tenido un programa a favor de la mujer y exhortó al voto mixto para apoyar más mujeres en puestos electivos. Decía MIA:

> "No te olvides que es posible el voto mixto para asegurar que las mujeres reciban tu voto, aunque no sean de tu partido. Dentro de tu partido, te exhortamos a que des preferencia a las mujeres. Dejamos a ti la responsabilidad de evaluar las siguientes tablas y plataformas, con el fin de

---

[22] *MIA Informa*, número 3, septiembre 1972, 2.

que decidas inteligentemente que partido(s) te favorecen como mujer"[23].

La Plataforma del Partido Popular en esas elecciones incluyó promesas de cambiar las leyes de familia, entre otras cosas para dar igualdad a las mujeres en la administración de la sociedad legal de bienes gananciales[24], mayores derechos para las mujeres embarazadas y también prometió crear una comisión de la mujer. Este partido recogió gran parte de la discusión y recomendaciones que surgieron en torno al Informe de la Comisión de Derechos Civiles.

Cuando el PPD ganó las elecciones cumplió rápidamente la promesa de crear una comisión adscrita al Poder Ejecutivo para beneficio de las mujeres, pero tardó en cumplir lo relacionado con las leyes de familia. Sus promesas programáticas sobre el tema de la familia serían usadas luego por MIA, la legisladora Olga Cruz, la Comisión para el Mejoramiento de los Derechos de la Mujer, la Federación de Mujeres Puertorriqueñas y otras entidades y personas para presionar la aprobación de lo que se conocería como la Reforma de Familia. Más adelante detallaré la campaña realizada para la aprobación de esta legislación.

En el cuarto número de *MIA Informa* también se habló de "El síndrome de ama de casa" y se publicó una "Carta abierta a una participante del concurso Srta. Puerto Rico". Este último tema desató algunas discusiones interesantes. La carta abierta que se incluye en el boletín también fue publicada en la prensa. La revista *Avance* [25] de julio de 1972 dedicó su reportaje de portada al tema e incluyó una entrevista o "careo" entre Nilda Aponte, como portavoz de MIA y Bárbara Torres, Miss Puerto Rico 1972. Sin duda que la discusión del tema de los concursos de belleza y los concursos en sí mismos han cambiado en nuestros días. Ahora éstos han incorporado elementos para medir también algunos talentos intelectuales y artísticos de las concursantes, lo cual unido al hecho de que participan mujeres con

---

[23] *MIA Informa*, número 4, octubre 1972, 1.
[24] Esto es la entidad legal que se crea al casarse un hombre y una mujer. Anterior a esta legislación, el hombre era el administrador de la misma.
[25] Guerra, Ada Nívea, "Un mano a mano sobre un tema de actualidad-Concursos de Belleza Miss. Sí; Miss. No", *Avanve*, 20- 26 julio 1972.

preparación académica a veces universitaria, y que algunas de sus participantes logran en función de los mismos buenas oportunidades profesionales, hace más difícil despacharlos con meramente decir que cosifican a las mujeres.

El quinto número de *MIA Informa* se publicó en 1977 como parte de la celebración del 8 de marzo. Ese número incluyó un breve recuento histórico del 8 de marzo, el programa del día, la reimpresión del editorial "¿Qué es el movimiento feminista?", aparecido en el *Tacón de la Chancleta* de marzo de 1975, los objetivos de la organización y un cuestionario para nuevo ingreso. Para la época en que aparece este boletín, MIA estaba compuesta en su mayoría por mujeres que se incorporaron a partir de 1976, a lo que le he llamado la segunda época de MIA.

La posición de esta organización desde su creación en 1972, de mantenerse como entidad feminista autónoma e independiente y no vincularse con organizaciones político-partidistas, fue uno de los aspectos que la distinguiría de otros grupos que surgieron luego en esa década. Más tarde comentaré como se afectó la organización al ser impactada por el partidismo de algunas de sus integrantes de la segunda época.

OTROS TRABAJOS Y VÍNCULOS CON OTRAS ORGANIZACIONES

En los primeros dos años se trabajaron los temas de los centros de cuidado infantil y el aborto principalmente. Hicimos un estudio-encuesta de los centros auspiciados por Head Start, el Municipio de San Juan y centros privados. También hicimos un contacto con el dueño de una fábrica en Río Grande, igualmente realizamos enlaces con Servicios Sociales[26] y la Asociación de Industriales, para lograr que con nuestra intervención se iniciara el proceso de creación de un centro de cuido diurno en dicha fábrica. Analizamos también el sexismo en la educación, la mujer y el crédito[27], así como las leyes de familia que discriminaban contra la mujer.

---

[26] Nombre anterior del actual Departamento de Servicios a la Familia.
[27] Fuimos invitadas a trabajar conjuntamente con la Administración de Servicios al Consumidor (ASERCO) el tema de la discriminación en el crédito a las mujeres.

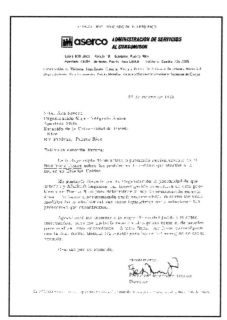

Carta dirigida a Mujer Intégrate Ahora por Federico Hernández Denton, entonces director de la Administración de Servicios al Consumidor, ASERCO, para coordinar trabajos con la organización en torno a los problemas de crédito en las mujeres.)

Cuando el Partido Popular gana las elecciones de 1972, según comentamos anteriormente, MIA, era la única organización feminista existente en ese momento y participó en el cabildeo para que se creara la Comisión para el Mejoramiento de los Derechos de la Mujer[28]. En el 1973 se creó la misma, adscrita a la Oficina del Gobernador, pero no es hasta el 1974 que realmente comienza a funcionar. De hecho, dos mujeres de MIA fuimos nombradas a la Comisión, Nilda Aponte y yo. Esta situación fue uno de los primeros retos para mantener la autonomía de MIA frente a otras entidades, en este caso el Gobierno, reto que acosa todavía hoy día a las organizaciones feministas actuales. En mi caso renuncié al comienzo de 1975, precisamente porque no quería que la autonomía de MIA fuera puesta en duda o en entredicho. (Esta carta de renuncia se encuentra entre los documentos aquí presentados.)

Para el 1973 se trata de establecer también en Puerto Rico un capítulo de la organización norteamericana National Organization for Women (NOW). Al principio hubo colaboración entre las que impulsaban este grupo y MIA. Posteriormente algunas de las integrantes de NOW tildaron de comunistas a las mujeres de MIA. El intento de formar un capítulo de NOW aquí no cuajó y desapareció prontamente. Más tarde en el 1985 se formará nuevamente un capítulo de NOW en Puerto Rico con relativamente más éxito que ese primero.

MIA fue la primera organización feminista autónoma que comenzó, para 1974, la celebración en Puerto Rico del 8 de marzo,

---

[28] La Ley Número 57, del 30 de mayo de 1973, creó la Comisión para el Mejoramiento de los Derechos de la Mujer.

Día Internacional de la Mujer, con una exposición de diapositivas de mujeres en actividades no tradicionales, destacando la participación en la economía y la política del país. Repartió literatura y materiales sobre el significado del Día Internacional de la Mujer, sobre los propósitos y reglamento de la organización, sobre la situación de la mujeres en Puerto Rico y en otras partes del mundo. Entre esta literatura se incluyeron extractos de textos de autoras como Marlene Dixon, Simone de Beavoir y Luisa Capetillo, así como una biografía de Ana Roqué de Duprey. Esto se llevó a cabo en los pasillos de Plaza Las Américas y contó con auspicios interesantes como el del Club Eva 2000 del Banco Economías que entonces hacía negocios en Puerto Rico. Es bueno recordar también que en el 1972 el Frente Femenino del PIP, como entidad de mujeres perteneciente a un partido político, había conmemorado el 8 de marzo.

Además de la serie de boletines *MIA Informa*, la organización auspició y trabajó en la formación de una publicación feminista independiente llamada *Tacón De La Chancleta* en 1974-1975, que

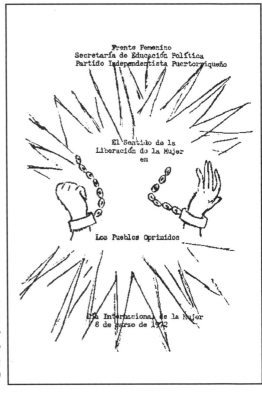

(ILUSTRACION: PROGRAMA 8 MARZO 1972 Frente Femenino PIP. Portada del programa de la activdad del 8 de marzo de 1972, llevada a cabo por el Frente Femenino del Partido Independentista Puertorriqueño.)

más adelante comentaré en detalle. MIA exploró la creación alternativa de libros infantiles y publicó en junio de 1977, *La Caperucita Azul* [29], una versión feminista de la Caperucita Roja.

Lesbofobia

En el año 1974 se creó en Puerto Rico la Comunidad de Orgullo Gay, (COG), contando con la participación de mujeres con gran conciencia feminista que formaron al interior de esa organización un grupo llamado la Alianza de Mujeres. En este libro hemos incluido información de este grupo, que aunque no era autónomo ya que pertenecía a otra organización, representa un esfuerzo pionero. El hecho de que al interior de una organización mixta de hombres y mujeres, como lo fue la COG, se creara una alianza de mujeres es porque desde su inicio identificaron la necesidad de unirse en tanto mujeres, aún dentro de esta agrupación. Es necesario incluir este dato ya que en la historia de los feminismos el asunto del lesbianismo y el de la lesbofobia son de vital importancia. Algunas integrantes de la Alianza de Mujeres, al desaparecer la COG, pasaron a ser miembras de Mujer Intégrate Ahora en su segunda época.

La noche de la fundación oficial de la Comunidad de Orgullo Gay leí una declaración pública por la radio sobre el derecho de los homosexuales (y lesbianas) en la sociedad, a petición de un periodista que me solicitó lo hiciera. Nunca imaginé que el periodista diría mi nombre porque no lo autoricé; salí del closet, o mejor dicho me sacaron, sin planificarlo, sin quererlo y sin siquiera imaginar en ese momento las consecuencias que tendría para mí el resto de mi vida. Si hubiera sabido que iban a decir mi nombre creo que no hubiera leído la declaración. Una vez sucedió, asumí la situación y sus consecuencias, no di explicaciones, tampoco negué nada de lo leído por la radio. Entonces era portavoz de MIA y era miembra de la Comisión Para el Mejoramiento de los Derechos de la Mujer, por lo que tenía presente todos los prejuicios contra las feministas que tenía

---

[29] Mujer Intégrate Ahora, Taller de Cuentos, *La Caperucita Azul* , junio 1977, ilustraciones Ivonne Torres.

la gente en general. Parte importante de esos prejuicios era decir que todas las feministas eran lesbianas y que odiaban a los hombres. Yo sabía la carga que conllevaba tener que convencer que el feminismo no equivalía a ser lesbiana y, por otro lado, que ser lesbiana no equivalía a odiar a los hombres.

Por parte de integrantes de la Comisión de la Mujer recibí miradas extrañas y un regaño formal de una de las comisionadas. Al interior de MIA, por otro lado, recibí críticas de algunas miembras que se sintieron mal, entiendo porque temían que otras personas podrían creer equivocadamente que todas las mujeres de MIA eran lesbianas. Sin embargo, MIA desde sus inicios había asumido una posición a favor de los derechos de homosexuales y lesbianas. Ciertamente esta situación fue uno de los retos que también confrontó el grupo ya que años después verifiqué, según me conversaron integrantes de otras organizaciones feministas, que sí había una idea de que en MIA había muchas lesbianas y que esto provocó lesbofobia de otras feministas de la época hacia la organización[30]. Lo cierto es que MIA siempre fue un grupo feminista de convocatoria amplia, donde habían mujeres de diversas orientaciones sexuales, y nunca se identificó ni fue un grupo sólo de lesbianas feministas.

---

[30] Flavia Rivera en la entrevista que se incluye en este libro habla también de esto.

El tacón de la chancleta

En el 1974 comenzó a circular la publicación feminista independiente llamada *Tacón de La Chancleta*. MIA auspició la misma, aunque no era un vocero oficial de la organización, tenía autonomía propia y era un intento por iniciar una revista alternativa (en formato de periódico) que pudiera venderse y mercadearse junto a las publicaciones comerciales. El número preliminar del "Tacón" se hizo como un suplemento especial de la revista *Avance* del 30 de septiembre de 1974. En el editorial del mismo se decía: "Un grupo de mujeres dentro de la organización Mujer Intégrate Ahora (MIA), al revisar la historia del feminismo en Puerto Rico, encontró una tradición histórica donde se publicaron varias revistas y periódicos dirigidos a promover los derechos de la mujer."[31] En honor a esa tradición y siguiendo la misma se creó la publicación. Gloria Steinem, editora de la revista *MS*, (quien estuvo en Puerto Rico en una segunda visita en junio de 1974), nos donó dinero para la publicación. Gracias a ella y a otras personas pagamos los gastos de la primera edición.

Gloria Steneim leyendo la revista Tacón de la Chancleta. La revista Ms que ella dirigía había hecho un donativo para ayudar a la publicación del "Tacón". Foto por Dorothy Haynes ,archivo Tacón de la Chancleta.

---

[31] "Tacón de la Chancleta, Suplemento especial", *Avance*, San Juan, Puerto Rico, 30 septiembre 1974.

El nombre de la publicación surgió como referencia a la costumbre de llamar chancletas a la mujeres al nacer y al padre que sólo tiene hijas llamarle chancletero. En el editorial del número preliminar se explicaba que: "La chancleta está al mismo nivel del suelo y su uso está limitado a no salir de los confines de la casa. Es además un objeto de poco valor"[32]. Más adelante se decía también que:

> "la llamada igualdad jurídica está muy lejos de ser verdad. La mujer sigue siendo un objeto de poco valor Creemos que al presente a esta chancleta le ha salido un tacón. Es decir, con el tacón puede salir a la calle y está un poco por encima del nivel del suelo. Pero su naturaleza sigue siendo la misma: una chancleta. Creemos que así se puede definir la situación actual de la mujer en Puerto Rico"[33].

La publicación no logró mantenerse económicamente, aunque contó con auspiciadores que pautaban anuncios en la misma y con un buen número de subscripciones. Se llegaron a publicar, además del número preliminar en *Avance*, cinco números más, todos en el año 1975.

Aunque el *Tacón de la Chancleta*, pretendió ser una publicación independiente, lo cierto es que sus editoriales y gran parte de sus artículos reflejaban las posiciones de MIA. Los postulados y la teoría feminista de MIA se reflejaron en esta publicación.

Algunas de las editoras del Tacón de la Chancleta en 1975. De izquierda a derecha, Ronnie Lovler, Elizabeth Viverito Escobar, Ana Irma Rivera Lassén, Alma Méndez Ríos, Maritza Durán Aléstica, Margarita Babb e Ivonne Torres. Falta en la foto María Genoveva Rodríguez. Foto archivo Tacón de la Chancleta.

---

[32] Ibid
[33] Ibid

Quiero destacar ahora algunos editoriales del "Tacón" y algunos artículos. En el 1975, al inicio del Año Internacional de la Mujer, se publica el primer número. La portada destaca el título "En busca de nuestra Identidad" y se publican artículos sobre la violación, la imagen de la mujer en el cine, la defensa personal y el karate, la participación de las mujeres en los sindicatos obreros, las infecciones vaginales, la participación de las mujeres en la economía de Puerto Rico, entre otros, además de un cuento de Anagilda Garrastegui.

El editorial del segundo número fue dedicado a la fundación de la Federación de Mujeres Puertorriqueñas (FMP). Este editorial causó un gran revuelo ya que era una fuerte crítica a dicha organización. El mismo detallaba como se había desarrollado la asamblea constituyente de la FMP, llevada a cabo el 2 de febrero de 1975. Esta asamblea había logrado movilizar unas cien mujeres convocadas ante el llamado de organizar un frente amplio que representara a las trabajadoras, estudiantes y amas de casa. En el editorial se menciona que en la asamblea se cuestionó si la nueva organización debía llamarse feminista, se dedicó mucho tiempo a la discusión de teorías políticas que al entender del editorial no aplicaban a los problemas de las mujeres e inclusive algunas asistentes enfatizaron que el problema de la mujer es uno que se resolvería al cambiar las estructuras económicas y políticas.

Ante todo esto, el editorial señaló que si la nueva organización iba a luchar por los derechos de la mujer, debía ser una lucha desinteresada, que no podía usarse los problemas de un sector oprimido para algo que no fuera la búsqueda de soluciones a esos problemas. Por tal razón, la organización debería estar libre de influencias político-partidistas. Además, señaló que la mujer tenía que "cobrar conciencia ella misma, antes de salir a convertir al mundo"[34]. Al final del editorial se reconocía el potencial de la FMP pero se advertía que "le esperaba una gran labor de concientización interna en torno a los planteamientos del feminismo y a la identificación de las integrantes de dicha federación con los motivos e intereses del feminismo internacional"[35].

---

[34] *Tacón de la Chancleta*, febrero 1975, San Juan, Puerto Rico, año 1, núm. 2.
[35] Ibid

El resto de ese número del "Tacón" incluyó entre otros temas, la mujer en el deporte de tenis, Luisa Capetillo, Julia de Burgos, la educación de las niñas y el negocio de la duchas vaginales.

El tercer número fue dedicado principalmente al 8 de marzo, Día Internacional de la Mujer, a la legislación para la mujer que se estaba impulsando en esos momentos y a la Comisión Para el Mejoramiento de los Derechos de la Mujer. En ese número el editorial se dedicó a establecer una posición sobre el movimiento feminista como movimiento político.

Ese editorial, propuesto como un escrito para establecer una posición teórica feminista, recogió las posiciones que en MIA habíamos respaldado hasta ese momento. Aunque se publicó como editorial del "Tacón", ciertamente podría verse también como una declaración del feminismo que respaldaba MIA:

"Lo que convierte al movimiento de liberación femenina en algo imprescindible y quizás en el más importante es que en todos estos movimientos las mujeres son las más oprimidas"[36], y añade más adelante,

> "Sin embargo, la lucha para que se le reconozcan los derechos que pide cada grupo, no necesariamente representa un paso de mejora para la posición de la mujer. Porque la lucha por los derechos de la mujer va más allá de las demandas específicas de estos grupos. La situación de desventaja de la mujer está en la relación de opresión entre los sexos"[37].

No fue casualidad que este editorial se publicara en el número del "Tacón", inmediatamente después del que reseñó la fundación de la FMP. Se hizo precisamente porque al fundarse la FMP ya se enfrentaban dos visiones de feminismos: la de dicha organización y la de MIA. En este número del "Tacón" se reseñaba también la actividad de la FMP en torno al Día Internacional de la Mujer y una nota de que Pathfinder Press me había invitado a Nueva York como oradora en la presentación del libro *Women's Evolution* de la antropóloga feminista Evelyn Reed. El número contó con la aportación literaria de unos poemas de Ivonne Ochart.

---

[36] *Tacón de la Chancleta,* marzo-abril 1975, San Juan, Puerto Rico, año 1, núm. 3.
[37] Ibid

El cuarto número del "Tacón", correspondiente a mayo-junio de 1975, por su parte, fue dedicado en su editorial al tema de la maternidad. En los artículos los temas fueron entre otros: el parto sentada, las mujeres en diferentes partes del mundo y un reportaje de la participación de Norma Valle en la celebración del primero de mayo, Día Internacional de los Trabajadores(as).

El quinto y último número del "Tacón" dedicó su editorial y uno de los artículos al discurso del 4 de julio hecho por la Doctora Berio, quien entonces presidía la Comisión Para el Mejoramiento de los Derechos de la Mujer. En los otros artículos de este número se habló de la Primera Conferencia Mundial Sobre la Mujer celebrada en México y de la participación de las mujeres de Puerto Rico en la misma. También se dedicó un artículo a la vida y aportaciones de Doña Ana Roqué, precursora del sufragismo en Puerto Rico. Se publicó también un cuento de Anagilda Garrastegui.

PRIMERA CONFERENCIA MUNDIAL SOBRE LA MUJER

La Conferencia Mundial sobre la Mujer en México, fue el evento cumbre de la Naciones Unidas en torno al Año Internacional de la Mujer. Puerto Rico estuvo representado en La Tribuna (Foro No Gubernamental). Asistimos a La Tribuna tanto mujeres de la Comisión, del Club Zonta, de la Liga de Mujeres Votantes, como mujeres de la FMP y de MIA. El Gobernador de Puerto Rico no hizo las gestiones necesarias para que pudieran estar, al menos como observadoras, en la Conferencia Gubernamental las representantes del Gobierno de Puerto Rico. Por esa razón, ellas también fueron a la Tribuna y no a la Conferencia Oficial. Allí encontramos también otras puertorriqueñas que vivían en los Estados Unidos.

Las controversias en torno a las discusiones que se suscitaron entre las latinoamericanas están reseñadas en el artículo "Conferencia Mundial de la Mujer, El feminismo se quedó en la aduana"[38]. Este artículo recoge las tensiones de las visiones de los feminismos que se

---

[38] *Tacón de la Chancleta*, julio-agosto 1975, San Juan, Puerto Rico, año 1, núm. 5.

enfrentaron en México, desde mi punto de vista, como integrante de MIA que estuve en La Tribuna.

Decía en el artículo que: "con gran decepción vimos cómo las asistentes se dividieron en bandos. La situación que se produjo era un reflejo de lo que está pasando con el movimiento feminista en muchos países: las distintas facciones políticas se han dado cuenta del gran potencial político de las mujeres y han querido aprovecharlo para sí"[39] .

Lo que traté de establecer era que mientras los grupos más conservadores trataban de incorporar a la mujer a la sociedad siguiendo los mismos patrones masculinos y reafirmando el "status quo", o sea más mujeres en puestos de liderato, más mujeres policías, más mujeres en el ejército, etc.", otros sectores de izquierda por su parte, se habían dado cuenta del potencial revolucionario de la mujer, y a su vez trataban de ganarse esa fuerza diciendo que "la verdadera y única lucha de la mujer es la lucha contra el capitalismo"[40]. Decía en el artículo que a mi entender pensaban ellos que el movimiento de liberación femenina sólo dividiría a los hombres y a las mujeres.

El debate que estaba relatando en dicho artículo fue el que se dio en México en torno a la creación de organizaciones autónomas de mujeres versus la organización de las mujeres dentro de partidos políticos o estructuras donde los asuntos de las mujeres eran secundarios. Igualmente estaba presente el cuestionamiento a la incorporación de las mujeres a las estructuras existentes y a las visiones patriarcales del poder y la participación.

El mito de que todo lo de la liberación femenina era norteamericano y ajeno a los intereses de las mujeres provenientes de

---

[39] Ibid
[40] Ibid

los entonces llamados países del tercer mundo, estuvo presente como un muro de contención que a veces no permitió que fluyera adecuadamente el intercambio de ideas y de experiencias entre las asistentes a la Tribuna. Las mujeres de Puerto Rico estuvimos divididas en estos debates. Por un lado, la FMP asumió la posición de que el análisis de la lucha de la mujer debía partir de un análisis anticapitalista y se alió con los argumentos en contra de las liberacionistas norteamericanas. Las representantes del Gobierno de Puerto Rico se unieron a la visión de promover una mayor participación numérica de las mujeres en las estructuras actuales de la sociedad como índice de progreso para las mujeres. Por mi parte, como representante de MIA y del "TACON", me uní a las que horrorizadas veíamos cómo el tema de la organización autónoma de las mujeres en agrupaciones feministas, no era la mayor preocupación, sobre todo de las mujeres de América Latina y el Caribe.

En los párrafos finales del artículo expreso: "No existen varios tipos de feminismo, sólo es uno, que bien entendido es el que lucha por los derechos de la mujer y por una sociedad más justa"[43]. Con esta última cita, muy característica de la década de los setenta, quiero pasar a comentar brevemente la concepción de la "verdadera organización", "el verdadero feminismo" y las convocatorias a frentes amplios. Creo que tanto MIA, la FMP, la Alianza Feminista por la Liberación Humana o el Centro Feminista de Bayamón, consideraban que cada quien era la verdadera alternativa feminista.

LA VERDADERA ORGANIZACIÓN

En esa década hubo varias convocatorias a formar frentes amplios de mujeres, pero estas convocatorias eran también totalizantes, en tanto y en cuanto no respondían a una visión de hacer una coalición sino la de hacer megaorganizaciones que suprimieran las voces individuales de las agrupaciones. De hecho, la propia FMP se visualizó en sus orígenes como un llamado a formar un frente amplio.

La concepción de la verdadera organización tenía implícita la idea de adjudicarse "la representación de la mujer", partiendo claro

---

[43] Ibid

está de la premisa de que una sola organización podía representar a todas las mujeres y, por otro lado, que todas las mujeres podían ser representadas como una sola. Cuando crees que no hay una verdadera organización quieres juntar a las que estén en ese momento, no para unir fuerzas, sino para fundirlas, hacerlas desaparecer y formar la que entiendes será realmente la verdadera organización.

Al final de la década uno de esos llamados que se hicieron para formar un frente amplio provocó grandes problemas al interior de MIA. Las discusiones en torno a la participación de las integrantes de la organización en el mismo precipitaron la salida del grupo de disidentes que formarían luego la Alianza Feminista por la Liberación Humana. La tensión principal giró en torno a la autonomía de la organización, se cuestionaba qué intereses verdaderamente representaban las miembras con doble militancia en esos frentes, si los de su organización feminista o los de su organización político partidista. Otra tensión importante era la lucha entre organizaciones políticas tratando de impulsar en la visión del frente la línea que cada quien entendía la mejor. Hemos incluido en este libro la carta sobre el llamado a formar un frente amplio que fue parte de la controversia antes mencionada. Los llamados a frentes amplios continuarán hasta comienzos de la década de los ochenta.

Dentro del discurso de la verdadera organización se creó también el Centro Feminista de Bayamón en 1976. No tenemos mucha información del mismo, pero sabemos que funcionaba como una entidad que promovía la búsqueda de soluciones a los problemas económicos de las mujeres.

Federación de Mujeres Puertorriqueñas (FMP)

El año 1975 fue declarado Año Internacional de la Mujer por la Organización de las Naciones Unidas y en la Isla, al igual que en otras partes del mundo, se populariza por fin la palabra "feminista". Ese año surge otra nueva organización, la Federación de Mujeres Puertorriqueñas (FMP), la cual tendrá una vinculación más estrecha con los grupos de izquierda del país.

La FMP originalmente se fundó con la intención de crear una organización de masas en torno a los asuntos de la mujer. En su creación inicial participaron representantes de sindicatos, de agrupaciones políticas y profesionales e inclusive algunas integrantes de MIA. La primera asamblea en la que se constituyó formalmente fue el 2 de febrero de 1975 y contando con el marco del Año Internacional de la Mujer, logró agrupar un buen número de personas. La FMP no tuvo que sufrir tampoco de los prejuicios homo/lesbofóbicos que asediaron a MIA, aunque irónicamente algunas en su membresía propiciaron los mismos en contra de esta última. Esta información ha sido obtenida de conversaciones y discusiones con ex-integrantes de ambas organizaciones, según dicho anteriormente.

La capacidad de crecimiento que potencialmente tuvo la FMP, a mi entender, se vio tronchada por la falta de autonomía que ésta tuvo con respecto a las organizaciones de izquierda, principalmente al Partido Socialista Puertorriqueño. La FMP trabajó junto a MIA, a la Comisión Para el Mejoramiento de los Derechos de la Mujer y a otras entidades, por la aprobación de las leyes de la Reforma de Familia de 1976. La FMP logró crear capítulos en varios pueblos de la Isla y llegó a publicar un número de una revista titulada *Palabra de Mujer* en 1977.

En el documento titulado "Recuento Histórico" que se hizo en 1983 por la Tercera Conferencia de la Mujer Trabajadora se dice que:

> "La Federación de Mujeres, que se desintegró definitivamente durante los primeros meses del 1977, abogó por una integración de la lucha feminista y socialista. Los problemas ideológicos y tácticos de la izquierda puertorriqueña se reflejaron en la organización, en la cual se debatieron diferentes tendencias que lucharon por su hegemonía. Unas acusaban a su liderato de ser instrumento del PSP, mientras que otras acusaban a miembros de otros grupos políticos participantes de ser divisionistas. Los partidos de izquierda oficialmente apoyaban el intento organizativo, mientras que en la discusión privada limitaban a sus compañeras la participación en la FMP, o ridiculizaban las luchas internas, que minaron la fuerza de la organización y dilataron su efectividad en un momento histórico importante"[44].

---

[44] III Conferencia de la Mujer Trabajadora, "Recuento histórico", Mimeo,

La FMP en 1977 publicó el único número de la revista *Palabra de Mujer.*

En la primera página de la misma dicen:

"Plantear la realidad puertorriqueña desde un punto de vista feminista, implica una revisión de la economía y de la historia. Para la mujer puertorriqueña, el momento de llevar a cabo esta tarea es ahora. La Federación de Mujeres Puertorriqueñas se propone publicar esta revista periódicamente para que sirva de foro de discusión donde se plantean las ideas más progresistas en torno a la mujer y a la evolución de su rol en la sociedad"[45].

Entre los temas que recogen los artículos de la revista están la crianza y el cuido de los niños y las niñas, Iris Chacón y la imagen de la mujer puertorriqueña, la legislación a favor de las mujeres, la planificación familiar, la mujer y la Iglesia, la lactancia materna, los textos escolares y un diccionario de la mujer.

La revista contó con un impresionante número de anuncios. Los diferentes capítulos de la Federación publicaron también boletines con las diversas posiciones de la FMP. Algunos de ellos los hemos logrado incluir en este libro.

REFORMA DE FAMILIA

Entre 1975 y 1976 se realiza el cabildeo más fuerte a favor de la Reforma de Familia. La Comisión para el Mejoramiento de los Derechos de la Mujer, como se llamaba entonces, Mujer Intégrate Ahora y la Federación de Mujeres Puertorriqueñas, así como otras entidades y personas, trabajaron fuertemente en la tarea de impulsar la legislación que había presentado inicialmente Olga Cruz Jiménez y a la que luego se le unieron otras piezas legislativas para hacer un conjunto de leyes que sería al que llamarían la Reforma de Familia.

Sería bueno señalar aquí que el primer intento por enmendar las leyes de familia en cuanto a la coadministración de la sociedad legal de gananciales, lo había iniciado la legisladora Cruz Jiménez en 1969[46].

1984. (Este documento fue redactado por dirigentes e integrantes de organizaciones feministas autónomas de los 70.)
[45] *Palabra de Mujer*, Año 1, núm. 1, enero 1977, San Juan, Puerto Rico.

Para esa época aunque existía la Comisión sobre el Status de la Mujer, presidida por Doña Trina Rivera de Ríos, la propuesta de legislación no tuvo apoyo por dicha comisión, ni por la Legislatura ni otros organismos gubernamentales.

Unos años después, comienza un nuevo aire para el cabildeo y la presión, luego de que la Comisión de Derechos Civiles recomendara en su informe de 1971 un cambio en las leyes para que no se discriminara contra las mujeres en el matrimonio y que el Partido Popular Democrático (PPD) ganara las elecciones de 1972 e incluyera en su plataforma este tema.

Al iniciarse nuevamente la presión por la aprobación de esta legislación, las integrantes de MIA trabajamos muy cerca de la legisladora Olga Cruz Jiménez. Patricia Shahen, quien era miembra fundadora de la organización, pudo compartir con la representante Cruz un estudio que había realizado con propuestas de cambios de legislación[47] . Este estudio, según nos relató la ex legisladora, le fue de gran ayuda en el proceso de redacción del conjunto de legislación que posteriormente se llamó la Reforma de Familia.

Al principio apoyaron también la legislación organizaciones de mujeres como la Asociación de Mujeres Profesionales y de Negocios, la Liga de Mujeres Votantes, así como mujeres en su carácter individual, además del grupo feminista MIA. No existían todavía otras organizaciones feministas. Posteriormente, al crearse la Comisión Para el Mejoramiento de los Derechos de la Mujer[48], adscrita al poder Ejecutivo, se sumaría a la presión este organismo que sí tenía interés y compromiso con impulsar esta legislación. En 1975 se funda la FMP y ésta se une también a la presión a favor de la Reforma de Familia.

El camino de aprobación de esta legislación duró más de siete años, desde la primera pieza presentada en 1969, hasta la aprobación final del Proyecto de la Cámara 44 en 1976[49]. Los argumentos en contra mayormente se concentraban en que no se sabía cómo los

---

[46] Cámara de Representantes de Puerto Rico, Proyecto de la Cámara 137, 6 marzo 1969.

[47] Shahen Yamure, Patricia, "La equiparación jurídica de los cónyuges en cuanto a la gestión de los bienes matrimoniales," Mimeo, 1974.

[48] Ley Número 57, 30 de mayo de 1973, creó la Comisión para el Mejoramiento de los Derechos de la Mujer. La comisión como tal comenzó a trabajar en 1974, luego de que se nombran las comisionadas.

Olga Cruz Jiménez, fue la representante en la Cámara que presentó e impulsó la mayoría de los proyectos de Ley que se convirtieron en la Reforma de Familia de 1976. Aquí se ve mientras participaba en un Acercamiento Feminista auspiciado por Mujer Intégrate Ahora, en 1973. En el fondo se ve a Ana Irma Rivera Lassén. Foto cortesía de The San Juan Star.

La Lcda. María Genoveva Rodríguez fue una de las autoras del estudio de la Comisión de Derechos Civiles de 1972, "La Igualdad de Derechos y Oportunidades de la Mujer Puertorriqueña". Ese informe fue muy importante para impulsar lo que posteriormente se llamó la Reforma de Familia. Fue también una de las editoras del Tacón de la Chancleta. En la foto se ve mientras participaba en un Acercamiento Feminista auspiciado por Mujer Intégrate Ahora, en 1973. Foto cortesía The San Juan Star.

Vistas de la Comisión Jurídico Civil de la Cámara sobre un proyecto que eliminaría la espera de 301 días antes de que una mujer que enviudara o se divorciara pudiera contraer matrimonio. De pie a la izquierda, la representante Olga Cruz Jiménez, a la derecha, la Dra. María Teresa Berio. Sentadas en la primera fila, Ana Irma Rivera Lassén, Nilda Aponte Lebrón e Isabel Picó Vidal. En la segunda fila, Ethel Ríos y Magali Hostas. Foto por Mandín Rodríguez, El Mundo, 15 de mayo de 1974.

133

cónyuges resolverían las situaciones en que ambos no se pusieran de acuerdo y en que esta legislación era un "parche" y debía esperarse a que terminara la reforma del Código Civil[50]. También señalaban que la coadministración de la sociedad legal de bienes gananciales retrasaría las actividades y el libre tráfico del comercio. Algunos deponentes en contra de la legislación que comparecieron a las vistas públicas lo fue el Colegio de Abogados de Puerto Rico y personas principalmente asociadas al mundo de los negocios.

El año 1975, Año Internacional de la Mujer, sirvió de marco para una mayor presión en la búsqueda de la aprobación del P. de la C. 44 y muchas creímos que se lograría. Aunque ya había sido aprobado en la Cámara, estaba detenido en el Senado. El 1975 terminó sin que se aprobara y se nos venía encima el año de elecciones. El temor entonces era que fuera engavetado ya que no contaba con el apoyo del Portavoz de la Mayoría del Senado, Hipólito Marcano. La campaña pública se concentró en la denuncia de que el PPD debía cumplir sus promesas de campaña. Legisladoras como Sila Nazario de Ferrer y Angeles Mendoza, que pertenecían a la minoría, también se unieron al reclamo ya que algunas de las piezas legislativas de la Reforma de Familia eran de su autoría.

Recuerdo a la que entonces era la Presidenta de la Comisión, la Doctora María Teresa Berio y sus visitas a las oficinas de los y las legisladoras para hablarles sobre los cambios a las leyes que necesitábamos las mujeres. Igualmente recuerdo las cartas, las firmas, las campañas, las conferencias y los artículos realizados para lograr que se aprobara esa legislación. No hay más que ver la prensa de la época para percatarse de la fuerza y la pasión en los argumentos levantados por las promoventes de los cambios en las leyes de familia. Encontrarán también la famosa arenga de Olga Cruz Jiménez

---

[49] P. de la C. 44 del 24 de enero de 1973, presentado por la representante Olga Cruz y el representante Ronny Jarabo.

[50] Esta revisión del Código Civil todavía no se ha terminado al día de hoy. En aquella época el Comité para la Reforma del Código Civil, presionó para que se sometiera un proyecto sustitutivo que dejara a la discreción de los cónyuges la administración que deseaban. La representante Cruz presentó un proyecto sustitutivo, aunque luego lo retiró por entender que no cumplía con el propósito original de darle a la mujer igual participación en la administración de la sociedad legal de gananciales.

al entonces Gobernador, Rafael Hernández Colón, de que el Partido Popular no estaba cumpliendo con sus promesas. Le recordó que se acercaban las elecciones, que las mujeres eran la mayoría de las personas votantes y que si el Partido no cumplía la promesa de dar igualdad a la mujer en el matrimonio, no podría hablar de victoria en las próximas elecciones porque perdería el voto femenino.

Parte de las firmas recogidas por la Comisión para el Mejoramiento de los Derechos de la Mujer y publicadas en el periódico El Mundo del 13 de junio de 1974, en apoyo a la legislación de familia.

Propaganda de MIA en apoyo al proyecto de la Cámara # 44, que era la pieza principal de la Reforma de Familia.

Tarjeta de MIA para que las personas enviaran las mismas a la Legislatura en apoyo a la leyes de familia que daban más derechos a las mujeres.

El día de la votación en el Senado las feministas llenamos las gradas. Allí fuimos a presionar y a establecer con nuestra presencia que éramos una fuerza viva política, con la que había que contar en los años en adelante. Se incluye en esta publicación alguna de la propaganda que se usó para impulsar esta reforma legal.

1977 A 1979

Para 1976 y 1977 se ven más esfuerzos en torno a estudios de la mujer integrados principalmente por aquellas que deseaban realizar mayor trabajo académico en torno al tema de la mujer.

Son los últimos años de activismo de la década. En 1977 desaparece la FMP, se lleva a cabo en ese año también la Conferencia Puertorriqueña de la Mujer y se forma la Alianza Feminista por la Liberación Humana por disidentes de MIA. También en el 1977 se había organizado ya con fondos del Gobierno, el Centro de Ayuda a Víctimas de Violación. Éste venía a recoger los reclamos de los grupos de mujeres y de la Comisión Para el Mejoramiento de los Derechos de la Mujer, en cuanto a mayor acción gubernamental en dicha área. Personalmente participé en la redacción de las iniciativas primeras de búsqueda de fondos para fundar un centro de ayuda, originalmente como una iniciativa de la Comisión Para el Mejoramiento de los Derechos de la Mujer. MIA había hecho también, como organización, muchas actividades en favor de los derechos de las víctimas de violación, incluyendo un piquete en apoyo al derecho a la realización de abortos en facilidades públicas en los casos de violación. También en MIA participamos en toda la campaña pública de crear conciencia sobre este tema.

Por otro lado, se fundó en 1979 la Casa Protegida Julia de Burgos, para víctimas de violencia doméstica, como un esfuerzo cívico no gubernamental de albergue y de servicios. Esta entidad propiamente comenzó a funcionar en la década de los ochenta por lo que abundaremos en la misma en el próximo libro. Vamos a detallar a continuación algunos temas del último período de la década.

Conferencia Puertorriqueña de la Mujer

Como parte del entusiasmo generado por el 1975, Año Internacional de la Mujer, y como parte también de los trabajos de seguimiento a los compromisos de los Estados Unidos de Norteamérica con la llamada agenda de las mujeres (esbozada en el informe *To form a more perfect Union...Justice for American Women*[51]) la congresista Bella Abzug se dio a la tarea de promover la organización de una gran conferencia de mujeres norteamericanas para la celebración del bicentenario de dicha nación en 1977.

En marzo de 1977, la National Commission on the Observance of the International Women's Year, (Comisión Nacional para la Observancia del Año Internacional de la Mujer), bajo la presidencia de Bella Abzug, comenzó el trabajo de organizar la conferencia nacional. La misma dio fondos para que los 50 estados y los territorios formaran comités coordinadores y llevaran a cabo reuniones de las que salieran los informes a ser rendidos en la actividad, que se llamó First National Women's Conference (Primera Conferencia Nacional de Mujeres). La misma se llevó a cabo en Houston, Texas en 1977[52]. Así llegaron a Puerto Rico los fondos y la idea de realizar lo que se conocería como la Conferencia Puertorriqueña de la Mujer.

Por su historia y las implicaciones que tendría ser parte de una "Conferencia Nacional", refiriéndose a Estados Unidos, algunas mujeres se resistieron a participar en este evento en Puerto Rico. Otras decidimos que a pesar de que la parte que se haría en la Isla eventualmente sería llevado a formar parte de un informe de Estados Unidos, debíamos aprovechar para reunirnos por pueblos y poder promover nuestras agendas y discusiones feministas en las reuniones que se harían en Puerto Rico. Así se llevaron a cabo reuniones exitosas

---

[51] National Commission on the Observance of the International Women's Year, U.S. Government Printing Office, *To form a more perfect Union...Justice for American Women*, Washington, D.C., 1976.

[52] National Commission on the Observance of the International Women's Year, U.S. Government Printing Office, *The spirit of Houston, First National Women's Conference, An Official Report to the President, the Congress and the People of the United States,* Washington, DC, March 1978.

en diferentes puntos de la Isla. La organización de la Conferencia en Puerto Rico logró movilizar cientos de mujeres, eligieron delegadas y produjo un informe que llevaron a Houston.

Las discusiones en la reunión final de la Conferencia fueron un episodio que no podré olvidar. Como integrante de MIA, también fui parte del Comité organizador de la Conferencia. Cuando se estaban llevando a cabo los trabajos para organizar las votaciones, propuse que los hombres se abstuvieran de votar voluntariamente en las elecciones y a participar en algunos talleres. El micrófono me fue arrebatado, a pesar de que yo era del Comité Organizador, y le dieron un turno a Celeste Benítez, quien barrió el piso conmigo, sacando de contexto todo lo que yo había dicho. La discusión se fue por la tangente y prácticamente terminaron diciendo que no podían estar a favor de mi posición porque ellas no odiaban a los hombres y éstos debían tener derecho a participar. Aunque las mujeres de MIA permanecimos hasta el final en la asamblea, yo me negué a estar en el grupo que iría a Houston. Incluimos en este libro el comunicado de prensa de MIA sobre este incidente.

PRIMERA Y SEGUNDA ÉPOCA DE MIA

Las divisiones ocasionadas por las discusiones ideológicas también tocan a MIA. Al interior de MIA se dio una lucha de poder entre un sector de mujeres que pertenecían a la Liga Internacionalista de los Trabajadores (LIT) y otras que eran del Frente Revolucionario Anti Imperialista (FRAI). Lo que permitió que MIA se mantuviera como la organización que más tiempo duró en los setenta fue sus posiciones no partidistas. Sin embargo, finalmente esas discusiones o el deseo de una "línea política" de dominar a la otra, le produce la fragilidad que eventualmente divide el grupo y lo debilita.

Divido la historia de MIA en una primera época que va desde su fundación en 1972 hasta 1976, y una segunda época de 1976 hasta 1979. En la primera época integran el grupo mayormente mujeres que no habían militado en ninguna organización política y que su interés político principal era el feminismo como movimiento. En la segunda época se unen a MIA mujeres que habían pertenecido o pertenecían a grupos políticos, también algunas que habían sido de la FMP y otras de la Alianza de Mujeres de la Comunidad de Orgullo Gay. La manera que esto definió las campañas y los trabajos de MIA es materia para estudio y reflexión. Les invito a leer los boletines y documentos de MIA de esta segunda época. Encontrarán que fueron tratados de maneras distintas en ambas épocas temas como la lucha sindical y las mujeres, la situación del prejuicio doble que se creó al llamar lesbianas a las mujeres deportistas, o el tema de la esterilización femenina.

En el informe de la Coordinadora General de la asamblea de MIA en junio de 1978 se menciona que: "luego de la Conferencia de la Mujer, MIA comenzó a tomar nuevo ímpetu de trabajo. Vimos la necesidad de definir mejor nuestras perspectivas de trabajo para poder ofrecer una alternativa de organización a las mujeres. Internamente surgieron problemas en torno al tema de la definición ideológica de la organización. Estas discusiones nos llevaron a una crisis que explotó a final del año 1977 con la salida de la organización de varias de las miembras. Esto desmoralizó un tanto al resto de las integrantes de la organización"[53].

Tres de las cartas de renuncia de integrantes de MIA se incluyen en el libro. Estas mujeres, junto a otras disidentes, crearon la Alianza Feminista por la Liberación Humana, (AFLH) en 1978.

ALIANZA FEMINISTA POR LA LIBERACIÓN HUMANA

La Alianza Feminista por la Liberación Humana fue un grupo que trabajó principalmente con organizaciones como el Comité de Apoyo a Viéques, el Comité Soto Rosado contra la Represión, y el Movimiento de Apoyo a la Lucha Nicaragüense. Los "choques de tendencias ideológicas partidistas" hacen que desaparezca cerca de un año y medio después de su fundación[54].

Sin embargo, no quiero dejar esta parte sin comentar o más bien contestar la historia aparecida en el libro *Compañeras*, bajo el nombre

---

[53] Mujer Intégrate Ahora, *Actas*, 25 junio 1978.
[54] Ibid.

de Esther. La que escribió esta historia perteneció al grupo de mujeres que salieron de MIA y formaron la AFLH. La autora, al narrar su experiencia antes de entrar a MIA dice que en la Universidad de Puerto Rico conoció un grupo de mujeres lesbianas que, aunque no se identificaban como tal, la ayudaron a definirse sexualmente y más adelante dice:

> ".....durante el tiempo en que estuve en la Universidad trabajé en la lucha por la independencia de Puerto Rico y me envolví con un grupo de mujeres llamado Mujer Intégrate Ahora (MIA). MIA estaba compuesto por estudiantes, profesoras e intelectuales tanto lesbianas como heterosexuales. Nosotras, la del grupito de lesbianas, nos metimos a MIA de cantazo y entonces formamos como un bloquesito porque, en términos políticos, básicamente éramos afines. Lo que nosotras queríamos hacer en MIA era tratar de enfatizar la conexión que existe entre feminismo, clase y sexo. Nuestro programa era propagandizar el problema de la opresión de la mujer, luchar por el "amor libre" y exponer cómo las clases pobres y trabajadoras en Puerto Rico son oprimidas" [56].

Continúa diciendo la autora:

> "Aunque en MIA hablábamos del derecho al amor libre, no mencionábamos nada específicamente sobre la opresión de la mujer lesbiana. De hecho, uno de los debates más calientes que se vino a dar en la organización fue porque las feministas en el grupo, entre las cuales estábamos las lesbianas, querían pasar una resolución apoyando a las lesbianas. Pero las mujeres más izquierdistas no querían que se incluyera la palabra lesbiana en la resolución porque decían que esto causaría divisiones en la lucha por la liberación de la mujer y en el movimiento independentista"[57].

La autora no aclara que las opositoras al uso de la palabra lesbiana eran precisamente las mujeres del grupo al que ella pertenecía. Las izquierdistas a las que hace alusión eran las que entraron en bloque con ella a MIA. Esta discusión aparece en las minutas de MIA. Me parece muy confuso el relato de la autora[58]. Es interesante destacar

---

[55] Esther, "Tenemos que bregar", *Compañeras*: *Latina Lesbians*, Latina Lesbians History Project, New York, 1987, 100.
[56] Ibid
[57] Ibid

que este grupo de mujeres entran en bloque a MIA (con su propia agenda) y también se van en bloque. En sus cartas de renuncia hablan de las diferencias entre organizaciones políticas de izquierda al interior de MIA y no del tema del lesbianismo como la causa de su salida. El relato que hace Madeline Román en este volumen confirma ésto.

MIA, desde sus inicios, tuvo posiciones a favor de los derechos de homosexuales y lesbianas y, aunque podríamos hoy decir que no le dio a este punto la misma importancia que a otros temas, sería injusto no reconocer que fue la organización feminista autónoma que más trabajó el tema en los setenta (no contamos aquí a la Alianza de Mujeres de la COG ya que éste era un grupo dentro de una organización mixta, sin autonomía propia). MIA incluso organizó un piquete contra el entonces legislador Junior Cruz, por las manifestaciones en contra de las lesbianas y de las mujeres en los deportes que éste expresó en una ocasión. Estos recortes de prensa también se incluyen en el libro. Fue una sorpresa ver que la carpeta de subversiva[59] que me entregaron incluye una foto mía en esa actividad y recortes de prensa de la misma.

FIN DE LA DÉCADA

Mujer Intégrate Ahora continuó trabajando principalmente en torno al tema de la violación y de la esterilización, pero desaparece a finales del 1979. Por otro lado, ese año se crea Taller Salud. Aunque varias mujeres estuvimos en esa década trabajando también alrededor de los temas del aborto, de la esterilización y el derecho a controlar nuestros cuerpos, lo cierto es que al surgir esta nueva organización en un sentido marcó simbólicamente el fin de una década y el comienzo de otra. Taller Salud fue creada en torno a un tema particular, el de la

---

[58] Esta confusión es reproducida en el artículo de Frances Negrón Muntaner, "Echoing Stonewall and other Dilemmas: The Organizational Beginnings of a Gay and Lesbian Agenda in Puerto Rico 1972-1977 (Part II)", *Centro De Estudios Puertorriqueños Bulletin*, Spring 1992, Nueva York, 98-115.
[59] Me refiero a las carpetas entregadas por la Policía de Puerto Rico y otras entidades gubernamentales a las personas que habían sido fichadas por esas agencias ilegalmente alegadamente por ser subversivas.

salud. Y desde la salud, la lucha por los derechos de las mujeres adquiere otras dimensiones. Entiendo que esto caracterizará precisamente la próxima década, la creación de grupos con agendas particulares de interés. Es una década donde las organizaciones ya no van a pretender ser "la verdadera alternativa", o "la organización que representa a todas las mujeres" o "el gran frente amplio". Para principios de 1980 todas las otras organizaciones han desaparecido. Durante los primeros dos años de la década de los ochenta, Taller Salud, fue el único grupo feminista independiente que trabajó organizadamente temas de las mujeres, del cual tengamos conocimiento.

En los documentos que publicamos en este libro se encuentran parte de las discusiones más importantes que se dieron en las organizaciones que mencionamos aquí. Otros pedazos importantes de esas historias están en las minutas de las reuniones. Esas todavía permanecen sin publicar ya que son muy extensas para ser incluidas en este volumen. No obstante, las minutas de MIA están accesibles para quien quiera revisarlas. Entendemos que igualmente las de la FMP y la de la AFLH.

Los ochenta y los noventa

Aunque este primer tomo sólo contiene documentos de los años setenta, quisiera comentar algunos datos de los ochenta y los noventa que esperamos serán ampliados en otros tomos posteriores.

En los años de 1981 y de 1982 un grupo de mujeres organizó la Segunda y Tercera Conferencia de la Mujer Trabajadora. De esas conferencias surgió en noviembre de 1982 la Organización Puertorriqueña de la Mujer Trabajadora (OPMT).

La OPMT tenía como propósito principal luchar por las reivindicaciones más urgentes de las mujeres y las del pueblo trabajador en su conjunto.[60] En la asamblea de fundación se dieron discusiones que demostraban diferencias profundas de visiones de feminismos entre las asistentes. Estas diferencias provocaron que parte de las que participamos en las conferencias preparatorias decidiéramos no ser parte de la nueva organización. La OPMT dio la impresión de que sería una organización de línea feminista socialista, parecida a la FMP. Con el paso del tiempo, aunque su línea parece ser independentista, ha desarrollado un programa feminista amplio de trabajo y una capacidad de crecimiento contínua y sólida, así como ha logrado mantener la publicación regular de un boletín propio.

Algunas mujeres que no estuvieron conformes con la OPMT, tal como se presentó en su fundación, se reúnen aparte y ese mismo año se forma el grupo que posteriormente se llamará Encuentro de Mujeres dedicado a estudiar la problemática de la mujer y a ofrecer talleres[61].

Algunas de las que participaron de las discusiones e intercambios de ideas de la creación de estas últimas organizaciones, conjuntamente con otras mujeres que continuaron estudiando diversas posibilidades de organización, crean en 1983 la organización Feministas en Marcha (FEM) [62]. Estas discusiones coinciden con la visita a Puerto Rico de la feminista española Lidia Falcón. El grupo auspicia reuniones con ella para la discusión de su teoría de la mujer como clase social. Se crea como un grupo de presión política feminista. Se ha destacado por ser el grupo que organizó la entrega del anti-premio "Cerdo de Oro" a las entidades de los medios de comunicación que usan la imagen de la mujer como objeto sexual o promueven la violencia contra el sector femenino.

En el año 1983 se crea también la Corporación Reunión Inc. que operó un centro de Servicios e Información a la Mujer y una guardería infantil en Santa Rita, Río Piedras hasta 1986. Todos estos grupos y Taller Salud constituyeron en el año 1985 la Coordinadora de Organizaciones Feministas para celebrar dos fechas: el 8 de marzo, Día Internacional de la Mujer, y el 25 de noviembre, Día de No Más Violencia Contra la Mujer. Es un momento de madurez de las organizaciones. Cada quien se ubica en su espacio y a la vez luchan en conjunto. No obstante, no se ha dado aún, al día de hoy la discusión de las diferentes visiones de los feminismos.

---

[60] Organización Puertorriqueña de la Mujer Trabajadora, *¿Qué es la Organización Puertorriqueña de la Mujer Trabajadora?*, Opúsculo, sin fecha.

[61] Encuentro de Mujeres, *Encuentro de Mujeres*, Opúsculo, sin fecha.

[62] Feministas en Marcha, Documento sin título, noviembre 1985.

Existieron para los ochenta también grupos de estudios y talleres de discusión feminista como el grupo Brujeres, el Colectivo Luisa Capetillo, el grupo Autónomo de Mujeres, el Grupo de Mujeres de Aibonito, el Círculo Feminista de Trujillo Alto, entre otros. También se crearon organizaciones como el Colectivo Mujer Movimiento de Solidaridad y Conciencia Igualitaria, y otros grupos como Aquelarre Lésbico y el Colectivo de Lesbianas Feministas, la Asociación de Mujeres Artistas, así como Teatreras Dondequiera.

Desde las universidades se formalizaron esfuerzos por estudiar la historia de la mujer destacándose para mencionar algunos: El Centro de la Mujer del Colegio Regional de Aguadilla, el Centro de Investigación y Documentación de la Mujer (CIDOM) de la Universidad Interamericana, Centro de Estudios, Recursos y Servicios a la Mujer (CERES), adscrito al Centro de Investigaciones Sociales de la UPR y el Proyecto de Estudios de la Mujer (Pro Mujer) en el Recinto Universitario de Cayey de la UPR.

Han pasado dos décadas, casi tres, desde que se fundó MIA y posteriormente la Federación de Mujeres Puertorriqueñas y la Alianza Feminista por la Liberación Humana. Ha pasado más de tiempo aún desde que la Sociedad de Mujeres Periodistas de Puerto Rico invitó a la Isla a Gloria Steinem con el subsiguiente debate sobre sus declaraciones. Esa década nos enseñó el valor de la palabra mujer como un espacio desde donde definir nuestras luchas sociales y políticas.

La consolidación del trabajo de Taller Salud en los ochenta y el surgimiento de grupos como la Organización Puertorriqueña de la Mujer Trabajadora (OPMT), Encuentro de Mujeres (EM) y Feministas en Marcha (FEM), así como la visita de la feminista española, Lidia Falcón, y la controversia alrededor de su posición de la mujer como clase social, constituyeron en esa década la continuación de la lucha por organizarnos desde los espacios políticos que constituyen nuestras organizaciones feministas. Pero los ochenta nos enseñaron también que no tenemos que estar todas en la misma organización, y sentó las bases para que el discurso de "la mujer" empezara a ser el de "las mujeres". Empezamos a organizarnos desde las diferencias. Actualmente existe la Coordinadora de Paz para la Mujer creada en

1988 en torno al tema de la violencia doméstica y que coordina el trabajo conjunto de varias organizaciones y grupos de mujeres en esa área.

Los años noventa, por su parte, se han destacado por la diversidad y por el distanciamiento. También se destaca mucho el trabajo desde los espacios comunitarios y mas allá del área metropolitana, como Casa Pensamiento de la Mujer del Centro. Esta década ha visto el surgimiento de reclamos más fuertes y específicos de sectores de mujeres a su derecho a organizarse, por ejemplo, por raza o por orientación sexual. Aunque en el caso de las organizaciones de lesbianas, ya habíamos visto el surgimiento de algunos grupos desde los setenta y en los ochenta, sin embargo los noventa es una década más activa en este tema. Inclusive vemos como la organización más grande de lesbianas que hasta ahora ha existido, en la Isla, el grupo Gema, no necesariamente participa o se identifica como parte del movimiento feminista, que a su vez , hasta ahora ha sido dominado en sus acciones y agendas por la heterosexualidad.

La misma situación la veremos en los grupos que surgen alrededor del tema de la mujer negra, Umupuen o el Grupo Identidad de la Mujer Negra. Estas organizaciones creadas en esta década, son hasta ahora grupos de mujeres en la periferia de las actividades de las organizaciones feministas. Las organizaciones feministas, hasta ahora han estado desprovistas de contenido de análisis de raza en sus acciones y agendas. Estos son retos de los noventa para todas, en todas direcciones.

En los setenta, al igual que las mujeres que nos precedieron en los activismos feministas, fuimos constructoras de utopías y me gustaría pensar que también fuimos hacedoras de realidades. Cuando en MIA, para principios de los setenta, acompañamos a una mujer y le dimos apoyo durante el proceso legal contra un hombre que la violó, estábamos haciendo intercesoría legal ya desde entonces. Igualmente nos involucramos en temas como el de cuestionar la imagen estereotipada de la mujer en los empleos cuando piqueteamos a una línea aérea junto a una asistente de vuelo que protestaba por discrimen por razón de sexo, ya que se quedaría sin empleo por estar embarazada.

Si hoy podemos articular una defensa de los derechos de las mujeres a vivir sin violencia doméstica, por ejemplo, esto comenzó con la imaginación. Había que soñar, y hay que soñar para construir la realidad, pero la realidad es también un sueño. Cuando creemos que estamos concretando su forma, se transforma nuevamente, descubriendo en su cuerpo nuevos ángulos que antes no veíamos. Creo que las mujeres no somos una sola, ni somos iguales, ni mucho menos somos unidimensionales, por lo que me gusta imaginar que las utopías feministas están en constante cambio y que siempre estamos retándonos nosotras mismas a tratar de articular un discurso(s) que nos incluya a todas y/o que no excluya a algunas.

Antes de terminar, quiero recalcar la necesidad de ir recogiendo y guardando los materiales, boletines y publicaciones de los feminismos organizados en todas la décadas para no tener que ir de archivo olvidado en archivo olvidado a la hora de escribir nuestra parte de la historia. Con esta publicación y de esta forma queremos aportar y facilitar la labor de aquellas(os) que quieren conocer estas historias. Comenzamos con este primer volumen.

Desde los años de MIA decíamos y todavía hoy seguimos diciendo, que es hora de ir estudiando nuestra historia feminista, rescatarla e incorporarla en los textos escolares. Es hora de que se reconozcan las aportaciones de mujeres como doña Ana Roqué y las ideas que exponía Luisa Capetillo, pero sobre todo de los procesos históricos en que participaron éstas y todas las mujeres de la primera época del movimiento de liberación femenina en Puerto Rico. Para que otras(os) puedan escribir la historia que nos tocó vivir a nosotras, debemos recoger hoy las experiencias y datos que aporten a un mejor entendimiento de la segunda época del movimiento de los derechos de la mujer en Puerto Rico.

La escritora Lola Luna, al comentar el efecto que tiene incluir la historia del feminismo al hablar de la historia de las mujeres, decía que esto

> "lleva a plantear que la renovación de la historia social y política incluye no sólo explicar cuestiones claves como el significado de las relaciones entre las mujeres y el Estado y su exclusión del ámbito tradicional de la política, sino también comprender el significado de las relaciones y luchas

de las mujeres y la naturaleza política del movimiento social desde el cual las han expresado coyunturalmente"[63].

Documentos del Feminismo: Facsímiles de la Historia se trata precisamente de esto. Queremos aportar al estudio y comprensión de los procesos históricos, sociales y políticos de Puerto Rico en los años setenta, donde el movimiento político de los feminismos autónomos fue parte integrante de ese período. Espero que este libro y los que vengan luego, ayuden a contestar algunas preguntas que me provoca este comentario de Lola Luna, por ejemplo, en vez de ¿cuáles han sido los cambios más importantes en la organización política y social de Puerto Rico y ¿cómo han impactado particularmente a las mujeres?, yo preguntaría ¿cuál ha sido el impacto de las luchas de las mujeres en los cambios más importantes en la organización política y social de Puerto Rico?. Otras preguntas serían, ¿Es política el trabajo de reclamar derechos como mujeres que hacemos las organizaciones feministas?, ¿por qué nos volvemos invisibles para la historia aunque somos actoras sociales y políticas?, ¿cuál es la relación entre participación, ciudadanía (refiriéndonos en un sentido amplio a los derechos reconocidos social y políticamente a las personas en la sociedad) y género, así como ¿cuáles son los contenidos o ausencias de la ciudadanía que afectan más a las mujeres?.

La lista de preguntas puede ser larguísima, dejaremos que ustedes sigan añadiendo las suyas.

---

[63] Luna, Lola, "Estado y participación política de mujeres en América Latina; una relación desigual y una propuesta de análisis histórico", *Mujeres y Participación Política*, Magdalena León, compiladora, Tercer Mundo Editores, Colombia, 1994.

PARTE II
ENTREVISTAS

REALIZADAS POR ELIZABETH CRESPO KEBLER Y EDITADAS CON LA COLABORACIÓN DE ANA IRMA RIVERA LASSÉN

ENTREVISTA A NORMA VALLE Y A FLAVIA RIVERA MONTERO
DE LA SOCIEDAD DE MUJERES PERIODISTAS A LA FEDERACIÓN DE MUJERES PUERTORRIQUEÑAS

ENTREVISTA A CARMEN TORRES
EL ACTIVISMO GAY DE LOS SETENTA– LA ALIABZA DE MUJERES DEL COLECTIVO DE CONCIENTIZACIÓN GAY

ENTREVISTA A MADELINE ROMÁN LÓPEZ
LA ALIANZA FEMINISTA POR LA LIBERACIÓN HUMANA

De la Sociedad de Mujeres Periodistas a la Federación de Mujeres Puertorriqueñas

I. Norma Valle Ferrer

¿A qué organizaciones perteneciste durante la década del 1970?

Yo había leído *El Segundo Sexo* ya para el 1968 y pensaba que realmente había que echar para adelante el movimiento en Puerto Rico. En el 1970 pertenecí a la Sociedad de Mujeres Periodistas que era una organización profesional de mujeres. Luego, en el 1975 pertenecí a la Federación de Mujeres Puertorriqueñas y fui la coordinadora de esta organización que estuvo activa como hasta el 1977. Colaboré con el *Tacón de la Chancleta* [1974-1975] en la redacción de artículos y también pertenecí al grupo de *Palabra de Mujer* [1977].

¿Cómo se formó la Sociedad de Mujeres Periodistas?

Como te dije, ya a partir del 1967-68 yo pensaba que había que hacer un trabajo feminista en Puerto Rico. Coincidí aquí en Puerto Rico con unas mujeres que pensaban lo mismo, como por ejemplo, mi compañera Margarita Babb, a quien conocí en el periódico El Mundo en el 1967. Se nos presentó afortunadamente la Sociedad de Mujeres Periodistas como esa organización. Prácticamente todas las compañeras que trabajábamos en el periódico El Mundo en ese momento éramos feministas. Allí te incluyo a Maggie Bobb, que es una norteamericana residente en Puerto Rico de mucho tiempo, Ruth

Merino Méndez, nacida chilena, pero residida en Puerto Rico de toda la vida, Helga Serrano, puertorriqueña, Doris Suffront, puertorriqueña, Isabel Cintrón, María Cristina García, bueno, éramos veinte mujeres que teníamos una consciencia feminista y que de alguna manera queríamos hacer un trabajo feminista.

Nosotras pensábamos que la Sociedad tenía que activarse y hacer otro tipo de trabajo, y digamos que tomamos la Sociedad de Mujeres Periodistas a finales del 1969. Asistimos a una reunión a la cual nos invitaron y nos elegimos nosotras a la directiva. Yo salí presidenta. Conformamos la directiva de la organización, y algunas compañeras periodistas de mucha experiencia se unieron a nuestro grupo y siguieron trabajando con nosotras. Contamos con la experiencia y el apoyo de mujeres periodistas que llevaban muchos años en el periódico como Malén Rojas Daporta y otras. Pienso que algunas se sintieron amenazadas, como por ejemplo Angela Luisa Torregrosa, y un poco insultadas tal vez por nuestra agresividad en ese momento y se retiraron cuando empezamos a desarrollar un trabajo feminista. Fue algo desafortunado, pero bueno, así sucedió. De allí trazamos un plan de trabajo feminista que se extendió durante un año completo.

La primera actividad que decidimos lanzar para romper el hielo fue invitar a Gloria Steinem a Puerto Rico que vino acompañada de un grupo de mujeres de los Young Lords, puertorriqueños de Nueva York, en febrero del 1971. Gloria Steinem provocó un revuelo. Los periódicos le dedicaron portadas y nosotras nos encargamos de hacerle una promoción y una propaganda increíble. Aprovechamos el traer a Gloria Steinem a Puerto Rico para hacer una campaña en pro de los derechos de la mujer y una campaña feminista. Estábamos colocadas en prácticamente todos los medios, en todos los periódicos y éramos todas de la Sociedad de Mujeres Periodistas. Estábamos las mujeres de *El Mundo*, las compañeras del *San Juan Star* y de *El Imparcial*, que eran los periódicos de mayor circulación que existían en ese momento. Donde hubieran noticieros de radio y de televisión, allí también estábamos nosotras. Salimos en las primeras planas, nosotras escribimos, escribieron sobre nosotras, o sea, fue algo bien dramático; hubo hombres en el periódico que se enojaron, recibimos cartas insultantes, pero realmente fue algo impactante.

¿CUÁLES FUERON LAS REACCIONES A GLORIA STEINEM?

Ella era bastante conocida en aquel momento por sus artículos en varias revistas de mucha circulación en los Estados Unidos y por sus presentaciones en los programas de televisión de las cadenas nacionales norteamericanas CBS y NBC. De las mujeres tuvimos un respaldo asombroso, mujeres que nosotras jamás pensamos que iban a ir a la actividad. Llegamos a acomodar a 500 mujeres pagando 20 dólares el cubierto en el Condado Plaza. Judy Gordon en ese momento era miembra de la Sociedad de Mujeres Periodistas, trabajaba en WHOA, y era relacionista pública del Condado Plaza. Ella nos favoreció mucho con la organización de la actividad; Maggie Bobb era la organizadora principal y fue la que se carteó con Gloria Steinem. Así es que fueron a esa reunión, a ese almuerzo, mujeres de todas las estratas sociales. Las mujeres de los Young Lords invitaron y atrajeron a otro sector de la población; fue gente del movimiento independentista, y fue la primera esposa de Rubén Berríos y se retrató con las mujeres de los Young Lords.

Creo que aquí como en otras partes del mundo, la crítica en momentos impactantes como lo fue la visita de Steinem, es la que recibimos las mujeres siempre: que la mujer debe estar en la casa, que el trabajo de la mujer fuera del hogar significa el abandono de los niños, o que la familia puertorriqueña estaría mejor si las mujeres regresaran al hogar.

La crítica venía de muchos varones que se sentían sumamente amenazados. Fíjate qué interesante, que cuando el periódico *El Mundo* nos pide, y le da portada a la visita de Gloria Steinem, cosa que no creo que harían hoy en día, también le pide a uno de sus columnistas principales en ese momento, Jorge Javariz, que escriba un contra artículo. Esto era para nosotras absurdo porque pensábamos que lo que se iba a escribir sobre ella era un artículo del género de noticias que iba a cubrir lo que ella dijera allí. Sin embargo, lo que escribe Jorge Javariz fue una columna de opinión refutando los planteamientos de ella sobre la mujer. ["Tema: La liberación femenina, La defensa del hombre," *El Mundo* (28 de febrero de 1971): 1.] Fue graciosísimo porque la redacción de los periódicos se convirtió en una especie de "ticket centers" con personas llamando y separando boletos.

La visita de Steinem fue una actividad importante y el 1971 fue un momento histórico importante. Fíjate tú que esta discusión en Puerto Rico se da temprano comparado con muchos de los países de América Latina. La visita de Steinem trajo a discusión un tema que estaba en la mente, en el corazón y en la lengua de muchas mujeres.

Aunque este fue un evento importante, no queríamos que se quedara en un gran evento con una figura como Gloria Steinem que venía de afuera. Todas nosotras participamos bajo la premisa de que este era un movimiento auténticamente puertorriqueño ya que hubo una intención de decir que el movimiento feminista era importado de los Estados Unidos. Nos encargamos de desmentir eso sosteniendo que el movimiento feminista estaba aquí desde el siglo 19, que se había inactivado como en la mayor parte de los países del mundo y que esta era una segunda etapa. Claro, eso lo hicimos investigando la historia de Puerto Rico que era la única forma de dar ese mentís a que era un movimiento importado de Europa, de Francia, de los países nórdicos o de los Estados Unidos.

A partir de esa visita de Gloria Steinem, todos los meses subsiguientes celebramos una actividad en la cual exigíamos a nuestros invitados que hablaran sobre la condición de la mujer. Eso fue interesantísimo. Por ejemplo, invitamos al Partido Independentista a hablar sobre la condición de la mujer. Invitamos al gobernador de Puerto Rico del partido Nuevo Progresista a hablar sobre la mujer puertorriqueña. De hecho, hay una publicación que se llama "El gobernador de Puerto Rico ante las mujeres periodistas," un folleto que se dirige a la mujer puertorriqueña y habla sobre ella. Invitamos al Secretario del Departamento de Asuntos del Consumidor a hablar sobre la mujer como consumidora y al secretario de recursos naturales a hablar sobre la mujer y el ambiente. O sea, que durante esos doce meses, celebramos doce actividades en las cuales promovimos la discusión de la mujer en los diferentes ámbitos de la sociedad.

Los planteamientos de la Sociedad de Mujeres Periodistas que me describes no eran sólo de tipo sindical. Estaban lidiando con la situación de las mujeres como profesionales del periodismo, pero además hablaban sobre la condición de la mujer en la sociedad en general. ¿Qué planteamientos hacían sobre las mujeres en la profesión del periodismo?

Exigíamos que las mujeres tuvieran los mismos derechos en la sociedad y en nuestra profesión en particular. Hicimos una ponencia ante la Comisión de Derechos Civiles de Puerto Rico en el 1971 denunciando las malas condiciones de trabajo de las mujeres periodistas con respecto al hombre periodista. No solamente hicimos estas doce actividades públicas, exhibiciones de fotografías, etc., sino que llevamos nuestros planteamientos al sindicato de periodistas que es la Unión de Periodistas Artes Gráficas y Ramas Anexas, afiliada al Newspaper Guild. Planteamos que la mujer periodista recibía menos paga por igual trabajo, que tenía menos visibilidad, que no era columnista de los periódicos, que cuando se asignaban las fuentes más importantes de trabajo no se designaban mujeres y siempre se pensaba en los hombres. Denunciamos que se quería circunscribir a la mujer periodista a cubrir cosas de modas sociales, etc., cuando ya éramos reporteras que estabamos trabajando en otras secciones del periódico. Queríamos ocupar las plazas principales que cubrían la sede del Gobierno en Fortaleza, la Legislatura, los tribunales, etc.

¿CUÁNDO SE INTEGRARON AL SINDICATO Y CÓMO RESPONDIÓ ÉSTE A LOS PLANTEAMIENTOS QUE HACÍAN LAS MUJERES PERIODISTAS SOBRE EL DISCRIMEN QUE EXPERIMENTABAN?

A finales del 1971 decidimos activarnos en el sindicato. Cuando empezamos a hacer el análisis de la condición de las mujeres periodistas, nos dimos cuenta de que el instrumento no era la Sociedad de Mujeres Periodistas ya que ésta no tenía muchos dientes, es decir, no tenía un instrumento fuerte de lucha en pro de la mujer periodista. Así que nos integramos al sindicato y ocupamos posiciones de liderato. La compañera Annie Arana, la compañera Margarita Babb y yo formamos parte de la directiva del sindicato.

El periódico *El Mundo* estuvo en huelga en el 1972 y yo formé parte del comité de huelga, un grupo muy limitado de 6 personas. Yo te diría que en esta lucha sindical fue uno de los momentos donde más discriminadas nos sentimos. Se utilizó nuestro talento al máximo durante todas las luchas sindicales y después se nos arrasó. Por un lado, había un compromiso positivo de elevarnos a nosotras a posiciones importantes en la directiva. Hasta ese momento las mujeres habíamos salido como vocales en la directiva de la unión, y ahora había un compromiso de darnos prominencia y privilegiarnos en las elecciones. Se nos arrasó no porque ellos no quisieran que formáramos parte de la directiva, porque nosotras éramos las mejores trabajadoras, tan buenas como ellos y en algunas áreas mejores, como por ejemplo en la redacción y publicación. Pero la forma en que ellos hablaban de las mujeres, la forma en que se referían a la mujer en el sindicato en general era una forma tan terrible, tan sexista, que era hiriente para nosotras las que estábamos militando. Militamos hasta el final de la huelga y después nos salimos. Nos salimos de los comités de trabajo, no del sindicato. En ese momento decidimos que éste tampoco era el instrumento. Fuimos pasando de instrumento en instrumento y decidimos no, tampoco es éste. Aquí es que entra la creación de un organismo feminista en el cual nosotras pudiéramos realmente dar rienda suelta a la reivindicación de las luchas de la mujer. Formamos entonces la Federación de Mujeres Puertorriqueñas.

¿Qué motivó la formación de la Federación de Mujeres Puertorriqueñas (FMP) en el 1975?

La FMP se formó en el 1975 y duró hasta el 1977. La Federación se organiza porque había una coyuntura de este grupo ad hoc que mencioné antes. En este grupo estaba Margarita Babb, una periodista que ahora mismo reside en Estados Unidos, y yo, que éramos compañeras de apartamento y de profesión; estaba una abogada, Genoveva Rodríguez de Carrera y Nilda Aponte Raffaele que era estudiante en ese entonces. Nos aglutinamos y empezamos a trabajar hacia formar algún tipo de organización feminista porque sabíamos que en el 1975 se celebraría el Año Internacional de la Mujer. Margarita y yo habíamos tratado de impulsar los asuntos de la mujer desde el 1969. Ambas militamos en la Sociedad de Mujeres Periodistas y luego en el sindicato de periodistas donde teníamos una comisión de la mujer.

Nuestras experiencias en la Sociedad de Mujeres Periodistas y en el sindicato nos llevaron a pensar que se necesitaba un organismo que fuera propiamente feminista, mucho más activo. Margarita también militaba en Mujer Intégrate Ahora (MIA). Pensábamos que las mujeres más progresistas y con una consciencia feminista debíamos dar a'lante en la celebración del Año Internacional de la Mujer. O sea, no queríamos que el Estado nos madrugara. Nosotras queríamos madrugar al Estado para que fueran realmente las mujeres desde su propia perspectiva, desde el movimiento de mujeres, las que dieran a'lante en la celebración del Año Internacional de la Mujer. Creo que esa fue la razón principal. Posteriormente se une al grupo la compañera Flavia Rivera que en ese momento era muy conocida en el ámbito político de Puerto Rico. Flavia Rivera ha sido la única mujer presidenta de la Federación de Estudiantes Pro Independencia, era militante en ese momento del Partido Socialista Puertorriqueño, había asistido a múltiples congresos internacionales de mujeres, pertenecía a la Federación Democrática Internacional de Mujeres y también estaba buscando cómo organizar a las mujeres. Pensábamos que había que organizarlas en una estructura mucho más masiva de lo que existía hasta ese momento y por otro lado, queríamos madrugar en la celebración del Año Internacional de la Mujer.

¿CUÁLES FUERON LOS ISSUES FEMINISTAS DE LA DÉCADA DE 1970 EN PUERTO RICO?

Teníamos varios issues feministas. Entendíamos que las mujeres teníamos que recibir igual paga por igual trabajo; que la mujer debía tener acceso a todas las profesiones con igual importancia. Entendíamos que había que defender la creación de centros de cuidados para niños y también que había que eliminar una serie de leyes discriminatorias en contra de la mujer. La reforma de 1976 recoge muchas de esas recomendaciones. Había una serie de leyes que nosotras encontrábamos opresivas. Por ejemplo, la ley que decía que el hombre era el jefe de familia y que era el único administrador de los bienes gananciales; leyes como por ejemplo, la ley de herencia que eran totalmente discriminatorias; leyes que daban siempre la patria potestad al hombre cuando había divorcio. Nosotras abogábamos por el divorcio por consentimiento mutuo. Todas las causales de divorcio anteriores eran contenciosas y considerábamos que eso era discriminatorio en contra de la mujer. Abogábamos también por la creación de un centro para víctimas de violación y por la creación de una Comisión de la Mujer que se estableció en el 1974. Todos esos issues eran nuestros. Luego que se crea la Comisión de la Mujer, entendíamos que ésta tenía que ser un organismo que respondiera al movimiento de mujeres. Eso siempre se defendió. Pero yo te diría que los issues principales eran la igualdad de derechos ante la ley, la igualdad en la educación y los centros de cuidado para niños. Eso era importantísimo.

Además, un issue muy feminista que fue severamente criticado era que se considerara la tarea doméstica como un trabajo importante, y que se eliminara la barrera entre lo público y lo privado. El discurso que yo di el primero de mayo de 1975, ante más de diez mil personas frente al Capitolio, giró en torno a reconocer la tarea doméstica como trabajo importante y a eliminar la barrera entre lo público y lo privado. Eso fue sumamente criticado por el movimiento obrero porque ellos entendían que yo había ocupado un espacio precioso para hablar del lavado y planchado. ¿Cómo es posible que Norma Valle, oradora principal del Primero de Mayo del 75, fuera a hablar del lavado y del planchado? Toda la contención de mi discurso en ese momento era que había que reconocer como trabajadora a la mujer ama de casa y que el trabajo doméstico era trabajo. Argumenté que había que darle estatus, prestigio y/o dinero, y también colectivizarlo, socializarlo.

Ese fue un planteamiento bien controversial dentro del movimiento obrero. Decían que ese no era un issue sindical. Es contradictorio porque Pedro Grant, que era uno de los líderes sindicales más importantes de esa época, entendía que las empleadas domésticas debían organizarse. Pedro Grant es históricamente señalado como el primer organizador de un sindicato de empleadas domésticas en nuestra época. Digo en nuestra época, porque a principios de siglo hubo otro sindicato de empleadas domésticas. Pero en nuestra época, a finales del 1958, Pedro Grant organiza un sindicato de empleadas domésticas. Sin embargo, era incapaz de reconocer que la mujer ama de casa en su propia casa, está realizando una labor, un trabajo. De manera que entendía que una mujer que salía de esa casa e iba a hacer la limpieza a otra casa era una trabajadora que debía organizarse en un sindicato y pagar cuota. Pero si esa mujer lo hacía en su propia casa, ¡pues eso no era trabajo! Nosotras sí logramos despertar un sentimiento en el movimiento obrero sobre la importancia de nuestra participación pero ellos resentían eso de que usáramos estos issues en vez de los temas oficiales del movimiento obrero. No nos negaron el espacio, pero sí lo resentían.

¿EL USO DE MÉTODOS CONTRACEPTIVOS, SE CONSIDERABA COMO UN ISSUE POLÍTICO?

Que bueno que traes ese punto, porque nosotras sí combatimos la esterilización masiva y abogábamos por los anticonceptivos. Eso no les molestaba a los líderes sindicales. Al contrario, estaban de acuerdo que lucháramos en contra de la esterilización. Yo creo que a ellos sí les simpatizaba eso.

PARA MUCHOS(AS) EN LA DÉCADA DEL 1970 LA LUCHA CONTRA LA ESTERILIZACIÓN TENÍA UN CONTENIDO ANTI-COLONIAL. LA ESTERILIZACIÓN MASIVA SE VEÍA COMO UNA AMENAZA A LA NACIÓN, UN INTENTO DE GENOCIDIO. ¿CREES QUE ESE PUNTO DE VISTA CONTRIBUYÓ A LA ACEPTACIÓN DE LA DENUNCIA CONTRA LA ESTERILIZACIÓN MASIVA COMO UN ISSUE POLÍTICO EN CONTRASTE CON EL PLANTEAMIENTO DE QUE LA MUJER DEBÍA SER LIBRE PARA CONTROLAR SU CUERPO Y PARA DECIDIR CUÁNDO TENER O CUÁNDO NO TENER HIJOS(AS)?

Esto del control sobre nuestro propio cuerpo es algo más reciente. Esto es un issue de los noventa que incluye ya el aborto y otras cosas. Siempre estuvimos en favor del derecho al aborto. La mayoría de nosotras estuvimos en favor del derecho a decidir sobre el aborto y en favor de los métodos anticonceptivos. Alguna gente decía estar a favor de la esterilización, pero no del aborto. Recuerdo que una de las cosas que yo decía en las charlas era, aunque ahora me parece un poco simple, que la esterilización es como un aborto masivo, es para evitar la concepción absolutamente para el resto de tu vida. En ese momento nosotras sí abogábamos por el uso de los métodos anticonceptivos. De hecho, yo participé en actividades del Instituto del Hogar, en actividades de la Asociación Pro Bienestar de la Familia y ellas participaron con nosotras también en ese interés de que las mujeres aprendieran a utilizar los métodos anticonceptivos.

¿ESTUVO LA CAMPAÑA FEMINISTA EN CONTRA DE LA ESTERILIZACIÓN MASIVA VINCULADA A LA DENUNCIA INDEPENDENTISTA DEL GENOCIDIO Y EL IMPERIALISMO?

Yo no sé, nosotras no lo veíamos así. Nosotras lo veíamos como una cuestión feminista. Pero no sé si algunas mujeres en su proceso de organización en la Federación pudieran pensar que esa campaña estuviera vinculada al movimiento independentista. A nivel personal, nunca vi mal la esterilización. Encuentro que muchas compañeras de la Federación tampoco veían mal la esterilización. Lo que se veía mal era la esterilización como una política forzosa y como una política donde las mujeres no estuvieran informadas. Nosotras conocíamos casos de mujeres que habían sido realmente engañadas. Resentíamos que se hubieran utilizado las mujeres puertorriqueñas como conejillas de Indias. La esterilización es un método mas, una alternativa más. Ahora lo que considero terrible es el que a una persona no informada se le esterilice. O que, por ejemplo, a una muchacha de veinte años se le esterilice. Nos decía el secretario de salud en aquel entonces, Antonio Silva Iglesias, ¡ah!, pero es una muchacha de 21 años, tiene ya uso de razón, está en total control y tiene cuatro hijos. Pero 21 años es tan joven. Eso me parecía siempre difícil.

Dentro de la Federación de Mujeres Puertorriqueñas habían mujeres de diferentes ideologías políticas. ¿Hubo algún tipo de discrepancia dentro de la organización sobre cuáles issues eran prioritarios?

En torno a todos los issues feministas que te he mencionado, había consenso entre todo el mundo. No creo que había tanto consenso en otros issues. Por ejemplo, hacer un piquete en favor de Lolita Lebrón que en ese entonces estaba presa. En eso pues había animosidad y según lo fuimos haciendo hubo gente que se fue retirando en el camino. Se pensaba que el Partido Socialista Puertorriqueño (PSP), (yo creo que ese fue uno de los grandes problemas), quería controlar a la Federación y que la Federación era un frente del PSP. Pero claro, obviamente una vez nos entregan las carpetas a fines de los ochenta, nos damos cuenta de que eso también fue sembrado por las agencias de inteligencia. Todo organismo y toda organización que fuera de comunidad, que fuera progresista, fuera ambiental, religiosa, feminista, etc., era catalogada inmediatamente por el Estado a través de su agencia de inteligencia, como un frente del PSP o como organización marxista-leninista y guardaban expedientes de las organizaciones y los individuos. En otras palabras, mucha de la campaña que nosotras sufrimos en carne propia y las divisiones internas de la Federación de Mujeres Puertorriqueñas, de MIA y de la Alianza Feminista por la Liberación Humana, también fueron muy coloreadas por eso.

El PSP y otras organizaciones políticas de izquierda sí tenían políticas de frentes

Sí, yo creo que el PSP intentó hacerlo con la Federación como con otras muchas organizaciones. Eso es bien posible, pero no solamente el PSP; también la Liga Internacionalista de los Trabajadores (LIT), el Partido Independentista Puertorriqueño (PIP) por ejemplo, que tuvo integrantes en la FMP y después las sacó. Eso es una realidad. Ahora, yo estoy convencida de que la mayoría de las mujeres del PSP y de otras organizaciones que pertenecían a la FMP eran genuinamente feministas, y si no lo eran cuando se metieron, se convirtieron. No te digo que algunas no lo fueran, que algunas iban allí nada más porque las habían mandado. Por otro lado, ¿qué influencia podía tener el PSP en torno a la igualdad de derechos para la mujer? La igual paga por igual trabajo y el divorcio por consentimiento mutuo no eran issues de la izquierda.

Hubo un momento en que miembros de la LIT intentaron entrar a una asamblea de la Federación y lo hicieron porque no había nada en los estatutos de la Federación que impidiera eso. Entraron y querían votar. Claro, todavía no estaban hechos los reglamentos de la organización. Se llamaba así, Federación de Mujeres Puertorriqueñas, pero ellos querían ir y votar porque algunas mujeres, pero principalmente los hombres, decían que la organización era un frente del PSP. Nosotras nos mantuvimos en que todas las mujeres podían entrar pero los hombres no podían votar. Esta era una organización de mujeres. Habría momentos en que los hombres y las mujeres participarían en otras actividades, pero ésta no era una de ellas.

Yo te diría que la FMP fue la organización más masiva de los 70 y llegamos a tener actividades hasta de 3,000 personas, por ejemplo, un Día Internacional de la Mujer en el 1975 en Plaza las Américas. Creo que la organización tuvo miembras bona fide que daban cuota que llegó hasta unas 500, tal vez un poco más. Puerto Rico es un país pequeño y organizaciones de 500 mujeres pagando 50 centavos de cuota, es mucho. Así es que yo diría que la mayoría de esas mujeres eran feministas. Las que no eran feministas, se salieron pronto.

Recuerdo que en algunos momentos hubo gente que me decía Norma, pero tú vas a ser manipulada por el PSP o por la LIT y tienes que tener cuidado con los Populares (Partido Popular Democrático) y con el Partido Nuevo Progresista que te quieran manipular políticamente. Siempre he entendido que el feminismo es político y subversivo. A mí nunca me molestó eso. Nunca me molestó porque yo siempre hacía lo que creía que tenía que hacer. Siempre pensé, aun antes de que se formara la Federación, que las mujeres teníamos que aliarnos con el movimiento obrero. ¿Cómo íbamos a conseguir igual paga por igual trabajo si no estábamos integradas en los sindicatos? Uno de los trabajos fundamentales que realizó la FMP fue animar y colaborar en la organización de comisiones de la mujer en todos los sindicatos. Era una forma de darle cuerpo a las consignas y a las luchas nuestras.

Ahora, sí hubo un problema grande que yo creo que partía de los grupos de izquierda, sindicales y políticos que entendían que las organizaciones feministas como la Federación dividían la lucha. Porque, fíjate qué interesante, la Federación podía ser un frente, pero después de dos o tres meses el PSP no quería que las mujeres militaran en ella. Al cabo de ese tiempo ya se había convertido para ellos en un problema porque la concientización que recibían las mujeres en la Federación las hacía volver al partido y exigir unos derechos dentro de éste. Por conocimiento propio, sé que una compañera tenía problemas en la comisión de propaganda, otra compañera tenía problemas en la comisión de organización, una tercera en el colectivo de *Claridad*. ¿Por qué? Porque cuando las mujeres empezamos a hablar y a discutir todo lo que tiene que ver con la mujer, cuando empezamos a darle forma y cuerpo a esas intuiciones que hemos pensado comienzan unas transformaciones. Se empezó a considerar que participar en la Federación era una doble militancia que dividía la lucha y se empezó a afirmar que lo que había que hacer era luchar por el socialismo porque cuando viniera se iba a arreglar la cuestión de la mujer. La Federación combatió eso totalmente.

¿Había consenso en la Federación de que el socialismo no resolvería la opresión de la mujer?

Creo que las mujeres que pensaban que la lucha por la mujer era divisiva, se salieron, se dieron de baja pronto. Las socialistas que querían concentrar en su lucha partidaria se quedaron en el partido y no militaron en la Federación. Creo que al fin y al cabo, las mujeres que militaron en la Federación, estaban militando porque querían hacerlo. Ahora, yo sí tuve discusiones y en la Federación se sostuvieron discusiones con compañeros tanto del PSP como de otros grupos socialistas sobre la postura de que el socialismo no resolvía los problemas de la mujer. Me tuve que hacer experta en Marxismo Leninismo para decirle a esta gente, "mira Clara Zetkin luchó en contra del sexismo en el Partido Comunista, Rosa Luxemburgo luchó contra el sexismo en el partido Socialdemócrata Alemán; Alexandra Kollontai luchó en contra del sexismo en el primer gobierno soviético".

¿CUÁLES FUERON ALGUNOS DE LOS OBSTÁCULOS QUE ENFRENTARON LAS MUJERES PARA ASUMIR POSICIONES DE LIDERATO DENTRO DE LA FEDERACIÓN?

El principal obstáculo que tenía la mujer para organizarse y militar era la doble tarea, o la triple tarea. Yo trabajaba 8 horas, a veces nueve, en el trabajo asalariado y el resto del tiempo lo dedicaba a militar en la organización feminista. Habían otras mujeres que tenían trabajo asalariado, unas tareas de partido o de sindicato, además de la tarea doméstica en su casa. Eso era un obstáculo devastador para una organización de mujeres. Otro de los grandes obstáculos era el económico. En Puerto Rico las organizaciones voluntarias tienen un obstáculo económico porque necesitamos levantar fondos. Otro era el de los materiales educativos. Carecíamos de los instrumentos adecuados para ir a los pueblos a organizar a las mujeres.

La década del 1960 fue fundamental en el redescubrimiento de Puerto Rico y las del setenta y el ochenta lo fueron en las publicaciones. Para nosotras era importante investigar nuestra historia y desarrollar nuestros propios instrumentos de trabajo. Íbamos a distintos pueblos de la Isla y convocábamos a una reunión usando altoparlantes. Se presentaban treinta o cuarenta mujeres. El problema que se nos planteaba era cómo mantener a esas mujeres y ofrecerles materiales para que se fueran educando. Por ejemplo, necesitábamos desarrollar hojas sueltas que hablaran de formar un grupo de concientización sobre los derechos de la mujer. Todo eso era realmente costoso y requería mucho tiempo. No tener una sede, una oficina, era problemático. Diferentes sindicatos nos prestaban un cuarto y trasladábamos los archivos para allá. La Federación formó capítulos en Caguas, en Humacao, en Bayamón y en Guaynabo. El no poder darle mantenimiento a todos los grupos que formábamos era para nosotras devastador. y en otros lugares pero después era muy difícil darles mantenimiento. Por supuesto, también las agencias del Estado diezmaban a la población progresista. En ese entonces creíamos que estábamos paranoicas, pero el sembrar infiltradas e infiltrados en nuestras organizaciones, el dividir, el difamar, el crear disputas donde no las había, todo eso fue una cosa muy insidiosa que ocurrió en esos años y fue terrible para las organizaciones en Puerto Rico.

¿Por qué se disolvió la Federación?

Creo que por varias razones. Hubo un momento de agotamiento en todas las organizaciones en Puerto Rico para finales de la década del 70. Creo que la disolución de la Federación responde a todos esos obstáculos que te he mencionado. Mirando como una historiadora y desde el punto de vista social, la década del 1970 fue muy activa para todas las organizaciones en Puerto Rico. Lo que fue la década del 1960 para los Estados Unidos lo fue la del 1970 para Puerto Rico. Creo que nos fundimos en el esfuerzo. No dejamos de ser militantes feministas. Las mujeres siguieron trabajando en sus sitios de trabajo y de activismo político. Pero todos esos obstáculos que te mencioné, llevaron a que la organización dejara de existir. Yo misma, por ejemplo, estaba agotada. Tuve problemas en mi trabajo, me querían botar.

Descubrí, después que me entregaron la carpeta, que fui victimizada con discrimen, que todas las presiones que yo sentí en el periódico eran reales, y que la policía iba y le tocaba la puerta a la oficina de personal. Eso pasó con la mayoría de las mujeres que fuimos militantes. Fuimos hostigadas en nuestros trabajos, fuimos perseguidas, nuestras familias se rompieron. Agentes de seguridad del Estado visitaban a la familia de mis padres que era una familia bien unida, y le preguntaban por su hija comunista feminista. También visitaban a los vecinos. Todo eso realmente afectó, ese acoso, y esa persecución que recibimos dentro de todo un movimiento sumamente militante. La Federación exigía una militancia intensiva, no era una de esas organizaciones donde podías pagar una cuota y te olvidaste.

Nos exigíamos a nosotras mismas una militancia intensiva y nos fundimos en ese esfuerzo. Publicamos una revista, viajamos por Estados Unidos, fuimos a América Latina, dimos giras, viajamos la Isla completa, dimos micromítines. Fueron tres años de un trabajo agotador.

¿Cuáles fueron las aportaciones más importantes de la Federación de Mujeres?

Creo que la Federación hizo muchas aportaciones. La primera aportación y la más importante, fue reivindicar el Año Internacional de la Mujer para las mujeres y no para los gobiernos. Eso es importantísimo. Luego, fue importante traer ante la consideración pública todo lo privado, como el trabajo doméstico, las relaciones familiares, las relaciones de pareja dentro del hogar como algo político y algo público. Como mencioné anteriormente, uno de los trabajos fundamentales que realizó la FMP fue animar y colaborar en la organización de la mujer en los sindicatos. También demostró que podíamos crear una organización de mujeres fuera de los partidos políticos. No tengo ninguna duda que las mujeres del Partido Popular y las damas del PNP organizan miles de mujeres en una concentración. Pero nosotras creamos una organización de mujeres para trabajar en torno a nuestros issues. Creo que probamos que se puede hacer. Le dimos forma y cuerpo público a ese deseo de las mujeres de hablar y de discutir públicamente los asuntos de la mujer. Mirando retrospectivamente, tal vez esos renglones son las grandes aportaciones de la Federación.

II Entrevista a Flavia Rivera

¿Qué te motivó a unirte a la Federación de Mujeres Puertorriqueñas (FMP) y más aun a asumir un rol dirigente?

Desde muy joven tuve las inquietudes de luchar por la igualdad de la mujer, desde que estuve activa en la Federación Universitaria Pro Independencia (FUPI) y luego al ingresar al Partido Socialista Puertorriqueño (PSP). Cuando fui a Cuba con Margaret Randall mis inquietudes adquirieron mayor fuerza. Aunque entendía que como nación, la lucha política por la independencia era importante, por la misma practica social y cotidiana y el entorno familiar mío, sabía que el machismo existía, que no era un embeleco inventado por mujeres ninguna. Era una realidad donde había unos privilegios que siempre los tenían los varones. Juntar esas dos luchas dentro de un partido político no era fácil. Históricamente los partidos políticos, como todas las esferas de poder, han estado dirigidas por hombres. Aunque dentro del partido habíamos un grupo de mujeres que dábamos la batalla fuerte, cuando surge la posibilidad junto a Norma Valle y otras compañeras de crear la Federación de Mujeres, entendí que era un lugar adicional donde podíamos dar esta batalla y decido integrarme con todo el esfuerzo. Veía que era un lugar que nos iba a ayudar a influenciar incluso dentro del Partido Socialista, dentro de la sociedad en general, y dentro del sindicalismo, y creo que sí se logró en algunos aspectos.

COMO FEMINISTA, ¿QUE LUCHAS ENFRENTASTE EN EL PARTIDO POLÍTICO AL QUE PERTENECÍAS? ¿CÓMO SE MANIFESTABA EL MACHISMO DENTRO DE ESE PARTIDO?

Para comenzar, en la Comisión Política del PSP habían doce personas y yo era la única mujer. Conociendo la realidad de nuestro país y de la humanidad donde el cincuenta por ciento son mujeres, que de un grupo directivo de un partido revolucionario hubiera una representación tan baja, dejaba mucho que desear. En el Comité Central el número de mujeres era un poquito más alto, pero no mucho más. Esto era algo típico que se dio no solamente en el PSP sino en el partido checo, en el cubano, y en todos los partidos del mundo que dirigen los hombres; siempre se pretendía dar a la mujer menos posiciones de acceso de poder y habían unas dobles varas para medir.

Era más fácil para un hombre accesar a las posiciones de liderato que para una mujer; todo se hacía en el horario del mundo de los hombres. Por ejemplo, llamaban a una reunión a las cinco de la tarde y a esa hora las mujeres están buscando muchachos, cocinando, y haciendo veinte tareas. No se facilitaba organizativamente la integración de la mujer porque tenemos unas tareas y unos cuidados de niños que hacer que nos impedían. Lo hacían en el Partido Socialista y en el Popular y en cualquier partido. Se daba en ese sentido el mismo esquema. Sentía que estaba incompleta, siempre lo he sentido, si no abogo por los derechos de la mujer. Porque tal vez junto con los niños, son los seres más oprimidos en cualquier sistema.

¿PRODUJERON LAS FEMINISTAS CAMBIOS DENTRO DEL PSP?

Sí yo creo que sí. De ese esfuerzo se creó el centro infantil para el desarrollo del hombre y la mujer nuevo, donde se comenzó a quitar los estereotipos sexistas en la educación, que si las muñecas para las nenas, que si los camiones para los nenes. Se comenzó a entrenar hombres y mujeres en la educación, se comenzaron talleres para fijarle responsabilidades domésticas a los varones, donde lavar y planchar no era una tarea solamente para las mujeres sino que a los compañeros se les medía también, se les exigía y hasta se les regañaba a veces. Se tomaban medidas para que los hombres se integraran a ese proceso, y para que se dieran cuenta de que ser revolucionario no era una cuestión de treparse a una tarima o hacer una tarea por el Partido Socialista, o por la independencia, sino que era desde adentro. No se lograba siempre, pero sí se hizo esa prédica y se comenzó el centro infantil, se crearon talleres y organizaciones, y horarios para que las mujeres pudieran participar. Se hacían reuniones con cuidado de niños. Las madres lo exigieron: si no se cuidan niños, no hay reuniones. Se crearon cuidos para los niños tanto sábados como domingos, como en la semana, y se comenzó a crear consciencia en muchas mujeres de que no teníamos por qué soportar limitaciones ni abusos. No obstante, esos cambios no fueron fáciles para mí ni para otras feministas dentro del partido.

*¿QUÉ CONFLICTOS PRODUJO TU MILITANCIA EN LA **FMP** DENTRO DEL PARTIDO POLÍTICO DONDE TAMBIÉN OCUPABAS UNA POSICIÓN DIRIGENTE?*

Llegó un momento en que llegaron a proliferar los divorcios; le decían a la gente, no se acerquen con Flavia ni con aquella ni con aquella, porque se van a divorciar. Pero es que cuando se comienza a tomar consciencia, uno se enfrenta a la crítica. Nos criticaban muchísimo, nos decían que nos equivocábamos. Hacíamos un discurso, o cualquier otra tarea y muchos compañeros nos tiraban todos los caballos encima. Aceptaban ciertos cambios por disciplina de partido, pero en su fuero interno no querían tal cambio. También nos pusieron el San Benito de que ese era un movimiento de Estados Unidos, y que era colonizante, todos los subterfugios que podían utilizar, cuando no era cierto. Sí tuvimos unas influencias del movimiento feminista norteamericano, que fueron bien positivas, como lo hemos tenido de otros lugares del mundo. Los trabajadores aquí recibieron influencia del sindicalismo de Estados Unidos. Eso lo aceptaban, pero en la mujer no. Te estoy hablando de los años setenta, de la famosa quema de los brassieres, de todo el movimiento por el derecho a la integridad del cuerpo de la mujer, y toda la cuestión del aborto que era tan sensitivo. Claro, muchos de los que protestaban por el aborto habían hecho abortar a dos o tres. Pero como leí una vez, creo que en un escrito del movimiento norteamericano, si los hombres parieran, el aborto sería un sacramento.

EN LA DÉCADA DEL SETENTA, ¿QUÉ ENTENDÍAS TÚ POR FEMINISMO?

En aquel momento, como ahora, entiendo que el feminismo debe propulsar que la mujer se realice a plenitud en todos los aspectos que la vida le ofrece sin que su sexo sea considerado como un impedimento; que no haya ningún tipo de traba por ser mujer y se me otorguen los méritos por los esfuerzos que yo hago. Pero como tenemos la condición de que las mujeres venimos con un atraso, hay que otorgarnos acciones afirmativas. Por ejemplo, donde yo trabajo, digo que discrimino en favor de las mujeres y lo digo sin ninguna pena.

LA FMP LIGABA LA OPRESIÓN DE LA MUJER AL CAPITALISMO.

¿Pero no es así? Lo que pasa es que el machismo es más viejo que el capitalismo mismo. El socialismo propende, a mayor igualdad de la mujer, pero no es sinónimo de feminismo el socialismo. En aquel entonces yo lo creía así, pero no lo es. Uno tenía las mejores esperanzas y las mejores creencias de que el socialismo era la panacea de todos los problemas y no era así. Lo que pasa es que yo creo que los hombres han sido criados por siglos, con esa supremacía que no la va a cambiar el socialismo ni en veinte, ni en cincuenta, ni en cien años. Va a pasar mucho tiempo hasta que la humanidad comprenda que hay dos partes, hay dos seres humanos que tienen derecho a convivir con igualdad y plenitud en este planeta, independientemente de las profesiones, del sistema económico. A eso es lo que tenemos que llegar. El día que lleguemos a eso, habrá un sistema superior al socialismo.

Claro, completa. Aunque ciertamente, teníamos muchas mujeres en esos núcleos de los pueblos que no eran independentistas y lo que les interesaba era ese taller que le estaba dando a ellas herramientas para defenderse de la opresión diaria. Pero claro está, como el movimiento más avanzado era el independentista, allí comienzan a tener contacto con la lucha de independencia. Pero sí, el planteamiento era una contradicción si lo ves desde el punto de vista de que se supone que teníamos gente de todos los partidos políticos. Son de esas quijotadas que se hacen.

En la asamblea donde se funda la Federación, ¿se discutió si la Federación debía declararse feminista o no? ¿Si fue así, recuerdas los argumentos de las que no querían usar el término feminista?

Bueno, el problema era que aquí el feminismo significaba en ese momento el feminismo norteamericano, y esa fue la discusión. Aquí se era bien susceptible a esa acusación. Claro está, el feminismo norteamericano y el feminismo mundial tienen diferentes tendencias. Había también toda la cuestión de lesbianismo. Habían dos bandos. Se decía que el feminismo era un movimiento pequeño burgués norteamericano de mujeres blancas quemando brassieres, de rebeldías pasajeras; había otra gente que planteaba que había un grupo de mujeres que en su vida personal habían optado por el lesbianismo y que querían adelantar eso como una cosa política. Nunca compré esa idea. Creo que las mujeres que estaban allí, independientemente de su preferencia sexual, eran todas feministas. Pero había gente que estaba viendo monstritos. Como los conservadores ven comunistas hasta en las sopas, habían hombres y mujeres que veían movimientos de lesbianas hasta en las sopas. Decían que eso venía de allá, que eso era producto de la influencia norteamericana y que la palabra feminismo aquí nos iba a hacer daño porque feminismo era igual a lesbianismo, lo cual no es cierto. No creo que eso las hiciera ni mejores ni peores, eran mujeres que estaban luchando por adquirir unos derechos.

Mucha gente, sobre todo, muchos varones que influenciaron a muchas compañeras con el San Benito del lesbianismo, lo usaron como una forma de ponerle freno a la lucha feminista. Porque es que si la mujer toma consciencia de sus capacidades va a comenzar a sentirse en las organizaciones y en el hogar. Porque de lo que se trata el feminismo es que la otra parte empieza a perder privilegios y tiene que empezar a compartir unas situaciones. Eso fue mucha de la lucha.

¿EN AQUELLA ÉPOCA PERCIBÍAS LA PROBLEMÁTICA DE LA FOBIA HACIA LAS LESBIANAS DENTRO DEL FEMINISMO DE LA FORMA EN QUE LA HAS ARTICULADO AHORA?

Básicamente sí. Aunque por otro lado, me imagino que otras harán su versión y su historia y podrán poner las cosas en perspectiva histórica. Pero fíjate que en MIA, por conocimiento propio, habían compañeras que planteaban mucho la situación del homosexualismo y del lesbianismo. Por eso, para muchas personas estaban identificadas o señaladas como una organización lesbiana. Yo realmente, nunca he tenido banderas contra nadie, o sea, banderas por ningún tipo de diferencias con la gente. Eso no lo aprendí en el PSP, lo aprendí en mi casa. Lo aprendí en el Barrio La Changa en Caguas, porque yo tuve la bendición de tener unos padres que no discriminaban. Conocí desde pequeña en mi casa, que mis padres tenían amigos homosexuales; conocí que visitaran amigas de mi mamá que eran lesbianas, y eso para nosotras no era nada. Me vine a dar cuenta de que eso existía como diferencia cuando entro al mundo de la universidad y de la política organizada.

¿ENTONCES SE DECÍA QUE MIA ERA UNA ORGANIZACIÓN DE LESBIANAS?

Sí. Lo que pasa es que la sexualidad era tabú, eso no se hablaba, y menos se ponía de tema público, y menos si era lesbianismo y homosexualismo. Era como falta de respeto e irreverencia decir esa palabra frente a los mayores. Así que para muchos de esos compañeros, las feministas estábamos rompiendo con algo que ellos no se imaginaban. El que nosotras estuviéramos hablando de feminismo y que nosotros nos comunicáramos con mujeres del movimiento norteamericano, y que Gloria Steinem viniera, todo eso era visto como un escándalo, algo que no podían soportar.

No.

¿CÓMO SE VEÍA A MIA DESDE LA ÓPTICA DE LA FEDERACIÓN?

Teníamos algunas diferencias. La Federación tenía su forma de organización, y MIA tenía unos objetivos que cumplir. MIA tenía un enfoque tal vez menos politizado que el nuestro por ponerlo así, por la cuestión de la independencia. MIA no era una organización que estuviera amarrada a la lucha por la independencia, que aunque la Federación no lo pretendía, sí lo hicimos en la práctica, mucho más que MIA. Eso no quiere decir que las compañeras de MIA no fueran independentistas. Habían opiniones divididas dentro de la Federación sobre MIA, porque la Federación no era un bloque; había gente de muchos pensamientos. Pero era el esfuerzo siempre de Norma Valle el mantener buenas relaciones y de coordinar siempre con todos los grupos feministas.

¿CUÁLES FUERON LOS LOGROS MÁS SIGNIFICATIVOS DE LA FMP?

La Federación estuvo ligada con la lucha por la independencia de Puerto Rico. Se lograron algunas cosas en la integración de la mujer puertorriqueña en organizaciones internacionales. También participamos en distintos foros sobre la mujer, tanto foros organizados por las cubanas, como de la FEDIM (Federación Democrática Internacional de Mujeres), y con organizaciones de diferentes partes del mundo. Participamos en la conferencia en México [Conferencia Mundial Sobre la Mujer celebrada por la Organización de las Naciones Unidas en el 1975], como una de las organizaciones observadoras.

En el plano nacional, donde más peleamos nosotras fue dentro del sindicalismo. Hacíamos mítines en las fábricas, abogábamos por la integración de la mujer a los sindicatos y porque accesaran al poder de liderato dentro de los sindicatos. En eso se hizo mucho trabajo y se logró mucho.

Hubo un Primero de Mayo en el que Norma Valle habló, un famoso Primero de Mayo. Nunca habían hablado las mujeres; siempre hacían de secretarias o de recoge-chavos. Sólo le dieron quince minutos, pero son hitos, puntos que se marcan. Junto con todo ese movimiento feminista, se lograron muchas cosas. Ese movimiento no era sólo la Federación, sino que también estaba MIA, recuerdo también la revista El Tacón de la Chancleta, recuerdo a las mujeres que formaron Taller Salud a finales de la década, y otros grupos.

La Federación incubó, nos enseñó que si uno se juntaba podía lograr cosas. Yo sabía esto ya por la FUPI [Federación Universitaria Pro Independencia], por el Partido Socialista, pero muchas no lo sabían porque no tenían experiencia organizativa. Nosotras organizamos grupos de mujeres en fábricas en varios pueblos de la Isla, por ejemplo en Caguas, que luego se integraban a organizaciones de la FMP. Muchas de estas mujeres nunca en su vida habían participado de nada. Pero cuando tú les hablabas de que su cadena era el fregadero, y le hablabas de la opresión de la casa, rápido respondían. No les importaba la independencia [de Puerto Rico] ni nada, pero ellas sabían que tenían una opresión, porque la vivían todos los días. La historia dirá, pero yo creo que sí, que muchas conciencias salieron de allí.

La Federación tenía el enfoque de trabajar con la mujer obrera. Eso era así. La mayor parte de nuestros mítines o micromítines eran aquí en Minillas. Por ejemplo, una vez celebramos el ocho de marzo. El ocho de marzo se pasaba por debajo de la mesa y eso era hasta motivo de relajo en muchos lugares. Sin embargo, para nosotros esa era la esencia de marzo. Ya hoy día el ocho de marzo lo celebran ampliamente y ya es hasta motivo comercial el día de la mujer y la semana de la mujer. Todas las universidades ahora dan conferencias, y en todos sitios te hablan de la mujer. Eso no lo había antes.

¿Eran las actividades de la FMP en la Isla similares a las que se celebraban en San Juan?

Las actividades se concentraban más en San Juan. La organización tenía más miembras en San Juan, pero teníamos grupos en Ponce, en Mayagüez, había un grupo en San Lorenzo, en Caguas, y en Arecibo. Las actividades de esos grupos también se concentraban en fábricas.

La doble militancia de feministas en la FMP y en el PSP, incluyendo el caso tuyo donde ocupabas una posición de liderato muy visible en ambas organizaciones, generó muchas discusiones dentro de la FMP acerca de posibles vínculos con el Partido Socialista y más aun acusaciones de que la Federación era un frente del PSP.

Sí, existía el sectarismo y se dieron muchas discusiones donde algunas miembras acusaban a la organización de ser un frente del PSP. Sin embargo, la Federación de Mujeres no se creó porque el PSP dijera, fulana y fulana, creen la Federación. Eso surgió realmente de una necesidad que teníamos la mujeres y nos juntamos. Norma Valle no era del PSP, ni muchas otras. Pero sí había una guerra, sobre ese tema. Habían compañeras de organizaciones políticas que querían ir con los varones a las reuniones. Nos decían que estábamos desnaturalizando el feminismo, haciéndolo solamente de mujeres porque habían hombres feministas. Nosotras decíamos, fantástico, hay hombres feministas, pero esto aquí es para mujeres. En este momento nosotras necesitábamos tener un espacio solas para dialogar, y decir las cosas nuestras sin hombres presentes. Algunas de nosotras argumentábamos que toda la vida están los hombres alrededor de nosotras y no los queremos tener aquí. Sí había sectarismo. Mucha gente pretendía que eso estaba controlado por el PSP. Habíamos muchas mujeres activistas que éramos del PSP, pero ese no era el objetivo. Sí había sectarismo porque ese sectarismo que había en el feminismo, lo había en la lucha política por la independencia de este país; lo había en el sindicalismo, lo había dondequiera que hubieran esfuerzos de lucha como lo sigue habiendo hoy día. Es decir, que no fue especial porque fuera una de esas cosas feministas, sino que reflejaba la naturaleza de la lucha revolucionaria de este país que ha sido siempre bien sectaria. Las menos sectarias yo creo que éramos las mujeres.

En una evaluación de la FMP, Eneida Vázquez decía que la dirección de la Federación no reflejaba la diversidad de las mujeres y que había una tendencia a que hubieran más mujeres del Partido Socialista en posiciones de dirección que otras mujeres de otras organizaciones.

Tendría que repasar. Han pasado casi treinta años, veintipico años de eso. Ahora mismo no podría decirte cuántas habían. A las mujeres del PSP que estábamos dentro de la Federación de Mujeres, nos tenían campaña inclusive mujeres dentro del PSP. Decían que estábamos desviando la lucha, decían que esto es una lucha por la independencia y las feministas están creando una división falsa, que se está restando fuerza, que aquí el enemigo principal es el imperialismo, toda esa cantaleta. Dentro del PSP nosotras teníamos que defender nuestra posición dentro de la Federación. Muchas personas creían que nosotras estabamos allí puestas por el PSP. Bastantes discusiones que nos costó y bastantes malos ratos. ¡Las cosas que se dieron en mi vida política! Por ejemplo, yo salí embarazada de mi hijo siendo soltera. El padre de mi hijo también era un hombre soltero, pero yo no me quería casar. Mujeres dentro del PSP me formularon cargos por violar la moral comunista porque yo no me quería casar. Eso es bastante indicativo. Dije bueno, antes de que me lleven un caso por moral comunista, vamos a ver la moral comunista de los once integrantes varones de la Comisión Política del Partido Socialista. Después que se examinen las once vidas de ellos, entonces yo acepto que me examinen la mía. Se cayó el caso de prima facie. Habían muchos techos de cristal. Son las cosas que se pueden decir veinte años después.

UNA DE LAS PRIMERAS ACTIVIDADES INTERNACIONALES DE LA FMP FUE LA PARTICIPACIÓN EN LA CONFERENCIA MUNDIAL SOBRE LA MUJER CELEBRADA EN MÉXICO EN EL 1975. LOS GOBIERNOS TENÍAN PARTICIPACIÓN OFICIAL EN LA CONFERENCIA, PERO SIMULTÁNEAMENTE SE ORGANIZÓ LA TRIBUNA SOBRE LA MUJER A LA CUAL TENÍAN ACCESO LAS ORGANIZACIONES NO GUBERNAMENTALES. ¿QUÉ QUERÍA LOGRAR LA FMP EN LA TRIBUNA?

La FMP quería participar de la Tribuna porque queríamos tener un foro donde pudiéramos conocer organizaciones de otras partes del mundo. Nosotras estábamos empezando, queríamos nutrirnos de otra gente, conocer, y que se supiera que aquí había una organización que luchaba por los derechos de la mujer, que esos derechos de la mujer incluían el derecho a la educación, el derecho a igual paga por igual trabajo, el derecho a la determinación sobre su cuerpo, independientemente de que fuéramos independentistas o no.

HUBO UNA ACTIVIDAD TITULADA "¡LAS MUJERES HABLAN SOBRE EL IMPERIALISMO!" EN LA QUE PARTICIPÓ LA FEDERACIÓN. ¿FUE ESE TEMA UN ENFOQUE FUNDAMENTAL DE LA FEDERACIÓN EN LA TRIBUNA?

Nosotras participamos en muchos foros. Ese tema fue parte del enfoque, no te puedo decir que no lo fue. Pensábamos que junto con la lucha por la independencia se iban a resolver muchas cosas. Además, cuando nosotras llegamos allí, nos encontramos que habían grupos organizados políticos de todos los países del mundo. Eso de que nadie tenía ideología, era falso porque todos los que estaban dentro de la Tribuna tenían unas posiciones ideológicas bien definidas y en su mayoría eran antiimperialistas, socialistas y comunistas. Ese mundo feminista sin estar ligado no existía.

Claro, habían organizaciones feministas norteamericanas que estaban luchando por unos derechos. Como lo podemos ver, las mujeres norteamericanas han logrado muchas más cosas que otra gente. Si haces un análisis político e ideológico te das cuenta de que siempre las metrópolis tienen unas conquistas en base a la opresión de otros países. Las mujeres norteamericanas llevaban muchos más años integradas a la producción social, tenían unos niveles de educación más altos que las mujeres guatemaltecas, que las mujeres chilenas, así que tenían más facilidad de accesar a posiciones de liderato dentro de su país. Están en la industria, en los servicios en la educación, en todo. Pero las mujeres del llamado tercer mundo todavía estaban luchando contra el coloniaje y estábamos luchando con formas elementales. Lo que para las norteamericanas no era opresión, o lo que ellas pudieran haber superado, y aplauso por ello, todavía otras mujeres en el resto de los continentes no lo tenían. Fuera de algunos grupos, todas esas mujeres estaban luchando por cosas que a lo mejor a algunas compañeras le podían parecer muy políticas, pero esa era la realidad política y social de esos países.

CUANDO VAS A LA TRIBUNA SOBRE LA MUJER EN MÉXICO, ASISTES COMO REPRESENTANTE DE LA FEDERACIÓN, PERO A LA MISMA VEZ TIENES UNAS TAREAS PARA LOGRAR EL APOYO DE VARIOS PAÍSES PARA LA CONFERENCIA DE SOLIDARIDAD CON LA INDEPENDENCIA DE PUERTO RICO QUE SE CELEBRARÍA EN CUBA EN ESE MISMO AÑO.

Allí lo que también pasa es que se da un evento que sacó de tiempo. Es que están los tres de la Victoria, los compañeros que son encarcelados en la República Dominicana y los sentencian a unas condenas de treinta años. Yo personalmente tomo la decisión de hablar allí mismo y denunciar la situación porque estaban las compañeras guatemaltecas, las salvadoreñas, las chilenas y mucha gente denunciando situaciones de encierros y opresión en sus países. A lo mejor viéndolo veinte años después, se pudo haber hecho de otra manera. Pero en ese momento, allí en México, dada la situación de personas que estaban encarceladas, eso se convirtió en lo más importante. Asumo la responsabilidad sin ningún problema.

POR OTRO LADO, ESE EVENTO PARECE HABER EXACERBADO LOS CONFLICTOS DE LA DOBLE MILITANCIA Y LAS ACUSACIONES DE QUE LA FMP ERA UN FRENTE DEL PARTIDO SOCIALISTA.

Nosotras pensábamos en un momento que realmente no había ninguna problema, que no había conflicto entre el socialismo, la independencia y el feminismo. Yo era independentista y era feminista. No es que otras compañeras no fueran independentistas, pero era la cuestión del sello: ¡Ah! son del PSP. Algunas de las compañeras y organizaciones insistían en que todo lo que Flavia Rivera hacía era porque era una muñeca, un títere mandado por Mari Bras. Yo me reía de eso porque yo nunca he sido títere ni títera de nadie.

¿CÓMO VEÍA LA FMP LA PARTICIPACIÓN OFICIAL DEL GOBIERNO EN LA TRIBUNA SOBRE LA MUJER EN MÉXICO?

Fue una representación oficial del Gobierno a México; en esa representación estaba Isabel Picó. La FMP quería participar, dejar sentir su presencia, porque sabíamos que la posición que iba a llevar el gobierno era una posición oficialista en todos los aspectos. Pensábamos esto, aunque Isabel Picó era una mujer que estaba preocupada por los asuntos de la mujer, que sí tenía experiencia dadas sus peleas por la lucha y por los derechos de la mujer.

¿EL PLANTEAMIENTO QUE HACÍAN ERA QUE LA COMISIÓN DE ASUNTOS DE LA MUJER REPRESENTA AL GOBIERNO COLONIAL Y EN LA FMP NO LE DABAN NINGUNA VALIDEZ A SU PARTICIPACIÓN?

En ese momento yo lo veía así. Si me preguntas hoy, yo creo que cualquier mujer que llegó hasta allí para hacer un planteamiento a favor de los derechos de la mujer en cualquier dimensión, tenía el derecho a hacerlo y era válido. Lo que pasa es que el planteamiento inicial es que esa conferencia esta organizada por las Naciones Unidas, y las Naciones Unidas hacen claro que allí participan los países que son miembros de las Naciones Unidas. Puerto Rico no es miembro porque es una colonia.

Fuera de la Tribuna de la Mujer, ¿qué posición tenía la Federación sobre la Comisión de la Mujer? ¿Creían que le correspondía algún rol en la lucha de la mujer?

Claro que sí. Ellas tenían un rol. Nosotros veíamos como un logro que el Gobierno creara una Comisión de la Mujer. Esas eran señales de que realmente los planteamientos que venían haciendo las mujeres habían calado. Cuando se creó la Comisión, la Federación de Mujeres no existía. Antes de la Federación aquí existían otras organizaciones. El Gobierno estaba recogiendo una inquietudes. Ellos sabían que había una inquietud con esto y querían buscarle una solución. Otros gobiernos no tenían ministerios o comisiones sobre la mujer. Sin embargo, aquí se hizo eso. Isabel Picó contribuyó mucho a eso. Muchas feministas vieron que esa era la forma de hacerlo, pensaron que estando en el Gobierno podían influenciar. Años más tarde si me preguntas, Velda González ha hecho muchísimas cosas y otras mujeres de otros partidos, incluyendo el partido estadista. Hay mujeres que realmente han tratado de buscar adelantar posiciones sobre la mujer; sean del PNP o del Partido Popular, eso no lo hace menos válido.

En perspectiva histórica, ¿cómo resumirías los logros de la organización?

Te puedo decir que la Federación le sirvió de conciencia a mucha gente socialista, a mucho varón socialista revolucionario, que creía que estaba por encima de todas esas nimiedades y tonterías. Los llevó a entender que la mujer sí era un factor importante para aglutinar, que no era posible la independencia de este país sin las mujeres, que había que facilitar su integración a la lucha por la independencia, y que había que contar con ellas en el sindicalismo, y en el movimiento estudiantil. Eso para empezar. Para las mujeres significó que teníamos una fuerza real y que si nos uníamos, podíamos lograr cosas por nosotras mismas. Para muchas mujeres y para mí significó entender que ese es un frente de lucha que no se puede relegar nunca. Si tú eres mujer, no importa donde tú estés, siempre tienes que tener la guardia en alto y buscar siempre la igualdad de la mujer, porque no la hay. Creo que van a pasar muchos cientos de años, desafortunadamente, sin que la haya. Significó afirmar que las mujeres necesitan un lugar donde reunirse ellas solas. Hay una obra, "Una habitación propia", que afirma que ese espacio es necesario. Las mujeres necesitan una organización de mujeres que responda a sus intereses en las cosas más pequeñas hasta las más importantes, si es que hay cosas pequeñas. Es bien importante, porque vamos a la médula de reproducir consciencias feministas o sexistas y machistas. La mayor parte de la educación recae sobre nosotras y mientras las mujeres tengamos esa mentalidad machista, pues vamos a producir seres humanos iguales.

Si los partidos revolucionarios comprendieran totalmente eso, le darían mucho más tiempo y le dedicarían mucho más esfuerzo a que las mujeres y las familias fueran de verdad feministas. Allí es que se van a crear los hombres y mujeres con un pensamiento por la igualdad. Después que tú buscas la igualdad para tí la buscas para todo el mundo. Es más fácil para la persona que ha nacido en libertad abogar por la de los pueblos que para el que no la ha tenido, porque le es más natural, le es más fácil accesar a ella. No concibo ninguna organización política o social donde no haya un espacio dedicado a la mujer, en el que ella pueda adelantar su lucha.

El activismo gay de los setenta- La alianza de mujeres del colectivo de concientización gay

La Comunidad de Orgullo Gay (COG) se fundó en agosto de 1974, momento en el cual se acababa de aprobar la revisión del Código Penal de Puerto Rico, que prohibió por primera vez el sexo entre dos mujeres. ¿Cuáles fueron los propósitos de la organización?

Se fundó con el propósito de crear consciencia de la opresión que había en Puerto Rico contra las lesbianas y los homosexuales. Este era un momento en que la represión se hacía cada vez más obvia. La policía comenzó a usar varias ordenanzas municipales en San Juan para producir una represión tal que los homosexuales no podían caminar por la calle sin ser hostigados por la policía. La policía acosaba a los chicos por su vestimenta usando una ordenanza municipal que prohibía que los hombres se vistieran de mujer. Los acosaban por cosas tales como ponerse un pañuelito en el cuello, caminar con una blusita sin mangas, o pintarse los labios. También los acusaban de alteración a la paz. Incluso la libertad de agruparse y de congregarse estaba en juego con estas ordenanzas municipales. Arrestaban a las chicas y a los chicos y les hacían un récord. Tuve que ir en varias ocasiones a fiar a unos amigos míos que les encantaba andar vestidos de mujer por la calle. Según la policía, si tenían pantaloncillos era una cosa, y si tenían panties ya eso era otra cosa. Había que irlos a fiar y si no tenían que pasar la noche en la cárcel.

* *Seudónimo*

La policía también hacía redadas en las barras y en las discotecas. Salían dos o tres y se ponían a hablar fuera de la discoteca y ya llamaban a la policía. Los dueños de las discotecas le pagaban a la policía para que no las hicieran. Pero cuando la presión se ponía un poquito fuerte venía la policía. Sin embargo, la gente como que aceptaba las redadas en las barras porque la policía venía haciendo eso desde mucho antes. Lo que se recrudecía en ese momento era la represión en las calles.

Molestos por todo lo que estaba pasando, un grupo de personas decidimos hacer algo. También teníamos interés en darle información a los homosexuales y a las lesbianas jóvenes. Había una cantidad grande de muchachitos a los que les daban golpes en las calles, que tenían problemas de alcoholismo, que se habían ido de sus casas o sus padres los habían botado, jóvenes que no tenían a dónde ir, dónde divertirse ni con quien identificarse. Muchas de las personas que formaron la COG tenían un trasfondo en trabajo social o eran médicos y encontraban que a sus oficinas llegaban estos muchachos con estos problemas y no tenían a dónde acudir.

Empezamos a organizarnos y montamos una casa que se llamaba la Casa Orgullo Gay. La casa era un lugar donde los adolescentes y los adultos podían reunirse. La situación de los jóvenes era crítica en aquel tiempo. A mi me espantaba leer historias en el periódico cada tres o cuatro meses sobre algún muchacho que se suicidó, que se perdió, o que abandonó su casa, y yo sabía que detrás de eso tenía que haber algo más. Aunque iban personas de todas las edades a la Casa, había un interés principal de bregar con esa juventud y crear un espacio donde pudieran venir y pasar un rato, jugar billar y hablar con otras personas de su misma afinidad sexual. Así fue que empezamos.

Luego comenzamos a reunirnos con la policía, publicamos un periódico [Pa'fuera!], e hicimos acercamientos a diferentes clubes Gay donde se oía música opresiva hacia los homosexuales y las lesbianas. Nos acercamos a la policía para educarlos y para pedirles que eliminaran ciertas prácticas. Casi todos los días salía una noticia en los periódicos donde la policía había atropellado a un homosexual. En el momento en que la persecución se tornó bien seria le hicimos un acercamiento al superintendente de la policía, Astol Calero, y nos reunimos con el ayudante especial del gobernador. Les dejamos saber que si esto no se suspendía nosotros íbamos a hacer un llamado a la comunidad Gay mundial para que no vinieran a Puerto Rico y para que no patrocinaran el turismo porque aquí no podían esperar nada bueno. Lo mismo que le pasaba a una persona que residía en Puerto Rico le podía pasar a un turista. Le enseñamos al superintendente y al ayudante especial del gobernador cartas que ya habíamos preparado y nombres de organizaciones en los Estados Unidos dispuestas a darnos apoyo. Le llevamos estadísticas de cuántos turistas de distintos países venían aquí y de los cruceros que comenzaban a tomar auge. El superintendente entendió que era necesario que la policía desistiera un poco del hostigamiento y de la violencia en contra de las lesbianas y los homosexuales.

¿CÓMO SE MANIFESTABA LA VIOLENCIA DE LA POLICÍA EN CONTRA DE LAS LESBIANAS?

El problema mayor lo tenían las butch. Tenían el problema del acoso, de la persecución y el maltrato en la calle. Una chica se ponía un chaleco y ya tenía ropa del sexo opuesto. Estaba violando una ordenanza municipal. A las mujeres generalmente no las arrestaban. No recuerdo que arrestaran a ninguna mujer, pero sí las acosaban, las molestaban y las montaban en la patrulla para meterles miedo. Intimidación era lo que hacían. Si veían que andaba con una muchachita, pues las metían en la patrulla a decirles cosas, quizás hasta las violaban, a mi no me extraña. En ese tiempo se hablaba menos de violación y quizás alguna chica no quiso decir nada, pero no me extrañaría que eso hubiese pasado.

¿QUE MEDIOS USABAN PARA EDUCAR Y DARLE VISIBILIDAD A LA ORGANIZACIÓN?

Nuestra publicación mensual se llamaba *Pa'fuera!*. Comenzó con cuatro páginas y luego fue a ocho y volvió a dos cuando ya el grupo se estaba disolviendo. Habían artículos, contestaciones a artículos que habían aparecido en la prensa, y cartas. En varias ocasiones le escribimos al editor del periódico *El Vocero* porque era el rotativo más sensacionalista y el que más duro nos estaba dando. También le escribimos cartas al periódico *El Mundo*. Nos comunicamos con varios actores de televisión que tenían personajes como Serafín Sin Fin, el personaje de José Miguel Agrelot. Serafín Sin Fin era un peluquero bien amanerado, usaba una camisita bien apretada, se pintaba y hacía cosas bien estereotipadas. Logramos que él eliminara ese personaje de su repertorio.

¿Cómo surge la Alianza de Mujeres de la Comunidad de Orgullo Gay?

Nosotras nos reuníamos todos los viernes aparte de los chicos. Éramos como un núcleo de la organización, de todas las edades y hablábamos de miles de temas diferentes. Cogíamos un tema, una situación, una problemática, y hablábamos al estilo del "consciousness raising group" donde todas aportábamos sin tener una líder en específico. Estábamos todas comenzando. Al principio no teníamos una vertiente feminista per sé. Eso fue surgiendo luego. Al principio estábamos solamente bregando con nuestro lesbianismo sin la experiencia de tener unas guías feministas que luego pudieran ayudar un poco más. De allí entonces algunas comenzaron a moverse a grupos feministas. La organización no duró mucho, como dos años, pero muchas de las mujeres se identificaron con el feminismo y vieron la necesidad de integrar las dos cosas.

¿Cuán pronto comenzaron las mujeres a reunirse separadamente?

Yo te diría que como a los dos o tres meses de fundarse la organización. Comenzamos a reunirnos una vez que la organización estaba ya formada y teníamos ya varios comités de trabajo y un local. Ya entonces teníamos el tiempo y el espacio donde reunirnos. Al principio las mujeres venían a mi casa a hablar. Luego pensamos hacerlo como una actividad de la organización y aparte de la amistad. Decidimos hacer algo mas formal, más accesible a todas y empezamos a reunirnos en el local de la COG los viernes en la noche.

¿Que temas se discutían en la Alianza de Mujeres y qué actividades llevaban a cabo?

Discutíamos los roles, cómo bregar con la familia, los problemas de la butch que sufría los agravios en la calle, los de las personas de menor edad en las escuelas, cómo bregar con sus maestros, los problemas de las se querían ir de la casa y no tenían a dónde ir. No teníamos dónde traerlas, básicamente teníamos que apaciguarlas. En varias ocasiones hablamos con ciertos papás para dejarles saber los problemas que enfrentaban sus hijas. Cuando nosotras llegamos a hablar con los padres, estos esperaban que allí entrara el estereotipo que ellos pensaban. Pero llegábamos Rafael Cruet y yo. Rafael se ve tan normal entre comillas, como cualquier padre de familia, y en efecto era un padre de familia al igual que yo. Yo tenía a mi hija adolescente en aquel tiempo. Hablamos con esos padres de padre a padre. En muchas ocasiones ni había que mencionar que éramos de la Comunidad de Orgullo Gay. Simplemente les decíamos que sus hijos habían venido donde nosotros, y luego les decíamos que éramos de la COG, que su hija había llegado allí y que en vez de referirla a la policía estábamos allí para ayudarla en lo que pudiéramos. En varias ocasiones la experiencia fue un poquito fuerte, porque hubo gente que no aceptaba eso y nos echaban de la casa o nos decían que si seguíamos con su hija nos iban a reportar a la policía. En la organización habían personas con calificaciones profesionales para trabajar con eso. Algunas veces teníamos casos de parejitas que decidían que ese fin de semana tenían que estar juntas y se escapaban de su casa. ¿Pues qué hacer? Tratarlas como a cualquier adolescente y decirles, tienes que regresar a casa. El hecho de que seas Gay no te da libertad para no obedecer las reglas de tu casa.

Bregábamos con los estereotipos de las lesbianas. Muchas consideraban cafre a las mujeres que usaban corbatita, un jacket, tenis o botas. Otras decíamos, no, cafre ¿por qué? *It's a choice.* Tienes la opción de vestirte con traje largo, y también de ponerte unas botas. No hace que la persona sea mejor ni peor.

También bregábamos con el clasismo que existía a nivel soslayado entre algunos miembros, no a nivel de la organización. Nosotros aceptábamos la membresía y la participación y ayuda de todo aquel que llegara. No había mucha participación de gente heterosexual que quisiera ayudar, porque quizás no llegamos a ese proceso. Las mujeres, sí; a veces las feministas ayudaban un poco si había una actividad económica. Después que yo me fui de Puerto Rico hubo más acercamiento de las feministas y las lesbianas para crear grupos de interacción y de discusión. Pero después de que yo me fui la organización duró poco.

Tanto en la Alianza de Mujeres como en la COG discutíamos y estábamos pendientes de cualquier cosa que hubiese en el ambiente que nos pudiese afectar. Teníamos una biblioteca. Nuestra función era bien educativa. Estabamos allí para educar no solamente a la comunidad heterosexual, sino a la comunidad homosexual. Organizábamos charlas en las escuelas, en grupos Gay y a nivel individual. El boletín se repartía en las barras Gay y en las playas. Podías comprar una subscripción y te llegaba mensualmente a tu casa por correo. La sede era en San Juan y la mayor parte de nuestra actividad era en San Juan, pero teníamos actividad en toda la Isla. Por ejemplo, tuvimos seminarios y encuentros en Mayagüez y en Ponce. Nos quedábamos en un hotel o en casa de gente Gay y organizábamos una charla en alguna casa o en alguna barra. Esto se combinaba con alguna actividad social. De allí se reunían algunos fondos para el próximo periódico o para la próxima actividad.

¿Qué temas además de la sexualidad eran de interés para la Alianza de Mujeres?

El feminismo y el aborto. Nuestra organización tomaba posiciones no solamente con cosas que tenían que ver con homosexualidad, sino con otros temas. Dábamos apoyo tanto escrito como físico si había que darlo en una demostración o en una actividad, y si se podía también dábamos apoyo económico. La juventud y la educación eran temas políticos importantes; abogábamos por una educación no sexista en un momento en que todos los libros de texto eran sexistas y cuando había poca literatura sobre el tema. Claro está nuestra prioridad era el tema de la homosexualidad y el lesbianismo. Queríamos sacar del closet un tema cuya mera mención era un tabú. Nuestras preocupaciones partían de las experiencias individuales y colectivas.

¿Causó algún conflicto en la organización el hecho de que las mujeres se reunieran separadamente?

Creó tremendos conflictos dentro de la organización. Los hombres querían ir a nuestras actividades. Por ejemplo, cuando decidimos que íbamos a hacer una fiesta sólo para mujeres se formó tremendo revuelo. ¿Que, qué? ¿Que se va a cerrar la casa? preguntaban. No lo podían entender. La oposición era tan fuerte al principio que decidimos hacer las fiestas en mi casa. No veían el por qué de la separación. Veían que estábamos haciendo otro poderío aparte. (Por suerte siempre había alguien en la directiva que nos apoyaba como el presidente, Rafael, que lo veía como algo maravilloso.)

Nosotras empezamos a crear consciencia de que necesitábamos más tiempo y espacio. Había que comenzar a explicarles a los varones las cosas más básicas. Primero el por qué de los viernes, después, ¿por qué tiene que ser solas? Entonces ¿por qué ni siquiera a los bailes podemos ir nosotros? Había que explicarles que cuando ellos comienzan a bailar y a dar empujones, literalmente tumban a muchas chicas. Además, ellos eran más y se quedaban con el espacio. "¿Y si nosotras nos queremos quitar la blusa?" "¡¿Se van a quitar la blusa?!" ripostaban. Había que explicarles que las mujeres sencillamente queríamos estar solas y tener privacidad. Finalmente prevalecimos e hicimos nuestras fiestas en la casa de la COG.

Ese tipo de cosa dio mucho problema porque inclusive muchas de las mujeres no lo entendían. Muchas venían con el amiguito, y no podíamos tener más de una fiesta en una noche porque la casa no era lo suficientemente grande para hacer dos actividades. Pero hasta una tontería así, la necesidad de un espacio para tener un tiempo a solas se veía como discriminatorio contra los hombres. Las peores luchas eran entre nosotras para que por fin después de tanto sudar, después de mucho tiempo, algunas dijeran que sí. Otras nunca cambiaron.

Muchos hombres querían ir de oyentes a algunos de nuestros conversatorios y algunas veces les permitíamos a los chicos más jóvenes entrar para simplemente oír. No podían decir, ni opinar, ni hacer caras. Estaban allí simplemente para aprender algo si querían. Otras veces no; eran cosas muy nuestras y no teníamos interés en que hubiesen hombres presentes. Pero sí, hubo presión de los varones. Querían el espacio. Lo que ocupábamos era **un** *solo* salón, porque el resto de la casa estaba disponible para todo el mundo.

A la vez que comenzamos a reunirnos, estar juntas y aprender más una de la otra se fue creando más conciencia feminista. Se creó una unidad, una cohesión entre las mujeres. Ya cuando había que hacer una votación tendíamos a votar en bloque. Llegamos a tener entendimientos en común y ya aquella entendía el por qué se debía votar de determinada forma y una levantaba la mano y todas las manos subían. Los hombres veían eso como una amenaza. Ellos todavía estaban votando porque éste me gusta, o para halagar a otro. Con nosotras no era así. Casi siempre después que tuvimos la oportunidad de compartir, entendernos y de discutir un montón de issues, era automático y se convirtió en un voto en bloque de las mujeres.

También usábamos ciertas tácticas un poquito coercitivas para convencer a los varones. Nos aprovechamos de que los varones necesitaban esa muletilla de las mujeres para estar más tapados. Para los muchachitos de catorce, quince o diecisiete años era más fácil pedirle el carro prestado a su mamá si decían que tenían una cita con fulanita. Se iban a las barras y allí se reunían con su pareja. Se servían el uno al otro de pantalla. Muchos iban más allá y se casaban. Hacían los conocidos "fakes", se casaban con velos, coronas, flores, ujieres y todas esas cosas. Cuando los varones comenzaron a ver que fulanita no se prestaba para la cita o quería su tiempo, pues empezaron a apoyar a las mujeres dentro de la comunidad.

¿QUÉ OBSTÁCULOS ENFRENTARON PARA ENFOCARSE EN LOS PROBLEMAS DE LAS MUJERES MÁS QUE EN LOS PROBLEMAS DE LOS HOMBRES?

Primero que nada, la falta de conscientización de las lesbianas sobre sus problemas. Teníamos que crear la consciencia entre nosotras primero de que sí teníamos problemas muy nuestros. Era necesario hacer un trabajo con el grupo de las lesbianas para entonces llevar el problema al foro de la organización para que el grupo entero viera cuál era la situación. Aquí había que convencer a los varones para que entonces como grupo pudiéramos llevarlo al periódico, a las escuelas, a los trabajos o a la policía. El issue que más trabajo nos dio fue el hecho de querer un espacio solas.

¿QUÉ OBSTÁCULOS CONFRONTABAN LAS MUJERES PARA TOMAR POSICIONES DE LIDERATO DENTRO DE LA COG?

Números. Por ejemplo, en una votación sobre quién va a ser la nueva tesorera, habían 40 hombres y 15 mujeres y el candidato a tesorero era un pollo, era bien parecido. Se tomaba el voto entre todos los integrantes, y ganaban los hombres porque eran más. El candidato se llevaba dos o tres de los chicos a hablar o a una barra a darse unos traguitos y a pasarle la manita y ganaba el chico. Teníamos que hacer un lobbying tremendo para crear consciencia. A veces había que usar unas técnicas medio feas como asustar a los chicos diciéndoles, "si tú no votas por mi candidata yo no voy a salir más contigo y si no salgo más contigo, no te dejan salir". Así cedían. Hacíamos esto pensando que el fin justificaba el medio. Siempre tuvimos bastante representación.

La falta de conciencia de las mujeres a veces era peor que la de los hombres, particularmente de parte de las buchas. Muchas de ellas estaban de acuerdo con los hombres y votaban con los hombres. Era como si fueran cuatro chicos más. Ellas se identificaban más con los muchachitos fuertes que con las mujeres. Los hombres eran sus "*hang-outs*", sus compañeros. Esto sucedía más al principio; luego fue cambiando.

¿Cuáles eran los temas más conflictivos dentro de la COG?

La pedofilia, la pornografía de niños, los baños, todos esos temas eran bien difíciles. Se propuso hacer un piquete frente al cuartel de la policía porque la policía estaba haciendo redadas en una barra donde había "backroom sex". A mí y a muchísimas de las mujeres se nos hacía bien difícil apoyar esto. En cambio, otras mujeres pensaban que el "backroom sex" no era problemático y estaban dispuestas a hacer una protesta en contra de la policía.

Se me hacía difícil apoyar que la COG le mandara dinero a un grupo de pedófilos que estaban teniendo problemas en la corte. Yo no estaba de acuerdo con eso. En algunas discusiones se planteaba que fuéramos todos por uno y uno por todos, pero yo no lo veía así entonces y no lo veo así ahora. Los niños son niños, no importa su identidad sexual. A su tiempo podrán expresar su sexualidad y si la expresan cuando son niños que sea con otro niño y no con un adulto. No veo nada malo con que dos nenes se den besitos o se toquen el pipí, pero yo veo bien malo que un hombre de 20 años le este tocando un pipí a un baby. Al igual las niñas. Las mujeres veíamos este tema así. Quizás por nuestro trasfondo cultural o porque somos mujeres y tal vez tenemos un poquito más de represión en esas cosas. Algunos varones planteaban que necesitaban el apoyo y los números para llevar esos temas fuera de la organización. Éramos bastantes mujeres de todas las edades. Habían mujeres que tenían mi edad, en ese momento tenía 32 ó 33 años, hasta nenas de 13 y catorce años. Encontraba irresponsable pedirle a una niña de 13 ó 14 años que estaba bregando con todos sus issues tan íntimos y tan difíciles, que se fuera a un piquete donde podía aparecer en televisión abogando por el derecho de un pedófilo en los Estados Unidos o aquí.

¿QUÉ OTROS TEMAS SUSCITABAN DISCUSIÓN DENTRO DE LA COG?

Algunas teníamos sentimientos encontrados en torno al tema de las locas vestidas y en torno al sadomasoquismo. En público teníamos que dar un frente unido pero en las reuniones nuestras había variedad de opiniones. A veces las mujeres eran un poquito más renuentes, pero en algunos issues nos dimos cuenta de que teníamos que apoyarlos aunque no fueran de nuestro agrado personal. Por ejemplo, no queríamos identificarnos con unas barras donde se practicaba el sadomasoquismo. Hoy en día yo quizás estaría más dispuesta a aceptar que cada quien haga lo que le plazca. Pero en aquel tiempo no lo entendía y me aterraba. Como me aterraba, quizás asimilaba lo que había oído en la comunidad heterosexual que decía que todo eso es malo. Lo discutíamos internamente de forma problemática, pero si lográbamos un consenso, pues era una posición de la comunidad.

Nuestra posición sobre las locas era que había que respetarlas y que ellas tenían derechos. Si queríamos que respetaran a una mujer con un jacket y unas botas, teníamos que exigir que se respetara a una loca vestida. En algunas ocasiones iban a la COG, pero la COG no era un lugar que llenaba sus necesidades. No venían a la comunidad porque caminaban por la calle como les daba la gana, y en ese sentido estaban más adelantadas que nosotras. En la comunidad estábamos bregando más con los muchachitos que estaban formando su identidad sexual. Queríamos que tuvieran varias alternativas de verse como seres sexuales. Si escogían ponerse un traje que se lo pusieran, pero queríamos romper el estereotipo de que ser Gay significaba que eras una loca vestida. Queríamos afirmar que ese era un segmento de nuestra comunidad pero no era el prototipo de una persona Gay. Para muchos hombres jóvenes ser Gay significaba ser una mujer. No se sabían ver como hombres Gay. Con la conscientización que se creaba allí se podían identificar como hombres Gay. Muchos chicos llegaban con las cejas pintadas y poco a poco algunos de ellos fueron integrándose a la comunidad y vieron su sexualidad como algo de ellos y no de su ropa ni de su maquillaje. Podían afirmar "yo no tengo que llegar a maquillarme si no quiero; me maquillo si me da la gana, pero no para que sepan que soy Gay. Soy lo que soy". No estábamos allí para fiscalizar si se maquillaban o si se vestían, sino para que vieran que habían otras alternativas; queríamos que escogieran la más que les conviniera. En varias ocasiones vi que estos muchachos empezaron a ver que éramos un espectro amplio de personas y vieron que tenían varias opciones para manifestarse como seres sexuales.

¿QUE COMUNICACIÓN O RELACIÓN TENÍAN CON GRUPOS EN LOS ESTADOS UNIDOS?

Teníamos buenas relaciones con algunos grupos como Lambda Legal Fund y con el National Gay Task Force. Teníamos intercambios de literatura y de recursos. No hubo ningún apoyo económico. Levantábamos nuestros fondos acá. En junio del 1974 un contingente de Puerto Rico, de aproximadamente veinte personas, fuimos a Nueva York para la parada Gay. Por primera vez participó un contingente puertorriqueño con la bandera de Puerto Rico y el nombre de nuestra organización.

LA HOJA QUE CIRCULÓ LA COG CON LOS OBJETIVOS DE LA ORGANIZACIÓN ESTABLECÍA QUE NO TENDRÍAN AFILIACIÓN POLÍTICA PARTIDISTA, PERO SÍ DISEMINARÍAN INFORMACIÓN SOBRE LAS POSICIONES DE LOS PARTIDOS POLÍTICOS QUE LES AFECTARAN DIRECTAMENTE.

Nuestra función no era político partidista. Era educar y disipar los mitos que habían sobre la homosexualidad. No éramos las lesbianas y homosexuales pro independencia, ni pro estadidad ni pro status quo. Estábamos allí las lesbianas y los homosexuales de la COG en favor de los derechos de las lesbianas y los homosexuales. No importaba la edad, tu credo, ni tu situación económica.

En la junta de directores habían partidarios del estadolibrismo, estadistas, y habíamos independentistas. El liderato era mayormente independentista. Había quienes pensaban que votar por el PNP traería la estadidad y la igualdad para las lesbianas y los homosexuales. Otros decíamos que no, que al contrario las minorías sufrían una opresión tremenda en los Estados Unidos. Eso a veces imposibilitaba un poquito las discusiones. Pero tratábamos de alejarnos de eso lo mas posible para bregar con los issues Gay.

¿Cómo reaccionó la izquierda a la COG?

El liderato independentista era bien homofóbico. Mi hermano, que en paz descanse, era socialista y estuvo en una organización de izquierda. Tuvo aceptación en la organización, pero sólo hasta cierto punto. Mientras más vocal se hacía en su identificación como hombre Gay, más lo fueron echando. Cuando ya estaba bastante arriba en la jerarquía del partido comenzaron a restringir su participación y su acceso a algunas reuniones. Le hicieron la vida tan difícil que ya el no podía bregar. Llegó un momento en que dijo yo soy bueno para coger macanazos, pero no para opinar, pues no vuelvo.

Para la izquierda nosotros no existíamos. Ellos no se querían envolver en eso. Teníamos más acercamientos con la derecha que con la izquierda porque íbamos a la policía y a las escuelas a realizar actividades educativas y a crear presión para tratar de eliminar la represión en las calles contra lesbianas y hombres Gay.

Para la izquierda, el issue primario era la independencia de Puerto Rico. Nos planteaban que la estrategia era ganar al electorado para que votaran por la independencia. Nos prometían que una vez estuvieran en el poder, entonces se resolvería la opresión de la mujer y de los homosexuales. El liderato del partido independentista sabía que algunos de los que estábamos en el partido éramos Gay. Cuando se traían estos temas decían que teníamos su apoyo, pero que había que dejarlos de lado ahora porque no podemos confundir al pueblo, no podemos asustar al pueblo. Y tenía sentido. Estábamos acostumbrados a que asustábamos. Estábamos acostumbrados a que el tema nuestro se quedara pa' lo último. En aquel tiempo decíamos que sí. Ahora no; pero en aquel tiempo tenía sentido.

En el partido había quien decía que apoyaba a la gente Gay mientras otros decían que no. Nosotros cogíamos cualquier migaja que nos tiraran. Nos tiraban la migaja de que eso venía después y lo creíamos porque lo queríamos creer. Era bien doloroso pensar que la independencia es mi ideal y estoy trabajando por ese ideal y a la vez pensar que los independentistas iban a ser peores que los que están en el poder ahora.

En aquel entonces yo me comía el cuento de que hay que dejar la sexualidad de lado. Creíamos que el issue del independentismo era un issue mayor. Se planteaba que quizás, una vez Puerto Rico fuera libre, tal vez podíamos redactar una constitución que nos protegiera. Pero esos eran sueños nuestros por la homofobia del liderato independentista. Era un 'pipe dream'. Poco a poco me he dado cuenta de que no. El issue mayor es el lesbianismo. Ahora pienso que nadie va a hacer nada por mí. Lo tengo que hacer yo desde adentro con el que esté.

¿POR QUE DEJÓ DE EXISTIR LA ORGANIZACIÓN?

Estuve activa en la COG hasta aproximadamente seis meses antes de que la organización cerrara las puertas. Básicamente cerró porque muchas de las personas claves tuvieron cambios importantes en sus vidas. Rafael, que era el presidente, tuvo una pérdida de empleo, surgió una buena oferta en los EE.UU. y se fue con su compañero. La persona que nos hacía toda la publicidad y el periódico, Ernie Potvin, cerró su compañía de publicidad y se fue de Puerto Rico. Ernie Potvin era norteamericano por nacimiento, pero puertorriqueño de corazón. Fue la persona que consiguió permiso para que nos empezáramos a reunir en la iglesia Unity, Union Church de Park Boulevard. Esa era su iglesia. De allí pasamos a reunirnos en San Francisco con el padre Francisco. Ernie era el relacionista público de la organización y el jefe de los contactos. Tenía contactos en todos los medios aquí, en la prensa, en el radio y en las imprentas. Una vez Ernie decidió que se tenía que ir, seguimos sin él como año y medio, pero a la verdad que era bien cuesta arriba. Yo me enamoré y me fui. Las personas que se quedaron eran pocas y algunos no tenían el mismo interés ni la misma filosofía y se les hizo arduo el trabajo. La recolección de dinero para cubrir nuestros gastos se hizo cada vez más duro y hubo que cerrar la casa.

ENTREVISTA A

MADELINE ROMÁN LÓPEZ

LA ALIANZA FEMINISTA POR LA LIBERACIÓN HUMANA

¿CÓMO SE FORMÓ LA ALIANZA FEMINISTA POR LA LIBERACIÓN HUMANA (AFLH)?

Se formó a raíz de la salida de un sector disidente de Mujer Intégrate Ahora (MIA) y a partir de la convocatoria que hace ese grupo a otras mujeres. La intención en ese momento era producir un movimiento mas bien de corte feminista socialista dado que las compañeras que abandonamos en aquel entonces a MIA entendíamos que esta organización no podía asumirse de esa manera. Vale la pena también enfatizar que cuando entramos a MIA en el 1976 lo hicimos con la intención de radicalizar lo que era MIA en ese entonces.

¿EN QUÉ SENTIDO QUERÍAN RADICALIZAR A MIA?

Queríamos radicalizarla en el sentido en que está puesto este concepto para el feminismo obrero. Queríamos hacer de MIA una organización feminista que priorizara, lo voy a decir como nos lo planteábamos en esa época, en los trabajos con las mujeres obreras y con las mujeres trabajadoras en general. Eso no se dio de esa manera y por esa razón, entre otras, ese grupo que entró con esa intención, nos salimos y formamos la Alianza Feminista por la Liberación Humana. En el nombre nos remitíamos a la liberación humana, porque esa era la manera de recoger el entendido del feminismo socialista, de que los hombres también debían y podían integrarse a esa lucha.

En una acta de la AFLH se habló de integrar hombres a la organización, pero luego no aparece ninguno en las listas de asistentes a las reuniones. ¿Se integró algún hombre?

No. Sobre eso siempre hubo una suerte de tensión, y digamos una distancia entre el discurso que la Alianza esgrimía y lo que se daba a nivel de las prácticas de la organización. Nos adscribíamos formalmente a la tesis del feminismo marxista de que los hombres eran un instrumento a partir del cual se activaba un proceso de opresión de las mujeres. Por esa razón, se argumentaba que era necesario incorporar a los hombres como parte de la lucha feminista. Creo que estaba planteado de esa manera también por la forma en que, lo quisiéramos nosotras o no, esa lucha feminista estaba en una posición subordinada respecto a la lucha de clases, la lucha nacional o la lucha del pueblo trabajador en su conjunto, esto es, a las luchas en que estaban los hombres. Al nivel de la práctica, estaba planteado que los hombres no podían ser militantes de la organización, sino simpatizantes, así que se mantenían en una posición periférica a la organización.

El grupo de mujeres que sale de MIA, también eran miembras del Frente Revolucionario Anti–Imperialista (FRAI). ¿Cuál fue tu experiencia como feminista en el FRAI?

Los sectores que se llamaban de izquierda en ese momento entendían que había en nosotras un problema de la doble militancia. Esto suponía de un lado, participar activamente de una organización feminista y de otro lado, participar de una organización propiamente de izquierda. Pertenecíamos al FRAI y a una organización feminista como una manera de conceder a que las luchas feministas no eran asumidas por la izquierda o no se asumían de la manera en que nosotras deseábamos que se hiciera. No veíamos ninguna contradicción en eso en ese momento. Incluso podría decir que lo veíamos como una suerte de continuo. Lo que uno puede asumir hoy por hoy como una práctica contradictoria y como un asunto digamos insostenible en cierta manera, no lo percibíamos de esa manera en ese contexto. Digamos que nosotras, las de entonces, ya no somos las mismas.

Recuerdo una reunión del FRAI donde nos hicieron un emplazamiento bien fuerte en torno al problema de la doble militancia. Se nos cuestionó abiertamente los espacios, los tiempos y la prioridad que le dábamos a los trabajos dentro de la organización feminista. A niveles personales siempre recuerdo esa experiencia porque fue pavorosa para mí; no llevaba tanto tiempo en ese tipo de grupos y fue una experiencia que me amedrentó muchísimo. Siempre la recuerdo. La recuerdo también con una cierta violencia por no haber tenido en ese momento los instrumentos emocionales y conceptuales para poder responder a ese planteamiento de la manera en que yo debí hacerlo.

Así que la doble militancia era una tensión constante. No obstante, nosotras entendíamos que teníamos que asumir ambos asuntos y ambas tareas: las del FRAI y las de la organización feminista. La tensión estaba puesta del lado de los compañeros varones y de las mujeres que no pertenecían a organizaciones feministas pero no estaba presente en el plano de la subjetivación de nosotras, interesantemente. En aquel momento esos asuntos eran conciliables para nosotras.

¿TENÍAN USTEDES ACCESO A LAS POSICIONES DE LIDERATO DENTRO DEL FRAI?

Había una estructuración jerárquica en el FRAI a propósito de lo que entonces se llamaba el centralismo democrático. Esa estructuración jerárquica suponía la presencia de lo que en aquel entonces se llamaba el nivel nacional que era la representación que tenía el entonces Movimiento Socialista Popular, la Liga Socialista y los independentistas no afiliados. Éramos una suerte de célula que teníamos que responder a eso llamado el nivel nacional. Las mujeres que pertenecíamos a MIA y al FRAI estábamos representadas por la persona que representaba el sector de los independentistas no afiliados.

A ese asunto le quiero conferir centralidad porque interesantemente, las mujeres que estábamos en organizaciones feministas y al mismo tiempo participábamos del FRAI, no estábamos vinculadas a ninguna de las organizaciones políticas de izquierda que formaban parte del frente, sino más bien al sector no afiliado. Si bien estábamos influenciadas por el discurso del marxismo-leninismo de la época y por las prácticas de la llamada izquierda en Puerto Rico en ese momento, las mujeres que estuvimos en MIA y después constituimos el sector disidente que formó la AFLH, asumíamos una posición autónoma en relación a esos grupos de izquierda. Claro, esto se da dentro de un contexto donde entendíamos que éramos un sector que no tenía espacio en ninguno de esos grupos. Por eso participábamos de manera no afiliada.

¿Por qué deciden ingresar a MIA en el 1976 en lugar de entrar a la Federación de Mujeres Puertorriqueñas (FMP), quienes al igual que ustedes, se adscribían al modelo del feminismo socialista o feminismo obrero?

Creo que la FMP de alguna manera estaba más vinculada al Partido Socialista Puertorriqueño (PSP). Las mujeres que participamos de la AFLH y previo a eso de MIA, no estábamos cercanas al PSP. Estábamos cercanas a los que el PSP en aquel momento llamaba la ultra izquierda o los grupúsculos de izquierda. No sé si fue de manera azarosa, pero las que convergimos en MIA y luego en la Alianza Feminista, éramos profundamente críticas de la trayectoria del PSP. Tampoco éramos para nada cercanas a la Federación Universitaria Pro Independencia (FUPI). Veíamos a la FUPI como el brazo político estudiantil del PSP y, como estudiantes universitarias que éramos en aquel momento, asumíamos una postura sumamente crítica de las prácticas que se daban al interior de la FUPI.

Fueron muchos los feminismos y múltiples las puertas a través de las cuales las mujeres asumimos esa discusión y nos incorporamos al activismo. En mi carácter personal, veía a las mujeres feministas que venían del PSP o que estuvieron muy cerca del PSP, como otro sector de mujeres. Era un sector de mujeres extraño para mí. No hay duda de que aquí en Puerto Rico hay mujeres que tienen una trayectoria feminista y son hasta cierto punto contemporáneas conmigo con las cuales yo nunca he compartido. Ni antes ni ahora.

¿Qué prácticas de esos grupos de izquierda criticaban?

Las cosas que criticábamos eran las mismas que propiciaban el que defendiéramos una organización feminista autónoma. Por ejemplo, la práctica que se denunciaba muchísimo tenía que ver con cómo esos sectores de izquierda, nacionalistas o independentistas (porque esto estaba puesto para esos tres sectores juntos y separados) protagonizaban las luchas que nos remitían a otros sectores ya fueran

195

obreros, de mujeres o comunitarios. Criticábamos la práctica de la izquierda de caer de paracaídas en las luchas y representarlas como si fueran de la izquierda o del independentismo. Éramos profundamente críticas de las maneras en que se posicionaban las mujeres de la izquierda en esas organizaciones. Criticábamos que fueran los hombres los que asistieran a las reuniones y no las mujeres; que fueran los hombres los que tuvieran el espacio y el tiempo para leer y para participar en el debate político y no las mujeres; que fueran las mujeres las que tuvieran que cocinar y freír bacalaitos en los kioscos mientras los hombres asumían otras tareas. Era interesante, porque si bien de un lado nosotras asumíamos una suerte de feminismo socialista y hasta de feminismo nacionalista, porque nos posicionábamos también a favor de la lucha pro independencia en Puerto Rico, éramos, de otro lado, profundamente críticas de esas prácticas de la izquierda. Teníamos un posicionamiento híbrido que consistía en conceder a los principios y a las luchas que eran centrales para esos grupos y a la vez presentar profundas críticas de las prácticas de esos grupos y ser profundamente críticas de que éstos no asumían las luchas feministas. Retrospectivamente, yo lo veo como una subjetivación medio esquizoide, pero vuelvo a insistir que en aquel momento lo asumíamos formalmente sin contradicción alguna y sin registro de la contradictoriedad de esas luchas.

La FMP HACÍA PRONUNCIAMIENTOS QUE LAS DISTANCIABAN DE LAS LESBIANAS. MIA, SIN EMBARGO, AFIRMABA LA HOMOSEXUALIDAD COMO UNA PREFERENCIA SEXUAL EN SU DECLARACIÓN DE PRINCIPIOS. ¿INFLUYÓ ESTO DE ALGUNA FORMA EN TU DECISIÓN DE INGRESAR A MIA Y NO A LA FMP?

La memoria que tengo del proceso cuando entramos a MIA es que lo hicimos vía Margarita López. Con eso a lo que me refiero es que había una relación de amistad entre Margarita y Ana Rivera Lassén quien era la portavoz de MIA. Tengo la impresión de que, con todas las diferencias que Margarita podía tener con Ana, que eran muchas, Margarita confiaba en la integridad de Ana. Nosotras entramos a partir de la lectura que hace Margarita López de las posibilidades políticas de MIA. Es importante entender que las que entramos a MIA éramos principalmente un grupo de amigas y había instaurado lo que Michel Foucault llamaría un saber poder entre Margarita y nosotras. Había una diferencia de edad entre nosotras y ella, que en aquel momento era considerable, sobre todo porque nosotras estábamos empezando nuestros bachilleratos, y también a conocer y a vincularnos con los movimientos estudiantiles de la época.

Recuerdo que nuestro grupo tuvo una serie de reuniones previo a ingresar a MIA. Esas reuniones fueron entre formales e informales, por la relación de amistad que existía. Las conversaciones que tuvimos entre nosotras fueron, más que nada, a manera de un "brainstorming" con la intención de ver hasta qué punto MIA, en tanto organización que ya estaba establecida con un nombre y una práctica, era susceptible de ser transformada en una organización feminista que priorizara sobre el trabajo con las mujeres obreras y con las mujeres asalariadas en general.

La lectura que primó en aquel momento era favorable para MIA. Entendíamos que sí era posible capitalizar sobre el nombre que ya MIA tenía, sobre la práctica y el reconocimiento de ésta, y a partir de allí hacer que le confiriera mayor centralidad a las luchas a las cuales le concede centralidad el feminismo obrero. Supimos también en aquel momento, por vía de Margarita, que en MIA habían otras mujeres "pequeño burguesas", según se nos informó, y que las luchas a las cuales ellas les conferían centralidad eran otras. Sin embargo, eso era manejable y la organización era transformable. Asumimos la lectura que Margarita hizo en aquel momento que fue que incorporarnos a MIA era la mejor alternativa. Así entramos. Nosotras crecimos en el proceso de participación en esas luchas y la relación de saber poder con Margarita se fue transformando a medida que las demás fuimos creciendo y manejando esos saberes también. Tengo que decir esto, porque ya en las postrimerías de la Alianza la mayoría de nosotras éramos profundamente críticas de las posiciones que Margarita asumía en el grupo.

Cuando estábamos en MIA y luego en la AFLH, hubo siempre una suerte de tensión alrededor del issue lésbico porque la gran mayoría de las que componían el grupo éramos mujeres lesbianas. A pesar de que asumíamos de manera no contradictoria la tensión que había entre los asuntos de preferencia sexual y la participación en los grupos de la izquierda tradicional y los grupos feministas, no quiere decir que no hubiera cierto nivel de tensión y de angustia en el plano personal. Esa angustia y tensión coexistía con la manera conciliatoria en que nosotras pretendimos y asumimos la participación en ambos grupos, sobre todo, porque nuestra manera de relacionarnos con otras mujeres (y hombres) ya fueran de la izquierda o feministas era, en cierto sentido, obviando el issue lésbico.

¿Por qué sales de MIA?

La lectura que yo hago del momento en que nos retiramos de MIA es que fue una defensa del feminismo autónomo. En mi carácter singular, opto por desafiliarme de MIA en el contexto de la discusión que se suscitó sobre un frente que se quería formar, el Frente Amplio de Mujeres. Una compañera de MIA, que también pertenecía a la Liga Internacionalista de los Trabajadores (LIT), tenía la tarea de representar a MIA en una reunión del Frente Amplio de Mujeres. En lugar de llevar la posición de MIA, esta compañera llevó la posición de la LIT. El asunto crucial para mí era que esa acción constituía una violación a la autonomía de MIA como grupo feminista. La situación se hizo insostenible para mí en el momento en que entiendo que en la reunión no se concedió a que eso era lo que estaba pasando. Tengo la impresión de que Ana Rivera Lassén lo asumió como un conflicto entre mujeres que estábamos en MIA y también pertenecíamos a distintas organizaciones políticas de izquierda. Es decir, ella lo asumió como un conflicto entre organizaciones de izquierda. Creo que Ana le confirió centralidad a eso, razón por la cual asume una postura de no intervención. Sin embargo, desde mi punto de vista, lo que estaba puesto era una violación a la autonomía de MIA, y por ende, una defensa del feminismo autónomo, que era lo que yo esperaba que Ana hiciera.

Las cartas de renuncia a MIA contienen debates entre organizaciones de izquierda que no tenían nada que ver con el feminismo ni con MIA. A la par estaba el planteamiento de la importancia de la autonomía de MIA como organización feminista. De hecho, Margarita concluye su carta de renuncia con la frase "Que viva el movimiento de liberación feminista autónomo".

Margarita López siempre asumió una posición a favor del feminismo autónomo. En eso ella siempre fue bien consistente. Ese es mi recuerdo de ella de esa época. Tendría que decir, con todas las diferencias que puedo tener con ella ahora y en aquel momento también, que aprendí mucho de ella. Aprendí de ella sobre toda la trayectoria de activismo en el movimiento estudiantil y de organizaciones políticas de izquierda en Puerto Rico.

Nosotras nos entendíamos como sujetas con una subjetivación soberana (esto es, con una sola subjetividad). La participación simultánea en organizaciones feministas y de izquierda formaba parte de una sola subjetividad. No lo veíamos como una postura contradictoria, ni lo asumíamos a partir de una suerte de condición escindida. Formalmente separábamos los asuntos porque los grupos políticos así los separaban, pero no lo hacíamos a nivel de lo que era nuestra subjetivación en ese contexto. Puede ser lo que tú planteas; puede ser que hubo una imbricación de discursos y un entretejido de tal naturaleza que fuera sumamente difícil deslindar lo propio feminista de lo que no lo era. Se trata de un momento en que el entendido de que había que priorizar en las luchas de las mujeres obreras y asalariadas en general, estaba en el centro de la manera en que nosotras asumíamos el feminismo.

No había reflexividad en aquel momento, por lo menos de mi parte, en torno a que eso implicara la supeditación de las luchas de las mujeres a una lucha más amplia, ya sea la lucha de clases, la lucha por el socialismo, la lucha nacional o la lucha por la independencia. No había reflexividad sobre ese asunto aunque sí había de nuestra parte toda una incomodidad frente a las prácticas de la izquierda organizada en Puerto Rico.

La Alianza no se identificaba abiertamente como socialista porque aspiraba a ser una organización que incorporara a personas de muchas ideologías políticas. Sin embargo, el socialismo era una de las metas de la organización. Tampoco querían identificarse como lesbianas porque eso asustaba. ¿Cómo crees que se puede explicar esta representación pública de la organización?

En torno al primer tema, el asunto más importante era que nosotras no éramos mujeres obreras. Sin embargo, había una pretensión formal de la organización de "avanzar" los intereses y las luchas de las mujeres obreras y trabajadoras en general, a pesar de que nosotras éramos principalmente estudiantes.

Creo que nuestra representación pública respondía a toda una subjetivación de época donde se entendía que la felicidad era la lucha y entonces estaba puesto de entrada la centralidad del espacio de lo público y de la vida pública, donde lo público se entendía como lo político por oposición a lo que pudiera ser el plano de la vida personal. El asunto lésbico correspondía en todo caso al plano de la vida personal, pues era un asunto que se "supeditaba", entre comillas en términos de lo que era la representación pública que se hacía de los asuntos y la representación pública que se hacía de la Alianza Feminista. Más que nada la Alianza estaba constituida por un grupo de amigas que compartían casi todo en el plano de la vida personal.

El feminismo en tanto movimiento social ha producido un cuerpo de conocimiento extremadamente diverso y heterogéneo. Creo que parte de lo que estaba planteado en esa década de mediados de los setenta, principios de los ochenta, tiene que ver con las maneras en que las mujeres que estuvimos vinculadas al activismo feminista y al activismo de izquierda, simultáneamente quedamos subjetivadas por una multiplicidad de campos discursivos que se estaban gestando al mismo tiempo y también por los que venían de generaciones y décadas anteriores. La representación pública de la Alianza se vincula a las maneras en que las mujeres que estábamos allí quedamos influenciadas por los discursos y las prácticas de la izquierda organizada de un lado, y del feminismo de otro. Ahora, en lo que constituye la vida privada de la organización, éramos unas mujeres que estábamos subjetivadas paralelamente por los distintos campos discursivos que el feminismo produjo.

No hay duda de que la década del setenta también se caracteriza por esa consigna que nos llega del feminismo norteamericano de que "lo personal es político". Esa consigna nos toca de cerca también a nosotras. En eso que yo llamaría la vida personal de lo que fue la Alianza Feminista, estábamos profundamente subjetivadas por todas esas discusiones que paradójicamente suponían politizar la vida cotidiana y la vida personal de las mujeres. Por lo tanto, yo diría que eso es lo que posibilita dar cuenta de otro tipo de discusiones que se tenían en la Alianza, particularmente discusiones en torno a asuntos de sexualidad, a la situación del lesbianismo al interior del feminismo, en torno a cómo conciliar o no esos asuntos con esa otra agenda más explícita y abiertamente política (la agenda pública). Creo que se trata de que nosotras, de entrada, éramos un híbrido de la época. Esa hibridez estaba puesta por esa multiplicidad de campos discursivos a partir de los cuales nos fuimos produciendo. Que primara una manera de discursear el feminismo en el espacio público y en esa representación publica que se hacía de la organización, no cancelaba lo otro.

¿Cuáles fueron algunos de los debates que se daban dentro de la Alianza?

Siempre había una tensión que compartíamos todas alrededor de nuestra inserción contradictoria. Nuestra intención de vincularnos a las mujeres trabajadoras bis a bis nuestra inserción particular; éramos principalmente estudiantes. Muy pocas mujeres de la Alianza trabajaban asalariadamente. Por lo tanto, nuestras posibilidades de vincularnos propiamente con mujeres obreras o asalariadas era mínima.

Nosotras hablábamos mucho de asuntos de sexualidad. Hablábamos mucho en torno al asunto lésbico y a lo que en aquel momento entendíamos como la "multiplicidad de relaciones". Intentábamos conciliar algunos de los entendidos socialistas con lo que entendíamos que era el plano de nuestra vida personal. Por ejemplo, buscábamos vincular la crítica de la propiedad privada con la posibilidad de vivir la relación de pareja y las relaciones afectivas y/o sexuales de alguna otra manera. Creo que no hubo reflexión a la cual finalmente le confiriéramos mayor energía y pasión que a esa. Por eso te digo que había un deslinde entre lo que era la representación pública de la Alianza y los asuntos que nosotras discutíamos como tal.

Sí, nosotras invertimos muchísimas energías en algunas luchas en particular. Por ejemplo, a toda generación le ha tocado parte de la lucha de Vieques, y en esos años se activó esa lucha. Nosotras destacamos un grupo de las compañeras allí, y nos rotábamos la participación en la lucha en contra de la Marina en Vieques. Le dedicamos muchísimas energías al movimiento en favor de la lucha sandinista en Nicaragua, al Comité Soto Rosado Contra la Represión y a los prisioneros políticos. Esas eran algunas de nuestras tareas públicas. En el plano personal, y como parte de la subjetivación política de la época, yo suscribía todas las manifestaciones de solidaridad y de apoyo que la Alianza hacía para las distintas luchas que se estaban dando. Sin embargo, yo diría que quizás por mi soberana dificultad de lidiar con los hombres de los grupos de izquierda, siempre me sentí distante de eso, en un plano muy personal; aun cuando lo asumía como el "political correctness".

La percepción que tengo es que no todas estábamos adscritas a los entendidos políticos y feministas dominantes de la misma manera, porque en la Alianza también habían grandes diferencias. Digamos que la postura más vocal la tenía Margarita, y cuando Margarita se fue la tenía yo por designación de ella. Habían diferencias de clase sumamente marcadas y en la manera en que se asumían los asuntos políticos feministas. Habían unas mujeres que asumían tanto el activismo feminista como el de la izquierda con mayor peso que otras. Algunas lo asumían con una cierta levedad y por la vía de la levedad, con una mayor apertura, esto es con una postura más laxa frente a lo que pudieran considerarse los principios, las cosas no renunciables, el "political correctness".

¿Qué éxito tuvieron en vincularse con las mujeres trabajadoras?

Ninguno. Siempre recuerdo una actividad que nos propusimos que fue casi un operativo para nosotras. Como casi todas estábamos en la facultad de sociales, y al calor de los cursos que tomábamos en la universidad, decidimos hacer un trabajo de campo. Nos fuimos en una labor de observación no partícipe frente a una fábrica por el área de la urbanización industrial Tres Monjitas. Nuestra primera dificultad era que de ninguna manera podíamos pasar desapercibidas por esas mujeres trabajadoras. Mucho menos podíamos pasar como mujeres trabajadoras, ni siquiera como mujeres parecidas a ellas, porque no nos parecíamos en nada a ellas. Para empezar, era claro que éramos estudiantes, pero tampoco compartíamos la estética estudiantil de la época. Sí compartíamos una cierta estética de la izquierda, pero no conformábamos la estética de lo femenino o si se quiere, de las estudiantes mujeres de la época, para nada. No tuvimos éxito en nuestro estudio de esa fábrica porque los guardias de seguridad nos detectaron. Era obvio que estábamos como que rondando la fábrica. Se activó la vigilancia sobre nosotras y tuvimos que desistir.

TUVE LA OPORTUNIDAD DE LEER LAS NOTAS DE AIDA SANTIAGO DONDE HABÍA UN BOSQUEJO DE LA INVESTIGACIÓN A LA QUE TE REFIERES. ME LLAMÓ LA ATENCIÓN LA CANTIDAD DE DETALLES QUE QUERÍAN OBSERVAR: LAS HORAS DE ENTRADA Y SALIDA, DETALLES SOBRE LA VESTIMENTA DE LOS Y LAS TRABAJADORAS, POR CUÁL PUERTA ENTRABAN, SI LLEVABAN COSAS CONSIGO, Y SI HABLABAN ENTRE SÍ.

Nuestro esfuerzo era memorizar todo lo que estaba pasando para después irnos corriendo a una esquina a escribirlo. Estábamos tratando de vincularnos con esas mujeres. Nuestra intención era hacer las cosas que hace la izquierda tradicional y los sindicatos: llevar boletines, y conversar con ellas. De paso, compartíamos el entendido de la izquierda tradicional de que poseíamos un saber superior que estábamos convocadas a llevar a otros sectores. Pero el que nosotras pensáramos eso en ese contexto no era nada, el que los grupos feministas en el contexto presente lo piensen, eso sí es algo serio, y que conste en récord este comentario. Que lo pensáramos nosotras en aquel entonces, digamos que era parte de la subjetivación de época. Que todavía se asuma eso más o menos en los mismos términos, aunque se presente con una mayor sofisticación, eso si que me parece terrorífico.

¿QUÉ POSICIÓN TENÍA LA ALIANZA EN TORNO AL PLANTEAMIENTO DE LA ÉPOCA DE LA NECESIDAD DE UNA ORGANIZACIÓN DE MASAS?

Nosotras le conferíamos valor a la masividad y a la visibilidad de las luchas. Sin embargo, no teníamos las posibilidades, y lo sabíamos, de producir una organización masiva. Tampoco teníamos la pretensión de hacerlo porque nos concentrábamos mucho en hacer grupos de estudio, discusiones y talleres. Creo que tenía que ver mucho con el sector de donde proveníamos, que era un sector de la ultra izquierda. La ultra izquierda no necesariamente requiere masividad.

¿CÓMO SE DISUELVE LA ORGANIZACIÓN?

La organización se disuelve justamente por la composición del grupo. La mayoría de nosotras éramos estudiantes y nos fuimos a hacer estudios graduados. Fueron muy pocas las que se quedaron en Puerto Rico y la organización se desintegró.

Hubo mucha tensión alrededor de la partida de Margarita hacia Estados Unidos por las propias camisas de fuerza que teníamos y la lectura política que se hacía del asunto. Primaba entre nosotras el entendido que nos llegaba de los grupos de la izquierda de que la lucha había que darla en Puerto Rico y que había que quedarse en Puerto Rico. Ella se va dentro de una gran pugna personal que hace que el grupo establezca procedimientos disciplinarios donde la gente tenía que literalmente pedir permiso para irse del país. En ese sentido nosotras éramos profundamente represivas y autoritarias. Vamos a ponerlo así. El marxismo-leninismo estaba literalmente acabando con nosotras. Había propiciado una subjetivación extremadamente represiva y punitiva para con nosotras mismas.

Eso se reflejaba en la estructura de la organización.

Teníamos un comité de disciplina, y hasta un comité central. Teníamos una jerarquización de las participantes; habían militantes, simpatizantes y gente en la periferia. Éramos represivas con nosotras mismas al punto de que en un momento dado había que llevar a las reuniones asuntos que pertenecían al orden de lo privado. En lo que tenía que ver con los asuntos de disciplina y con lo que se entendía que eran las responsabilidades de las militantes, éramos casi un partido político.

Planteas que la AFLH no tuvo éxito en vincularse a las mujeres trabajadoras. ¿Qué éxito tuvieron en influenciar los discursos políticos de los setenta?

Cuando yo regresé a Puerto Rico y se estaba formando la Organización Puertorriqueña de la Mujer Trabajadora (OPMT). Tuve la oportunidad de asistir a una reunión constituyente de la OPMT y pensé en ese entonces que esta organización era una hija directa de la Alianza Feminista. La Alianza Feminista produjo las condiciones para que una organización como la OPMT se gestara, muy a mi pesar tengo que decir en este momento. Creo que la OPMT se cogió el feminismo obrero bien en serio. En la Alianza, paradójicamente, habían posibilidades para distanciarse y asumir reflexividad sobre los límites de ese tipo de luchas y de lecturas del feminismo que la OPMT no tiene. Quizás porque la OPMT reclutó mujeres que venían del ámbito del trabajo asalariado propiamente y en la Alianza éramos principalmente estudiantes.

La Alianza Feminista se abrió espacios para hablar en todas las actividades políticas de la época. Digamos que no hay poder mayor que el discurso; igual puede no existir nada y el discurso lo es todo. Sí, contribuimos a producir un imaginario, el imaginario de la viabilidad de un grupo feminista socialista o feminista obrero. En este sentido, el discurso de lo que entendíamos que éramos nosotras operó como un componente intelectual más en el desenvolvimiento de unas luchas de ese momento.

Quiero resaltar el vínculo muy particular que tuvimos, como estudiantes, con la profesora Ruth Silva Bonilla. Por vía de ella, asumimos toda esa literatura de la época: los trabajos de Shulamith Firestone, obras como *El Ama de Casa Bajo el Capitalismo, Mujeres Graneros y Capitales*, trabajos que fueron cruciales en ese contexto. Los debates en torno a la relación entre el modo de producción capitalista y el modo de producción doméstico fueron asuntos que como estudiantes estábamos asumiendo en los salones de clase. Eran trabajos reflexivos de investigación, teorización de inspiración marxista, que en ese momento eran de ruptura independientemente de los instrumentales teóricos a los cuales nos remitían. Nosotras asumimos eso de manera independiente.

¿SE DISCUTÍAN ESOS PLANTEAMIENTOS TEÓRICOS EN LAS ORGANIZACIONES DE IZQUIERDA A LAS QUE USTEDES PERTENECÍAN?

Era una época interesante en el sentido de que de un lado, no hay duda de que participábamos de unas coordenadas de entendimiento y de unas prácticas que nos remiten a los grupos de la izquierda de la época. De otro lado, es un momento donde el marxismo incursiona la academia. No obstante, la aportación del marxismo a la academia corría por zonas muy distantes a los entendidos convencionales de la izquierda fuera de la academia. En ese sentido, nosotras manejábamos una discusión y unos asuntos de maneras más sofisticadas que el resto de la izquierda, y también en ruptura con los enfoques marxistas de la propia academia. El marxismo dentro de la academia evidentemente era obrerista. Nosotras, sin embargo, tuvimos la oportunidad de asumir los debates de la antropología marxista y ese es un asunto importante a resaltar. La antropología marxista activó la mirada sobre toda una serie de asuntos y de debates de género que no eran precisamente los convencionales, ni siquiera al interior del marxismo en la sociología o en las ciencias políticas. Eso implicó que nosotras manejábamos unas discusiones que, en términos generales, no se sostenían. Digamos que éramos raras dentro de ese contexto también. Raras, en el sentido de no participar de las coordenadas de entendimiento dominantes tampoco en la academia. La discusión y la teorización al interior de los grupos de izquierda y de los grupos políticos de aquel momento, era muy pobre. Incluso eran muy pobres desde mis estándares de aquel momento. Frente a eso, no hay duda de que por la vía de la academia nosotras tuvimos acceso a unos saberes que manejábamos para nosotras mismas.

PARTE III
DOCUMENTOS

Documentos
Mujer Intégrate Ahora

1972–1979

28 de diciembre de 1971

Hermanas:

Las vistas de la Comisión de Derechos Civiles acerca del status de la mujer han traído a luz la realidad de la desigualdad de los sexos en la sociedad puertorriqueña. Si te preocupa tu posición en nuestra sociedad, esfuérzate por mejorarla.

El sábado 8 de enero un grupo de mujeres preocupadas se reunirá para organizarse con el fin de bregar con el problema.

El programa tentativo para ese día incluye, l) intercambio personal para conocernos mejor, 2) organización formal, 3) intercambio de material respecto al esfuerzo mundial y local, 4) redacción y duplicación de nuestro primer o primeros esfuerzos (o manifiesto), 5) sesión de concientización-discusión de nuestros problemas personales como mujeres.

Sí tienes libros y materiales respecto al status de la mujer en la sociedad moderna, particularmente en Puerto Rico, tráelos. Intentaremos hacer una bibliografía y comenzar la recopilación de materiales. Si posees una maquinilla portátil y te es posible, tráela. Tendremos disponible un mimeógrafo con la esperanza de completar algún trabajo. Habrán copias de los trabajos de la Comisión de Derechos Civiles acerca del status de la mujer.

A las 8:00 AM nos reunimos en la Torre de la UPR y salimos para Repto. Valencia en Bayamón. Habrá almuerzo y un sitio cercano proporcionará comida por un precio bien módico.

Si te interesa unirte llama a M. [teléfono omitido].

Si prefieres ir directamente a Repto. Valencia, dirígete a... [Las instrucciones para llegar se han omitido.]

Sinceramente,

Nilda Aponte
[firmado]

Alma A. Méndez Ríos y Ana I. Rivera Lassén   17 de enero de 1972

Tema: LA MUJER EN LA POLÍTICA

Entrevistada: Representante Olga Cruz Jiménez

Lugar: Capitolio de Puerto Rico

CONTESTACIONES:

1. "Me interesé en la política pues creo que es donde se puede hacer más bien por el país." Su padre era abogado y político. Su madre era maestra rural y a la misma vez tenía que desempeñar otras labores sociales como era costumbre en aquellos tiempos. Ella acompañaba a su madre en estas labores. Acepta que estos factores especiales en que fue criada pudieron influir directamente con su personalidad.

2. No tuvo ninguna dificultad para ser nominada pues fue reclutada por su partido para ocupar este escaño. En parte esto se debió a que su partido trata de cumplir con una formalidad, o sea, tener representación femenina.

3. Mi vida privada no ha sido afectada por mi vida pública. No sé si esto se deba en parte a que los primeros dos años de trabajo yo no estaba casada. Mi actual esposo proviene de una familia de políticos y también se desenvuelve en este ambiente; por lo tanto está acostumbrado a esta vida.

    Naturalmente mi imagen a los ojos de otras personas ha cambiado pues no es lo mismo una mujer que una mujer representante de la Cámara. [Ha cambiado] favorablemente.

4. Sí, hay mujeres capacitadas para ser gobernador en términos intelectuales y de capacidad administrativa.

    Ningún partido ha nominado a una mujer pues siempre ha sido opacada por un hombre. Por ejemplo, Doña Fela y Muñoz Marín.

    Hay que ser líder para llegar a este cargo. Una líder de esta índole tiene que nacer, no se hace, no se puede fabricar.

    El pueblo no tiene la mentalidad para aceptar una mujer gobernador.

5. No, la mujer no tiene suficiente representación en las estructuras políticas.

6. Se puede despertar mayor interés de la mujer en la política explicándoles que no es tan difícil. No hay que ser abogada.

7. Sugiero que se debe hacer una labor de divulgación, especialmente a las mujeres pobres que son las que mas problemas tienen. [Hay que] informarla de sus capacidades y derechos.

8. Creo que el movimiento de liberación femenina en Puerto Rico debe de ser un movimiento distinto al de E.U. debido a que la mujer puertorriqueña tiene una cultura y una realidad diferente. En Puerto Rico, ha sido un movimiento colectivo en algunos sectores pero silencioso. La situación de la mujer puertorriqueña es mejor que la de Latinoamérica.

9. Sí, respaldo la implantación de centros de cuidado diurnos. Propuse (a nivel de partido) la organización de centros pequeños de no más de 15 niños para que así tengan mejor atención con personas capacitadas a su cargo. Podrían localizarse cerca del trabajo de la madre o, por ejemplo, en los "shopping centers".

10. Respaldo el aborto en casos debido a:
    a) Violación b) Incesto c) Enfermedades hereditarias d) Enfermedad de la madre e) Otros casos dependiendo de las circunstancias y tomando algunas medidas especiales.

    Presenté junto a Benny Frankie Cerezo un proyecto a favor del aborto, pero lo rechazaron debido a protestas que hicieron algunos grupos de personas en contra del mismo, sin haber estudiado bien el proyecto; creo que era mejor que la ley que existe ahora.

Tema: LA MUJER EN LA POLÍTICA

Entrevistada: Senadora María Arroyo de Colón

Lugar: Capitolio de Puerto Rico

CONTESTACIONES:

1. Su madre fue maestra; en aquellos tiempos las maestras no podían participar en la política. Defendió el derecho de participación en la política. Su padre estaba interesado en la política (prestaba su casa en las elecciones).

2. No encontró dificultad en la nominación para senadora porque la nominaron firmas de maestros; fue reclutada. Piensa que el pueblo no tiene fe en líderes femeninos.

3. No hay suficiente representación femenina. Las mujeres son el 51% del electorado pero votan por los hombres. Es cuestión de costumbres.

4. Su marido tiene negocios en Orocovis y no está en la casa en la semana; no interfiere. Si no fuera así, pudiera tener dificultades pues él es casero.

5. Actualmente la mujer se está destacando porque cada vez que se destaca le abre el camino a las demás. Las mujeres deben organizar grupos defendiendo su ideal.

6. La mujer no ha tenido experiencia política. Yo no creo que la mujer no tenga talento, pero tiene que adquirir la experiencia. Si la mujer llegara, daría el máximo. Se podría confiar en una mujer.

7. Nosotras estamos liberadas pero no estamos acostumbradas a enfrentarnos con los hombres. No es necesario un movimiento sino una actitud militante ante los problemas de la sociedad.

8. El aborto es cosa de la conciencia de la mujer. No respaldo el aborto. Estuve en contra de la ley del aborto, excepto debido a enfermedades, incesto, y violación, si su conciencia la respalda.

9. Respaldo los centros de cuidado diurno patrocinados por el gobierno en cooperación con las compañías; grupos de 25 a 30 niños.

10. Cree que existe legislación que protege a la mujer.

¿QUÉ ES CONCIENTIZACIÓN?

La concientización es el proceso que le da profundidad, fuerza y un gran sentido de hermandad al movimiento de liberación femenina. Se lleva a cabo en pequeños grupos de ocho a doce mujeres que se unen periódicamente. Se escoge un tema para cada reunión y cada mujer habla de sus propias experiencias sobre ese tema. Ninguna aportación de una compañera puede ser criticada, cuestionada o desafiada por las otras integrantes del grupo.

Después que una compañera haya terminado de hablar, solamente preguntas de aclaración serán permitidas. Todo testimonio es confidencial y no podrá ser compartido con ninguna otra persona fuera del grupo.

Una vez todas hayan hablado, el grupo deberá deducir conclusiones sobre el tema discutido. Por ejemplo, un tema podría ser: ¿Que mantiene a las mujeres separadas? Una mujer puede decir que sus padres le enseñaron a que compitiera con otras jóvenes por la atención masculina. Otra puede hablar de su enojo al ser objeto de burla de sus "supuestas amigas". Una conclusión a que se podría llegar en este caso es que desde temprana edad, se le enseña a la mujer a desconfiar y competir en contra de otras mujeres.

Las conclusiones sobre distintos temas variarán de acuerdo al testimonio de cada grupo. No obstante el tema, ciertas realidades se podrán ver a través de cada testimonio. Es función del grupo leer entre líneas y reconocer estas realidades y exponerlas como conclusiones. Mientras cada una de nuestras experiencias ha sido individual nuestra opresión ha tomado formas muy similares. Las generalizaciones ayudan a descubrir estos patrones en las experiencias de otras mujeres. En poco tiempo, las mujeres en un grupo de concientización comienzan a tener una idea clara de las reglas de opresión. El proceso de concientización en sí es sencillo, lo difícil es hacerlo funcionar. Debido a nuestro legado de opresión, es sumamente difícil para una mujer confiar en otra, hablar abiertamente y trabajar con un sentido de solidaridad. Comúnmente, pasan de cuatro a seis semanas antes de que se desarrolle un sentido de grupo. Es muy importante recordar que los desafíos y las críticas no son apropiadas. Este no es un grupo de terapia o de encuentro. Es un grupo serio trabajando en una tarea igualmente seria.

La concientización nos permite desarrollar una conciencia social de nuestra opresión; librar nuestras mentes de una actitud cuidadosamente socializada de nosotras mismas; destapar y expresar nuestra ira que se ha formado dentro de nosotras sin darnos cuenta; romper las barreras frente a otras mujeres y descubrir lo fuerte, sanas y verdaderamente hermosas que somos nosotras y nuestras hermanas.

Después que un grupo de concientización ha estado junto de cuatro a ocho meses (dependiendo del grupo) las miembras comienzan a definir distintas soluciones a un mismo problema. Algunas desean irse en una dirección mientras que otras escogen otro camino. Esto es natural. Es importante que el grupo haga un estudio claro de sí mismo y decida si desea romper o mantenerse junto. De cualquier modo, cada una se habrá dado algo tan importante, de tanto valor que nunca podrá ser borrado: la solidaridad de la concientización.

[Usado desde 1972 a 1978]

MUJER INTÉGRATE AHORA, INC.
Apartado 21515, Estación UPR
Río Piedras, Puerto Rico 00931

CUESTIONARIO PARA CONCIENTIZACIÓN

1) ¿Por qué decidiste formar parte de un grupo de concientización? ¿Qué deseas de este grupo?

2) ¿Cómo viste el ser mujer de niña? ¿Qué se esperaba de tí? ¿Qué crees de ser mujer ahora?

3) ¿Cuáles fueron tus experiencias de pubertad? ¿Cómo te afectaron las experiencias del desarrollo de senos, menstruación, etc.?

4) ¿Cuáles fueron tus experiencias con el sexo de niña? (¿Cómo aprendiste?) ¿Cómo influenciaron tu punto de vista sobre el sexo y de tí como mujer?

5) ¿Que crees de tí misma? ¿Cómo has llegado a tu actual opinión de tí misma?

6) ¿Cómo fue afectada tu educación por el hecho de ser mujer? ¿Cuál fue tu experiencia con consejeras? ¿Fuiste desanimada en tu decisión por alguna carrera?

7) ¿Qué crees de las mujeres lesbianas? ¿Puedes identificarte con ellas en algún modo? Si el tema te asusta, trata de averiguar por qué.

8) ¿Cómo han sido tus experiencias sexuales después de ser adulta? ¿Has mentido alguna vez sobre el orgasmo para complacer a tu hombre?

9) ¿Qué piensas de los hombres?

10) ¿Estás o has estado casada o te encuentras en una situación parecida al matrimonio? ¿Cómo fue o es tu rol? ¿Acaso llenó tus expectativas?

11) ¿Qué piensas sobre el embarazo? Si has estado embarazada, ¿qué opinión tenías de tí misma mientras lo estabas?

12) ¿Qué crees de criar niños? Si eres madre, ¿has sentido que estás viviendo para otros, que estás perdiendo tu personalidad? Si no eres madre, ¿cómo crees que te sentirías siéndolo?

13) ¿Qué piensas de tu apariencia?

14) ¿Qué piensas sobre envejecer, la menopausia?

15) ¿Qué piensas sobre tu trabajo?

16) ¿Crees que es importante para una mujer ser independiente económicamente? ¿Por qué? ¿Por qué no?

[Usado desde 1972 a 1978]

Querida Milagros,

Te escribo esta carta esperando me puedas aconsejar. Tengo un problema y no sé cómo resolverlo.

Antes que nada, déjame decirte que todo va bien entre Juan y yo. Él es un buen padre y esposo. Déjame ponerte al tanto de lo que ha sucedido desde que te vi por última vez. Juan y yo nos conocimos en la Universidad. Los dos estudiábamos el Básico. El segundo año nos hicimos novios. Decidimos casarnos. Estimamos razonable que ya que los dos no podíamos terminar el bachillerato, que por lo menos Juan debería mientras que yo trabajaría. Por suerte, conseguí un muy buen trabajo en una oficina. Estuvimos de acuerdo en que evitaríamos los niños, aunque Juan tenía dudas por sus convicciones religiosas. Para el último año de sus estudios, tan pronto Juan tenía seguro su trabajo de auditor con el gobierno, quedé en cinta. Después de eso creíamos podría dejarse a lo que Dios quisiera. Después del segundo chiquitín me di cuenta que el matrimonio no es todo romance. Hay que luchar mucho. Decidimos además, que necesitábamos más dinero pues hoy en día la vida es muy cara. Volví a trabajar. Ahora trabajo en una fábrica de camisas. El trabajo es duro pero seguro. Mi mamá me cuidaba los dos chiquitines al principio pero cuando vino el tercero tuve que conseguir una señora que se dedica a cuidar niños en su casa. Por esa parte no tengo problemas, ella es un poco estricta, pero ya los nenes se han acostumbrado. Luisito, el mayor, ya empieza en la escuela el próximo año.

El problema es que estoy encinta otra vez. Juan dice que no hay problema, que Dios los manda y Dios provee. Yo me pregunto si para eso es que nos enamoramos. Recuerdo todo el romance y el soñar de novios y la realidad muy poco se parece. Por lo menos nos tenemos amor y respeto mutuo.

Juan es muy apegado a su familia. De él no tengo por qué quejarme. Por lo general está en casa. Los fines de semana, de vez en cuando, sale con los amigos para darse un trago, pero, ¿cómo no?, si es su único descanso y diversión. A mí, por suerte, no me falta nada. Juan me ha comprado todos los enseres eléctricos que necesito. Organizo bien las cosas y si hago el lavado y planchado y recojo bien la casa el fin de semana, durante la semana sólo me queda el diario bregar, los platos y recoger los regueros de los nenes. Juan es un buen administrador de dinero. No solo no nos falta nada, sino que no tenemos deudas. El es el que entiende todo eso; yo ni sé en que banco guardamos los chavos, pero sé que mientras Juan esté sano nada nos faltará. El insiste en que deje de preocuparme por dinero y si Dios nos envía otro angelito a pesar de que hemos tratado de evitarlo, que lo tome como bendición.

¿Qué opinas tú? Además de la consideración monetaria, creo que mi bienestar está por medio, pues cada embarazo me deja más débil. ¿Quién diría que yo soy la misma que conociste cuando estudiábamos el Básico? Yo iba a estudiar química y soñaba casarme con el hombre más bello y romántico del mundo. La realidad es un rudo despertar.

Recuerdos,

María

Si estás de acuerdo en que María y Juan tienen más de un problema, comprendes por qué es necesario que la mujer puertorriqueña realice una integración total a la sociedad. Únete a MIA-Mujer Intégrate Ahora, c/o Repto. Valencia, Bayamón, PR 00619

[1972]

MIA informa

órgano de
Mujer intégrate Ahora

Número 1   marzo 1972

XXXXXXXXXXXXXXXXXXXXXXXXXXXXXXXXXXXXXXXXXXXXXXXXXXXXXXXXXXXXXXX

Comenzamos esta publicación feminista con la esperanza de poder continuarla mensualmente. Necesitamos el apoyo de todo el que sienta nuestra causa justa. Si tienes alguna aportación literaria, sea tu opinión o ficción, envíala - la necesitamos. Si quieres recibir esta publicación regularmente, envía tu dirección a Patricia Yamhure a/c MIA, Calle Suiza #413, Floral Park, Hato Rey. Gracias

* * *

RECHAZAMOS PARTIDISMO

Rechazamos toda afiliación partidista. Nuestras opiniones se limitan a lo que tenga que ver con la condición de la mujer. No abogamos por ningún status para Puerto Rico. Sí nos preocupa la justicia social como medio de realizar los Derechos Humanos, particularmente los de la mujer. Tenemos opiniones como grupo en varias cuestiones. Estas serán presentadas como artículos editoriales. Todo artículo identificado con su autora (o autor), es opinión personal. Aceptamos todo artículo que tenga que ver con el mejoramiento del status de la mujer.

INTEGRACIÓN, SÍ LIBERACIÓN, NO
por Patricia Yamhure

Se ha demostrado que las ideologías extranjeras, bien sean de índole social, económica o política, cuando son importadas por otro país, tienden o a fracasar completamente o a tener un éxito limitado, al menos que dicha ideología tenga en cuenta y se ajuste a las idiosincrasias del pueblo que busca utilizarlas. Es así como nosotros creemos que el movimiento de integración de la mujer puertorriqueña deberá ajustarse primordialmente a las demandas hechas sobre este movimiento por la cultura, las costumbres, y las necesidades del pueblo puertorriqueño.

Como el nombre mismo de nuestra organización lo dice, MIA no persigue la liberación de la mujer puertorriqueña. La palabra "liberación" en sí presupone un estado de esclavitud o servidumbre, y creemos que éste no es el caso de la mujer local. Socialmente y económicamente la sociedad puertorriqueña ha pasado por cambios verdaderamente dramáticos en los últimos 15 o 20 años pero la posición de la mujer dentro de esta sociedad ha permanecido relativamente estacionaria. Hoy en día, dentro de esta sociedad más industrializada y compleja, la mujer se ha movilizado, a pesar de muchos prejuicios, a ayudar al hombre y a la sociedad, no solo como ama de casa y esposa sino también como un miembro productivo dentro de las profesiones, el comercio y la industria. A cambio de esta aportación la mujer no ha recibido los derechos y privilegios a los cuales debería tener legítimo acceso.

La integración total de la mujer presupone por lo tanto la adquisición por parte de ella no solo de nuevos derechos y privilegios sino también la adopción por su parte de nuevas responsabilidades. Muchas de estas responsabilidades que adquirirá la mujer representarán un apoyo y una ayuda para el hombre. Por otra parte al hombre compartir con ella estas responsabilidades, a su vez gozará del apoyo y la ayuda de una compañera capaz de confrontar las diarias responsabilidades y deci-

218

siones de una manera efectiva.

En síntesis, el uso de la palabra "integración" por nuestro movimiento busca significar nuestra más codiciada meta, la cual consiste en poner en un plano de igualdad al hombre y a la mujer en el trabajo, en el hogar y en la sociedad en general. Que sean mas bien las capacidades del individuo que determinen el puesto que ocupará dentro de la sociedad, y no el sexo al cual pertenece.

SI PIENSAS CASARTE

Aunque ambos cónyuges son dueños por igual de los bienes de ambos, el marido por ley tiene el derecho de vender, transferir, o hipotecar la propiedad sin el consentimiento y conocimiento de su compañera.

Si piensas casarte y, por dicha, cuentas con considerable capital, recuerda esta ley, pon los romanticismos a un lado, y consulta a un abogado que te indique cómo puedes excluir tu fortuna de esta ley. Tal exclusión deberá ser efectuada antes de la boda. Aún sin fortuna, considera este método de conservar tus derechos.

MIA PROPÓSITOS Y REGLAMENTO

Propósitos Lograr el reconocimiento de la mujer como individuo y su integración a la sociedad con plena igualdad de derechos en todos los aspectos de la vida.

Objetivos - 1. Abogar para que se enmienden las leyes que discriminan contra la mujer. 2. Abogar por mayor representación femenina en las estructuras políticas. 3. Enfocar la educación hacia una integración plena de la mujer en la sociedad, aboliendo los conceptos y funciones establecidos a base del sexo. 4. Crear conciencia en la mujer de los problemas que le afectan. 5. Exigir la implantación de centros de cuidado diurno para niños de mujeres que trabajan fuera del hogar. 6.

Mejorar la imagen de la mujer que se expone a través de los medios de comunicación. 7. Obtener el apoyo de los hombres en la consecución de los objetivos.

Reglamento - A. Reuniones - Primer y tercer lunes de cada mes a las 8 PM en un sitio acordado en la reunión anterior. B. Miembros - 1. Mujeres, sin distinción de status social, político, económico o racial. 2. Hombres, serán aceptados como miembros auxiliares si así lo desean y si muestran apoyo por los objetivos. 3. Serán aceptados como miembros por correspondencia aquellas personas que muestren interés pero que no puedan asistir a reuniones. C. Directiva - 1. Puestos rotativos cada dos meses: Presidenta, Secretaria. 2. Puestos fijos (seis meses, reelegibles): Tesorera, Segunda Secretaria, Relaciones Públicas (Comité). D. Finanzas - 1. Cuotas, $1 al mes por miembro regular. 2. Donaciones, se aceptarán donaciones. 3. Actividades Especiales, según sean necesarias.

MUJER INTÉGRATE AHORA
a/c Calle Suiza # 413
Floral Park, Hato Rey.

INTEGRACIÓN FEMENINA Y LIBERACIÓN NACIONAL por Nilda Aponte Raffaele

Las discusiones acerca de los derechos de la mujer en Puerto Rico llegan a lo mismo en los círculos independentistas del país: que no puede realizarse la liberación femenina donde no existe liberación nacional. De hecho una declaración más honesta sería que en la lucha por la independencia, el esfuerzo por liberar a la mujer debe quedar subordinado. Espera mujer—cuando llegue la independencia recibirás todos tus derechos—como si el proceso de liberación femenina se pudiera resolver súbitamente.

El proceso que establece las funciones de cada sexo es cultural y por ende su modificación real implica cambios culturales. Estos cambios por lo tanto toman mucho tiempo. En otros artículos, se discutirán los esfuerzos de los nuevos países socialistas a favor de la mujer. También discutiremos lo que la mujer ha alcanzado en países de larga tradición en justicia social. Discutiremos la relación de estos logros con el grado de socialismo. Basta mencionar aquí como hipótesis que los logros de la mujer en los países donde mejor se encuentra han sido logros evolutivos; muchas veces paralelos al desarrollo hacia el socialismo pero no necesariamente resultados de éste.

El día de liberación nacional será difícil declarar el comienzo de la modificación de las funciones de cada sexo.

Otro problema es que el pueblo puertorriqueño, están de acuerdo los separatistas, carece de suficiente sentido de comunidad. La razón principal ha sido el tremendo impacto cultural recibido en el acelerado auge industrial. Nuestra relación con los Estados Unidos ha puesto en peligro la identidad puertorriqueña. El sentido de comunidad necesario para emprender la nación no existe. De primera importancia para el logro de la independencia, por tanto, es el reforzar y solidificar todos los rasgos culturales que nos unen como puertorriqueños. Sin duda, uno de los rasgos mas persistentes es precisamente el machismo, la insistencia de la inferioridad de la mujer. Claro, hay que proceder con cautela en cuanto a un intento en el sentido contrario se refiere. En fin, parece que la liberación nacional y la liberación femenina son algo incompatibles, por lo menos inicialmente.

La integración de la mujer es un problema universal. La preponderancia del hombre varía en grado, pero es por lo general evidente en casi todos los países de mundo. Las Naciones Unidas reconocen la importancia de los derechos de la mujer dentro de los Derechos Humanos y han aprobado resoluciones al respecto. Se trata de una preocupación universal. Las barreras nacionales desaparecen frente al problema. La opresión de la mujer hace hermanas de todas. Sin embargo, el nacionalismo tiende a separar a las naciones y a enajenar a los individuos. En las etapas iniciales de la república puertorriqueña, será inevitable la persecución, en algún grado, de elementos no nativos, particularmente de los cubanos y los norteamericanos. No se llamará racismo claro, sino consolidación nacional con fines de "purificación política". La integración de la mujer haría hermanas a todas la mujeres residentes en la isla.

Los derechos del individuo tendrán que ceder ante la seguridad nacional y el bien económico común, pues la república pasará por un gran periodo de estrechez económica. Durante este tiempo el bregue será con las necesidades básicas. No habrá cabida para comenzar una liberación femenina. No se puede predecir la duración de esos tiempos malos. Cuando la república entre en la etapa de la Justicia Social, justa y razonablemente, se atenderán los problemas de injusticia más patéticos: la escasez de trabajos, la repartición de hogares, etc. El problema de la mujer se considerará minúsculo por mucho tiempo.

Hay muchas razones que hacen al problema de la mujer considerarse minúsculo. Una de las principales es que es el hombre que decide. Pregúntele a cualquier mujer, por más humilde que sea, y ella le puede nombrar un gran número de problemas. Algunas comienzan por "mi primera menstruación" otras van a la cuna, cuando la recibieron como "chancletita." Muchas resumen el problema en que "la mujer es un cero a la izquierda." Entre las más humildes la preocupación más corriente es con todo lo que tiene que ver con el proceso de reproducción y la poca inclinación del hombre en considerarla. Al fin y al cabo, la mujer admite resignación, pues después de todo así Dios castigó a Eva por su transgresión en el Edén. Sin embargo, está surgiendo un gran número de mujeres que se emancipa por el hecho de hacerce independiente económicamente y se da cuenta que su condición se debía en gran parte a la tiranía del hombre. Estas mujeres no saben de ideales, sí saben la realidad y han descubierto algunas maneras de superarse. Lo que falta es que sientan solidaridad con otras mujeres y tomen acción política. Hablarle a estas mujeres de la necesidad de la liberación nacional es como hablarle de cálculo integral. El idealismo envuelto es incomprensible para ella. A través de su vecina cubana ha aprendido que liberación nacional significa sufrimiento económico y precisamente de esa situación ha logrado ella librarse. No estará dispuesta, en nombre de ideales abstractos, a ceder su independencia económica.

La pregunta típica a los esfuerzos no-partidistas por la consecución de justicia social es, "¿Crees que se pueda conseguir en este sistema?" La respuesta es sí, en alguna medida. En primer lugar, en cuanto a justicia social de la mujer se refiere, no se garantiza con otro sistema—evidencia de esto en los artículos planeados ya mencionados. Al insistir que la opresión femenina es un fenómeno de la sociedad capitalista se ignora el hecho de que el machismo antedata por mucho tiempo a la Revolución Industrial. En segundo lugar, la sociedad capitalista tolera tendencias socialistas (siempre y cuando así no se denominen), a nombre de la justicia social. La sociedad capitalista se automodifica, concedido lentamente, de acuerdo a las demandas que los constituyentes vociferen ante el poder establecido. Por lo menos el establecimiento responde en alguna medida a las demandas del pueblo. Vamos a conceder que la justicia social al fin y al cabo llevará a los pueblos a algún grado de socialismo, gradualmente (hay evidencia plena en todos los pueblos de larga tradición democrática), pero el converso no es necesariamente cierto. En fin, nuestra sociedad, en su status actual, toleraría y respondería a las demandas por sus derechos humanos del sector femenino.

NOTA HISTÓRICA

El reino de Hatasú, faraona de la decimaoctava dinastía egipcia se caracterizó por la paz y las artes, en contraste a la usual búsqueda por la conquista. Tanto fue la veneración de los egipcios por ella, que en su historia pictórica la representaron en vestidura masculina y con una barba larga, símbolo de la sabiduría. ¡Parece que el mejor halago que el hombre tiene para la mujer es el de compararle consigo!

ANA ROQUÉ DE DUPREY-
feminista puertorriqueña
por Ana I. Rivera

Doña Ana Roqué nació en Aguadilla en el año 1853. Sus padres fueron Ricardo Roqué y Sapia y Cristina Geigel Suárez.

A los tres años sabía leer y escribir gracias a su abuela, doña Ana María Sapia quien era mujer muy ilustrada y quien infundió en su nieta una actitud de independencia. A los nueve años doña Ana Roqué había terminado la instrucción primaria y a los once años era ayudante de profesora y tomaba clases de francés a la misma vez que le enseñaba aritmética avanzada a su maestra.

Se casó a los diecinueve años con un hacendado, don Luis E Duprey. Fueron a vivir a la hacienda Buenavista de Isabela. Allí doña Ana pasaba las horas estudiando geografía, meteorología, filosofía, astronomía e inglés componiendo piezas de música (llegó a componer varias danzas, valses, canciones, polkas y un nocturno); dibujando, y estudiando el cielo de Puerto Rico.

Desde 1880 comenzó a colaborar en los periódicos de la Isla con artículos sobre astronomía y filosofía moderna, cuentos cortos y varias cosas; pero no fue hasta la muerte de su esposo (entre el 1884 y 1889), que comenzó a trabajar para ganar el sustento de ella y de sus tres hijos, Enrique, Borínquen y América. Es entonces cuando Doña Ana se da cuenta más que nunca de la necesidad y la justicia de que la mujer se eduque y de que se prepare para situaciones de crisis y desengaño.

Obtiene el título de Bachiller en Artes y en 1889 daba clases en su escuela en Humacao. Funda el periódico "La mujer" en 1893 para pagar los estudios a sus alumnas más pobres. Anteriormente, en 1887, había publicado una "Geografía de Puerto Rico" que utilizaba como texto.

Trabajó además en Arecibo, Vega Baja, Quebradillas, Mayagüez, la Escuela Superior Modelo de la Normal de Maestros y en El Liceo Ponceño.

Como defensora del sufragio femenino, doña Ana comenzó su labor en 1917, cuando se mudó a San Juan y junto a Mercedes Solá aborda la empresa de una revista a la que llamó "La mujer del siglo XX", desde dicha revista comenzó su propaganda sufragista.

El 4 de agosto de 1917 doña Ana citó a una asamblea en la Biblioteca Carnegie para fundar la Liga Femínea Puertorriqueña, cuyos principales objetivos eran los siguientes: preparar a la mujer para adquirir y ejercer sus derechos cívicos, trazar programas de actividades y propaganda para que se concediera el voto a la mujer puertorriqueña. Después se celebraron otras dos asambleas donde quedó finalmente constituido el comité directivo de la Liga, bajo la dirección de doña Ana.

En 1919 se organizó una rama de la Liga Femínea en Ponce. Inmediatamente la Liga elevó un memorial a la primer legislatura en solicitud del sufragio para la mujer. Se presentaron tres proyectos de ley concediendo el sufragio femenino pero no se aprobaron.

Cuando en 1919 se aprobó la enmienda que concedía el voto a la mujer en los EE.UU., se resolvió que no era aplicable a Puerto Rico.

Por fin, el 12 de abril de 1929, la legislatura aprobó una enmienda a la ley electoral por la cual se concedía el voto a las mujeres mayores de 21 años que supieran leer y escribir. Luego de este logro la Asociación Puertorriqueña de Mujeres Sufragistas cambió el nombre a Asociación Insular de Mujeres Votantes.

En sus elecciones de 1932 cerca de 100,000 mujeres acudieron a ejercer su derecho al voto por primera vez; entre ellas doña Ana Roqué acompañada de Isabel Andreu de Aguilar, el esposo de ésta, y Angela Negrón. Pero el nombre de doña Ana no apareció en ninguna de las listas de los colegios electorales y para evitarle esta gran decepción, sus acompañantes prepararon un afidávit que doña Ana firmó, creyendo cumplir como sus compatriotas con el deber de votar. Al firmar exclamó: ¡Ya me puedo morir porque he votado! Doña Ana Roqué murió en 1933.

Además de sus trabajos ya antes mencionados fundó el periódico "La Evolución" (1902), "Álbum Puertorriqueño" (1918), "Heraldo de la Mujer" (1920), y uno llamado "Euterpe." Además contribuyó en el periódico "El Buscapié", distribuyó literatura revolucionaria durante el Grito de Lares y escribió 32 novelas y una "Gramática Castellana."

Al igual que ella nosotras debemos luchar por la participación de la mujer en la sociedad, continuando el camino que nos trazó doña Ana Roqué.

LA INTEGRACIÓN DE LA MUJER PUERTORRIQUEÑA.

Resumen de la opinión que apareciera en el San Juan Star, "The Integration of Women in Society," por Nilda Aponte Raffaele, 27 de enero de 1972, (Copias del original disponibles).

En la sociedad agraria tradicional cada individuo en la familia tenía su función específica. Una familia grande era una ventaja y todos tomaban parte en el manejo del hogar y la finca. Con la industrialización el hombre se ha ido del hogar a trabajar fuera mientras que la función tradicional de la mujer permanece igual. Sin embargo, el alto costo de la vida ha obligado a la mujer a salir del hogar a trabajar. A pesar de que trabaja el mismo número de horas que su marido, su labor en el hogar es la misma.

Los niños también sufren en este nuevo modo de vida. El cuidado y crianza de los niños se deja a parientes, vecinos y hasta a desconocidos.

Ya que la mujer hoy en día provee tanto como el hombre, el mito del hombre como proveedor exclusivo debe ser eliminado. El se beneficiaría si no le tocara automáticamente el sustento de los hijos en caso de divorcio.

La modificación de la función del padre traería por fin una relación normalizada, mas parecida a la existente en la sociedad agraria, ya que entonces el hombre tendría la satisfacción de tomar mayor parte en hacer adultos provechosos de sus hijos.

La modificación de las funciones dentro de la familia es muy posible en nuestra sociedad. No hay necesidad de causar una revolución pues los cambios en nuestra sociedad han sido muchos y rápidos. Existe la necesidad, sin embargo, de alertar al hombre al igual que a la mujer, para que comprendan que tales cambios son deseables. Que admitan que la mujer es un individuo completo y como tal necesita realizar todo su potencial para su beneficio al igual que para el beneficio social.

Nuestro Plan de integración debería incluir:

1. Cooperación del sector masculino.

2. Eliminación de la orientación de funciones basadas en el sexo en la educación.

3. Participación y representación política proporcional.

4. Programas de cuidado diurno de calidad para todos.

5. Planificación familiar disponible a todos.

6. Modificación de las leyes que discriminan entre los sexos que no tengan como base diferencias biológicas.

7. Día de trabajo más corto.

Finalmente, para hacer de estos planes realidad, ciudadanos interesados deberían unirse. Grupos de integración deberán formarse, no para presentar demandas insignificantes, sino para presentar proyectos serios y prácticos.

NOTA HISTÓRICA

Los historiadores han llegado a admitir que la mujer tuvo mucho que ver en la "civilización" del hombre primitivo. La función de la mujer fue determinada de inmediato por el hecho de ella parir los hijos. Lógicamente, el hombre era el indicado en especializarse en la defensa de la tribu. Como tenía que llevar las armas, usó a su mujer como su bestia de carga. También tenía ella a su cargo el cuidado del campamento.

223

En su tiempo de "ocio" hizo el primer gran descubrimiento civilizador — que si sembraba las semillas silvestres la tribu podría regresar al sitio de la siembra después de cierto tiempo y recoger el fruto. El hombre, como era el "fuerte" (a fuerza de armas), se apoderó de este primer invento y como agricultor comenzó su larga marcha hasta la civilización moderna. ¡Si se hubiese establecido ya la ley de patentes!

CUARENTA AÑOS

En el año 1932 la mujer puertorriqueña votó por vez primera y en este año 1972 es el aniversario 40 de este logro femenino. ¿Lo sabías?

Rememorando la lucha sufragista de Doña Ana Roqué y de tantas otras mujeres que junto a ella lucharon porque se le reconociera este derecho a la mujer en Puerto Rico, te exhortamos a que te preocupes por hacer valer tu voto en estas elecciones.

Si crees que esto no basta y que aun quedan otros derechos que no se le han reconocido a la mujer puertorriqueña; si piensas que existe discriminación en contra de la mujer; si piensas que a la mujer se le imponen roles que la perjudican como individuo; entonces, te invitamos a que te unas a MIA (Mujer Intégrate Ahora), grupo feminista puertorriqueño que lucha por la completa integración de la mujer de Puerto Rico en todas las facetas de nuestra sociedad.

MIA informa

órgano de Mujer Intégrate Ahora

Número 2   Mayo 1972

Este número intenta presentar nuestra posición frente a los problemas básicos en la lucha por la igualdad de los sexos. MUJER INTÉGRATE AHORA Calle Suiza #413, Floral Park, Hato Rey.

FEMINISMO NO IMPORTADO
por Ana I. Rivera

En Puerto Rico se tiene una imagen errónea de la liberación femenina. Se piensa que es un movimiento importado que pretende convertir a la mujer en un monstruo devorador de hombres, cuya meta es crear un caos en la sociedad, y que sus seguidoras son un "montón de lesbianas histéricas". Los medios de comunicación han difundido una imagen negativa. Sin embargo, no se ha podido impedir que el movimiento siga ganando adeptos.

El feminismo existió en Puerto Rico (por lo que no es algo importado), desde finales del siglo pasado con mujeres como Doña Ana Roqué y Luisa Capetillo.

MIA es parte de estas nuevas feministas que quieren lograr una igualdad de derechos para la mujer y un trato justo para con ella sin problemas de prejuicios a base de sexo.

MIA se enfrenta al problema del rechazo de la palabra liberación de parte del pueblo puertorriqueño y entendiendo que la palabra está rodeada de interpretaciones falsas y de prejuicios que impiden tener una disposición abierta para discutir el problema de la mujer, prefiero utilizar la palabra integración. MIA entiende por integración femenina la completa realización de la mujer como individuo dueña de sí misma, capaz de tomar decisiones y de dirigir su vida.

Una mujer íntegra es, por lo tanto, un ser con la capacidad de enfrentarse a la sociedad, reconocer sus problemas y ofrecer soluciones. En otras palabras, se quiere formar una mujer que se integre a las fuerzas de cambio de la sociedad para lograr una mayor justicia social y una sociedad liberada de prejuicios.

Si Deseas Mas Información Acerca de Nuestro Programa, Escribe a MIA.

CENTROS DE CUIDADO DIURNO
por Mary Bird

La intensificación del urbanismo afecta a la familia puertorriqueña grandemente:

1. Con la mayor movilidad, especialmente la migración de las áreas rurales a las urbanas, la familia extendida va siendo desplazada por el núcleo familiar inmediato. Más y más familias carecen de los servicios y apoyo antes proporcionados por abuelos, tíos, primos, etc. A su vez, las personas mayores tienen menos hijos, viven más apartados de ellos y por lo general no pueden depender de ellos económica y emocionalmente.

2. Los requisitos educacionales de los trabajos urbanos extienden el período de dependencia de los hijos al igual que el costo de su crianza.

3. Con el crecimiento del nivel educativo y de las aspiraciones materiales de ambos padres, un mayor número de mujeres casadas trabaja fuera del hogar.

4. La alta densidad poblacional urbana y el predominio de viviendas con 2 y 3 cuartos son incentivos para la planificación de la familia.

Bajo estas condiciones, ¿dónde podrá el niño puertorriqueño recibir la socialización tan necesaria para su crianza en el ambiente urbano?

Los Centros de Cuidado Diurno pueden ser la respuesta a esta necesidad. En un Centro el niño aprendería a jugar y trabajar cooperando con otros niños. Sus conocimientos se ampliarían a través de las actividades y pasadías del Centro. Desarrollaría destrezas manuales. Los adultos que los atienden y otros padres del Centro proveerían al niño con una vista amplia del mundo adulto. Mientras sus padres trabajan el niño aprendería independencia y responsabilidad. En el Centro el niño tendría unas experiencias y un ambiente que muy pocas familias podrían proveer para sus hijos por su cuenta.

El Centro de Cuidado Diurno libraría a los padres para trabajos, educación, actividades voluntarias y otros. Los padres que trabajen en el Centro serían profesionales y participarían en la economía del país de lleno, contribuyendo al Seguro Social, contribuciones, etc.

La mujer se beneficiaría en gran manera. Al quedarse en el hogar para cuidar de los niños la carrera de la mujer se interrumpe. Esto la pone en desventaja en la economía competitiva cuando regresa a trabajar después de 5 a 15 años de estar fuera. Además, al trabajar por menos años (y a salarios más bajos), la mujer no recibe tan buenos beneficios de pensión y retiro como el hombre, a pesar de que por lo general la mujer vive por más tiempo que él.

Siempre habrán quienes preferirán criar los hijos en casa. Debería establecerse un sistema que haga posible un salario, Seguro Social, vacaciones, y otros beneficios, para el cuidado de los hijos. Esto aseguraría a la mujer en su vejez.

¿ESTA LA MUJER LISTA PARA LA IGUALDAD?
por Nilda Aponte Raffaele

Es muy fácil exigir derechos que como seres humanos nos pertenecen, lo difícil es aprovecharnos de ellos cuando al fin se nos reconocen. Si muy prontamente alcanzáramos nuestra meta de igualdad sin que el hombre presentara obstáculo alguno, ¿cambiaría en forma significativa nuestra condición? Me temo que las cosas continuarían como siempre para la mayoría de las mujeres. ¡Es porque la mujer no está dispuesta a llevar la igualdad total a la realidad!

Nuestras exigencias básicas podrían resumirse en: 1. Reconocimiento como individuos íntegros. 2. Responsabilidad del cuidado de hogar e hijos compartida con el hombre igualmente. 3. Fin de nuestra imagen como objetos sexuales. 4. Integración a la sociedad en el trabajo, política, etc. 5. Implantación de centros de cuidado diurno. 6. Control sobre nuestra función reproductiva.

Nunca se mencionan las responsabilidades que estos derechos conllevan: 1. Responsabilidad de la mujer por sí misma, por su propio sustento. Esto implica que deberá terminar la obsesión que tiene la mujer con el matrimonio. Parece su razón de ser "existo para casarme". El matrimonio debe ser para la mujer lo que es para el hombre, uno de varios elementos de su auto-realización, y no necesariamente esencial. La auto-responsabilidad no termina con el matrimonio. Es patética la situación que surge con el divorcio porque al casarse la mujer renuncia por completo al hombre su futuro.

2. Tampoco deberá la mujer entregar su personalidad, gustos y talentos. Su deber es desarrollar todo su potencial y no permitir que su compañero le super-imponga otro ser a su gusto.

3. Si no quiere ser objeto sexual deberá abstenerse del uso (o el no uso), de ropas, prendas, cosméticos, etc., cuando estos provoquen a los

hombres de una manera indeseada. Es fácil decirlo pero lo difícil es decidir cuándo lo que se usa para hacernos atractivas nos ofende e insulta.

4. Otra esfera de deber es en la gobernación del país. La mujer tiene que tomar un papel proporcional en este campo.

¿Cuál ha sido la actuación de la mujer hasta el presente frente a la igualdad? Con poco interés de su parte, la mujer ha recibido del hombre: 1. El derecho al voto—sin embargo, la mujer todavía vota menos que el hombre y duplica el voto del marido. 2. El derecho a los estudios— las mujeres pueden estudiar todas las profesiones y están bien representadas en las universidades; sin embargo, estudian vocaciones tradicionalmente femeninas. También resultan poco serias en sus estudios. Las universitarias se preocupan más por conseguir un profesional que una profesión. Es fácil alegar que de las graduadas de universidad solo un porciento pequeño trabaja en lo que estudió, y las que trabajan lo hacen aunque preferirían quedarse en casa. Lo que la sociedad invierte en la educación de la mujer rinde poco.

El hombre tiene mucho por qué quejarse. Tiene que cargar con mujer e hijos tanto en el matrimonio como en el divorcio. Tiene que hacer todas las decisiones del hogar. Tiene que hacerse de una profesión en competencia con ambos sexos donde las mujeres son capaces de desplazarlo mientras estudian pero que al fin y al cabo no tienen la intención de ejercer esas profe- siones. Y para colmo de males, estas mujeres quieren quitarle los privilegios que fueron creados por las responsabilidades.

La mujer que quiere verdaderamente liberarse tendrá que examinar las exigencias de la verdadera igualdad y superarse en alcanzarlas.

EL HOMBRE Y LA INTEGRACIÓN DE LA MUJER

Insistir en el uso del término "liberación" respecto a la inquietud de la mujer por mejorar su condición es permitir la enajenación de su compañero, el hombre. La palabra en sí es un término negativo. Además, el movimiento de "liberación" norteamericano muchas veces ha inspirado odio entre los sexos. La palabra "liberarse" ha venido a parecerse a la palabra "librarse" demasiado. Dudamos que la mujer puertorriqueña en ningún momento quiere librarse del hombre.

Tampoco en ningún momento creemos apropiado pedirle permiso a los hombres para buscar nuestra integración. Sí queremos que lleguen a admitir que la igualdad entre los sexos sería beneficiosa para la sociedad. Comprendemos además, que será mucho más difícil para el hombre hacer una realidad de esta igualdad. Si llegamos a hacerle estar de acuerdo en principio, podríamos contar con su apoyo moral. Su resistencia sería algo más toler- able si no repudia nuestra integración totalmente. En nuestra lucha por cambiar los patrones establecidos en la sociedad entendemos que quizás la integración completa no podrá lograrse por nuestra generación, pero en ningún momento permitiremos que esta consideración nos desvíe de nuestro propósito global.

En nuestra lucha por la igualdad personal respecto a nuestro compañero tenemos que ser más pacientes. Una relación establecida no se puede deshacer y rehacer inmediatamente a nombre de un ideal por realizarse. Optamos más bien por convencer al compañero ideológica- mente, luego, punto por punto, llegar a conseguir su cooperación en la igualdad, cada una a su propio paso más o menos acelerado. Cada una decidirá. A las que no tienen lazos permanentes cae la responsabilidad de ser honestas con sus creencias acerca de la igualdad, estar seguras, dejar todo bien claro al respecto con sus amigos del sexo opuesto. Cuando decidan establecer una relación sólida tendrán la responsabilidad de velar por su igualdad en la relación.

Creemos que la integración total de la mujer no es posible sin la cooperación del hombre, aunque tengamos que llevarle a cooperar a "empujones".

LA FAMILIA Y LA INTEGRACIÓN DE LA MUJER

La reevaluación de las funciones de cada sexo gira alrededor de la relación básica del hombre y la mujer tal y como existe en la institución de la familia. El núcleo familiar consiste tradicionalmente del padre, proveedor principal, si no único; la madre, encargada de la crianza de los hijos y el cuidado del hogar; y los hijos como elemento esencial.

La integración de la mujer no aboga por la disolución de esta tradicional institución. Pero sí se quiere insistir en que otras alternativas a la naturaleza de este núcleo familiar son preferibles para un gran número de mujeres y son aceptables para sus compañeros. Enumeramos algunas de las posibles alternativas:

I. El padre, proveedor principal o único, ayuda a la madre en el cuidado del hogar y la crianza de los hijos.

II. El padre y la madre proveen igualmente e igualmente cuidan del hogar y la crianza de los hijos.

III. La madre, proveedora principal o única, ayuda al padre en el cuidado del hogar y la crianza de los hijos.

IV. Hombre y mujer proveen el mantenimiento del hogar igualmente e igualmente cuidan por el hogar *sin hijos*.

V. La familia extendida, ya sean o no sus miembros emparentados o consanguíneos, con las funciones divididas por consentimiento mutuo.

Creemos que cualquiera de esas formas puede ser posible en un estado de igualdad ideal de sexos, siempre y cuando los miembros adultos de la familia se hayan puesto de acuerdo al respecto. Creemos, sin embargo, que la mayoría de las "familias" deberán ser del tipo II. Este tipo de familia sin duda será difícil de realizar en cuanto a que nunca existe en la realidad la "sociedad de iguales", siempre domina el uno o el otro. Si llegamos al punto en que la dominación tiene que ver con las personalidades en vez de con el sexo, entonces llegamos a la igualdad máxima.

El tipo familiar tradicional donde las funciones están estrictamente divididas no es aceptable por su inflexibilidad y tiranía.

En cuanto al tipo V, queremos indicar que lo esencial de la familia es el respeto mutuo y la fidelidad duradera. Creemos que es posible en la familia extendida pero por su naturaleza de diversas personalidades juntas, es un tipo familiar difícil y a veces lleno de fricción insoportable.

Ya es hora de que se acepte el tipo familiar IV como una unidad provechosa, duradera, satisfactoria para sus miembros. Conocemos bien el tipo de familia donde el matrimonio no puede producir hijos. Ahora también hay que respetar la existencia de la familia que *no quiere* tener hijos. De hecho un gran número de estas personas considera su responsabilidad moral el no tener hijos, ya sea por la explosión poblacional o porque por alguna otra razón no creen poder proveer el mejor ambiente para el niño.

Sea de quién fuera la responsabilidad, el manejo del hogar debe considerarse como una tarea digna e importante. Deberá gozar de todos los derechos de un empleo remunerado, en cuanto sea posible, tales como el derecho al Seguro Social, compensación por incapacidad, etc.

Creemos que solo en una sociedad que acepta la diversidad en las funciones de los sexos puede existir la integración total de la mujer.

LA SATISFACCIÓN SEXUAL Y LA INTEGRACIÓN DE LA MUJER

La esfera de las relaciones sexuales no queda exenta de evaluación en la búsqueda por la integración de la mujer. Muy bien podría afirmarse que la posición actual de la mujer es resultado de la dominación y tiranía sexual del hombre. La integración requiere un trato más equitativo y justo de la mujer, y la eliminación del standard doble en cuanto a las consideraciones morales.

No pretendemos crear pautas que rijan la moral sexual de los individuos, pero insistimos, sencillamente, que cualesquiera que estas sean deberán ser aplicables tanto al hombre como a la mujer.

El problema del trato justo de la mujer en las relaciones sexuales no tiene una solución tan sencilla. Se trata de una esfera en que existen diferencias muy obvias y a la vez complejas. La satisfacción del hombre está muy a su alcance, su momento climáctico no deja lugar a dudas. En cambio la satisfacción sexual de la mujer elude descripción y se manifiesta esporádicamente. Los estudios de los Drs. Masters y Johnson han ayudado a aclarar el misterio del orgasmo femenino. Sin embargo, su énfasis en el clítoris como sitio del orgasmo ha tenido repercusiones curiosas entre las feministas norteamericanas. Estas consecuentemente condenan el mito del orgasmo vaginal como la base de la satisfacción femenina normal y madura. Un grupo feminista radical en extremo ha llegado a concluir que solo a través de la masturbación y el lesbianismo puede la mujer llegar a la satisfacción sexual ideal.

Los puntos de vista de los "clitoritas y vaginalistas" fallan en cuanto a que menosprecian la importancia del orgasmo como manifestación de un estado sicológico.

La satisfacción de la mujer depende no solo de su afecto hacia su compañero sino que depende también de una excitación pasional en que todos los nervios de su cuerpo están listos para el contacto carnal. Esta excitación es muy esencial y requiere tiempo y exploración antes del acto. Aquí la experimentación y la imaginación tanto de parte del hombre como de la mujer es valiosa. El rol de la mujer en este juego preliminar no debe ser pasivo. En vez de ser ella objeto sexual del hombre, ambos deberán ser sujetos, activamente buscando el placer mutuo. Así el orgasmo de la mujer se manifiesta con más seguridad, y, después que ocurra, ¿qué importa si es en el clítoris o en la vagina?

LA EDUCACIÓN Y LA INTEGRACIÓN DE LA MUJER

La educación pública en Puerto Rico está en gran parte dirigida hacia unos patrones sobre la función de la mujer y del hombre en la sociedad establecidos solamente a base de sexo.

Desde pequeñas se les enseña a las niñas a proyectarse en empleos que implican subordinación y que no estimulan iniciativa ni liderazgo. A los niños se les dice, por el contrario, que su lugar está en los puestos de mando y autoridad.

En la escuela intermedia y superior se orienta a la juventud en esta misma forma. Se le enseña economía doméstica a las muchachas y a los muchachos artes industriales, prolongando así la imagen de la mujer ama de casa y el hombre jefe de familia. Lo mismo se hace con la educación física, limitando la enseñanza de deportes y el desarrollo de cuerpos saludables a los varones.

En la universidad podemos ver los resultados de esta educación dirigida en la acumulación de mujeres en las concentraciones de secretarial, pedagogía y economía doméstica.

Si la mujer ha de ser miembro de nuestra sociedad con igualdad de derechos y oportunidades, la educación pública tendrá que descartar los conceptos y roles establecidos a base de sexo.

CONCIENTIZACIÓN (adaptado de "Sisterhood and the Small Group," por Ronnie Lichtman)

Para la mujer la integración significa el fin de la soledad y el aislamiento de otras mujeres; la integración no sería posible sin el apoyo mutuo. Con el fin de compartir este apoyo, muchas mujeres se han organizado en grupos de "concientización" a través de los cuales las mujeres extienden su ser a otras, andan a tientas juntas, crecen juntas. Es el mejor método de hacernos conscientes de nuestra condición, es la estructura más humana del movimiento de integración femenina.

Hemos descubierto la fuerza política más potente—nuestras propias vidas—nuestra niñez, nuestras familias, nuestras amistades, nuestras ambiciones, amantes, esposos, profesiones. El método en sí es revolucionario. Descartamos la creencia que las percepciones del individuo no pueden ser captadas por ningún otro; que los problemas individuales, por tanto, deberán ser tratados en soledad y aislamiento.

Este desborde emocional exige tremendamente, especialmente en la necesidad de deshacerse de inhibiciones muy arraigadas. En nuestras sociedades la anonimidad es preciada como guardián de la seguridad personal. Pero en este caso se corre el riesgo también de que el grupo rechace algunas de nuestras revelaciones. ¿Cómo confiar de las otras? ¿Qué seguridad existe de que nuestra franqueza no encuentre hostilidad, desapruebo, ridiculización? Estos temores resultaron infundados. Al contrario, el grupo se afianzó más desde el comienzo de estos intensos análisis personales.

Escuchar a otras mujeres, conocer sus sentimientos, sus flaquezas y sus fortalezas, sus temores, sus experiencias, nos ha ayudado a aceptarnos a nosotras mismas como mujeres.

Nuestro mayor obstáculo es el sentido de culpabilidad—ese sentido que surge del tomar a nuestro propio cargo nuestras vidas; sentido de culpabilidad que es muy real para las mujeres que hasta ahora han sido responsables por el cuidado de esposos e hijos, por el sacrificio de sus necesidades personales a favor de las de sus familias, o para aquellas de nosotras en movimientos de justicia social o de liberación nacional, porque para ellas el movimiento de integración de la mujer ha sido considerado como trivial y hasta frívolo. Este sentido de culpabilidad ha mantenido a un número de mujeres fuera de la lucha.

Pero este sentido comienza a desaparecer. Yo me siento más fuerte, tengo más confianza, aunque algunas veces flaqueo, y tengo que luchar para sobreponerme. Entonces es que sé que puedo contar con el apoyo de mis hermanas. Sé que ellas comprenderán.

EL ABORTO Y LA INTEGRACIÓN DE LA MUJER

La integración total de la mujer requiere que ella tenga control completo de su sistema reproductivo.

La ley de abortos vigente en Puerto Rico, redactada en el 1937, prohibe los abortos a solicitud. A pesar de esta ley, un creciente y alarmante número de abortos se llevan a cabo ilegalmente todos los años en Puerto Rico. Estas operaciones son ejecutadas en la mayoría de los casos por incompetentes bajo condiciones antihigiénicas y a precios escandalosos.

MIA apoya nueva legislación que permita los abortos a solicitud ya que la decisión de un aborto deberá ser de la mujer y no del gobierno. Tal legislación deberá incluir las siguientes provisiones: primero, todos los abortos deberán ser ejecutados por un doctor capacitado en un hospital; segundo, si la mujer es menor de dieciocho años, deberá recibir orientación obligatoria y los servicios de la agencia gubernamental apropiada. Tal ley protegería los derechos de la mujer sobre su persona.

COLABORARON: Nilda Aponte Raffaele, Ana I. Rivera, Sally Cowan, Patricia Yamhure y Magie Méndez.

Box 21515, UPR Station, R. P.00931

informa

órgano de MUJER INTÉGRATE AHORA

Número 3   Septiembre 1972

Con el siguiente artículo comenzamos un estudio de la situación de la mujer mundialmente. Queremos recordarle a nuestras lectoras que somos un grupo apolítico y que tenemos la intención de ser objetivas en nuestros estudios.

LA LIBERACIÓN FEMENINA EN CUBA
por Ana I. Rivera

En Cuba la integración de la mujer a la sociedad es fomentada por el gobierno. Allí las fuerzas trabajadoras cuentan con la aportación de un gran número de féminas que se ha incorporado a la producción.

Las mujeres en este país, al igual que en muchos otros, han sido víctimas de prejuicios y discriminación por sexo y también han luchado por obtener los mismos privilegios que los hombres. En la historia cubana podemos encontrar nombres de feministas destacadas como Mariana Grajales y Ana Betancourt. En 1934 se concedió el voto a las mujeres y en el 1940, bajo la nueva constitución cubana, se les reconoció una serie de derechos que garantizaban su igualdad con el hombre en la sociedad.

Luego del triunfo de la revolución comunista, en el año 1960, se organizó la Federación de Mujeres Cubanas. Esta organización es la que más ha impulsado y ayudado a las cubanas a incorporarse a la producción, brindándole facilidades para que puedan hacer sus labores con la mayor seguridad y tranquilidad posible. La FMC ha logrado movilizar miles de mujeres a incorporarse como asalariadas o como trabajadoras voluntarias para la agricultura, la siembra y la recolección de frutos menores y de igual forma ha ayudado a la incorporación de éstas a fuentes de trabajo en todos los sectores económicos del país.

Uno de los principales propósitos de la FMC es el de elevar el nivel ideológico, político, cultural científico de la mujer. Desde su fundación ha tratado de cumplir esta tarea. Algunos de sus logros han sido la campaña de alfabetización, la educación masiva de las jóvenes campesinas, el Plan Asistencial de Maestros, la organización de cursos de primeros auxilios y cursos de salud, la tarea de embellecimiento de las ciudades y la creación de escuelas nocturnas de superación para domésticas. La mayor contribución de la FMC ha sido la creación de círculos infantiles. Estos círculos cuentan con un personal cuidadosamente escogido que brindan al niño atención de su salud, alimentación, ropa y educación.

El Estado, por su parte, ha asimilado algunas de las tareas domésticas, creando comedores escolares y obreros; reconoce que se deben desarrollar instituciones que brinden otros servicios de esta clase.

Sin embargo, se le sigue viendo muy atada a su papel de procreadora y de niñera de los hijos. No queremos decir que la mujer debe dejar de tener niños o de cuidarlos, sino que la maternidad y la crianza de los hijos es una responsabilidad de ambos padres. Aún cuando se le dé a la mujer las mismas oportunidades y derechos que al hombre y aún cuando se tengan en planes más beneficios para ésta, si no se fomenta la distribución equitativa de las tareas del hogar y cuidado de la familia, la condición de la mujer en el matrimonio seguirá siendo desventajosa e inferior y a la misma vez continuará obstruyendo la realización de la mujer como individuo.

COMISIÓN DE DERECHOS CIVILES Y LA MUJER
por Nilda Aponte Raffaele

El informe preparado para la Comisión de Derechos Civiles acerca de "La igualdad de derechos y oportunidades de la mujer puertorriqueña" por la Lcda. María Genoveva Carrera y la Prof. Belén Serra lleva más de tres meses esperando aprobación final y publicación. De acuerdo con nuestros cálculos, el informe no será aprobado hasta después de tres meses más.

El informe demuestra que el gobierno discrimina en contra de la mujer. Hay evidencia, además, de que tal discriminación es deliberada y planificada por la administración de Ferré. Un plan económico pide más y mejor remunerados trabajos en las industrias para varones.

El Lic. Baltazar Corrada Del Río, presidente de la Comisión, insiste que está en desacuerdo con el "enfoque" del estudio. Dice que quiere que se añada una sección sobre la situación de la mujer en el hogar. Sin embargo, la Comisión encargó a las asesoras un informe sobre la mujer en el campo del trabajo, el cual prepararon.

Corrada objeta también el enfoque "materialista" del informe. ¿Será que no le gustan sus estadísticas frías? ¿O será más bien que esas estadísticas revelan una política deliberada del gobierno en discriminar en contra de la mujer?

El informe revela, según admitió el mismo Corrada, que el número de mujeres al nivel ejecutivo y otros altos niveles del gobierno va disminuyendo en forma significativa. Lo que no se atreve decir Corrada y lo que espera callar hasta después de las elecciones es que ésta es una política gubernamental y que se extiende a todos los niveles. Quiere mantener en secreto el plan económico que pide más y mejor remunerados trabajos en las industrias para varones.

PRESIDENTE DE LA COMISIÓN AYUDA CON PLATAFORMA PNP— COLEGIO DE ABOGADOS PIDE ESTUDIO

Por otro lado tenemos noticias de que el Lic. Corrada ayudó en la redacción de la plataforma del PNP. El Colegio de Abogados ha pedido un estudio para determinar si las actividades políticas de Baltazar Corrada del Río son compatibles con su presidencia de la Comisión. La demora del informe sobre la mujer sin duda le proveerá con evidencia sustanciosa.

MIA EXIGE

Exigimos la aprobación y publicación del informe sobre "Los derechos y oportunidades de la mujer puertorriqueña" inmediatamente. Exige tú también la publicación del informe llamando a la Comisión de Derechos Civiles, Tel. 764-8686.

Este comunicado de prensa fue publicado en los periódicos principales del país (en agosto). Comenzó una polémica que culminó en la publicación del informe el 14 de septiembre. Hemos solicitado copias del informe para todas las personas en nuestra lista de correspondencia. Nos han prometido copias para dentro de un mes.

CON VOCACIÓN, BUSCANDO EMPLEO
por Mary Bird

Estoy buscando trabajo nuevamente.

Empiezo con una gran opinión de mis aptitudes, un "resumé" recortado que todavía sale a dos páginas y media, y un deseo de aportar más allá de lo que me permite mi trabajo actual. He hablado con amigos y conocidos que me han asegurado que debo hablar con tal o cual fulano.

Una posibilidad parecía casi segura. Tres hombres distintos me sugirieron el programa "Jobs '70". Solicité una entrevista con el Director de Personal, y dejé un ejemplar de mi resumé en su oficina dos días antes de nuestra cita.

Al empezar la entrevista, el señor Director de Personal lee el resumé ligeramente: nombre, dirección, información personal, educación, historial de trabajos, y actividades cívicas, algunas de ellas relacionadas con el desarrollo de recursos humanos (la tarea de Jobs '70). Él llegó a la mención de mi incorporación en MIA, "un grupo de mujeres organizadas para crear conciencia pública de la condición de la mujer puertorriqueña, sus problemas, y para buscar soluciones". Se abalanzó sobre este diminuto detalle sobre MIA (que fue incluido para demostrar mi interés cívico) y me preguntó, "¿Qué cree Ud. de la virginidad?"

Debo haberme visto perpleja, porque elaboró, "¿Qué cree Ud. de la virginidad para la mujer?" —Lo mismo que para el hombre, respondí con un tono de "vamos al asunto pendiente".

Para entonces me di cuenta de que no había otro empleo aquí para mí sino el de tratar de alojar una duda entre las encrespadas plumas de este gallo criollo. Le expliqué que cada mujer debería poder decidir libremente qué era lo mejor para ella. Dije, "La sociedad limita las selecciones posibles de la mujer tanto en su sexualidad como en su trabajo" (tratando de llegar al asunto de la entrevista).

El Sr. D de P estuvo de acuerdo con todo lo que dije, pero me dijo que las mujeres, especialmente las casadas no podían practicar ciertas profesiones. Por ejemplo, si él fuese director del personal de un hospital escogería al médico hombre sobre la doctora. ¿Qué pasaría si la mujer de repente se casara?

Yo le dije que al contrario, si una mujer, a sabiendas de que tendría dificultad en encontrar una posición completados sus estudios, tras que sus padres y la sociedad le urge olvidarse de sus ambiciones para concentrar en conseguir un marido y un hogar, todavía escoge estudiar medicina, se confronta con los prejuicios y actitud desalentadora de sus profesores y logra graduarse, preferiría yo emplear a esta mujer que al estudiante de medicina promedio varón. Porque estimaría que ella había demostrado un grado mayor de motivación y energía para alcanzar su objetivo; ella habría vencido más obstáculos.

El Sr. D de P demostró interés y me dijo que querría saber más pero nunca había tenido la oportunidad de investigar la liberación femenina.

Me extrañó que no hubiese leído nada, pero expliqué las diferencias entre un grupo de concientización y un grupo activista como MIA.

Me fui a casa enojada, confundida, disgustada, feliz de poder irme a mi clase de arte. Recogía mis tizas y me disponía a salir de mi casa cuando oí que tocaban a mi puerta. ¡El Sr. Director de personal! "Solo quería averiguar sus horas de oficina," me dijo. Se mostraba incómodo pero yo no podía sentir compasión alguna por el tipo. Sólo me remordía el no haber usado una grabadora.

SECCIÓN LITERARIA:
LA MUJER SOLA Y SUS PROBLEMAS AFECTIVOS Por Madeleine Rambert, Editorial Kapelusz, SA (Buenos Aires), 1963. Traducción de Federico F. Monjaidin. Edición

original francés publicado por Ediciones Delachaux & Niestle (Neuchatel) 1961.

Crítica por Mary Bird

Madeleine Rambert escribe sobre tres etapas en la vida afectiva de la mujer: la infancia, la juventud y la madurez. En la vida afectiva de la mujer rigen leyes sicológicas que son inherentes a la mujer como: primero, la necesidad de crear; segundo, la necesidad de la seguridad y estabilidad de un hogar; tercera, la necesidad de ser amada y protegida; cuarto, la necesidad de amar y proteger a menores; quinto, la necesidad de hablar, intercambiar sentimientos e ideas con mujeres y hombres maduros.

Ms. Rambert plantea dos alternativas en la vida de la mujer: la vida casada y la vida profesional. Todas las mujeres, casadas o solteras tienen que satisfacer las cinco necesidades arriba mencionadas. Según la autora, la mujer que se casa rechaza la alternativa de una vida profesional; pero casándose, ella puede procrearse y dedicar su vida a las responsabilidades hacia el esposo y los niños en el hogar. La mujer casada "da amor, adhesión, presta servicios, sonríe... pero recibe también amor y adhesión." (p. 75)

La otra alternativa es la de no casarse y seguir una carrera. La autora no ve la factibilidad de la esposa o madre trabajadora. La mujer puede optar por quedarse sola ya sea porque tenga que cuidar a sus padres, porque ame a un hombre casado, porque realmente tenga la vocación.

La mujer soltera tiende a escoger profesiones tales como maestra, enfermera, misionera, donde presta amor y servicios al igual que la mujer casada pero sin disfrutar de un probable amor reciprocado. La maestra cría a los niños pero no goza el producto final; la enfermera comparte las penas de los otros sin

disfrutar sus alegrías; la secretaria da un servicio recompensada materialmente sin afectos.

La mujer sola con necesidades afectivas normalmente desarrolladas tiene un problema de expansión. La autora admite que algunas mujeres no se sienten completas, maduras, no sin antes haber vivido durante algún tiempo una vida sexual compartida. En general la autora intercambia los términos "mujer sola" y "mujer célibe". Ella considera que "la frustración afectiva es más dolorosa que la sexual, tanto para las casadas como para las célibes" (p. 92) y no discute la vida sexual de la soltera.

La mujer sola no tiene que ser solitaria. Ella puede y debe organizarse para satisfacer sus necesidades. Ella puede escoger un trabajo y distracciones para integrarse en la sociedad. La mujer sola de 20-45 años sufre por no tener la familia y hogar que tiene la casada; pero tal vez la mujer casada no tenga la armonía interior y seguridad en sí misma que tiene la soltera. Se cita el caso de la mujer que se siente desorientada cuando los hijos salen de la casa.

Mucho de lo que se dice en este libro es relevante a la mujer, especialmente a la latina que acepta las normas sociales tradicionales. El libro queda menos que abarcador.

1. La autora no discute el por qué la mujer escoge las profesiones que son extensiones de la mujer en su rol de esposa y madre. Lo adscribe a una necesidad sicológica y no a una canalización por la sociedad.

2. Aunque la primera publicación del libro salió en 1961, está muy limitada en su alcance. En los últimos 15 años se ha desarrollado una actitud de individualismo en definir el estado de soltero o casado. Siempre han habido matrimonios sin hijos y solteros con hijos, pero esto casi siempre era

considerado como una desgracia. Hoy un matrimonio sin hijos o ser soltero con hijos son alternativas que los interesados pueden escoger. La autora tampoco considera la alternativa de la soltera que desarrolla una vida sexual y afectiva.

3. La autora cita la cifra de 56% de las mujeres quedando solteras con la necesidad de trabajar pero niega la realidad de la casada trabajadora. En Puerto Rico en 1970, 30.1% de la población obrera era femenina; de estas el 16% eran jefes de familia y 49% eran esposas del jefe (datos del Negociado de Estadísticas del Depto. del Trabajo).

TU ME QUIERES BLANCA
Por Alfonsina Storni
(Argentina 1892-1938)

Tu me quieres alba,
Me quieres de espumas,
Me quieres de nácar,
Que sea azucena
Sobre todas, casta.
De perfume tenue.
Corola cerrada.

Ni un rayo de luna
Filtrado me haya.
Ni una margarita
Se diga mi hermana.
Tú me quieres nívea,
Tú me quieres blanca,
Tú me quieres alba.

Tú que hubiste todas
Las copas a mano,
De frutos y mieles
Los labios morados.
Tú que en el banquete
cubierto de pámpanos
Dejaste las carnes
Festejando a Baco.
Tú que en los jardines
Negros de Engaño
Vestido de rojo
Corriste al Estrago.
Tú que el esqueleto

Conservas intacto
No sé todavía
Por cuáles milagros.
Me pretendes blanca,
(Dios te lo perdone),
Me pretendes casta
(Dios te lo perdone),
Me pretendes alba.

Huye hacia los bosques;
Vete a la montaña;
Límpiate la boca;
Vive en las cabañas;
Toca con las manos
La tierra mojada;
Alimenta el cuerpo
Con raíz amarga;
Bebe de las rocas;
Duerme sobre escarcha;
Renueva tejidos
Con salitre y agua;
Habla con los pájaros
Y lévate al alba
Y cuando las carnes
Te sean tornadas,
Y cuando hayas puesto
En ellas el alma
Que por las alcobas
Se quedó enredada,
Entonces, buen hombre,
Preténdeme blanca,
Preténdeme nívea,
Preténdeme casta.

DERECHOS SEXUALES
Por Nilda Aponte Raffaele

El fenómeno del machismo-virginidad en nuestra cultura ha sido bien discutido. Sus efectos al perpetuar la desigualdad de los sexos es fácil de exponer. Queda por explorar la conclusión de la personalidad de la virgen una vez "desprovista" del simbólico nudo de castidad.

Demos por sentado un cierto complejo de víctima en la mujer al entrar en esta etapa física. Una vez "sacrificada" viene a ver cada acto siguiente como un *deber*, que conlleva ciertas ventajas: 1) será madre—la cúspide de su "santidad" en la cultura, 2) podrá contar con la seguridad de un hogar más o menos provisto de necesidades y lujos, 3) tendrá la seguridad de *servir*, ser útil, en una unidad productiva, y como tal será apreciada.

¿Cómo se enfrenta tal psiquis al dinamismo machista? Dependerá del grado en que afecte estos tres beneficios ya que en su esencia el machismo es elemento aceptable para la mujer puertorriqueña (así ha sido condicionada). Quizás se sienta inicialmente herida por el apaciguamiento del fervor conyugal; al fin y al cabo se resigna a que su hombre después de todo, es tan "macho" como los demás.

Examinemos las posibles reacciones de una mujer con tal mentalidad cuando descubre que existe infidelidad, de hecho o de intención. La reacción que nos parece más prevaleciente es la que niega su derecho a la fidelidad de su marido mientras que lucha por mantener sus tres beneficios intactos. Esta mujer se dice a sí misma y tal vez a su marido que lo importante es el hogar y que después que él la "respete" a ella, su hogar y sus hijos, después que cumpla con todas sus responsabilidades y no le quite el pan a sus hijos, y siempre y cuando sea discreto en sus diversiones, ella no le reprochará nada. En su subconsciente siente alivio al quedar relevada en su deber sexual.

Muchas veces el complejo de víctima llega a tal extremo que cada acto sexual le repugna. Tiembla al acercarse el marido, aunque reconoce su deber de entregárse le. No es difícil adivinar las consecuencias de este proceder. Aunque el marido hubiese tenido todas las intenciones de serle fiel, al fin y al cabo tiene que inclinarse hacia una compañera que responda mejor a sus atenciones sexuales.

La mujer como quiera está a la merced de su marido. Al ser despojada de una o todas sus "seguridades" tiene dos alternativas: o se convierte en mártir, o se divorcia. El divorcio no es nada menos que la renuncia legal a sus tres grandes seguridades. En este sentido, el que un mayor número de mujeres estén dispuestas a recurrir al divorcio es algo positivo.

Estas son las reacciones de la mujer que ha sido perfecta y enteramente acondicionada en su rol subordinado por nuestra sociedad machista.

La que ha retenido algún ego, a pesar del acondicionamiento para destruirla como individuo e instituirla como "mujer", reacciona para salvaguardar este autoconcepto. Aunque se le garanticen las tres seguridades básicas ella necesita ser preciada como persona. Como es parte no rebelde de esta cultura, busca su solución dentro de normas aceptables. Concluye que deberá proporcionar a su hombre con lo que él ansía sexualmente. Se convierte en experta dadora de placer. Se asegura de aprender todas las técnicas porque sabe que para retener a su hombre "tiene que actuar como una prostituta en la cama".

Este segundo tipo está listo para concientización acerca de sus derechos como persona sexual. Estas mujeres necesitan añadir un autoconcepto de sexualidad. Necesitan reclamar sus derechos como individuos recipientes a la vez que donantes del placer sexual. Pero ellas mismas tendrán que reconocer sus derechos.

Tendrán que reconocer que nuestra sociedad, al despojar a la tan protegida virgen de su esencial posesión, la reviste con una psiquis sexual tan odiosa que la convierte en compañera indeseable.

La única solución es la apreciación de cada mujer como individuo y el rechazo del culto a la virginidad. La mujer surgirá como sujeto sexual además de objeto y se convertirá en compañera ideal.

Box 21515, UPR Station, R. P. 00931

informa

órgano de MUJER INTÉGRATE AHORA

Número 4   Octubre 1972

LAS ELECCIONES DE 1972 - TUS CANDIDATAS:

Para alcanzar nuestra meta de igualdad para la mujer en todas las esferas de la vida tendremos que comenzar por conseguir representación en las estructuras políticas. Todas las plataformas (menos la del PUP que no dice nada sobre la mujer mas sin embargo, tiene 11 candidatas para puestos elegibles), claman por la "igualdad de derechos" para la mujer. Sólo un esmerado estudio de las plataformas descubre las sutiles diferencias, las omisiones e inclusiones. Pero sabemos que las plataformas se preparan para que el menor interés público encuentre su promesa. Después de elegidos, los gobernantes comienzan a hablar de prioridades y sabemos que los problemas de la mujer no figuran entre las prioridades de ningún partido.

Partido	Mujeres	Total	Porciento
PNP	7	158	4.43
PPD	8	158	5.06
PP	6	148	4.05
PIP	11	152	7.23
PAS	10	148	6.75
PUP	11	148	7.43
Totales	53	912	6.03%

(La mujer en Puerto Rico es el 51% de la población.)

Solamente dos partidos, el PIP y el PPD, tienen planes detallados y abarcadores para llevar a cabo la igualdad que profesan. En las candidaturas por acumulación, que son las más estratégicas e importantes, vemos una casi total ausencia de mujeres. Nótese una tendencia entre los partidos independentistas a nominar más mujeres.

Como hemos dicho antes, sin embargo, lo importante es conseguir representación femenina en cuanto sea posible.

En cuanto a las candidatas, solamente Olga Cruz Jiménez (PPD - representante por acumulación), tiene y ha tenido un programa que refleja verdadero interés en la condición de la mujer. No te olvides que es posible el voto mixto para asegurar que las mujeres reciban tu voto, aunque no sean de tu partido. Dentro de tu partido, te exhortamos a que des preferencia a las mujeres.

Dejamos a ti la responsabilidad de evaluar las siguientes tablas y plataformas con el fin de que decidas inteligentemente que partido(s) te favorecen como mujer.

LA DIFÍCIL LABOR DE CONSEGUIR LA INFORMACIÓN EN LAS TABLAS ES DE Magie Méndez y Ana I. Rivera

CANDIDATURAS POR PUESTOS

Partido	Gobernador	Comisionado Residente	Alcalde San Juan	Asambleísta San Juan		Alcaldes toda la Isla		Senadores		Senadores Acumulación		Representantes		Representantes Acumulación	
				M	F	M	F	M	F	M	F	M	F	M	F
PNP	M	M	M	9	0	75	3	15	1	5	1	38	2	6	0
PPD	M	M	M	7	2	74	4	16	0	5	1	40	0	5	1
PP	M	M	F	8	1	76	2	16	0	1	0	38	2	1	0
PIP	M	M	F	7	2	70	8	16	0	3	0	40	0	3	0
PAS	M	M	M	7	2	75	3	15	1	1	0	36	4	1	0
PUP	M	M	M	8	1	74	4	16	0	1	0	34	6	1	0

PARTIDO NUEVO PROGRESISTA

El Partido Nuevo Progresista ha sido siempre defensor de los derechos de la mujer puertorriqueña. Seguiremos adelante con esta defensa. Al efecto, propulsaremos un examen de las leyes vigentes en Puerto Rico para hacer las enmiendas y cambios que fueran necesarios de modo que la mujer puertorriqueña tenga los mismos derechos del hombre.

El Partido Nuevo Progresista considera injusto que una mujer dedicada por entero a su familia y que por ello no trabaje fuera del hogar, no tenga derecho a acogerse a los beneficios del Seguro Social tal como lo hace cualquier otra persona que tiene un trabajo remunerado. En vista de esto, el Partido Nuevo Progresista juzga necesario crear un Seguro Social para cubrir a las esposas y madres que se dedican exclusivamente a labores domésticas en sus hogares. En estos casos el gobierno aportará la parte que le hubiera correspondido al patrono.

PARTIDO POPULAR DEMOCRÁTICO

Un análisis sobre la realidad de los derechos de la mujer revela el dato indiscutible de la presencia de un feroz discrimen contra ella en nuestra sociedad. Esta situación discriminatoria se manifiesta en el ámbito de la familia, el trabajo, la educación y la política.

Por otra parte, los logros innegables que ha alcanzado, su creciente independencia económica y su educación más completa han hecho que la mujer puertorriqueña de nuestros días tenga una mayor confianza en su propia valía y eleve el nivel de sus aspiraciones. Sin embargo, la imagen de dependencia casi total de la mujer respecto al hombre está todavía firmemente atrincherada en nuestro sistema legal y en las actitudes básicas de nuestra gente, lo que menoscaba los derechos económicos y políticos de la mujer.

El Partido Popular Democrático se compromete a realizar aquellas reformas que pongan nuestras instituciones al día, y a través del cambio institucional se propone fomentar nuevas actitudes que estén más en consonancia con los ideales de justicia e igualdad que nuestra sociedad profesa. A estos efectos:

1. Daremos a la mujer una participación más amplia en los cargos directivos y de supervisión en todas las ramas del gobierno y sus instrumentalidades.

2. Crearemos una Comisión para el Mejoramiento de los Derechos de la Mujer, adscrita a la Oficina del Gobernador. Este organismo velará por la eliminación de todo discrimen contra la mujer y promoverá todas aquellas actividades para que la mujer puertorriqueña disfrute de iguales oportunidades de estudio en programas graduados o especializados, y de participación en los cargos directivos, en todos los niveles de dirección, administración y supervisión, de todos los organismos públicos y en lo que afecta esos derechos cuando ejerce sus funciones de madre.

3. Propondremos legislación para corregir situaciones de ley que ahora afectan a la familia:

a. Que garantice a los efectos de establecer un sistema de co-administración de la sociedad de bienes gananciales, igualdad de derechos a ambos cónyuges.

b. Para que la mujer pueda comparecer a los tribunales por sí.

c. Para que se dote al país de un programa completo de planificación familiar.

d. Para que se establezca un programa de consejería matrimonial y pre-matrimonial al alcance de todos los niveles socioeconómicos del país.

e. Para que se intensifique el establecimiento de centros de cuidado diurno para niños.

4. En materia laboral propondremos legislación:

a. Para que a toda mujer empleada en Puerto Rico se le aumenten los beneficios de maternidad a 8 semanas de licencia a sueldo completo los cuales se computarán a partir de la fecha en que el médico a cargo de la embarazada lo considere conveniente.

b. Para reservar el empleo y todos los derechos adscritos al mismo a las mujeres que solicitan licencia por maternidad.

5. Para posponer toda decisión que afecte su permanencia en el trabajo, a toda mujer que esté haciendo uso de licencia por maternidad, hasta tanto la interesada se reintegre a sus deberes.

6. Para derogar las leyes que por razón de su sexo vedan al acceso de la mujer a determinadas ocupaciones en perjuicio de lo determinado en los apartados anteriores.

7. Para hacer extensivos a todos los trabajadores puertorriqueños, sin distinción de sexo, los beneficios aplicables que la legislación vigente confiere a las mujeres por razón de su sexo.

8. Para facilitar a la mujer el empleo a jornada parcial en el servicio público.

9. Para regular las condiciones de trabajo de los empleados de servicio doméstico en lo tocante a horarios, salarios mínimos, vacaciones, Seguro Social, beneficios del Fondo del Seguro de Estado, etc.

10. Para considerar "deducción especial" a los efectos de la contribución sobre ingresos, el sueldo anual que el jefe de familia pague al empleado doméstico en el caso de que trabajan ambos cónyuges, o cuando dicho servicio doméstico se requiera para la atención del hogar en caso de muerte, divorcio o separación. La viabilidad de este compromiso será parte del estudio sobre reforma contributiva.

11. Para gestionar que el Congreso de los Estados Unidos apruebe

legislación para que las amas de casa también disfruten de los beneficios del Seguro Social.

12. Para enmendar la Ley de Compensaciones del trabajo a los efectos de incluir el ama de casa, y se le compense en los casos de accidentes surgidos al desempeñar sus labores.

PARTIDO INDEPENDENTISTA PUERTORRIQUEÑO

(El Partido Independentista comienza con un prefacio en el cual analiza el status de la mujer en PR, no lo incluimos por falta de espacio.)

La mujer en la lucha por la Independencia y la República Socialista

El Partido Independentista Puertorriqueño se reafirma en su convicción de que el discrimen contra la mujer que niega su igualdad de derechos es fundamentalmente injusto y constituye una ofensa a la dignidad humana. El Partido Independentista Puertorriqueño se compromete a establecer las condiciones que propicien el pleno desarrollo de las potencialidades humanas de la mujer. Esto implica la erradicación del patriarcado en todos sus aspectos. La mujer colaborará en forma destacada en el proceso de construir la nueva sociedad. Su responsabilidad en la producción social no podrá diferir estructuralmente de la del hombre.

Para el cumplimiento de estos fines el Partido Independentista Puertorriqueño:

1. Abolirá las leyes, reglamentaciones y prácticas vigentes de carácter discriminatorio por razón de sexo, y establecerá la protección legal adecuada de los derechos del hombre y la mujer.

2. Adoptará todas las medidas necesarias para educar al público y dirigir las aspiraciones nacionales hacia la erradicación de las costumbres y las prácticas basadas en el prejuicio de la inferioridad de la mujer.

3. Adoptará todas las medidas apropiadas, particularmente medidas legislativas, para garantizar a la mujer casada y soltera iguales derechos que los hombres en el campo del derecho civil, y en particular el derecho a adquirir, administrar, y disponer de la propiedad matrimonial; el derecho a la igualdad en la capacidad y ejercicio legal; el mismo derecho del hombre con relación a la ley sobre movimiento de personas; derechos iguales durante el matrimonio y en su disolución; derechos y deberes iguales con relación a los asuntos relacionados con los hijos. En síntesis, el partido se compromete con el co-gobierno familiar.

4. Abolirá todas las condiciones del Código Civil que discriminan contra la mujer.

5. Adoptará todas las medidas apropiadas, incluyendo legislación, para combatir el tráfico de mujeres y la explotación de la mujer que se ejerce por medio de la prostitución.

6. Impulsará todas las medidas necesarias para garantizar la igualdad del derecho a la educación de las mujeres y promoverá igualdad de oportunidades para la mujer en todas las instituciones educativas incluyendo las universidades, escuelas vocacionales, técnicas y profesionales.

7. Tomará todas las medidas apropiadas para garantizar a la mujer casada o soltera la igualdad de derechos en el campo de la vida económica y social, en particular el derecho a recibir entrenamiento vocacional, a mejorarse profesional o vocacionalmente; el derecho a recibir igual remuneración que los hombres y a la igualdad en el trato respecto a trabajo de igual valor.

8. Revisará la situación de la mujer trabajadora en estado grávido para garantizarle suficiente ayuda económica por un período razonable (véase sección de Seguros Sociales), impidiendo que en la práctica esta disposición aumente el desempleo femenino; y proveerá, además, centros de cuidado para niños de edad preescolar.

9. Promoverá la esencial libertad de la mujer para decidir sobre su vida física e intelectual, incluyendo el derecho a tener o no tener hijos, pero respetando la unidad familiar como el núcleo social básico.

Todos estos objetivos están consagrados en la DECLARACIÓN SOBRE LA ELIMINACIÓN DEL DISCRIMEN CONTRA LA MUJER, aprobada unánimemente por las Naciones Unidas en 1967. El Partido Independentista Puertorriqueño hace suya esta declaración.

El Partido Independentista Puertorriqueño entiende que no es posible posponer la consecución de la emancipación femenina hasta cuando se cree la nueva sociedad. Un derecho demorado es un derecho denegado. Por otra parte la emancipación de la mujer dentro del contexto actual solamente otorgaría a la mujer puertorriqueña la libertad de carácter limitado de que disfrutan la mayoría de los hombres en la sociedad colonial capitalista. Esto no significa que las mujeres deben esperar sin protestar contra la creciente discriminación. Las presiones de las mujeres que retan el rol que les ha sido asignado dentro de este sistema reducirá la efectividad de la explotación a que están sometidas.

Para comenzar en el propio seno de nuestro Partido con esta ardua labor de emancipación, el Partido Independentista Puertorriqueño se compromete a:

1. Incorporar a la mujer puertorriqueña a los distintos niveles de la lucha por la independencia, en los aspectos electorales y en la movilización de masas.

2. Promover la representación y participación *efectiva* de la mujer en los órganos rectores del Partido, tanto a nivel nacional como local.

(En su sección sobre "Población y Familia" el Partido Independentista declara además:) Se condena, y se prohibirá, la práctica lucrativa de los abortos. El aborto quedará a la decisión de las parejas de acuerdo a sus convicciones morales y religiosas y se practicará solamente bajo las especificaciones que imponga el Ministerio de Salud.

PARTIDO UNIÓN PUERTORRIQUEÑA

(No encontramos párrafo alguno que se refiera específicamente a un programa respecto a los derechos de la mujer.)

PARTIDO AUTÉNTICO SOBERANISTA

El Partido Auténtico Soberanista, ha sido organizado y existe para la defensa de la igualdad de derechos de todos los seres humanos. En sus estructuras internas y en el desarrollo de su lucha considera en plano de absoluta igualdad a todos los puertorriqueños y como tales a la mujer. Esta filosofía la proyectará el Partido Auténtico Soberanista en la vida pública y en el desempeño de su gestión gubernamental, para que esta misma filosofía de igualdad, prevalezca en todos los órdenes de nuestra vida de pueblo. De conformidad con esos principios el Partido Auténtico Soberanista eliminará todas las leyes que menoscaben el derecho de la mujer al pleno desarrollo de ésta, en todos los órdenes positivos de la vida de nuestro país, especialmente todas las disposiciones discriminatorias del Código Civil existente.

PARTIDO DEL PUEBLO

Rechazamos la práctica creciente en algunos sectores de nuestra economía de discrimen en el empleo y en el trato a los trabajadores por motivos raciales. Igualmente corregiremos la desigualdad hoy existente con respecto a los derechos de la mujer en el mercado de trabajo, y eliminaremos aquellas leyes que aparentemente protegen a las mujeres, pero que en verdad están basadas en un criterio discriminatorio de inferioridad. Estableceremos todas aquellas protecciones que legítimamente surgen de las peculiaridades del sexo femenino, viendo siempre al empleado o trabajador, hombre o mujer, desde el punto de vista de la totalidad familiar como unidad de experiencia y de problemas. Igualmente extenderemos las protecciones de la ley a las trabajadoras domésticas y empleados de establecimientos nocturnos que hoy carecen de protección eficaz bajo las leyes protectoras del trabajo.

EL SÍNDROME DEL AMA DE CASA
Por Nilda Aponte Raffaele

Se ha reconocido siempre que la mujer padece de un número de enfermedades 'peculiares' a su sexo. De ahí que el especialista ginecólogo sea tan próspero. Pero también se sabe que entre los pacientes adultos en todas las enfermedades una mayoría significativa resulta ser las mujeres. Al desglosarse los números se ha notado que los hombres padecen más de las enfermedades agudas y mueren más de ellas, del corazón, de trombosis, etc. (excepto el cáncer, que no tiene predilección por edad o sexo) y las mujeres padecen de las enfermedades crónicas.

Es interesante analizar estas enfermedades crónicas. Algunas ocurren muchas veces en conjunto y en diferentes combinaciones. Creemos que un grupo de ellas se puede denominar un síndrome: el síndrome del ama de casa (mujer que tiene muy poco o ningún que hacer fuera de la familia, el hogar y su mantenimiento). Proponemos además que se trata en su mayoría de enfermedades sicosomáticas, o sea, que los síntomas físicos están muy ligados al estado mental de la enferma.

Entre las manifestaciones más prevalecientes se encuentra la "anemia". Se trata de un cansancio general que lleva a la inacción, al desgano. Muchas veces se recurre a un médico que diagnostica anemia y la manda a tomar hierro y/o vitaminas. Haya o no deficiencia de hierro, alivie o no el hierro los síntomas, éstos no desaparecen por completo, sino que reaparecen en corto tiempo. En un caso la "anémica" salió con exceso de hierro y al ser cuestionada por su médico resultó que, por su cuenta, todos los días bebía un 'elixir' para la anemia repleto de hierro.

La próxima vez que esta mujer se presentó al médico se quejaba de un dolor de cabeza persistente, que se manifestaba por las tardes, como a las tres. (Nota aparte: el marido regresaba del trabajo a las 4:30.)

El dolor de cabeza es otro de los síntomas del síndrome. Algunas veces se convierte en migraña.

Otras manifestaciones envuelven el sistema urino-genital. Los especialistas en problemas de los riñones y la vejiga se encuentran frecuentemente con infecciones que no responden al tratamiento convencional y que muchas veces son reales en cuanto al análisis de la orina pero que en placas de la vejiga y el riñón no se encuentran indicios de ellas. Por lo general sucede crónicamente en las mismas mujeres. Los médicos teorizan que pueden deberse a mala postura, ropa demasiado ajustada, camas incómodas, etc., que producen irritaciones. Debería estudiarse el estado de ánimos de la mujer. Teorizamos que hay una relación estrecha. Otros problemas surgen en conjunto con el ciclo menstrual, menstruación dolorosa y copiosa, dolor en el área de los ovarios, entre algunos.

Otras enfermedades se resumen en 'estado de nervios'. Algunas mujeres sufren de taquicardia, corta respiración, etc., condiciones que no responden a tratamiento. Hay un gran número de enfermedades crónicas que creemos muy bien se podrían explicar a base del estado mental femenino. ¿En qué consiste este estado mental?

El ama de casa no recibe compensación económica alguna por su diario quehacer. Depende del valor y apreciación que su familia, particularmente su esposo, le dé a su labor. Mientras más preciada su labor, mejor su estado de ánimos. Cuando se siente "abusada" e ignorada se enferma —porque al enfermarse recibe atenciones y consideración de su cónyuge. Una mujer trabajaba como una esclava cuando estaba enferma o demasiado temprano después de dar a luz. En esos momentos podía vislumbrar cierta pena de apreciación en los ojos de su insensible marido. Sentía satisfacción cuando su enfermedad se complicaba por seguir cumpliendo con sus deberes. Esta era la única forma de castigar a su marido.

Dejamos aquí nuestras observaciones explicando sencillamente, que hay algo muy malo en la condición del ama de casa hoy en día pues estas consecuencias físicas-mentales afectan a una gran mayoría de mujeres. ¿Deberá tal rol y sus consecuencias síquicas seguir siendo el único o más probable destino de toda mujer?

CARTA ABIERTA A UNA PARTICIPANTE DEL CONCURSO SRTA. PUERTO RICO:

Amiga,

Se acerca la fecha en que se llevará a cabo en nuestra isla un concurso de belleza, en el cual se pretenderá elegir la mujer más bella de Puerto Rico, quien más tarde participará en el concurso Srta. Universo. Me han dicho que estás entre las que aspiran a obtener estos títulos y no quiero dejar pasar la ocasión sin decirte y preguntarte algunas cosas.

Sé que uno de tus deseos es representar a Puerto Rico en el exterior; pero, ¿has pensado si en realidad es auténtica la imagen que se supone lleves fuera de aquí? Dime si crees que las puertorriqueñas son mujeres de cinco pies cinco pulgadas en adelante, con una proporción determinada en sus medidas y su peso. Mira a tu alrededor, ¿cuántas cumplen con estos requisitos?

Quiero saber si para ti una mujer es solo belleza física adornada con unas cuantas sonrisas y respuestas estudiadas. ¿No crees que es injusto limitar así las proyecciones de la personalidad de una mujer? ¿O es que aspiras a exhibirte ante personas que no verán en ti más allá de una muñeca de carne y hueso?

Hoy la mujer lucha por hacerse valer por su capacidad intelectual y porque se le juzgue como individuo que puede valerse por sí mismo. Las mujeres puertorriqueñas también están en esta lucha por eliminar los conceptos e ideas que discriminan en contra de la mujer sin otro criterio que la supuesta inferioridad femenina. ¿No crees que estos concursos de belleza prolongan y fomentan la imagen de una mujer vacía, frívola y sin más aspiraciones que llevar el último grito de la moda, convirtiéndola en un objeto más en el mercado? Estos certámenes dejan a un lado los valores de la personalidad y la capacidad de las participantes. Piensa si te gustaría ser juzgada principalmente por la suerte que tuviste de ser bonita, sin tomar en cuenta nada de lo que eres o piensas. Me pregunto si deseas que se siga mirando a la mujer desde ese plano inferior.

A través de la historia la mujer ha sido reducida mitológicamente a un monstruo causante de los grandes males de la humanidad. La realización de su potencial intelectual se ha visto obstruida por estas creencias y por todos los conceptos establecidos en contra de la mujer que no reconocen en ella un individuo con las mismas potencialidades que el hombre. Pero aún así la mujer ha logrado desarrollar su intelecto y capacidad creativa al mismo nivel que el hombre. La historia está llena de mujeres que tuvieron que ocultarse bajo nombres masculinos para lograr que reconocieran sus obras, precisamente por el prejuicio en contra de ellas, solo por el hecho de ser mujeres. Otras tuvieron que desviar sus talentos e inclinaciones a cosas que no las satisfacían y simplemente conformarse con el papel que le ofrecía la sociedad.

Más tarde un gran número de mujeres fueron incorporadas a las fuerzas trabajadoras donde el prejuicio causó una doble explotación: en el trabajo y en el hogar. Las mujeres lucharon y exigieron ser consideradas más justamente y lograron que se les reconocieran algunos derechos. Sin embargo, la posición actual de las mujeres está casi inalterada; sigue siendo de inferioridad con respecto al hombre.

Cuando llegue el momento de la coronación, si eres tú la elegida o si no lo eres también, piensa, ¿vale la pena obtener un título que supuestamente representa el ideal de mujer? Piensa en las mujeres que trabajan en las casas, en las fábricas, en las oficinas; piensa en las mujeres que son explotadas económica y sexualmente; piensa en las que luchan contra la discriminación por raza, por nacionalidad y por sexo. Piensa.... en la mujer puertorriqueña. Piensa en el concurso. Piensa en ti.

Tu amiga,
Ana I. Rivera (A nombre de MIA, Mujer Intégrate Ahora)

DE INTERÉS FEMENINO

*Este artículo se escribió para contestar el editorial del periódico **El Imparcial** "Justicia a la mujer," publicado el 23 de agosto de 1972 y en respuesta al artículo suscrito por Ángeles Mendoza, "De Interés Para Mujeres," también publicado en este rotativo el 25 de septiembre de 1972.*

No crea usted que el gobernador Ferré ha sido el causante del diluvio universal, ni de los aguaceros de Bayamón, ni de echar la mujer del paraíso, pero sí que es el autor del programa económico de cuatro años (1973 a 1976) en el que recomienda el fomento de una política futura dirigida a propiciar la creación de empleos poniendo especial énfasis en el empleo de varones.

En el artículo aparecido en *El Imparcial* del 25 de septiembre de 1972, la Sra. Ángeles Mendoza hacía una serie de acusaciones a nuestra organización MIA (Mujer Intégrate Ahora). Señalaba la Sra. Mendoza que MIA había acusado al gobernador Ferré de ser el causante de la discriminación contra la mujer en PR y además añadía que MIA era tal vez una de esas organizaciones que se forman en tiempo de elecciones con fines políticos ocultos.

Queremos aclarar que las acusaciones de la Sra. Mendoza son falsas. MIA no se formó en temporada de elecciones, sino por interés de un grupo de mujeres que asistieron a las vistas públicas que llevó a cabo la Comisión de Derechos Civiles durante los meses de octubre a diciembre del 1971, y que se organizó oficialmente el 8 de enero de 1972. Si la Sra. Mendoza se hubiera preocupado por leer la entrevista que se le hizo a nuestro grupo en el *San Juan Star* del 24 de agosto, los varios artículos aparecidos en ese mismo diario y en la revista *Avance*, se hubiera dado cuenta que no tenemos ninguna intención político-partidista oculta.

No somos una organización encargada de cuidar los mejores intereses de la mujer puertorriqueña porque no pretendemos hacer decisiones sobre los mejores intereses de una persona. Lo que nos interesa es lograr ampliar las opciones de la mujer para que ella misma haga una libre selección sobre qué es lo que le conviene como individuo.

Por otro lado, no acusamos al señor Ferré de ser el causante de que en P.R. exista discriminación contra la mujer, sino de continuar esta discriminación en su presente administración, como lo prueba el programa económico donde fomenta el énfasis de empleo para varones. El informe que rindió la Comisión de Derechos Civiles demuestra que el Gobierno discrimina en contra de la mujer y las recomendaciones del Sr. Ferré demuestran que tanto él como su administración continúan fomentándola.

Es natural por lo tanto, que viendo la tardanza que tomaba en aparecer el informe de la Comisión de Derechos Civiles, nuestro grupo se preocupara por saber las razones. Sabemos que las asesoras entregaron sus trabajos a tiempo. El Sr. Corrada Del Río alega que el informe se retrasó debido a que creyó conveniente añadir una parte donde se incluyera a las amas de casa. Nuestro grupo piensa que esto no es razón suficiente porque aún así las asesoras entregaron sus trabajos con bastante anterioridad a la fecha en que vino a salir. La propia Sra. Belén Serra (una de las asesoras en la preparación del informe) publicó unas declaraciones referentes a la tardanza del informe en el periódico *San Juan Star* del 5 de septiembre en que acusaba al Sr. Corrada de mantener el informe por razones políticas.

Nuestro grupo había hecho pública con anterioridad la creencia de que era por razones políticas de parte del Sr. Corrada, (el Colegio de Abogados había pedido un estudio sobre si las actividades políticas del Sr. Corrada Del Río eran compatibles con su presidencia de la Comisión), tratando de tapar la actitud de discriminación contra la mujer de parte del Gobierno que revela el informe, ya que la actual administración del gobernador Ferré se vería envuelta por prolongar esta discriminación, como bien se aprecia en el programa económico de cuatro años. Es por eso que diferimos de la Sra. Mendoza al ésta decir que la discriminación en Puerto Rico contra la mujer está justificada por razones sociológicas, ya que estas razones pueden explicar una situación como la existente en Puerto Rico en contra de la mujer pero no pueden justificarla.

La Sra. Mendoza nombra varias mujeres que ocupan puestos de importancia en la actual administración, afirmando que el PNP ha hecho más por las mujeres que lo que hizo el PPD; para MIA eso no es lo más importante, sino la participación y representación real de la mujer en las estructuras políticas. No nos interesa comparar números sino *actitudes;* el PNP no es el único partido que tiene en su programa algunos párrafos dedicados a la mujer. No hay duda que *todos* los partidos tienen planes para mejorar la condición de la mujer puertorriqueña.

No sabemos, claro está, cuál sería la actuación de otros partidos si estuvieran al mando, pero hay muchas indicaciones de que la actuación no sería muy distinta, ya que todos los partidos son de hombres y la participación de la mujer es muy poca. Felicitamos a los que tienen mujeres en algunos puestos de importancia, pero no nos conformamos con dos o tres promesas de legislación. Queremos ver más mujeres en los puestos decisivos de los partidos y del gobierno. Dos o tres mujeres no son suficientes. Después de todo las mujeres somos más del 50% de la población.

Creemos como usted, Sra. Mendoza, que a la mujer puertorriqueña no se le engaña, y decimos además, que una afirmación peor, cuando no tiene base, no es suficiente para desacreditar una agrupación y sí para el que la dijo.

No creemos, al igual que usted, que el gobernador Ferré sea el causante del diluvio universal, ni de los aguaceros de Bayamón, ni de echar la mujer del Paraíso, sólo creemos que al igual que los demás líderes políticos en Puerto Rico, continúa la discriminación contra la mujer aunque tenga en la plataforma de su partido una parte dedicada a ésta.

MIA (Mujer Intégrate Ahora)
Octubre de 1972

Box 21515 UPR Station
Río Piedras   00931

9 de octubre de 1972

Compañera,

El informe de la Comisión de Derechos Civiles sobre la condición de la mujer puertorriqueña fue hecho público el 14 de septiembre. Con este hecho culmina la fase inicial de nuestra organización, la cual fue fundada durante las vistas para velar por la 'salud' del Informe y sus recomendaciones.

Hemos estado consultándonos con la Lcda. Genoveva Carrera, asesora especial de la Comisión para este informe, y con el Více-Presidente de la Comisión, el Lcdo. Efraín González Tejera. Nos aseguran que queda mucho por hacer y que un grupo como el nuestro es el más indicado para aceptar ese llamado.

Todavía hay que-

1)   Insistir en que la legislatura actúe a base de las recomendaciones.

2)   Hacer estudios de las actitudes de las industrias privadas.

3)   Comenzar una campaña educativa dirigida tanto a la industria como al público en general.

4)   Insistir en que el Departamento de Instrucción cumpla con el mandato constitucional, brindándo igualdad de oportunidades educacionales.

Hemos comenzado por el cuarto problema. Estamos a punto de completar un estudio de las oportunidades vocacionales educativas y hay una buena posibilidad de comenzar una acción jurídica en este respecto.

Se nos ha indicado que hay posibilidad de obtener fondos para perseguir el segundo objetivo de estudiar las actitudes de las industrias privadas.

Queremos exhortarte a que demuestres tu apoyo e interés, reuniéndote con nosotras para una reorganización donde podamos llegar a acuerdos mutuos sobre los planteamientos básicos y más importantes de M I A. Necesitámos tus ideas para planear nuestra estrategia futura. Requerimos tu entusiasmo para vitalizar nuestro programa.

Te esperamos el lunes, 16 de octubre a las 7:3O PM en el hogar de Nilda Aponte Raffaele.

Afectuosamente,

Ana I. Rivera
(firmado)

P.D. MIA estará representada en un programa de T.V. acerca de la liberación femenina el viernes, 20 de octubre a las 9 PM por el canal 6, WIPR.

249

Legislatura de Puerto Rico
Capitolio, San Juan
[1972 y 1973]

Estimados señores:

Los abajo firmantes, apoyamos legislación a favor de la legalización del aborto. Creemos que se garantiza de esta manera un derecho de la mujer puertorriqueña a ser dueña de y tomar decisiones sobre su cuerpo.

De la misma forma se pone fin a la injusticia de que son víctimas las mujeres de pocos recursos económicos, que ante la necesidad de realizarse un aborto se entregan en manos de personas irresponsables, bajo ninguna supervisión médica y bajo condiciones antihigiénicas, por no contar ellas con los recursos monetarios para pagar un médico.

No podemos afirmar determinantemente que con el aborto se le priva la vida a un ser humano con derecho a vivir, ya que no se ha determinado todavía cuándo comienza un feto a ser un ser humano en realidad, además de que no tiene derechos como ciudadano hasta que nazca.

El Gobierno y la Legislatura de Puerto Rico tienen el deber de legislar para todo el pueblo puertorriqueño sin entrar en moralidades de tipo religioso-sectario, por lo que creemos que deben echar a un lado censuras de este tipo. La mujer que por razones de índole moral o religioso, no esté de acuerdo, no recurriría nunca al aborto sea cual fuera su situación.

Creemos que se debe aprobar legislación legalizando el aborto además de implementar un efectivo programa de planificación familiar y de educación sexual.

La legalización del aborto no es obligación para realizarlo, sino dejar en manos de la mujer, aconsejada por su médico, la decisión garantizando condiciones higiénicas y eliminando el lucro que vienen obteniendo los que se dedican ilegalmente a la realización de los mismos.

Abogamos por el aborto legal como un derecho de la mujer puertorriqueña.

Atentamente,

Nombre y Dirección   Ocupación

1. _____

_____

2. _____

_____

3. _____

_____

4. _____

_____

5. _____

_____

MIA MUJER INTÉGRATE AHORA
Apartado 21515, Estación U P R
Río Piedras, Puerto Rico 00931

19 de febrero de 1973

Gobernador de Puerto Rico
Honorable Rafael Hernández Colón
La Fortaleza, San Juan

Honorable Sr. Gobernador:

Con el comienzo del año 1973 tenemos en Puerto Rico el comienzo de su incumbencia como nuevo gobernador de nuestra Isla. Nuestro grupo MIA (Mujer Intégrate Ahora), desea recordarle por la presente que las mujeres en nuestra Isla sufren de discriminación y prejuicios que impiden su igualdad de derechos con el hombre y el desarrollo de sus capacidades y aspiraciones como individuos.

La Comisión de Derechos Civiles realizó el año pasado un estudio de dicho discrimen encontrando áreas en específico donde más se acrecentaba. Así mismo la Comisión de Derechos Civiles hizo una serie de recomendaciones para mejorar la condición de la mujer. Queremos enfatizar la importancia de que dichas recomendaciones se lleven a cabo como una medida de garantizar en alguna forma una mayor igualdad de oportunidades para el sector femenino.

Tenemos entendido que existe una vacante en la Comisión de Derechos Civiles. Le pedimos que nombre a una mujer para comisionada, demostrando así las intenciones de su gobierno en hacer justicia para la mujer.

Una de las áreas de grave discrimen está dentro del sistema de instrucción puertorriqueño, que mantiene una educación basada en roles establecidos por sexo, educación que fomenta de este modo la continuación de condicionamientos que marginan y limitan las aspiraciones femeninas y la realización de las vocaciones y talentos de la mujer de una forma más satisfactoria para sí misma y mas provechosa para la sociedad. Un buen ejemplo es la Escuela Vocacional Miguel Such donde la entrada de mujeres al aprendizaje de cursos de mecánica, hojalatería etc., está obstaculizada por prejuicios de parte de la dirección escolar y de parte de los industriales que proveen oferta de empleo a los estudiantes de dicha escuela.

El Partido Popular Democrático, por su parte, se comprometió en su plataforma a crear una Comisión para el mejoramiento de los derechos de la mujer puertorriqueña, compromiso que esperamos y exigimos se cumpla, al igual que todas las mejoras a las condiciones de trabajo de las empleadas domésticas y de las amas de casa.

Esperamos que su administración no fomente la prolongación de actitudes en contra de la mujer y que se ayude a crear mejores condiciones para todas las componentes del sector femenino, especialmente a las de la clase trabajadora.

Por último, queremos felicitarlo por tomar en cuenta la capacidad femenina para desempeñar puestos que tradicionalmente habían sido encomendados a hombres. Esperamos que su

251

administración no solo aumente el número de mujeres en posiciones y puestos de gran importancia sino que se preocupe por lograr cambios reales en las actitudes antifeministas, actitudes que limitan las perspectivas de la mujer puertorriqueña. Recuerde que un número mayor de mujeres en posiciones claves dentro del gobierno, no implica un mejoramiento para la condición femenina si no refleja verdaderamente un cambio en las actitudes y si no es producto de una nueva mentalidad que defienda la igualdad de la mujer con respecto al hombre.

La persistencia en la discriminación contra la mujer exige que el gobierno descontinúe de su parte el fomento de la prolongación del mismo y que se preocupe por enmendar y crear leyes que ayuden a la igualdad femenina y que repercutan en la sociedad, destruyendo barreras de mitos y prejuicios sobre la supuesta inferioridad femenina.

Nuestro grupo MIA, lo exhorta a que tenga en mente a la mujer puertorriqueña y a las exigencias de esta por un trato justo, de acuerdo a sus capacidades individuales y no basado en conceptos a base de sexo. Las mujeres somos el 51% de la población puertorriqueña, el 51% de los seres humanos que componen este pueblo.

Atentamente,

Ana I. Rivera
Presidenta

ACERCAMIENTO FEMINISTA
24 de marzo de 1973

> Porque toda mujer, cual fuera su credo, raza, nacionalidad, condición económica o convicción política, es TU HERMANA.

PRESENTACIÓN - Se harán preguntas después de cada presentación.

1. Lcda. María Genoveva Carrera - El Informe de la Comisión de Derechos Civiles Sobre la Mujer

2. Ana I. Rivera - Mujer Intégrate Ahora.

3. Elizabeth Mark - Concientización

4. Frente Estudiantil Femenino

5. Frente Femenino del Partido Independentista Puertorriqueño

6. Nancy Zayas - *La Mujer en la Lucha Hoy*

7. Lillian Marcos Stella - National Organizatíon for Women

8. Nilda Aponte Raffaele - La Maternidad Responsable

RECESO Y ALMUERZO - 30 minutos

Durante el receso las asistentes podrán conocerse, unirse al grupo que deseen y obtener literatura feminista.

DISCUSIÓN GENERAL

Durante la discusión general se propondrán puntos y actividades de interés mutuos de los grupos e individuos interesados. Se formularán lazos y canales de comunicación, para asegurar que cada interesada pueda unirse a esfuerzos futuros.

Ponencia del Acercamiento Feminista, Biblioteca Carnegie, Marzo de 1973

Ana Irma Rivera Lassén
Mujer Intégrate Ahora

La introducción del tema de la liberación femenina en Puerto Rico, casi siempre trae discusiones acaloradas en torno a la idea que se tiene de que es un movimiento importado vía EE.UU., que pretende convertir a la mujer en un monstruo devorador de hombres, cuya meta es crear un caos en la sociedad y que sus seguidoras son un "montón de lesbianas histéricas". Los medios de comunicación han difundido una imagen errónea y negativa del movimiento pero en su empeño de desprestigiar el mismo ante la opinión pública han servido a la vez como propaganda para que muchos se interesen por investigar seriamente el tema y el movimiento siga ganando adeptos. Es verdad que actualmente el auge que ha tomado este movimiento se debe a la organización y militancia de las norteamericanas en estos grupos. Pero no podemos olvidar que la liberación femenina es una consciencia internacional y que la opresión femenina está en todo el mundo ya que las mujeres somos la mitad de la especie humana.

Aquí en P.R. donde el 51% de la población lo formamos las mujeres, encontramos la notable presencia de mujeres que, con su ejemplo, han impulsado la activa participación femenina en la historia de nuestra Isla. Unas se destacaron en la defensa de sus convicciones, otras retando el predominio masculino en la tribuna pública.

Dentro de este grupo cabe destacar dos nombres. Luisa Capetillo y Ana Roqué de Duprey. La primera fue la precursora del movimiento de liberación femenina en P.R. cuando para finales del siglo XIX y principios del XX, se destacó como líder obrera y como defensora de la emancipación humana, de los derechos de la mujer, la educación y el amor libre, publicando varios libros en defensa de sus creencias. Se dice que fue la primera mujer en usar pantalones en público.

La segunda, doña Ana Roqué fue la organizadora del movimiento sufragista en la isla. Fundó cinco revistas femeninas y luchó por facilitar la educación superior a mujeres de pocos recursos económicos. Con la fundación de la Liga Femínea Puertorriqueña en el 1917, comenzó la lucha por la concesión del voto a la mujer, lucha que terminó en 1929 con el logro del mismo. Hay que mencionar también la labor de Nemesio R. Canales que no sólo fue el primero en someter un proyecto a la Cámara de Delegados en 1908, en favor del voto para la mujer antes de que se organizaran las sufragistas, sino que además fue un ardiente defensor de la mujer en sus escritos.

El trabajo de las sufragistas quedó incompleto en todos los países donde se desarrolló, ya que a pesar de que el voto brindaba a la mujer una mayor participación en sus países, no alteraba básicamente la posición de subordinación femenina y las mujeres siguen enfrentándose a la discriminación por razones de sexo, que impiden su desarrollo como ser humano. El nuevo feminismo es por lo tanto la continuación de un movimiento que tiene como propósito seguir la labor por los derechos de la mujer reconociendo en ella un ser humano con capacidad creadora y productiva.

La liberación de la mujer puertorriqueña viene de las propias puertorriqueñas, ya sea de aquellas que sentaron las bases en el pasado, como de las que actualmente luchan a pesar de los prejuicios en su contra, por participar activamente en el devenir histórico puertorriqueño en defensa de sus convicciones o tratando de sobrevivir en una sociedad que la oprime, que ya bien hace algunas esclavas de las fábricas o de los jefes, convirtiéndolas en maquinas al servicio de la industria, sin ni siquiera recibir el mismo salario que su compañero varón, o bien hace a otras, objetos sexuales o adornos de lujo. Sociedad que las oprime doblemente, en el empleo y en el hogar, que las reprime sexualmente, que las limita y coarta el desarrollo de sus capacidades individuales.

Lo que nos una al movimiento liberacionista internacional debe ser un vínculo de hermanas en la causa, hermanas de las mujeres latinoamericanas desde la cubana hasta la de Tierra del Fuego, hermanas de las norteamericanas, de las europeas, de las rusas, chinas, vietnamitas, porque de todas tenemos que aprender y entender la situación y la lucha de la mujer mundialmente.

Nuestro grupo, MIA, surgido a raíz de las vistas públicas de la Comisión de Derechos Civiles sobre la igualdad de oportunidades y derechos de la mujer puertorriqueña, se organizó hace un año con el propósito de fomentar la conciencia feminista en Puerto Rico. No pretendemos ser un capítulo de grupos feministas norteamericanos porque queremos buscar soluciones a los problemas de la mujer puertorriqueña, partiendo de nuestra realidad actual y social.

Enfrentándonos al problema del rechazo de la palabra liberación de parte de nuestro pueblo por los prejuicios contra el movimiento, y entendiendo que la palabra está rodeada de interpretaciones falsas y de prejuicios que impiden tener una disposición abierta para discutir el problema de la mujer, prefiere utilizar la palabra integración. Como integración femenina entendemos la completa realización de la mujer como individuo dueño de sí mismo, capaz de tomar decisiones y de dirigir su vida. Una mujer íntegra es por lo tanto, un ser con capacidad de enfrentarse a la sociedad, reconocer sus problemas y ofrecer soluciones, una mujer que se integre a las fuerzas de cambio de la sociedad, para lograr una mayor justicia social y una sociedad liberada de prejuicios.

Aunque creemos que la conciencia feminista debe empezar por cuestionarse en la mente de las propias mujeres, no seguimos la línea de los grupos de concientización ya que somos un grupo de acción. Creemos que en el proceso de cuestionarse su posición en la sociedad, las mujeres deben luchar a la vez por sus derechos.

Creemos que la liberación femenina es parte de una liberación del ser humano, donde tanto el hombre como la mujer necesitan la cooperación y el apoyo mutuo, porque lo que se pretende es fomentar la creación no de una mujer nueva, ni de un hombre nuevo, sino de seres humanos que puedan desarrollar al máximo sus capacidades sin la dominación de una parte y subordinación de otra.

Como grupo no tenemos filiación político partidista, ya que deseamos partir de una base amplia, donde quepan la gran mayoría de las mujeres aun con discrepancias ideológicas, para que podamos hacer juntas todo lo que nos sea posible como mujeres conscientes de la opresión y discriminación en contra de nuestro sector.

Sí nos preocupa la justicia social, como marco, donde se puede dar el triunfo del movimiento feminista. Vivimos en una sociedad donde existen presiones económicas y presiones sociales de profunda desigualdad entre clases sociales y desigualdad entre el hombre y la mujer. Creemos en la igualdad de derechos de todos los seres humanos a un desarrollo pleno de sus capacidades y a la obtención de una buena educación, servicios médicos, vivienda y todo lo necesario para una vida tranquila que fomenta el desarrollo de la capacidad creativa y fructífera. La liberación femenina es imposible, si con ello se pretende integrar a las mujeres a las fuerzas que conservan las desigualdades sociales, perpetuando así la injusticia social.

Creemos que la educación juega una parte muy importante en el proceso de la liberación femenina, ya que es a través de ésta, ya sea en la escuela o en el hogar, que se condiciona a la mujer a aceptar una posición inferior y subordinada al hombre.

A pesar de que la Carta de Derechos de la Constitución del Estado Libre Asociado de Puerto Rico dice en su sección I que no podrá establecerse discrimen alguno por varios motivos, entre ellos sexo, y que tanto las leyes como el sistema de instrucción pública encarnarán estos principios de igualdad humana, la educación en Puerto Rico está dirigida hacia un enfoque de roles a base de sexo.

Como punto importante en la formación de los individuos, la educación no puede estar dirigida hacia la continuación de prejuicios en contra de la mujer, que limita y margina sus aspiraciones y la realización de sus vocaciones y talentos de una forma más satisfactoria para sí misma y más provechosa para la sociedad. Abogamos por la implementación de un programa de educación sexual conjunta y gradualmente con la enseñanza escolar y por un programa de orientación en cuanto a métodos anticonceptivos al alcance de hombres y mujeres.

Abogamos por centros de cuidado diurnos, por el mejoramiento de la imagen de la mujer que se expone a través de los medios de comunicación, por enmendar las leyes que discriminan contra la mujer, por el control de las mujeres sobre sus funciones reproductoras, por el apoyo masculino en el alcance de estos objetivos.

En este primer año que llevamos llegamos a publicar cuatro boletines informativos para los miembros por correspondencia de nuestra organización. A través de la prensa hicimos llegar nuestra posición con respecto a los concursos de belleza, hicimos presión para que se apresurara la publicación del Informe de la Comisión de Derechos Civiles, apoyamos la huelga de una empleada de la Pan Am que fue despedida por razones de discrimen, realizamos una investigación en la escuela vocacional Miguel Such con la que pronto trabajaremos, realizamos entrevistas a mujeres destacadas y así mismo fuimos nosotras entrevistadas, tenemos proyectos para la implantación de centros de cuidado diurno, y estamos realizando una campaña en favor de la legalización del aborto.

Necesitamos apoyo para seguir nuestra labor, como numéricamente somos pocas las que trabajamos, nos vemos limitadas para poder realizar todo lo que quisiéramos. Necesitamos personas que nos ayuden a hacer presión para que se lleven a cabo las recomendaciones de la Comisión de Derechos Civiles, entre ellas la realización de un negociado de la mujer trabajadora. Necesitamos apoyo en nuestra campaña actual a favor del aborto, en la recolección de formas a favor de legislación y los artículos aparecidos en la prensa. Nuestra meta es lograr relacionarnos con las mujeres de toda la isla de Puerto Rico, pero para eso necesitamos apoyo no solo verbal sino numérico. Quisiéramos hacer algo, ahora, por las mujeres puertorriqueñas, el 51% de los seres humanos que componen este pueblo.

MUJER INTÉGRATE AHORA
APARTADO 21515 ESTACIÓN UPR
RÍO PIEDRAS, PR 00931

POSICIÓN SOBRE EL ABORTO

El fallo del Tribunal Supremo de los Estados Unidos declarando inconstitucionales las leyes que prohiben el aborto, ha representado un triunfo para la mujer norteamericana, triunfo que se debe en gran medida al trabajo y campaña que venía realizando a favor del mismo el Movimiento de Liberación Femenina estadounidense.

Aquí en Puerto Rico, dicha decisión ha producido un ambiente de tensión e incertidumbre. Muchos se preguntan si la misma es aplicable a Puerto Rico y si de ser así, se violarían las costumbres religiosas y morales que al respecto mantiene nuestro pueblo.

La decisión del Tribunal Supremo de los Estados Unidos es muy clara respecto a los primeros tres meses de embarazo: deja a la mujer, aconsejada por su médico, control absoluto sobre si desea realizar un aborto o no. De los tres a seis meses es también constitucional el aborto, pero deja a los estados la reglamentación particular de los mismos. De los siete meses al último el estado puede prohibir el aborto, excepto en caso de que la madre tenga en peligro su vida o su salud.

Como grupo que aboga por los derechos de la mujer puertorriqueña nosotras las de M.I.A. (Mujer Intégrate Ahora), queremos exponer nuestra posición con relación a la legalización del aborto.

El alegato más utilizado por los que están en contra del aborto legal es que éste es algo altamente inmoral en que se priva de la vida a un ser humano con derecho a vivir. Creemos que es más inmoral la práctica actual de abortos ilegales donde se pone en peligro la vida de la mujer que se somete a ellos bajo condiciones y usos antihigiénicos detestables y que además es estafada y explotada por los médicos u otras personas que practican dichos abortos, cobrándoles cantidades exorbitantes de dinero. Las mujeres pudientes, que tienen los medios económicos para pagar cualquier precio, no tienen en este sentido problema, pero las pobres que no cuentan con las mismas posibilidades monetarias tienen que recurrir a personas que emplean métodos peligrosos para la salud y la vida de ellas. En los periódicos constantemente aparecen casos de mujeres muertas por abortos realizados bajo pésimas condiciones o bajo ninguna supervisión médica.

Volviendo con el alegato de inmoralidad donde se priva de la vida a un ser humano con derecho a vivir, no se ha determinado todavía cuándo comienza un feto a ser un ser humano en realidad (hoy en día no han logrado mantener y sustentar los médicos la vida de un feto fuera del útero antes del quinto mes de embarazo), tampoco tiene derechos legales hasta que nace, por lo que no podemos afirmar y asegurar determinantemente que se le priva la vida a un ser humano con derecho a vivir.

Creemos que se debe reconocer el derecho de la mujer (aconsejada por su médico), a decidir qué va a hacer con su cuerpo ya que es la única dueña del mismo. La legalización del aborto no obliga a ninguna mujer a practicarlo. La que por razones de convencimiento

258

propio, de índole moral o religioso, no esté de acuerdo, no recurriría nunca al aborto sea cual fuera su situación.

Nos apena profundamente que la inminente aplicabilidad del dictamen del Tribunal Supremo de los Estados Unidos en Puerto Rico sea la razón para que este derecho de la mujer esté en consideración por la legislatura puertorriqueña, con mayor atención que la que recibió el proyecto sometido por el Lcdo. Benny F. Cerezo dos años atrás (sin considerar en este comunicado los méritos del mismo).

Creemos que no sólo se debe aprobar la legislación del aborto legal, sino que también se debe implementar un efectivo programa de planificación familiar y de educación sexual. Estas medidas ayudarían a evitar que se recurra al aborto.

La legalización del aborto no es obligación para realizarlo, sino dejar en manos de la mujer y su médico la decisión, garantizando condiciones higiénicas y eliminando el lucro que vienen obteniendo los que se dedican ilegalmente a la realización de los mismos.

M.I.A. aboga por el aborto legal y por los derechos de la mujer puertorriqueña a ser dueña de y tomar decisiones sobre su cuerpo.

marzo de 1973

ABORTOS: "LA MUJER ES LA QUE DECIDE"

**Nilda Aponte Raffaele
abril de 1973**

El mundo jurídico de Puerto Rico calla sobre la legalización del aborto, supuestamente en expectativa de que la resolución del caso del Dr. Jacinto González Mañón ante el Tribunal Superior conteste las interrogantes sobre la aplicación de la decisión del Supremo estadounidense en Puerto Rico. Mientras tanto elementos antagónicos a la decisión vociferan su opinión de que no debe ni puede aplicarse a Puerto Rico. Se debe sin duda a la creencia ilusoria de que decisiones en las cortes puertorriqueñas pueden tener algún efecto sustancial en esta decisión constitucional norteamericana.

Es que, sencillamente, excepto por una enmienda constitucional (en la cual Puerto Rico tendría muy poco que ver), en sus puntos esenciales la decisión del Supremo estadounidense es incontrovertible, precisa. A saber:

1. Que para la etapa que termina aproximadamente el final del tercer mes la decisión respecto a un aborto deberá depender estrictamente del juicio del médico de la mujer encinta.

2. Que medidas reglamentando abortos después del tercer mes se deberán hacer primordialmente con la salud de la madre en mente.

3. Que el no-nacido no es persona y por lo tanto no tiene la protección de la cláusula de "due process" de la Enmienda Catorce de la Constitución norteamericana.

4. Que esta decisión es una a tono con el concepto del "derecho de la intimidad" (right to privacy), anteriormente interpretada por la Corte Suprema de las Enmiendas Primera, Cuarta, Quinta, Novena y Décimo-cuarta.

Admitídamente existe cierta ambigüedad en el área del derecho del Estado. Al hablar de estos derechos se habla en términos de lo que el Estado "puede" hacer y no de lo que debe hacer. Mientras que se reconoce que según avanza la preñez la realización de un aborto es más peligroso para la salud de la madre y por tanto el Estado podrá intervenir, también se reconoce, no obstante, que en este mismo periodo surge la viabilidad del feto como elemento de consideración para el Estado. La decisión no es clara sobre el balance de estos dos intereses aunque sí indica, "reconocimiento puede darse a la reclamación **menos estricta** (énfasis nuestro), de que mientras esté envuelta por lo menos vida en potencial, el Estado puede afirmar intereses más allá de la protección de la mujer embarazada solamente." De hecho esta declaración de por sí es ambigua.

Sobre el punto de viabilidad el Supremo es muy claro al admitir que no intenta resolver cuándo comienza la vida. Se limita, en sus conclusiones, a asegurar que la Constitución no incluye al feto corno persona.

260

La alegación sobre los derechos del padre encuentra su respuesta en una nota al calce: "...No discutimos derechos del padre... No necesitamos decidir **ahora** si medidas de esta índole son constitucionales." 0 sea, tal pregunta puede resolverse en decisiones posteriores.

Brevemente, la decisión del Supremo se basa en el "derecho de la intimidad" (right to privacy), tal y como se interpreta de las Enmiendas Primera, Cuarta, Quinta, Novena y Décimo-cuarta. Específicamente la Cuarta dice: "No se violará el derecho del pueblo a la seguridad de sus personas, hogares. documentos y pertenencias, contra registros y allanamientos razonables..."

En su conjunto estas enmiendas han sido interpretadas derivándose el concepto de intimidad. El caso Griswold V. Connecticut se resolvió a base de este concepto. Se resolvió que el Estado no puede intervenir en la decisión de un matrimonio de usar contraceptivos (ya que para poner en vigor tal ley tendría que violarse la Cuarta Enmienda), y en el derecho de un médico a aconsejar a sus pacientes al respecto. No es difícil ver cómo se siguieron los mismos argumentos en la decisión sobre abortos. Sin embargo, el Tribunal resuelve que aunque su decisión se basa en esta doctrina, el derecho de la mujer sobre su cuerpo no es absoluto ya que el Estado tiene ciertos derechos. Otra vez el Tribunal no es claro sobre la naturaleza de estos derechos ni sobre la naturaleza de las limitaciones de los derechos del individuo sobre su cuerpo.

Deberá notarse, a modo de advertencia, la declaración final de la decisión. Dice que se niega el recurso a "injunction" porque "asumimos que las autoridades judiciales... darán fe completa a esta decisión de que los estatutos criminales sobre el aborto existentes... son inconstitucionales." No cabe duda de que de ser necesario, la Corte Suprema pondría en marcha toda la maquinaria para que se respetase su decisión.

Existe otro argumento ilusorio en contra de la decisión. Se trata de que ciertas leyes, decisiones, etc. de los EEUU no son aplicables en Puerto Rico porque se reconocen ciertos arreglos necesarios para las peculiaridades en nuestra economía, status político, etc. Se alega que no es claro que esta decisión no conlleve la excepción de Puerto Rico. Sin embargo, está claramente establecido que toda materia de derecho constitucional atañe a todo ciudadano norteamericano, sin ninguna excepción (bajo la Enmienda Catorce de igual protección). No hay duda de que esta decisión es una de derecho constitucional personal.

Surge entonces el argumento de que la realidad cultural puertorriqueña es totalmente ajena a este tipo de decisión, que se nos debe el respeto como pueblo culturalmente distinto. Este argumento se diluye fácilmente ante la imperativa del derecho constitucional. Porque si los puertorriqueños pudiéramos alegar que a la mujer no se le puede conceder el derecho al aborto por ser contrario a nuestros valores culturales, así mismo los blancos sureños (y hoy en día también los negros separatistas), pudieran alegar que el obligar a blancos y negros a vivir y estudiar juntos es una falta de respeto a una cultura también muy peculiar y bien establecida. La realidad es, que queramos o no, somos parte del sistema federal norteamericano.

Tampoco se trata de una cuestión que deberá decidirse por referéndum. Un derecho constitucional no puede estar sujeto a los caprichos de la mayoría. De estos caprichos precisamente intenta una Constitución proteger los derechos del individuo. De la única manera en que la mayoría puede coartar legalmente los derechos establecidos constitucionalmente es a través de enmiendas constitucionales.

La insistencia del Departamento de Justicia en procesar en casos de aborto como si la decisión del Supremo de los EEUU no hubiera ocurrido es muy errada. No cabe duda que esta decisión es una constitucional, retroactiva y ya la Corte rehusó revisarla (la decisión fue de 7-2).

En sus puntos esenciales la decisión es precisa. Si bien hay ciertas áreas donde resulta algo vaga, estas cuestiones se dilucidarán a su tiempo en decisiones posteriores.

La Iglesia, como siempre, asume una posición retrógrada. Todavía insisten en que no se debe controlar la natalidad en un mundo donde literalmente mueren a diario seres humanos a causa de la sobrepoblación. Claro que su posición en contra de la legalización del aborto es consistente con sus posiciones en toda la esfera humana. La posición de la Iglesia en cuanto a los problemas de sobre población y los abortos es una francamente irresponsable, aferrada a una moralidad medieval, insistiendo todavía en que el Estado responda a la exigencias de cuestiones filosófico-religiosas que deben corresponder estrictamente a la Iglesia. Demuestra, sin duda, una inhabilidad de parte de la Iglesia en guiar efectivamente a sus seguidores en cuestiones morales. Aun cuando se aceptase que los Católicos tienen derecho a dictaminar la conducta de los suyos, es absurdo que éstos deben también imponer sus valores al resto de la población sin que el Estado pueda velar por los derechos del individuo. Sin duda que si el criterio de la iglesia hubiera prevalecido, Puerto Rico hoy en día estuviera a punto de ser tragado por el mar con el peso de la sobrepoblación. Ni la esterilización ni los métodos contraceptivos pudieran haberse implementado. El control de la natalidad ha sido muy beneficioso para Puerto Rico.

Hay que enfatizar además que en la formación de valores morales, no se debe olvidar la realidad, particularmente entre los pobres que recurren a abortos ilegales, antihigiénicos, explotativos, bochornosos. ¿Cómo cerrar los ojos a esta realidad y clamar que en nuestro pueblo existe una tradición en contra de los abortos? ¿Qué pueblo? ¿La clase media católica?

¿Qué hay de los que pueden y recurren a clínicas privadas para sus abortos? Esta situación es de conocimiento público. ¿Cómo es que los laicos católicos pretenden representar a la tradición, etc. puertorriqueña? Aun en base a unos ideales "cristianos", claro está, no se pueden imponer los valores de una mayoría sobre los derechos constitucionales del individuo. Recuérdese también que en ningún momento se está obligando a una católica a someterse a un aborto.

La posición feminista, a través de cuya insistencia por fin se examinó el derecho al aborto, sostiene que la mujer (al igual que todo individuo), es dueña de su cuerpo y puede decidir cuándo y cómo tendrá un hijo. Esto al fin y al cabo es beneficioso para el Estado y para los hijos. Un hijo planificado cuando verdaderamente se desea es una bendición. Esto no es incompatible necesariamente con un supuesto derecho del Estado sobre la vida potencial que se establece después de la viabilidad (habilidad del feto de vivir independiente de las entrañas maternas). Hay posibles soluciones, por ejemplo, en caso de un aborto intencional de un feto viable, el Estado podría inmediatamente asumir total responsabilidad sobre él. En cuanto a los derechos del padre, estos tendrán que limitarse a las consecuencias de la relación entre éste y la madre. O sea, si ella insiste en el aborto él puede recurrir a romper el vínculo y comenzar de nuevo con alguien que esté dispuesta a darle un hijo.

Miremos ahora el aspecto de bienestar social, del bien general de la comunidad. La Sociedad necesita cierto orden. La mejor forma de implementar este bien común respecto a los abortos es a través de la educación. Tenemos que tomar en serio ante todo el concepto de la maternidad responsable. Insistimos en que la mujer es dueña de su propio cuerpo; de igual importancia es su responsabilidad moral (nunca legal), sobre ese cuerpo.

Es el deber de la sociedad, a través de los medios educativos y a través de grupos religiosos responsables, inculcar los conceptos de la seriedad de traer seres al mundo (siendo la práctica de abortos último recurso para salvaguardar este concepto); también la responsabilidad de evitar la concepción a través de métodos contraceptivos efectivos. El gobierno deberá hacer disponibles estos contraceptivos además de hacer parte de los currículos a todos los niveles la educación sexual. La ciencia deberá perfeccionar los métodos contraceptivos y además el tipo de píldora de "la mañana siguiente." No hay duda que la respuesta al dilema moral de los abortos es la enseñanza y prevención.

Pedimos a todo el sector jurídico puertorriqueño así como también a los sectores interesados en la protección de los derechos individuales que se unan el esfuerzo por poner en términos inequívocos que no se debe demorar el gobierno de Puerto Rico en formular y poner leyes compatibles con la decisión al respecto del Tribunal Supremo de los Estados Unidos.

M I A - Mujer Intégrate Ahora
Box 21515, U P R Station
Río Piedras, P. R. 00931

El Departamento de Instrucción Pública fue duramente atacado por representantes del sector público en una vista celebrada por el Consejo Consultivo de Instrucción Vocacional y Técnica y la Junta de Instrucción Vocacional el jueves 26 en la Escuela Facundo Bueso de Carolina.

Los intereses del sector femenino fueron hábilmente defendidos con la presencia de la Srta. Ana Rivera, Presidenta de Mujer Intégrate Ahora (MIA). La Srta. Rivera expuso una situación de discrimen en contra de la mujer existente en la fase de instrucción vocacional, citando del estudio realizado por la Comisión de Derechos Civiles, «La Igualdad de Derechos y Oportunidades de la Mujer Puertorriqueña». Describió además una serie de entrevistas efectuadas en la Escuela Vocacional Miguel Such por MIA, en la cual miembros del personal directivo expresaron opiniones contradictorias en relación con las prácticas discriminatorias de la institución. Ella recomendó que se incorporaran planes estatales para eliminar la discriminación por sexo, planes que, de acuerdo con la ley federal Núm. 90-576, vienen obligados a preparar para poder recibir fondos federales. Señaló que la ley Núm. 92-318, conocida como las Enmiendas Educativas de 1972, establecen en su Título IX una prohibición de discrimen por razón de sexo y que una negativa a respetar esta disposición podría resultar en la terminación de asistencia federal o negativa a conceder donativos para la continuación de programas educativos.

Entre los deponentes que más agriamente criticaron el sistema de instrucción vocacional estuvieron el ingeniero agrónomo, Sr. Cosme, en representación del sector agrícola quien expresó que el Departamento solo adiestra jóvenes en esta área para ser burócratas en el Departamento de Agricultura y en Extensión Agrícola. El Sr. Donald Maziarz, Director de Manpower Inc., dijo que el Departamento no mostraba interés en que el público expresara su sentir pues se había anunciado la vista con escasa anticipación y se había escogido un lugar remoto y escondido. Añadió que él no empleaba maestros que tuviesen más de cinco años con el Departamento de Instrucción porque el sistema aniquila su espíritu educativo. Dijo además que no tocaría un graduado de una escuela vocacional ni con un palo largo.

29 de abril de 1973

Hermana,

Sabemos que te preocupa la posición de inferioridad y subordinación que sufre la mujer en Puerto Rico y que tienes interés en hacer algo para mejorar esta posición.

Actualmente estamos trabajando en varios comités que se dedicarán a investigar y trabajar directamente en la solución de varios de estos problemas.

Entre estos comités tenemos uno que trabajará con la Administración de Servicios al Consumidor (ASERCO) en el área de discriminación en el crédito contra la mujer. Otro comité trabajará en el área de la educación, para ayudar a enfocarla hacia una integración de la mujer en la sociedad, aboliendo conceptos y roles establecidos a base de sexo. Otro comité trabajará en el mejoramiento de la imagen de la mujer que se expone a través de los medios de comunicación. Otro trabajara en finanzas y propaganda, se encargará de hacer los trámites, actividades y recolección de cuota para nuestros fondos monetarios y tendrá a su cargo además la propaganda del grupo.

Estamos trabajando ya en esto y necesitamos saber si podemos contar con tu participación directa ya sea integrándote a uno de estos comités o brindándonos tu apoyo monetario.

Como mujeres, estamos conscientes que muchas veces no tenemos el poder económico en nuestras manos. Por esto, hemos fijado varias cuotas: $10.00, $5.00 y $2.00 anuales para que puedas escoger la que más se acomode a tus posibilidades monetarias.

Si te interesa tu liberación personal, puedes unirte a uno de los grupos de concientización que se están organizando actualmente. Estos grupos son para enfrentar a la mujer a sus problemas, mediante la discusión de experiencias personales. Así se ve cómo compartimos problemas comunes a nuestra condición de mujeres. Esto ayuda a elevar la conciencia de las mujeres en los prejuicios de que son víctimas y la prepara moralmente para enfrentarse a ellos y así poder solucionarlos. En el cuestionario que te enviamos con esta carta encontrarás nombres y teléfonos a los cuales puedes acudir si te interesa. Llena el cuestionario para dejarnos saber en qué área o en qué forma cooperarás con nosotras.

Realizaremos una reunión para reestructurar MIA en una segunda etapa. Esta segunda etapa consiste en una organización más efectiva de nuestras fuerzas y la incorporación de más personas en el trabajo activo de estos comités. El día 5 de mayo tendremos facilidades para el cuidado de tus niños.

Nuestra reunión tendrá lugar el 5 de mayo a la 1 p.m. en la Oficina Local de Servicio (del Municipio de San Juan) Calle Robles, Esq. Vallejo, Río Piedras, 3er piso.

Queremos hacerte saber, si no estás ya enterada, que recientemente se nombró a la Dra. Belén Serra para comisionada de la Comisión de Derechos Civiles. Este nombramiento es un triunfo para todas las mujeres y para los que estuvimos envueltos en la propaganda y presión para que considerara una mujer para este cargo.

Contamos contigo. Te esperamos en la reunión del 5 de mayo.

Tu hermana,

Ana I. Rivera, Presidenta
(Firmado)

POSICIÓN SOBRE CENTROS DE CUIDADO DIURNO

Necesidad: Creemos que hay una gran necesidad de más centros de cuidado de niños y de mejor calidad. A través de nuestras entrevistas tenemos conocimiento de que un gran número de centros privados no están licenciados por el gobierno y carecen de una adecuada supervisión.

En cuanto a los públicos podemos decir que en términos generales están bien administrados pero son demasiado pocos para atender las necesidades de la población. Por ejemplo, en San Juan, el Municipio opera 27 centros, el Departamento de Servicios Sociales opera dos, y Head Start opera 31 centros, para una población de 470,000.

Debemos señalar también la falta de servicios fuera del área de San Juan. Sabemos a través de oficiales del gobierno que el 70 por ciento de los servicios públicos de cuidado diurno esta concentrado en el área metropolitana de San Juan.

Cada vez hay un número mayor de madres que tiene que trabajar fuera del hogar y no tienen lugares adecuados donde llevar sus hijos.

Recomendaciones: La formulación de los reglamentos que supervisan los centros deben contar con la participación de los padres y otros miembros de la comunidad. Cuando mencionamos a la comunidad entendemos tanto a hombres como a mujeres ya que en nuestra sociedad la mujer ha sido la responsable del cuidado de sus hijos.

En nuestra sociedad moderna el varón ha dejado de ser el único proveedor del hogar y la mujer cada vez se integra mas a la economía al punto que hoy día compone una tercera parte de nuestra fuerza laboral. Esta situación ha resultado en añadirle otra responsabilidad a la mujer además de las tareas que se le asignan tradicionalmente como madre y ama de casa. Las estructuras de nuestra sociedad no se han reajustado a esta realidad resultando en la situación caótica en que se encuentra la familia.

Es el niño principalmente el que sufre esta situación y por eso enfatizamos que son todos los miembros de la comunidad y no sólo el gobierno y las mujeres los que se deben preocupar del cuidado de los niños.

Creemos que hay una gran falla en nuestro sistema donde no hay un plan integrado para encargarse del cuidado y educación de los niños. Por un lado, nos preocupamos de una gran carestía de centros para niños de edad preescolar pero sin embargo, por otro lado no nos preocupamos de los escolares para quienes no existen facilidades entre las horas que termina el día escolar y regresan los padres del trabajo. Específicamente queremos traer el ejemplo de miles de niños que en nuestro sistema de instrucción pública solo asisten medio día a clase.

Creemos que es urgente que el gobierno incluya como una de sus prioridades el establecer un programa de centros de cuidado diurno a través de toda la Isla. Damos la vista buena al primer intento por el Departamento de Servicios Sociales y la industria en Río Grande de establecer un centro para niños de trabajadores de este pueblo con la colaboración de la industria y el comercio privado. Pero a la vez quisiéramos interesar a los trabajadores para que exijan centros en sus contratos colectivos y/o establezcan centros cooperativos.

[1973]

7 de junio de 1973

Campaña para incorporar más mujeres al movimiento:

Cada miembro de MIA tratará de responder en cada reunión mensual con el nombre, dirección y teléfono de por lo menos una mujer que esté interesada en unirse a MIA o a un grupo de concientización. Sería conveniente que se lograra estimular a esta mujer para que viniera a la próxima reunión.

Campaña de incorporación de nuevas miembros: (y como retenerlas)

La incorporación de nuevas miembros es vital para cualquier grupo que pretenda ser un grupo de acción. Esto no sólo nos ayudará a llevar a cabo una labor más efectiva en el sentido de mejor distribución del trabajo o mayor alcance de nuestros objetivos, sino que también hará que MIA goce de una mejor imagen y que nuestros planteamientos tengan mas peso ante la opinión pública.

Es importante que cada una de nosotras tomemos conciencia de la importancia que tiene la incorporación de nuevas miembros y la responsabilidad que tenemos para con el grupo de ayudar a que MIA crezca en número y en fuerza.

Para esto debemos estar dispuestas a introducir a nuestra conducta diaria nueva actitudes que nos ayudarán en el logro de este propósito.

Hay algunas tácticas útiles para reclutar, cultivar y envolver más mujeres al movimiento tales como:

1 *Tener una lista de personas*: por ejemplo, cuando alguien te pregunta sobre el movimiento y se ve interesada en obtener mas información debes pedirle su dirección y teléfono para que luego te comuniques con ella. También fíjate en los nombres de personas que envían cartas al editor de tu periódico referentes a la situación de la mujer y trata de comunicarte con ellas.

Además puedes hacer una lista de personas relacionadas con alguna asociación o grupo que más tarde pueda sernos útil.

2 *"Pesca" de miembros*: no pierdas la ocasión de obtener por lo menos el nombre y el teléfono de una persona en cualquier reunión, conferencia o actividad a la que asistas. Una buena forma es estar atenta a las personas que expresen una posición similar a la tuya sobre un mismo asunto (es posible que tenga también una posición similar a la tuya respecto a la situación de la mujer). Trata de intercambiar impresiones con ella y si lo crees conveniente coge su teléfono y dirección.

3 *"Crianza" de Miembros*: muchas mujeres, antes de entrar a un movimiento activo, necesitan que le brindemos asistencia. Debemos dedicar tiempo para contestarle sus preguntas, aclararle sus dudas y ayudarlas en lo que se adapta al grupo. También podríamos

a) proveerle toda la información necesaria sobre el grupo y sus intereses inmediatos.

b) tratar de descubrir sus habilidades e intereses para así encaminarla en las áreas en las que pueda contribuir y aprender más.

4- *Para unirla a un comité*: algunas mujeres podrían sentirse tímidas e incómodas para entrar a un comité porque piensan que no tienen los conocimientos necesarios para trabajar en ese comité. Para que rompa esas barreras y se incorpore al comité la invitación podría ser...¿podrías ayudarnos en...? (pues así sentiría que va a trabajar al mismo nivel que las demás).

En estos momentos en los que se está luchando por el reconocimiento de los derechos de la mujer, no podemos dejar pasar por alto un incidente que violenta y obstruye el reconocimiento de otros derechos tan justos como los que pide la mujer. Nos referimos a los incidentes ocurridos por la utilización de la Guardia Nacional en las huelgas de los trabajadores de la Autoridad de Fuentes Fluviales y los bomberos.

No interesamos juzgar aquí, ni tampoco apoyar las demandas específicas de estos obreros y obreras en huelga. Lo que nos interesa es destacar el hecho de que se les echara encima las fuerzas de la Guardia Nacional y se les confrontara indefensamente a los soldados y las bayonetas, causando de esta forma confrontamientos no sólo entre las partes envueltas directamente, sino también entre un gran número de personas que estaban por los alrededores y que sufrieron los efectos de las piedras y los gases lacrimógenos.

Los trabajadores son y han sido al igual que las mujeres, un sector oprimido, y al igual que éstas deben unirse para reclamar sus derechos y un trato justo. No sólo por esto debemos hacer estas declaraciones sino también porque dentro del grupo trabajador las mujeres tienen un papel muy importante. Como mujeres en este sector, han sido grave y hondamente explotadas, por lo tanto como miembro del sector obrero esta doblemente oprimida.

La mujer trabajadora de nuestra época resume en sí misma dos sectores que padecen los tratos más injustos. Cuando se incorpora a la mujer a las fuerzas de producción se le incorpora como mano de obra barata, no se le ofrece las mismas oportunidades de empleo según su capacidad, ni se le juzga por esto en la promoción de puestos. Por otro lado, a la mujer se le exige que continúe realizando las mismas labores en su hogar, labores que deberían ser compartidas por ambos cónyuges de la misma forma que ahora comparten la tarea de ganar el sustento económico.

Es así, de esta manera desigual y discriminatoria que se la incorpora como mujer a la clase trabajadora, clase que ha sufrido y luchado por lograr que se le reconozcan sus derechos como lo son el derecho a la huelga y el derecho a exigir mejores, mas justas y seguras condiciones de trabajo.

Toda lucha por reivindicaciones de la clase trabajadora tiene que ser apoyada por las mujeres, ya sea por los intereses que como perteneciente a esta clase tenga y/o principalmente porque todos los sectores que luchan por hacer valer sus derechos deben apoyarse entre sí, en el punto donde se unen una larga tradición de injusticias en su contra y un objetivo común: el reconocimiento de sus justos derechos.

Ana I. Rivera

13 de julio de 1973.

Ponencia presentada por Ana I. Rivera
Lassén, Coordinadora General de Mujer
Intégrate Ahora (MIA) en las vistas
públicas del día 11 de septiembre de 1973
ante la Comisión de lo Jurídico Civil de
la Cámara de Representantes.

Al examinar los proyectos de la Cámara 149 y 516, no dudamos que responden a un interés por mejorar la situación de la mujer puertorriqueña, pero nos cuestionamos si en realidad lo logran. El proyecto de la Cámara 149 tiene como motivo reconocer en la mujer capacidad para representar y defender los derechos que le pertenecen en la sociedad legal de gananciales. Creemos que esto no es en realidad un adelanto. Con esto solamente lo que se hace es permitir que defienda lo que ella no administra. Tratar de aliviar una situación con remedios incompletos no arregla nada. De qué sirve derogar la regla 15.3 del Procedimiento Civil si no se enmiendan, por ejemplo, los artículos 91 y 93 del Código Civil, que niegan la participación igualitaria de la mujer en la sociedad legal de bienes gananciales.

Tampoco se garantiza el cumplimento del mandato constitucional que prohibe el discrimen por razón de sexo, derogando el artículo 6 del Código de Comercio como pretende el Proyecto de la Cámara 516. Para garantizar que no se limite a la mujer en su derecho de escoger su ocupación, se debe hacer una revisión de las leyes protectoras de la mujer trabajadora y del régimen de la sociedad legal de gananciales como lo hecho por la Comisión de Derechos Civiles.

Creemos que si realmente se quiere presentar proyectos de ley que ayuden a resolver los problemas de la mujer puertorriqueña, deben ser unos que recojan las recomendaciones de la Comisión de Derechos Civiles en su informe sobre *La Igualdad de Derechos y Oportunidades de la Mujer Puertorriqueña*, ya que en dicho estudio se presentan una serie de leyes que violan la Constitución del Estado Libre Asociado de Puerto Rico, y que son el punto de partida de situaciones de discrimen en contra de la mujer, como lo son las situaciones que pretenden resolver estos dos proyectos de ley.

Es por eso, porque no creemos que los Proyectos de la Cámara 149 y 516 van a solucionar en alguna medida los problemas de la mujer puertorriqueña, que no apoyamos la aprobación de los mismos. Consideramos que son proyectos que crearían un vacío y una confusión en la interpretación de las leyes que rigen la sociedad legal de bienes gananciales. Nos parece que en vez de dar derechos, lo que se hará con esto es quitar derechos ya que lo que se quiere eliminar son las excepciones que ayudan a aliviar un poco la situación de la mujer. No creemos que eliminando las excepciones se solucione nada, sino que yendo directamente a las leyes que hacen necesarias estas excepciones sí se logrará. Lo que podría suceder es que se deje a la mujer más desamparada de lo que está si se aprueban estos dos proyectos de ley. Creemos que se deben presentar proyectos de ley que revisen el Código Civil, en cuanto al Derecho de Familia, especialmente el régimen de la sociedad legal de gananciales, y las leyes protectoras de la mujer trabajadora puertorriqueña.

PROPUESTA PARA UNA PRESIDENCIA ROTATIVA

Por Nilda Aponte Raffaele

Es importante que todas las miembros de MIA participen en la dirección y desarrollen liderato a través de la experiencia de presidir reuniones y actividades de la organización.

Para lograr este fin se propone que los puestos de coordinadora general y secretaria sean rotativos por intérvalos de dos meses.

Serán elegibles a ocupar dichos cargos aquellas personas que:

1) Son miembros por un período mínimo de 6 meses

2) Han pagado la cuota de ingreso

Los cargos serán asignados por orden alfabético, comenzando por la persona que sigue a Ana Rivera, quien es la presente coordinadora general. La persona que sigue a la nueva coordinadora general será secretaria. Al expirar dos meses, la secretaria se convierte en presidenta y la persona que le sigue en orden alfabético es la nueva secretaria. El siguiente ejemplo ayudará a ilustrar la propuesta.

Ejemplo: lista parcial miembros.

Babb

Bird

Bliss

Haynes

Mark

Raffaele

Rivera

Yamhure

Pat Yamhure tomaría el cargo de coordinadora y M. Babb sería secretaria. Luego, Margarita tomará el cargo de coordinadora y Mary Bird sería asignada como secretaria. Al cabo de dos meses, Mary presidiría y P. Bliss sería secretaria.

La presidenta tendría las responsabilidades de *presidir* reuniones y *coordinar* actividades.

La secretaria estaría a cargo de tomar minutas y suplir información a los miembros y *mantener la comunicación* entre éstas.

Ni la presidenta, ni la secretaria actuarán como voceros de MIA ante el público, excepto cuando el grupo les asigne esta responsabilidad.

Las dos dirigentes de turno podrán hacer decisiones administrativas con el apoyo de por lo menos tres miembros más. La decisión en este caso no requiere una reunión de grupo.

En circunstancias que exijan decisiones importantes se convocaría reuniones extraordinarias. Un quórum aún por determinarse, decidiría el curso a seguir. Si no hay quórum en la reunión, se convocaría otra reunión. En la segunda reunión se tomará la decisión por los miembros presentes haya o no quórum.

20 de septiembre de 1973

OBJETIVOS, PROPÓSITOS, REGLAMENTO, POSICIONES

Octubre 1973

I.   Propósito

Ayudar a lograr la completa realización de la mujer como individuo dueño de sí mismo, capaz de tomar decisiones y de dirigir su vida, y su integración a las fuerzas de cambio de la sociedad, con plena igualdad de derechos en todos los aspectos de la vida.

II.   Objetivos

A.   Abogar para que se enmienden las leyes que discriminan contra la mujer.

B.   Abogar por mayor representación femenina en las estructuras políticas.

C.   Enfocar la educación hacia una integración plena de la mujer en la sociedad, aboliendo los conceptos y roles establecidos a base de sexo.

CH.   Crear conciencia en la mujer de los problemas que le afectan.

D.   Exigir la implantación de centros de cuidado diurnos para niños donde tanto el padre como la madre trabajen fuera del hogar.

E.   Mejorar la imagen de la mujer que se expone a través de los medios de comunicación.

III.   Reglamento

A.   Reuniones

1.   Primer y tercer jueves de cada mes a las 7:30 PM.

2.   En un sitio debidamente acordado en la reunión anterior.

B.   Miembros

1.   Mujeres - Sin distinción de status social, educacional, político, económico o racial.

2.   Hombres - Serán aceptados como miembros auxiliares si así lo desean y si muestran apoyo a los objetivos.

3.   Miembros por correspondencia - Serán aceptados como miembros por correspondencia aquellas personas que muestren interés pero no puedan asistir a reuniones. Tendrán derecho a todos los boletines de MIA.

a.   Un miembro por correspondencia puede hacerse miembro regular si comienza a asistir a las reuniones y su clasificación será efectiva después de cuatro meses de asistir consecutivamente a las mismas.

b.   Esta regla (a) es aplicable inversamente a los miembros regulares.

C.   Directiva

1.	Puestos Rotativos (dos meses) - Todo miembro regular de seis meses o más tiene la obligación de servir de una lista alfabética.

   a.	Coordinadora general - Presidirá reuniones, coordinará actividades.

   b.	Secretaria - Tomará minuta. Pasará a ser coordinadora general automáticamente.

2.	Tesorera - Se elegirá una tesorera anualmente. Ser tesorera no le impedirá tener un puesto rotativo.

3.	Cuando sea necesario y por votación se elegirá una portavoz de la organización para un propósito específico. Por ejemplo, una miembro que sepa de leyes nos puede representar en vistas públicas de la legislatura.

4.	Decisiones - La Coordinadora General junto con la Secretaria y dos personas más podrán tomar decisiones administrativas sin reunión formal. Para decisiones substantivas es necesario convocar una reunión con el propósito específico.

5.	Quórum

CH.	Comités de Trabajo - Se nombrarán Comités de Trabajo según sean necesarios.

D.	Finanzas

1.	A cargo de la Tesorera

2.	Cuotas

   a.	Anualmente

   b.	Los miembros podrán elegir entre $20, $10, $5 y $2, de acuerdo a sus posibilidades.

3.	Donaciones - Se aceptarán donaciones

4.	Actividades especiales - Según sean necesarias

NUESTRA POSICIÓN FRENTE A PROBLEMAS BÁSICOS

1.	Justicia Social

Al enfrentar el problema de la liberación femenina ante la sociedad actual, encontramos que el triunfo del movimiento feminista no se puede dar sin unos planteamientos de justicia social.

Vivimos en una sociedad donde existen presiones económicas y sociales de profunda desigualdad entre las personas que la integran.

Creemos en la igualdad de derechos de todos los seres humanos a un desarrollo pleno de sus capacidades y en la obtención de una buena educación, servicios médicos, vivienda y todo lo necesario para una vida tranquila que ayuda a crear hombres y mujeres con capacidad creativa y fructífera.

La liberación femenina es imposible si con ello se pretende integrar a las mujeres a las fuerzas que conservan las desigualdades sociales, perpetuando así la injusticia social.

Entendemos que liberación femenina es parte de una liberación del ser humano y no puede unirse a nada que signifique la prolongación de las causas de dominación que les dieron origen.

Nuestro grupo aspira, por lo tanto, a fomentar el desarrollo de una mujer con capacidad de enfrentarse a la sociedad, reconocer sus problemas y ofrecer soluciones; una mujer que se integre a las fuerzas de cambio de la sociedad para lograr una mayor justicia social y una sociedad liberada de prejuicios, basada en los derechos civiles de los individuos y en la igualdad de todos a la realización plena de sus capacidades.

2.   Educación

La Carta de Derechos de la Constitución de Puerto Rico en su sección 1 dice: "No podrá establecerse discrimen alguno por motivo de raza, color, sexo, nacimiento, origen o condición social, ni ideas políticas o religiosas. Tanto las leyes como el sistema de instrucción pública encarnarán estos principios de esencial igualdad humana", sin embargo, la educación en Puerto Rico está dirigida hacia un enfoque de funciones a base de sexo.

Abogamos para que se enfoque la educación hacia un integración plena de la mujer en la sociedad, aboliendo conceptos y funciones establecidos a base de sexo.

Abogamos por un sistema de educación co-educacional con fines de educar la joven generación a la idea de igualdad total entre niños y niñas, mujer y hombre.

Creemos que la educación es uno de los puntos más importantes en la formación de los individuos por lo que no puede estar dirigida hacia la continuación del prejuicio en contra de la mujer.

Educación Sexual

Creemos que la educación sexual debe ir conjunta y gradualmente con la enseñanza escolar, como garantía de una formación sexual saludable y beneficiosa en el desarrollo de los individuos, por lo tanto, abogamos por:

1)   Un programa de orientación en el funcionamiento del sistema reproductivo femenino y el masculino.

2)   Propaganda dirigida tanto a mujeres como a hombres sobre los beneficios de los métodos anticonceptivos.

3)   Ofrecer información detallada sobre los métodos anticonceptivos a la mujer u hombre que la solicite (sin importar edad) y brindarlos gratis a quien los desee, conjuntamente con exámenes médicos, periódicos y servicios sociales.

3.   Abortos

Creemos en la legalización del aborto como parte de la protección de los derechos de la mujer sobre su persona.

En Puerto Rico el aumento en el número de abortos ilegales es alarmante, más cuando se llevan a cabo en condiciones pésimas de higiene y con fines de lucro de parte de las personas que los llevan a cabo.

Apoyamos la legislación que permita los abortos a solicitud de la mujer interesada, con orientación y los servicios de agencias gubernamentales apropiadas.

4.   Amor Libre

No creemos en el uso del término amor libre para definir las relaciones sexuales fuera de normas matrimoniales, porque creemos que este término tiene una connotación negativa de parte de la sociedad.

Creemos en la libre autoridad de los individuos a llevar a cabo dichas relaciones siempre y cuando sean relaciones donde no impera la explotación o dominación de ninguna de las dos partes.

5.   Prostitución

Creemos en la legalización de la prostitución como remedio inmediato a la situación de explotación de que son víctimas las que se dedican a dicha ocupación.

6.   Homosexualidad

Creemos en la igualdad de los homosexuales como seres humanos y como individuos con todos los derechos y deberes de ser miembros de la sociedad.

Creemos que las relaciones homosexuales deben ser basadas en la igualdad de ambas partes y no en la dominación de una y la subordinación de la otra parte.

7.   La Familia

La reevaluación de las funciones de cada sexo gira alrededor de la relación básica del hombre y la mujer tal y como existe en la institución de la familia. El núcleo familiar tradicionalmente consiste del padre, proveedor principal, si no único; la madre, encargada de la crianza de los hijos y el cuidado del hogar, y los hijos como elemento esencial.

La integración de la mujer no aboga por la disolución de esta tradicional institución. Pero sí se quiere insistir en que otras alternativas a la naturaleza de este núcleo son preferibles para un gran número de mujeres y son aceptables para sus compañeros.

COMUNICADO DE PRENSA - 6 de noviembre de 1973

MIA Mujer Intégrate Ahora
Apartado 21515, Estación UPR
Río Piedras 00931

ASUNTO: PRIMER CICLO DE CONFERENCIAS EN TORNO A LA MUJER

Para el logro de una integración plena de la mujer en la sociedad y el disfrute de todos sus derechos como ser humano, es necesario antes de todo crear conciencia en ella de los problemas que le afectan. Es preciso a la vez presentar estos problemas a la sociedad entera en la búsqueda de su solución. Con estos propósitos auspiciamos este ciclo de conferencias. Comprendemos que este número reducido de temas no abarca la problemática de la situación de la mujer puertorriqueña pero esperamos que estos sirvan de comienzo para el desarrollo de una temática puertorriqueña en torno a la mujer.

SITIO DE LAS CONFERENCIAS: Sala de conferencias - Instituto de Cultura (Antiguo Convento de los Dominicos)

HORA: 8:00 PM

FECHA	TEMAS
Viernes, 9 de noviembre	"La mujer puertorriqueña en el derecho laboral" Licenciada Nilda Cordero
Viernes 16 de noviembre	"El papel del hombre en el movimiento feminista" Dr. Marcelino Canino, Facultad de Humanidades, Universidad de P.R.
Viernes 23 de noviembre	"La mujeres y los conflictos obreros-patronales" Licenciada Josefina López de Victoria
Viernes 30 de noviembre	"La mujer puertorriqueña y el derecho de familia" Licenciado J. L. A. Passalaqua, Facultad de Derecho Universidad de Puerto Rico.
Sábado 8 de diciembre	"María Cadilla" Escritora puertorriqueña Dr. Marcelino Canino, Facultad de Humanidades, Universidad de Puerto Rico
Viernes 14 de diciembre	"El feminismo en el movimiento obrero a principios de siglo" Angel Quintero, autor del libro *Lucha Obrera*.

LA MUJER PUERTORRIQUEÑA NEGRA

Ana Irma Rivera Lassén

(Este escrito se compone de notas de una presentación hecha en 1974, por lo que posiblemente algunas ideas no tengan mucho desarrollo.)

En este tema tenemos que comenzar hablando de la esclava, ya que la influencia de lo que fue la esclavitud se ve todavía en la permanencia de costumbres, actitudes y condicionamientos en contra de la mujer negra, que entendemos provienen de esa época.

La mujer negra que sufrió el trato cruel e inhumano de la esclavitud vivió bajo los prejuicios no sólo raciales en su contra sino también bajo los prejuicios que como mujer tuvo que sufrir.

Esta mujer fue vista como objeto sexual y artefacto de diversión para sus amos blancos que pagaban más por ella, por los servicios adicionales que podrían obtener y por la fuente o máquina de reproducción que eran las esclavas. A la vez significaban un aumento potencial del capital de sus dueños. La labor de cuidar niños y realizar tareas en la casa de los blancos fue tarea de las esclavas, aunque sabemos que muchas realizaban también tareas iguales a las que hacían los varones en el campo.

Los maltratos que desde el principio sufrieron las esclavas negras son expresados por algunos autores de la siguiente manera:

"Con la llegada de los primeros esclavos negros, un nuevo tipo de mestizos - el mulato - fue agregado a la población. Este hecho se debió principalmente al abuso que fueron objeto las mujeres africanas por parte se sus "amos". Además, se cuenta que muchas de estas mujeres habían sido ultrajadas por los marineros y hasta por los mismos traficantes de esclavos en los puertos africanos antes de iniciar el viaje hacia América" [1].

Este autor, al tratar de explicar la mezcla de razas que se dio en la Isla, a pesar de las leyes que prohibían las uniones entre razas y el concubinato, dice que "la familia se desintegraba debido a la desproporción de los sexos entre los blancos y al aislamiento. Muchos colonizadores casados habían dejado sus familias en la península, pero su noción de superioridad racial hacia las negras e indias con quienes convivían aligeraba las conciencias. En las uniones ilegales la mujer carecía de todo derecho y los hijos ilegítimos no creaban más que responsabilidades morales, algunas veces olvidadas. Esto hizo de muchos

---

[1] Ribes Tobar, Federico. *La Mujer Puertorriqueña*, Plus Ultra Educational, New York, 1972, Página 45

hogares mestizos un matriarcado donde no siempre el padre contribuía a la manutención de los hijos. La pobreza de los soldados sólo les permitía vivir con sus míseros recursos, uniéndose a las negras y nativas". [2]

Señala el mismo autor, que también se veían matrimonios con hijos de diferentes tonos de piel y rasgos raciales diferentes viviendo bajo un mismo techo, debido a que muchos españoles enviudaban jóvenes y volvían a casarse con mujeres negras.

Si los valores del proletariado son los de la clase dominante, no debía sorprender al autor que para el siglo XIX las mujeres de color libres gustaran vestir también con ropas ostentosas, con lujo al igual que las blancas [3].

Aunque para 1881 se derogó la ley que obligaba a individuos de distintas razas a obtener un permiso especial para contraer matrimonio, la visión que se creó fue que los matrimonios entre blancos y negros era algo mal visto, independientemente de que efectivamente la gente se mezclara racialmente.

Si vemos el censo de la Isla en 1854 notaremos que la mayoría de la población era la suma de las personas negras, las personas esclavas libres y las personas mulatas:

Blancos :   (hombres) 119, 438, (mujeres) 118, 248, total: 237,686
Mulatos :   (hombres) 89,036, (mujeres) 90,980, total: 180,016
Negros libres: (hombres) 14,228, (mujeres) 13,604, total: 27,832
Esclavos: (hombres) 25,156, (mujeres) 21,762, total: 46,918
Total general de habitantes : 492,452[4]

Se dice, sin embargo, que ahora en Puerto Rico es más blanca la población. La existencia actual o no de un patrón de emblaquecimiento de la población en la Isla, no debe ser discutida en términos de cuántas personas de una u otra raza hay, sino de los prejuicios raciales que tenemos; de la permanencia de lo blanco como norma en nuestros valores.

Tendremos que analizar cuál es la influencia de la esclavitud en las perspectivas de la mujeres negras. Igualmente, si analizáramos la situación de las mujeres tanto negras como blancas de la época, tendríamos que ver también los paralelismos en la falta de derechos que ambas compartieron. El mismo Ribes Tovar señala hablando de la mujer blanca isleña, que ésta "se entregó con devota dedicación a formar y conservar su hogar cristiano. Su acatamiento y subordinación económica e intelectual al marido era absoluta; su acatamiento de las leyes y normas religiosas, muy estricto y sincero."[5]

---

[2] Ibid, Página 34.
[3] Ibid, Página 87.
[4] Coll y Toste, Cayetano, Historia de la esclavitud en Puerto Rico, Sociedad de Autores Puertorriqueños, 1972, página 249.
[5] Ibid,página 35.

La visión de la mujer, especialmente de la mujer negra, como un efecto comerciable, objeto sexual y máquina de reproducción, para mí está vinculada a esa visión que se creó desde la esclavitud.

[1974]

PONENCIA DE MUJER INTÉGRATE AHORA (MIA) SOBRE LAS LICENCIAS DE MATERNIDAD DEL REGLAMENTO DE LA UNIVERSIDAD DE PUERTO RICO

Vistas Públicas, Comisión de Derechos Civiles, 25 de febrero de 1974.

El Reglamento de la Universidad de Puerto Rico obliga a las maestras que han pasado el tercer mes de embarazo al comienzo del semestre a solicitar licencia por dicho semestre (Capítulo VI, Sección 6, Artículo 1). El Artículo 3 de esa sección además prohibe la otorgación de "contratos para enseñar en la sesión de verano a maestras que hayan pasado del quinto mes de embarazo". Creemos que esta disposición o cualquier otra que obligue a una mujer a dejar el trabajo cuando goza de buena salud y puede continuar rindiendo una labor resulta en una limitación al derecho de trabajar. Es una restricción a la mujer en el empleo, el fijarle arbitrariamente una fecha para acogerse a la licencia por maternidad sin tomar en consideración su estado de salud y su capacidad individual para continuar rindiendo una labor productiva si así lo desea. Creemos que la reglamentación de licencia de maternidad debe permitir que la decisión de cuándo dejar de trabajar durante el embarazo recaiga sobre la mujer y su médico teniendo en cuenta las circunstancias del caso. En una reciente decisión de la Corte Suprema de los Estados Unidos (Cleveland Board of Ed. v. La Fleur - cita exacta no disponible), se declaró inconstitucional el hacer compulsoria la licencia por maternidad. Recomendamos a la Comisión el estudio de la aplicabilidad de esta decisión a Puerto Rico.

Queremos enfatizar que no estamos recomendando la eliminación del descanso por maternidad. Por el contrario, creemos que la mujer tiene derecho a este descanso debido a su función especial y única de alumbrar nuevos miembros a la sociedad. Es obligación de la sociedad, tanto de sus hombres y mujeres como de sus instituciones el garantizar medidas apropiadas para el alumbramiento seguro de un niño. Estas medidas no deben limitar a la mujer en su deseo y capacidad de desarrollo en el trabajo y contribución plena en la sociedad.

El Reglamento también estipula que el personal exento no docente se regirá por las disposiciones aplicables al personal perteneciente al Servicio por Oposición. Estas empleadas tienen que acogerse a un descanso de 28 días antes y 28 días después del parto, con derecho al pago de medio sueldo, mientras que las maestras embarazadas no tienen derecho a ninguna compensación y sólo pueden recibir la cantidad correspondiente a las licencias acumuladas por enfermedad y vacaciones ordinarias. Hemos notado en el Reglamento que al otorgar licencias de sabática (Sección 2, Artículo 6), se le paga sueldo completo a los empleados que se acogen a ésta. Es interesante también notar la enmienda legislativa aprobada el 25 de mayo de 1973 (L. Núm. 34) de la "Ley Municipal," para que lea como sigue (en parte): Artículo 93-B (a) "Toda empleada embarazada tendrá derecho a solicitar que se conceda licencia con sueldo por maternidad. Dicha licencia comprenderá un período de (4) semanas antes del alumbramiento y cuatro (4) semanas después. Durante el período de la licencia de maternidad la empleada devengará la totalidad de su sueldo..."

En este caso no acabamos de entender por qué se le paga medio sueldo al personal exento no docente que se acoge a licencia por maternidad y no se le da ninguna clase de compensación al personal docente. Las maestras embarazadas tienen que renunciar a su derecho a vacaciones y enfermedad porque el reglamento universitario no provee licencia por maternidad con paga alguna. Las licencias por enfermedad y vacaciones son derechos que le corresponden tanto a la mujer como al hombre como trabajadores, mientras que la licencia de maternidad es algo aplicable solamente a la mujer. De manera que obligar a las maestras a acogerse a la licencia de enfermedad y vacaciones para cumplir con su función biológica en la sociedad constituye un discrimen por razón de sexo. Creemos que tanto al personal exento no docente como al docente se le debe garantizar el derecho de escoger cuándo debe acogerse al descanso por maternidad, según su condición de salud individual.

Invitamos a la Comisión a estudiar el caso de la Profesora Inés Feliciano de Margary, en el Recinto de Cayey. La Profesora Margary acaba de retar estas normas en base de que son inconstitucionales. La Constitución de Puerto Rico específicamente prohibe el discrimen por razón de sexo. En su Artículo 2, Sección I dice, "No podrá establecerse discrimen ninguno por motivo de raza, color, sexo, nacimiento, origen o condición social, ni ideas políticas y religiosas".

Se le ha enseñado a jugar con muñecas, pero también juega fútbol y béisbol. Ha sido criada para ser esposa y madre, pero también puede ser doctora, dentista, música o policía. Ella puede hacer y ser lo que quiera.

Ese es el tema de la primera exposición de diapositivas sobre la mujer puertorriqueña que se presentará el viernes en Plaza las Américas en conmemoración del Día Internacional de la Mujer. La exposición fue montada por mujeres con el auspicio de Mujer Intégrate Ahora, (MIA), una organización feminista local. El propósito es, además de mostrar a la mujer puertorriqueña como es y ha sido, también y más importante, mostrar lo que puede ser cuando decide liberarse.

La presentación comienza con una historia corta sobre la mujer tradicional - desde la niñez y adolescencia hasta el día de su boda y luego cuando se convierte en madre y abuela. Continúa mostrándola como el objetivo principal y la víctima de la sociedad de consumo, en su búsqueda vana por la juventud y la belleza. Esta es la mujer tradicional, limitada por las definiciones sociales de lo que significa ser mujer.

La exposición avanza para enseñar que hay mujeres puertorriqueñas que han optado por más, muestra a esas mujeres como estudiantes, trabajadoras, artistas y profesionales. Ella ha estado en la línea de piquetes, en la fábrica, en la oficina, en el hospital, en el salón de clases, detrás de un micrófono, dirigiendo una reunión, en la legislatura y más.

Son mujeres también las que están a cargo de la exposición. Las diapositivas se tomaron por mujeres, quienes, con una o dos excepciones, no son fotógrafas profesionales. El trabajo de edición, la selección de la música, el libreto y la publicidad fueron todas hechas por mujeres, quienes, más allá de su participación voluntaria en la presentación, son estudiantes, amas de casa, administradoras, periodistas, artistas y doctoras.

La fecha del 8 de marzo se seleccionó por MIA, no sólo como un gesto de solidaridad con la mujer puertorriqueña, sino con todas las mujeres del mundo. En 1908, en este día, las mujeres obreras del bajo Manhattan se lanzaron a las calles en protesta de su propia explotación y la de sus niños y niñas. Demandaron mejores condiciones de trabajo, poner fin al trabajo infantil, una jornada de trabajo más corta y mejores salarios.

Su causa, y la causa de todas las mujeres, fue reconocida por Clara Zetkin, una delegada alemana al Congreso de la Internacional Socialista en Copenhagen en 1910. Zetkin le pidió al Congreso que honrara a estas mujeres proclamando el 8 de marzo como el Día Internacional de la Mujer. La moción se aprobó unánimemente.

La compañera Ana Rivera Lassén fue invitada por Pathfinder Press (casa editora norteamericana) el 8 de marzo de 1975 a participar en las celebraciones del Día Internacional de la Mujer en Nueva York, en calidad de miembra de la junta editorial de EL TACÓN DE LA CHANCLETA y Coordinadora General de la organización Mujer Intégrate Ahora (MIA). (Foto El Tacón por Maritza Durán Aléstica)

Celebración del Día Internacional de la Mujer en Plaza las Américas auspiciada por Mujer Intégrate Ahora, 8 de marzo de 1974. Foto archivos MIA, 8 de marzo de 1974.

Conferencia de Prensa
Sociedad de Bienes Gananciales

La organización feminista Mujer Intégrate Ahora ha convocado esta conferencia de prensa para hacer pública su protesta ante la actitud de dejadez e indiferencia que ha tomado el gobierno hacia la realidad de la desigualdad de la mujer en la administración de los bienes de la sociedad legal de gananciales.

Muestra de esta actitud es la posición del Comité de Revisión del Código Civil, compuesto, por cierto, de once personas de las cuales sólo una es mujer.

Dicho Comité ha negado, en efecto, su respaldo a una reforma de la administración de la sociedad legal de gananciales, lo cual es una afrenta a los preceptos básicos de igualdad. No es propio de un partido que se comprometió con el pueblo, y citamos de la plataforma del Partido Popular, "a reformar las instituciones y fomentar nuevas actitudes que estén más en consecuencia con los ideales de justicia e igualdad que nuestra sociedad profesa a la mujer." A estos efectos: "3a. Estableceremos un sistema de coadministración de bienes gananciales." Queremos señalar que esta actitud de indiferencia prevalece entre los legisladores de todos los partidos, ya que ninguno ha ofrecido una reforma efectiva.

El gobierno no ha tomado tan siquiera el primer paso: la aprobación en el Senado de la Resolución Concurrente de la Cámara #21 que declararía como política pública del Estado Libre Asociado de Puerto Rico la igualdad de derechos y oportunidades de la mujer puertorriqueña. Si fuera verdaderamente programático del Partido Popular no estaría aún pendiente por el Senado al cabo de más de un año de su aprobación por la Cámara.

Otra manifestación de esta actitud irresponsable es la redacción de los proyectos que bregan directa o indirectamente con la administración de la sociedad legal de gananciales. Están incompletos y muestran una crasa falta de investigación legal.

Aún si no fuera una promesa política es un derecho constitucional bajo la Sección 1 del Artículo 2 de la Constitución del Estado Libre Asociado, la cual prohibe el discrimen por razón de sexo. Exigimos igualdad, ni más ni menos; esa es la garantía constitucional.

Los derechos afectados son los de más de la mitad de la población. Merecen la más seria atención de los legisladores; no basta meramente con presentar una serie de proyectos aislados. De nada vale que un "Comité de Reforma" alegue que no es posible la equiparación jurídica de los cónyuges en la administración de los bienes gananciales. La justicia *exige* la igualdad. Para lograr una reforma efectiva el primer y esencial paso es la comparación concienzuda de las leyes de los bienes matrimoniales de otros países donde se ha logrado (sí, es posible) la equiparación de los cónyuges. De estas leyes los legisladores podrán determinar cuáles son aplicables a la realidad puertorriqueña.

Se ha reconocido el principio de la igualdad de los cónyuges en la administración de los bienes matrimoniales en muchos países del mundo. En Latinoamérica, Costa Rica (1888), Colombia (1932), y Uruguay (1946) han realizado esta igualdad. En Europa, Suecia, Dinamarca, Finlandia, Noruega, Holanda, Alemania Oriental, Alemania Occidental, Hungría, Polonia, Rumania, Rusia y Yugoslavia han hecho efectiva la igualdad de los cónyuges en la administración de los bienes matrimoniales. En los Estados Unidos, de los ocho estados que tienen sistemas de comunidad de bienes, Texas, Washington y Nuevo México admiten dicha igualdad.

Por lo visto el legislador puertorriqueño tiene muchos ejemplos de los cuales podría elaborar una reforma adecuada para garantizar a la mujer casada una igualdad de derechos con el hombre en la administración de los bienes gananciales.

Ni el P. de la C. 44, ni el P. de la C. 543, ni el P. del S. 472 alcanzan a hacer una reforma completa y factible para las realidades de la sociedad puertorriqueña.

El propuesto sustituto para el P. de la C. 44, que haría compulsorio a los futuros cónyuges escoger, al contraer matrimonio, entre la administración conjunta, la administración en manos del hombre o la administración en manos de la mujer, resulta ser aun menos satisfactorio, perpetuando el *status quo* en su práctica. En la práctica, la administración conjunta tal y como está presentada no seria una verdadera opción, ya que la equiparación jurídica no se logra al meramente expresarse las palabras "administración conjunta." Es decir, hacen falta normas que regulen los poderes de administración y disposición de cada cónyuge y de la distribución de la responsabilidad por las deudas. Este proyecto sustituto no garantizaría en ninguna medida el derecho a la administración equitativa de la propiedad comunitaria. Dicho derecho tiene que ser garantizado directa y efectivamente ante la ley. Hemos recalcado que en muchos países se ha logrado y se han confeccionado varias posibles soluciones. Las soluciones existen, lo que hace falta es un interés genuino de parte de los legisladores en implementarlas.

Pero los legisladores de súbito toman interés cuando sus constituyentes se manifiestan. El pueblo de Puerto Rico tiene que alzar su voz, reclamando la realización del principio de igualdad, constitucionalmente garantizado y tan libremente prometido.

Manifiéstate al Gobernador, Honorable Rafael Hernández Colón, La Fortaleza, San Juan o al Honorable Presidente de la Cámara, Ernesto Ramos Yordán o al Honorable Presidente del Senado, Juan Cancel Ríos a los siguientes efectos:

"Como ciudadano responsable me interesa que se presente ante la próxima sesión legislativa un proyecto de ley efectivo garantizando a los cónyuges igualdad en la administración de los bienes gananciales."

26 de junio de 1974

Integrantes de Mujer Intégrate Ahora con Gloria Steinem cuando visitó a Puerto Rico en el 1974. De izquierda a derecha de pie, Margarita Babb, Esther Figueroa, Olga Rico, Alma Méndez Ríos, Peggy Ann Bliss, Gloria Steinem, Ronnie Lovler. Sentadas, Ana Irma Rivera Lassén, Dorothy Haynes, Patricia Shahen y Elena Davies. Foto archivo Mujer Intégrate Ahora.

COMUNICADO DE PRENSA

Prisioneras políticas y mujeres uruguayas en el exilio denuncian violaciones a derechos civiles y torturas

En una carta dirigida a la organización feminista puertorriqueña Mujer Intégrate Ahora (M.I.A.) un grupo de mujeres uruguayas pide se denuncie en la Isla lo que ocurre en cárceles uruguayas.

De una población de dos millones setecientos mil habitantes, en 187,000 kilómetros cuadrados de superficie hay aproximadamente siete mil presos políticos; uno de cada cuatrocientos está preso por razones políticas. Uno de cada 40 habitantes ha sido detenido por las mismas razones; uno de cada setenta habitantes ha sido torturado, y uno de cada cinco habitantes ha emigrado del país en los últimos cinco años buscando trabajo y seguridad para él y sus hijos.

A algunos detenidos se les ha arrancado las uñas de pies y manos. Se les tiene de pie, con los miembros en tensión, sin comida y sin alimentos durante largas horas. A algunos se les monta sobre barras de hierro filosos. Estas torturas son denunciadas por los que logran salir o por oficiales del ejército que no resisten más presenciarlas.

Todas las torturas se aplican a hombres y mujeres, pero sobre ellas se agregan las violaciones sexuales de que son objeto por un personal bestializado que concurre hasta en los días de descanso, cuando saben que nuevas mujeres han ingresado detenidas. Son muchas las mujeres detenidas y asesinadas, las dos últimas Silvina Saldaña e Hilda Delacroix.

Estas mujeres detenidas son personas de altas cualidades morales, de gran ternura como madres, esposas, como amigas, de gran sentimiento patriota y humanista y entereza para defender, con su voz o con su pluma, la libertad y la justicia.

La organización Mujer Intégrate Ahora (M.I.A.) se solidariza con las mujeres prisioneras del Uruguay. Por todas ellas, y por las mujeres que sufren iguales torturas en Chile, Argentina, Brasil y otros países del Cono Sur de América Latina, elevamos nuestra voz de protesta e indignación. Hay que detener las manos asesinas, lograr que el mundo reclame y consiga el respeto por los derechos humanos. M.I.A. hace un llamado en especial a ti, mujer puertorriqueña, que diariamente eres víctima de atropellos sexuales, o a ti madre puertorriqueña, que te unas a la denuncia de los crímenes cometidos contra las hermanas uruguayas. Envía cartas de protesta al Consulado del Uruguay, Palmeras 55, Santurce; a las Naciones Unidas y al gobierno del Uruguay directamente.

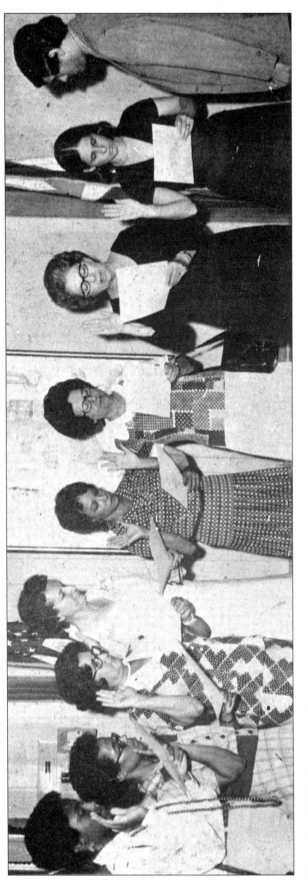

Pro mejoramiento derechos mujer
Ante el Secretario Auxiliar de Estado, Sr. Gustavo N. Agrait, prestaron juramento el jueves las damas designadas recientemente por el gobernador Rafael Hernández Colón para constituir el Comité que tendrá a su cargo laborar por el Mejoramiento de los Derechos de la Mujer. Prestando el juramento de rigor aparecen (de izquierda a derecha), Ana Irma Rivera Lassén, Nilda Aponte Raffaele, Lillian viuda de Ortiz McDonald, Dra. María Teresa Berio, Ivelisse Rodríguez Oquendo, Emma Purcell de Hernández, Mona Marti viuda de De la Torre y Isabel Picó de Hernández.

291

8 de enero de 1975

<u>**MEMORANDO**</u>

A	:	**Hon. Rafael Hernández Colón,** **Gobernador del Estado Libre Asociado** **La Fortaleza**
P/C:	:	**Sila Calderón de González** **Ayudante especial del Gobernador** **La Fortaleza**
P/C:	:	**María Teresa Berio, M.D.** **Presidenta**
DE:	:	**Ana Irma Rivera**
ASUNTO :		**Renuncia**

Por la presente, presento al Honorable Gobernador de Puerto Rico, Rafael Hernández Colón, mi renuncia efectiva inmediatamente al nombramiento que éste me otorgara como Comisionada de la Comisión para el Mejoramiento de los Derechos de la Mujer.

Hoy 8 de enero de 1975 se cumplen para mí 3 años de haber comenzado a defender públicamente los derechos de la mujer en Puerto Rico. Comencé este año proclamado Año Internacional de la Mujer por las Naciones Unidas haciendo una revisión de mi participación en la lucha de nosotras las puertorriqueñas por lograr los cambios sociales necesarios que garanticen nuestra igual participación en el desarrollo del pueblo puertorriqueño.

Cuando se presentó el proyecto de ley que daría origen más tarde a dicha Comisión, yo junto a otras compañeras, defendí personalmente la creación de la misma, convencida en aquellos momentos de que sería un paso adelante en la lucha por los derechos de la mujer. Así mismo, esas compañeras y yo recomendamos posibles candidatas para dichos puestos, partiendo de la premisa de que las personas por nosotras recomendadas eran firmes creyentes de la defensa de los derechos de la mujer y como tales eran conocidas públicamente.

Cuando el Honorable Gobernador de Puerto Rico nombró las nueve (9) personas que por ley compondrían la Comisión, no estuvimos conforme con todos los nombramientos por considerar que se habían dejado fuera personas que hubiesen podido ser de gran valor en dicha comisión, para nombrar otras que eran conocidas miembras y defensoras del Partido Popular Democrático, y por lo tanto teníamos dudas de que ellas pudieran defender puntos a favor de los derechos de la mujer que fueran contrarios a la política oficial de ese partido y del gobierno.

Sin embargo, otras personas que no defendíamos los intereses del partido en el poder y que por encima de diferencias político-partidistas creíamos que la Comisión podía ser de ayuda a la mujer puertorriqueña, fuimos nombradas también aunque en minoría, quizás para balancear aparentemente un poco esa carga político-partidista que ya se rumoraba tendría la Comisión; como tal fui nombrada representando la juventud. Consciente de todo lo antes expuesto acepté dicho nombramiento, creyendo que tal vez tendría una buena oportunidad de defender los derechos de la mujer.

Después de un año me he dado cuenta que dicha Comisión no es para mí el mejor foro. En este Año Internacional de la Mujer quiero dedicar mis esfuerzos a luchar desde las organizaciones feministas puertorriqueñas a que pertenezco y de las cuales soy co-fundadora. Quiero defender los derechos de la mujer desde foros que no estén comprometidos con intereses que no sean los de la mujer y los principios de igualdad humana. La burocracia administrativa, la falta de definición clara de objetivos y principios, así como el silencio de la Comisión como voz defensora de la mujer en el foro público el pasado año, son las razones principales que me han hecho tomar la decisión de renunciar.

Por último quiero hacer constar que no tengo nada personal contra las otras integrantes de la Comisión ya que como personas son de una gran calidad humana. Me alegró el haber compartido con personas que merecen mi respeto y aprecio. No puedo dejar de reconocer en ellas el deseo de que todas la integrantes de la Comisión pudieran dialogar y compartir lo mejor y más fructíferamente posible.

Por todo lo que he explicado quiero comenzar este año de la mujer dedicando mi tiempo principalmente a mis estudios y a la lucha por los derechos de la mujer por medios que estén más de acuerdo con mis creencias.

Mi compromiso es con la defensa de la mujer puertorriqueña, el pueblo puertorriqueño en general y con la lucha por las reivindicaciones sociales necesarias para que todos podamos disfrutar de una sociedad que se funde en principios de igualdad humana y que brinde las mismas oportunidades a todos los seres humanos que la componen.

Atentamente,

(Firmado)
Ana Irma Rivera Lassén

Algunas de las
editoras del
Tacón de la
Chancleta. De
izquierda a
derecha, Alma
Méndez Ríos,
Martiza Durán
Alméstica,
Margarita Babb,
Ronnie Lovler,
Ana Irma
Rivera Lassén,
Ivonne Torres, y
Elizabeth
Viverito
Escobar. Falta
en la foto,
María
Genoveva
Rodríguez. Foto
El Tacón de la
Chancleta,
1975.

MUJER INTÉGRATE AHORA
Apdo. 21515 Estación UPR
Río Piedras, P.R. 00931

27 de enero de 1975

Compañera:

Nuestra organización, Mujer Intégrate Ahora, llevará a cabo una actividad a la que hemos denominado Segundo Acercamiento Feminista.

Como mujer interesada en la situación femenina en la sociedad, te exhortamos a que des tu apoyo a esta actividad. La misma será el día 8 de febrero de 1975, de 10:00 a.m. a 4:00 p.m., en la Biblioteca Carnegie en el Viejo San Juan.

La actividad consistirá en una serie de charlas sobre la situación de la mujer en Puerto Rico.

Participarán como conferenciantes la Dra. Isabel Pico, Lcda. María G. Rodríguez de Carrera, la periodista Norma Valle y otras.

Habrá literatura feminista disponible.

¡¡Asiste y lleva a una amiga contigo!!

MUJER INTÉGRATE AHO-
RA

Olga Rico
Coordinadora General

LA MUJER PUERTORRIQUEÑA: OBJETO DEL CONTROL POBLACIONAL

Presentación de Mujer Intégrate Ahora Ante El Tribunal Internacional de Crímenes Contra La Mujer.
Bruselas, Marzo de 1976.

Preparado por
Ana Irma Rivera Lassén, Alma Méndez Ríos,
Elizabeth Viverito Escobar y
María Cristina Rodríguez Pagán

Presentamos ante EL TRIBUNAL INTERNACIONAL DE CRÍMENES CONTRA LA MUJER el caso de las mujeres de Puerto Rico.

ACUSAMOS a los Estados Unidos de América, Estado que mantiene bajo su dominio a nuestro país,

ACUSAMOS conjuntamente a sus intermediarios en la Isla y a los intereses económicos de explotación que ambos representan:

PRIMERO: De negarnos el Derecho a controlar nuestros cuerpos, utilizándonos como objetos para sus planes de control de la población sin respetar siquiera nuestra integridad como seres humanos.

SEGUNDO: De experimentar con nosotras las puertorriqueñas drogas que todavía están en la fase de estudio como si fuésemos conejillos de Indias o animales de laboratorio.

TERCERO: De haber esterilizado al 35 porciento de la población femenina en edad reproductiva.

CUARTO: De dejar caer sobre las mujeres puertorriqueñas la responsabilidad única de controlar la población aprovechando y perpetuando a la vez los valores machistas de nuestra sociedad.

QUINTO: De asegurar a costa de la explotación de la mujer, los grandes intereses económicos en el poder.

SEXTO: De unir la premisa cultural del pueblo puertorriqueño de que la mujer es la única responsable de la procreación de los hijos a la creencia de que el exceso poblacional causa directamente la pobreza, pudiendo dirigir así todos los métodos del control de la natalidad hacia la utilización de la mujer.

II RELACIÓN HISTÓRICA DE LA PLANIFICACIÓN FAMILIAR EN PUERTO RICO

La campaña pública pro planificación familiar en Puerto Rico, comenzó en el 1925, cuando en Ponce (ciudad al sur de la Isla) un grupo de ciudadanos dirigidos por el Dr. José A. Lanauze Rolón fundaron la Liga para el Control de la Natalidad. La

Liga tenía como tarea crear conciencia pública sobre la necesidad de limitar el número de hijos de acuerdo a las condiciones económicas y de salud de los padres.

Dicha organización recomendó en un Congreso sobre el crimen celebrado en Puerto Rico para ese tiempo, que se eliminara el artículo del Código Penal que convertía la propaganda contraceptiva en un delito grave. La oposición de la Iglesia Católica hizo que durara sólo un año.

Aunque no podemos precisar si hubo otras organizaciones como tal antes de 1925, sí podemos decir que el empuje hacia el fomento de una opinión pública hacia el control de la natalidad estaba desde antes impulsado por personas como el Comisionado de la Salud de 1912-1918 y de 1922-1925, el Sr. William F. Lippit, conocido defensor de la planificación familiar.

Ya en 1930, unos años después, se registran las primeras esterilizaciones post-partum como medida para no tener más hijos de las mujeres con problemas para controlar su fecundidad. Más tarde en 1932, se organizó en San Juan (ciudad capital al norte de la Isla), la Liga Pro Control de la Natalidad, organizada por un abogado y su esposa. Abrió la primera clínica que ofreció servicios anticonceptivos gratis a las madres que lo solicitaban. La duración de esta Liga fue de dos años y terminó por las mismas causas de la primera.

En 1934 se abrió en San Juan una nueva clínica auspiciada por la Administración Federal de Auxilio de Emergencia (FERA), la cual extendió sus servicios a casi todos los pueblos de la Isla. Se organizaron más de sesenta clínicas de salud maternal, bajo la dirección del Dr. José S. Belaval y la cooperación de dos prominentes trabajadoras sociales, Cándida Campos de Córdova y Carmen Rivera de Alvarado. En el 1936, las clínicas cerraron porque la FERA cesó sus funciones. Otro programa federal, la Administración Federal de Reconstrucción de Puerto Rico (PRERA), se hizo cargo de las clínicas de salud maternal. Pero tres meses más tarde por órdenes directas del Gobierno Federal, se suspendieron las clínicas. Al parecer la presión de los líderes religiosos locales, utilizando como intermediarios a la National Catholic Welfare Conference en los Estados Unidos, presionaron al Presidente Franklin D. Roosevelt para que eliminara la ayuda a las clínicas. Un grupo de ciudadanos en el 1937, encabezados por el médico José S. Belaval organizan la Asociación Pro Salud Maternal e Infantil de Puerto Rico, con el apoyo económico de el científico Clarence Gamble, quien era miembro de la Liga para la Esterilización de New Jersey.

El Doctor José S. Belaval había comenzado en el 1930 a realizar esterilizaciones post-partum en el Hospital Presbiteriano (hospital privado). Este doctor impulsó entre los otros médicos el interés por la esterilización y el control de los nacimientos. Muchos médicos pensaban que los métodos anticonceptivos eran muy difíciles de usar para el entendimiento de la clase baja de Puerto Rico y vieron en la esterilización la solución eficaz al problema (J.M. Stycos, *Female Sterilization in Puerto Rico*).

La Legislatura de Puerto Rico aprobó ese año las leyes 33 y 136 que legalizaban la divulgación y enseñanza del uso de métodos anticonceptivos y de la esterilización, haciendo que esto no fuera ya delito grave. La Ley 136 del 15 de mayo de 1937 fue duramente atacada por la Iglesia Católica y por prominentes figuras públicas años después. Establecía que podían ser suministrados o practicados consejos eugenésicos para las personas cuyo *estado de penuria económica o malas condiciones sociales* de vida no les permitiera atender a la crianza y educación de los hijos. El titulo de dicha ley era *Ley para Prohibir la Inducción, Enseñanza y Práctica del Aborto, Fomentar la Enseñanza y Divulgación de los Principios Eugenésicos con Vista a la Obtención de una Prole Sana y Vigorosa y Bajar el Coeficiente de Mortalidad Infantil.*

Estas leyes sólo permitían el control de los nacimientos por razones de salud. Los médicos interpretaron «liberalmente» las leyes por las malas condiciones de salud prevalecientes en los pobres.

En el 1940, el Comisionado de Salud, el doctor Eduardo Garrido Morales, incorporó el programa de la Asociación al Negociado de Salud Maternal e Infantil del Departamento de Salud.

El doctor Garrido había sido uno de los que apoyó la primera Liga para el control de la natalidad. En un año se abrieron más de 160 clínicas anticonceptivas en las Unidades de Salud Pública de los pueblos y en los centros médicos rurales. Cuando Garrido dejó su puesto en el 1941, los que le sucedieron no respaldaron oficialmente el programa, causando que se debilitara por la ausencia del apoyo activo del Gobierno.

A través del Negociado de Higiene Mental e Infantil se había estado aconsejando a las mujeres pobres a no tener hijos si estaban enfermas. El demógrafo J. M. Stycos en el libro *Familia y Fecundidad en Puerto Rico* (1958), dice que a partir de 1939 el Gobierno patrocinó una red de clínicas para el control de la natalidad. Destaca Stycos que a pesar de esto, se observaron pocos cambios apreciables en el coeficiente absoluto de nacimientos, lo que probaba que los materiales solos eran insuficientes y que el supuesto neomaltusiano de que basta proporcionar la información para que el pueblo actúe de manera racional y la apliquen, no se cumplía en Puerto Rico.

Vemos cómo el Gobierno, al retirar su apoyo a las clínicas ya que estas no estaban dando resultados rápidos, apoyaba la esterilización de esta manera como el medio eficaz de disminuir los nacimientos. Ese apoyo no era necesario que se diera oficialmente impulsando un programa de esterilización; bastaba con establecer un programa que diera las facilidades para realizarlas sin que fuera él directamente responsable.

El doctor Juan A. Pons, Comisionado de la Salud para 1948, fue acusado de haber dado los fondos para que se realizaran más de 14,000 esterilizaciones en ese año. El doctor Pons al igual que el Gobernador Luis Muñoz Marín negaron que el Gobierno intentara solucionar los problemas de la densidad poblacional mediante el uso de anticonceptivos y esterilizaciones.

Ante la presión de los grupos religiosos el doctor Pons explicó que el Departamento de Salud tenía un programa *para la protección de las madres indigentes.* Dicho programa según él, aconsejaba que de acuerdo con el criterio de cada médico y con los principios éticos de éstos se le explicara a la mujer sobre la conveniencia de que no procrearan aquellas madres cuyo estado de salud estaría perjudicado. El programa se hacía principalmente a través de las Unidades de Salud Públicas donde asistían estas madres indigentes. El Departamento proveía las facilidades de hospital y medicamentos necesarios para llevar a cabo la recomendación del médico. (Periódico *El Mundo,* 15 de septiembre de 1951).

Esa es la razón por la que se realizaron gran número de esterilizaciones en hospitales públicos. El Gobierno siempre se defendió diciendo que del expediente médico de cada paciente se desprendía que la condición física de esa persona hacia necesaria «la operación».

Mientras tanto, la incidencia de mujeres «operadas», es decir, mujeres que utilizaban la esterilización como método de control de la natalidad, seguía creciendo. Al Gobierno «no tener una política oficial» con relación a la esterilización dejaba la decisión en manos del director de cada hospital. En el año 1946, se fundó la Asociación de Estudios Poblacionales, con el propósito de compilar y publicar información sobre la situación demográfica y crear conciencia sobre el problema poblacional en Puerto Rico, según sus fundadores. Para el 1947, en un estudio realizado por Paul K. Hatt (*Backgrounds of Human Fertility in Puerto Rico,* 1959), sobre una muestra representativa de la población, 5,257 mujeres de quince (15) años o más, alguna vez casadas legal o consensualmente, se informó que 6.6 porciento habían recurrido a la esterilización como método de control de la natalidad. Para 1953-1954, un estudio realizado por Stycos, Hill y Back (*The Family and Population Control,* 1959) revela que la prevalencia de esterilización femenina es de 16.5 porciento entre las mujeres de veinte años o más.

Stycos, comentando sobre los programas de control de la natalidad, dice que en las clínicas que se establecieron para repartir materiales tales como condones, diafragmas y gelatina, el servicio ofrecido tenía tantos defectos que las pacientes se iban sin darles orientación alguna (Stycos, *Cultural Checks on Birth Control Use in Puerto Rico*).

Las mujeres, ignorantes y faltas de motivación para practicar un control de la natalidad sistemático, fueron fácilmente convencidas por los médicos que apoyaban la práctica de la esterilización ya sea porque creyeran que era el mejor método de detener el crecimiento poblacional o porque creyeran que era el mejor método para ayudar a los pobres. Lo cierto es que la recomendación de una esterilización post-partum propició más la popularidad del método. Un estudio realizado por el doctor José S. Belaval para el Departamento de Salud en el 1949, encontró que el 17.8 porciento de los partos atendidos en los hospitales estaban seguidos por la esterilización. El 38 porciento de los partos se hacían en los hospitales para esa época.

La esterilización seguía popularizándose entre otras razones por: l) la presión de los centros de salud pública que fomentaron la esterilización en los casos en que resultaba indicada por «circunstancias» de condiciones económicas y de salud, 2) las objeciones del hombre al condón y los temores, pudor e ignorancia de las mujeres para usar los anticonceptivos femeninos y 3) la aplicación tardía y descuidada de los métodos anticonceptivos (Stycos, *La Dinámica del Control de la Natalidad en la Clase Baja de Puerto Rico,* 1953).

Al Gobierno dejar que las esterilizaciones se hicieran libremente se aprovechó y sacó beneficio para sus propios fines. El proceso de industrialización que estaba impulsándose necesitaba mano de obra barata y trabajadores que pudieran ser explotados lo más posible. Las fábricas textiles y manufactureras que comenzaron a llegar a Puerto Rico vieron en la mujer esa fuerza trabajadora que necesitaban. La esterilización, conjuntamente con la emigración de miles de puertorriqueños, sirvió para llenar los deseos del Gobierno: controlar la población y garantizar a la vez la mano de obra barata que las industrias necesitaban. El Estado Libre Asociado sentaría sus bases de desarrollo sobre una política económica y poblacional que oprimía directamente a la mujer puertorriqueña. A la cabeza de estos planes estaban Luis Muñoz Marín y Teodoro Moscoso, ambos conocidos defensores del control poblacional a través de la emigración de puertorriqueños y de la esterilización de mujeres. Al establecerse por ley del Congreso de los Estados Unidos en 1952 el llamado Estado Libre Asociado de Puerto Rico, no era necesario que el Gobierno adoptara una política oficial en cuanto a la esterilización de mujeres. Luis Muñoz Marín pasó a ser el primer Gobernador del Estado Libre Asociado de Puerto Rico (ELA) y Teodoro Moscoso a dirigir el desarrollo económico de Puerto Rico a través de la agencia gubernamental de Fomento. El Señor Teodoro Moscoso fue además, de 1961 al 1962, embajador por Estados Unidos a Venezuela, de 1962 al 1964, coordinador de los Estados Unidos en la Alianza para el Progreso, y ha estado vinculado con los grandes intereses económicos como la Commonwealth Oil Company y El Banco de Ponce. Actualmente ocupa de nuevo el cargo de Director de Fomento. Según Stycos, mayormente por los esfuerzos de Moscoso, la Agencia Internacional para el Desarrollo de Latinoamérica (AID) fue una de las ramas más activas en la promoción de asistencia para los problemas de la población en los países de Latinoamérica.

Obviamente personas como éstas tan vinculadas con las agencias y los intereses de los Estados Unidos e interesados en controlar la población para sus beneficios, no tenían que decir oficialmente lo que era una premisa en sus acciones.

En 1954 la Asociación de Estudios Poblacionales pasó a ser la Asociación Puertorriqueña Pro Bienestar de la Familia. Los propósitos y objetivos de esta Asociación eran l) desarrollar el interés de la comunidad en los problemas de planificación familiar y de población en P. R., 2) llevar a cabo investigación científica en relación a los efectos y aceptabilidad de los métodos anticonceptivos, 3) ofrecer consejo médico a parejas infértiles que querían tener hijos y 4) proveer servicios directos a través de la distribución de métodos anticonceptivos y con la prestación de ayuda financiera para la esterilización de hombres y mujeres que llenaran los requisitos de la Asociación.

Según la información suministrada por la propia Asociación, esta organización funcionaba de acuerdo con el auspiciador del momento y no con un programa estable propio financiado con fondos locales.

Lo cierto es que la Asociación se convirtió en el vehículo para utilizar a las mujeres puertorriqueñas como conejillos de indias para los experimentos con las píldoras anticonceptivas y otros métodos anticonceptivos. Uno de los donantes principales fue el Señor Joseph Sunnen, un industrial de St. Louis, a quien la Asociación calificó de «un padrino caído del cielo». Las operaciones con fondos de la Sunnen Foundation chocaron con la oposición de la Iglesia Católica, que volvió a acusar al Gobierno de tener un programa de control de la población. El Gobierno alegó que las leyes existentes no eran obligatorias, pero sí permitían y protegían los derechos de los individuos para obtener la información y medios anticonceptivos que desearan, por encima de los credos religiosos de ciertos grupos. Así se defendía el Gobierno entonces, con un argumento que sin embargo no acepta actualmente de parte de los grupos que pedimos la legalización del aborto por encima de las creencias religiosas de otros grupos. La diferencia está en que el Gobierno sólo acepta y utiliza este argumento cuando le conviene para sus fines.

La Asociación habla comenzado la distribución de la espuma ENKO, suministrada por Sunnen quien estaba relacionado con la creación de ese método y necesitaba experimentarlo. Más de 11,000 esterilizaciones se realizaron bajo los auspicios de la Asociación entre 1957 a 1965, una tercera parte de las cuales fueron vasectomías. Bajo los auspicios de la International Planned Parenthood Federation Western Hemisphere Region, organizó la Asociación un experimento (1965-66) en una ciudad y en un pueblo con una alta tasa de natalidad. Los datos suministrados por la Asociación no dicen el sitio, sólo explican que se reclutaron educadores de salud y que se tenían «cafeteria-style programs» con médicos recetando píldoras, insertando IUDs y poniendo diafragmas. En menos de un año 1,511 casos recibieron los «servicios» de píldoras, coil y espuma ENKO (*The Family Planning Proqram in P. R.*, APPBF).

La Asociación auspició también el proyecto experimental de la Fundación Worcester para la Experimentación Biológica, fundación a la que pertenecía el Dr. Gregory Pincus, inventor de la píldora anticonceptiva. En Puerto Rico se realizaron los experimentos con Enovid, la píldora que la Fundación estaba probando. Otras píldoras y otros anticonceptivos vaginales fueron probados aquí. La Asociación proveyó los conejillos de indias para que durante un número de años se le suministrara píldoras y se observara si un uso prolongado de esta preparación hormonal sintética provocaba, tenía o presentaba cambios subsiguientes que pudieran ser dañinos a los futuros usuarios. Estos conejillos de india fueron las mujeres puertorriqueñas de clase baja, a quienes los científicos norteamericanos y los intermediarios puertorriqueños de la Asociación miraron como meros objetos utilizables para sus experimentos. Irónicamente el invento que prometía dar poder a la mujer para controlar su cuerpo era impuesto en los cuerpos de otras mujeres que al parecer ni siquiera tenían el derecho a ser consideradas seres humanos. Porque lo que se estaba garantizando no era la libertad sexual futura de las mujeres, lo que se estaba probando realmente era el futuro comercial de un producto que tenía la cantidad de clientes potenciales más grande del mundo.

Para agosto de 1962 algunos médicos de Puerto Rico iniciaron una campaña en contra de Enovid. Habían encontrado una posible causa entre la trombosis venosa y el uso de la píldora. Recomendaban éstos que se retirara del mercado hasta tanto no se probara que dicho nexo causal no existía. Argumentaban estos médicos que en su opinión el uso continuado de Enovid causaría daños a la función de las glándulas endocrinas. Pedían a la Asociación que hiciera público los récords de las mujeres utilizadas en los experimentos. El doctor Ramón Sifre, en un articulo de prensa, le hacía la siguiente pregunta a la mujer puertorriqueña: ¿Hasta cuándo vas a prestarte a servir de conejillo de india para un proyecto de esta índole? La ingenuidad del doctor Sifre es asombrosa al pensar que las mujeres conscientemente aceptaban ser utilizadas de esta manera. Es como ir un arrabal y decirle a un pobre, ¿hasta cuándo vas a seguir en la pobreza? sabiendo que tales preguntas obvian el sistema de desigualdad económico que acondicionan tanto a las mujeres como a los pobres para que acepten su opresión.

Sabemos también que de 1957 a 1960 se probó la Norlutina (tipo de píldora) con 550 mujeres casadas en la zona de Humacao (Alfred Sauvy, *El Hombre, la Guerra y el Control de la Natalidad*, 1965).

Otros autores señalan a esta área de Humacao también como zona de experimento con pastillas anticonceptivas y IUDs, señalando además que «después de probar la píldora con las mujeres de Puerto Rico se la experimentó en los Estados

Unidos en hospitales de barrios Chicanos (norteamericanos de ascendencia mejicana), pobres de San Antonio, Tejas y Los Ángeles, California. Más tarde fue finalmente declarada segura como para ser usada por las mujeres blancas y de buena posición económica y en la actualidad son éstas las principales usuarias» (William Barclay, Joseph Enright y Reid T. Reynolds (del NACLA), *Control de la Población en el Tercer Mundo*, 1973).

Gracias a una ayuda de la oficina de oportunidades económicas, la Asociación extendió sus «servicios» a otras áreas de Puerto Rico. En el 1969 un consejo asesor del Gobernador le rindió un informe en el cual recomendaba la implementación de un programa para el control de la natalidad. En el 1971 comenzó un programa integrado de Planificación de la Familia, compuesto por tres agencias gubernamentales y la Asociación Pro Bienestar de la Familia. El Departamento de Servicios Sociales en el 1973, centralizó todos sus programas bajo la Secretaría Auxiliar de Madres y Niños del Departamento de Salud. El Gobierno por fin establecía oficialmente un programa de esterilización ayudado directamente por fondos federales, sin embargo para esta época el número de mujeres esterilizadas en Puerto Rico alcanzaba *una tercera parte de las mujeres entre 20 y 49 años de edad* (Harriet Presser, *The Role of Sterilization in Controlling Puerto Rican Fertility*, Population Studies, 1969.)

Para 1974 se creó una nueva Secretaría de Planificación de la Familia para que se implementara un programa efectivo de planificación de la familia que llegara a todas las familias de la Isla. Para esto la cifra mencionada como meta por el doctor Silva, titular a cargo de la Subsecretaría de la Planificación Familiar, es la de ¡ESTERILIZAR UN TOTAL DE 5,000 MUJERES PUERTORRIQUEÑAS AL MES!

III RESUMEN Y CONCLUSIONES

Para el año 2000 Puerto Rico tendrá, de continuar el ritmo de nacimientos actual, una densidad poblacional de alrededor de 1,600 personas por milla cuadrada, lo cual da base para la necesidad que pueda tener el país de establecer un programa de control poblacional.

Nuestra oposición no es en contra del control de la natalidad per se, sino de que se utilice a la mujer como objeto principal del control de la población ofreciendo ésto de alternativa como el remedio para resolver la pobreza, la falta de vivienda, la falta de un sistema de educación eficaz o nuestro alto nivel de desempleo. Nos oponemos a que se desvincule el control de la población de la necesidad de una mejor distribución de la riqueza y de la terminación de un sistema económico que se basa en la explotación de una mayoría para el beneficio de unos pocos.

La utilización de la mujer en los programas poblacionales está basada también en la subordinación de un grupo, en este caso el sector femenino a la dominación de otro, manteniendo así la situación sexista que es base de nuestra sociedad.

Puerto Rico es un ejemplo vivo de los alcances que puede tener una política de población de esta naturaleza. Nuestro país es una muestra dramática de cómo estos programas discriminan contra la mujer, le niegan el derecho a controlar su vida reproductiva y la utilizan como objeto para fines experimentales.

Como parte de la política de población, Puerto Rico ha sufrido uno de los más grandes movimientos de población en un período de quince años (1945-1960), cuando el Gobierno impulsó la emigración de unos 565,000 puertorriqueños a los Estados Unidos. Mientras nuestros hermanos y hermanas se han visto obligados a emigrar, los extranjeros entran a la Isla sin que el gobierno colonial interfiera con ellos. Ese Gobierno que tiene «poder» para sacar a los puertorriqueños de su tierra, no tiene poder para impedir o controlar la entrada de extranjeros. Debemos atacar esta política de controlar la población porque lo que siempre ha estado detrás es el interés de estabilizar el número de habitantes de Puerto Rico para que se mantenga la fuerza trabajadora necesaria para asegurar los intereses económicos y comerciales, y a la misma vez que no crezca tanto que amenace el control de un grupo de privilegiados sobre el resto de la población.

El proceso de industrialización que se dio en la Isla impulsado con el llamado programa Manos a la Obra (Operation Bootstrap) atraía a industriales a la Isla ofreciéndoles exención contributiva y grandes ganancias, a costa de la explotación de mano de obra barata.

Claro está que este programa ni eliminó el desempleo ni mucho menos la pobreza, pero si benefició a los industriales. La propaganda a favor de la emigración fue la política oficial del Gobierno para «ayudar a eliminar la pobreza». La esterilización de mujeres fue el método *no-oficial* que utilizó el Gobierno para tratar de bajar la tasa de nacimientos entre la gente pobre.

Para la década del sesenta, la emigración de puertorriqueños por año comenzó a bajar. El sueño del ideal americano ya no convencía tan fácilmente tras la experiencia de las pésimas condiciones sociales y económicas de los puertorriqueños que primero emigraron.

Ahora, el Gobierno horrorizado por la posibilidad de que el millón y medio de puertorriqueños en Estados Unidos regresen a la Isla, y ante la amenaza de que el aumento poblacional siga el ritmo de crecimiento actual, decide hacer oficial el uso de la esterilización y la implementación de un programa masivo más fuerte en el uso de anticonceptivos.

Sigue el Gobierno viendo la solución al problema de sobrepoblación en el control de nacimientos de los pobres. El informe *Población* de 1969 realizado por el Consejo Asesor del Gobernador para el Desarrollo de Programas Gubernamentales, aunque señala la mala distribución de riqueza en Puerto Rico, no ve en ello un punto que haya que mejorar. La situación de la pobreza es vista como una complicación socioeconómica solamente, y el problema poblacional como la causa que afecta desastrosamente las familias de más bajos ingresos y menos educadas, no como el efecto de que el 20 porciento de las familias más ricas en Puerto Rico reciban el 51 por ciento del ingreso total familiar. Según el Gobierno no es la mala distribución de la riqueza sino la pobreza extrema la que agrava el problema poblacional debido a la alta tasa de nacimientos entre los pobres. La política parece ser acabar con los pobres para acabar la pobreza.

El sector más directamente afectado con esta política poblacional es el femenino. Los programas de anticoncepción han sido dirigidos exclusivamente a las mujeres. Se ha dejado caer sobre nosotras la responsabilidad única de controlar la población a través de la esterilización femenina en masa y de los anticonceptivos de uso femenino exclusivamente. Muy poco se ha hecho por educar a ambos sexos en esta materia y sobre todo por concientizar al hombre en compartir las responsabilidades en el proceso procreativo. De esta forma los programas han «respetado» el machismo de nuestra cultura y se han aprovechado de él como apoyo para seguir utilizando a las mujeres.

Esta situación es la que los autores Barclay, Enright y Reynolds (*Control de la Población en el Tercer Mundo*, 1973) llaman un ejemplo de política sexual: «...la historia de la dominación masculina en casi todas las sociedades nos lleva a sospechar que este fenómeno responde a ciertas causas sociales. Los científicos y los administradores a cargo de la experimentación anticonceptiva han sido siempre hombres, y siempre han sido los métodos anticonceptivos femeninos los que han contado con la prioridad en la investigación. Esto ha sido siempre feliz coincidencia y es tal vez un buen ejemplo de 'política sexual'.»

Ahora que el Gobierno decidió intensificar el programa para reducir el crecimiento poblacional, la administración sigue teniendo los ojos puestos sobre la mujer y hasta exalta dicho proyecto como «un paso hacia la liberación femenina» en un esfuerzo para atraer un sector de la población. Pero el programa sigue siendo el mismo que mira a la mujer como vehículo de controlar la población, un programa que conceptúa a la mujer como objeto sexual que es todo lo contrario a lo que persigue la liberación femenina.

Aunque el Gobierno indique ahora que está implementando un programa de educación sexual y ampliando los programas de control de la natalidad para atraer el sector masculino, es necesario destacar las verdaderas intenciones del Estado que hasta el momento no han sido para defender los derechos de la mujer, sino para utilizarla para sus conveniencias políticas y económicas.

En la actualidad una tercera parte de las mujeres entre 20 y 49 años de edad están esterilizadas. El promedio de edad en que se realiza la esterilización es de 26 años, luego de dos o tres hijos. Esta edad temprana de esterilización ha sido señalada como uno de los factores substanciales de mayor impacto en la baja de nuestra tasa de fecundidad. Esto unido últimamente a los abortos inducidos entre las mujeres jóvenes, y el uso mayor de contraceptivos han influenciado también en la tasa de fecundidad, según los últimos estudios realizados por la estudiosa Harriet Presser.

El caso de las mujeres esterilizadas en Puerto Rico ha sido considerado como un fenómeno único en la historia. El número alto de esterilizaciones llamadas «voluntarias», se ha alcanzado mediante la coacción psicológica y no la fuerza física. La esterilización hecha bajo la recomendación de los médicos sin que la mujer estuviera plenamente consciente de la necesidad de la misma, fue desde el principio la causa del consentimiento viciado de las mujeres que aceptaban someterse a la operación. El respeto a la opinión del médico tiene mucho peso a la hora de hacer tal decisión y si el médico está prejuiciado a favor de la esterilización debemos dudar de que se haya hecho por parte de la mujer una decisión libre. Actualmente las mujeres ven como algo natural esterilizarse luego de tener dos o tres hijos. A tal punto se ha inculcado la esterilización en la mente de las puertorriqueñas.

«La experiencia de Puerto Rico debe servir de advertencia para los pueblos de Asia, África y los países de Latinoamérica donde los programas de control de la población, con énfasis en la esterilización, están siendo impulsados actualmente.» (Ronnie Loveler, *Esterilización*, sin publicar.)

Los programas de planificación familiar nunca han representado en Puerto Rico un logro para la mujer, siempre han representado un método de opresión más que nos utiliza como objetos.

PEDIMOS QUE EL TRIBUNAL CONDENE INTERNACIONALMENTE LAS PRACTICAS DE TIPO GENOCIDA PERPETRADAS CONTRA LAS MUJERES PUERTORRIQUEÑAS.

Comunicado 8 de marzo de 1976.
Mujer Intégrate Ahora

POR QUÉ EL DÍA 8 DE MARZO

Hace exactamente 68 años, un grupo de mujeres obreras estaban hastiadas y muchas enfermas como resultado de unas condiciones de trabajo pésimas e insalubres en el Barrio Bajo de Manhattan donde se hacinaba un conglomerado de fábricas en el ambiente de la época de pre-guerra. Las mujeres obreras que componían la mayor parte de la empleomanía fabril de la época, se hallaban en áreas hacinadas, de poca ventilación, 14 y 16 horas de pie, muchas de ellas enfermas por las condiciones insalubres y pésimas del trabajo, todo a cambio de sueldos miserables.

Cansadas y rebeldes ante esta situación, miles de mujeres se lanzaron a la calle el 8 de marzo de 1908 en una demostración masiva de protesta por las condiciones de trabajo, demandando leyes de salario mínimo y el derecho de la mujer al voto.

Dos años más tarde, Clara Zetkin, líder del Partido Social Demócrata Alemán, reconociendo la importancia del gesto de las obreras de Manhattan, presentó una resolución ante el Congreso de Mujeres de la Internacional Socialista para que se adoptara el día 8 de marzo de cada año como Día Internacional de la mujer. La resolución fue aprobada por unanimidad y se indica que un millón de mujeres participaron en la primera celebración del día internacional de la Mujer en 1911, bajo el liderato de Clara Zetkin.

Desde entonces la fecha se celebra mundialmente, para dar mérito y recordar la gesta de nuestras hermanas obreras y para dar ejemplo a las trabajadoras y mujeres del mundo que continúen luchando por sus derechos.

MIA, una agrupación que aboga por los derechos de la mujer, defiende el derecho fundamental de ésta a controlar su propio cuerpo, y por ende, su vida reproductiva. Para ello, MIA ha respaldado el que la mujer tenga amplio acceso al uso de anticonceptivos que ella prefiera y otros métodos alternos de control de natalidad, como el hacerse un aborto cuando ella lo desee.

Creemos sin embargo, que el llamado programa de planificación familiar ha discriminado contra la mujer y la ha utilizado como objeto. Notamos que desde antes que el Gobierno hiciera oficial su política respecto al control poblacional, las mujeres puertorriqueñas fueron utilizadas como conejillos de indias para experimentos con métodos anticonceptivos, especialmente la píldora.

También sabemos que sin ser un programa oficial del gobierno "inexplicablemente" una tercera parte de las mujeres puertorriqueñas entre las edades de 15 a 49 años, han sido esterilizadas. Un estudio publicado por la Universidad de

Colombia (véase Harriet B. Presser, *Esterilización voluntaria: una visión mundial*, 1970) califica este fenómeno como único en la historia. También indica este estudio que casi la totalidad de estas operaciones, por lo menos hasta 1965, no se hacían por motivos anticonceptivos, sino por razones declaradas como "terapéuticas". Es nuestra opinión que estos datos corroboran información anecdótica donde la esterilización se hacía muchas veces bajo recomendación del médico sin que la mujer estuviera consciente del por qué de tal decisión y de la necesidad de la misma.

Por considerarlo una conveniencia política el Gobierno no adoptó oficialmente las prácticas de la esterilización y la distribución de anticonceptivos en el pasado (hasta 1969) y demostró una amplia liberalidad en tolerar y apoyar ambas prácticas. Al mismo tiempo, el gobierno ha mantenido una intransigencia casi irracional en lo que respecta a la práctica del aborto para no ofender los jerarcas religiosos, principalmente los católicos.

Procederemos ahora a enumerar las formas en que el gobierno y las prácticas de otras instituciones, como la profesión médica, han utilizado a la mujer en el desarrollo de un desacertado programa de planificación familiar. En primer lugar, los programas de contracepción han sido dirigidos exclusivamente a las mujeres. Se ha dejado caer sobre nosotras la responsabilidad única de controlar la población a través de la esterilización femenina en masa y a través del uso de anticonceptivos de uso femenino exclusivamente.

En segundo lugar, el acceso a información sobre anticonceptivos y el uso de estos artículos ha sido limitado a un sector de la población femenina. Hemos encontrado un gran número de mujeres casi totalmente ignorantes sobre el uso de contraceptivos y angustiadas al no saber qué hacer o a dónde recurrir. Este fenómeno se palpa mayormente en la juventud. Como ejemplo de la negligencia en hacer asequible estos servicios mencionamos las universidades donde nada se ha hecho al respeto sobre educar al estudiantado y proveer anticonceptivos al que los solicite.

Además de discriminar contra la juventud, los proyectos de planificación familiar han discriminado contra las personas solteras o que están fuera de una unión matrimonial. El llamado programa de esterilización voluntaria también ha sido limitado a mujeres, en primera instancia. En segundo lugar, ha sido limitado a mujeres que tuvieran el consentimiento firmado de sus esposos y a mujeres mayores de 26 años que tuvieran cuatro hijos (antes eran tres).

En resumen, lo anteriormente expuesto apunta a una falla en no reconocer el derecho de la mujer a controlar su cuerpo. Ahora que el gobierno decide intensificar el programa para reducir el crecimiento poblacional, la administración de nuevo vuelve sus ojos hacia la mujer y hasta exalta dicho proyecto como "un paso hacia la liberación femenina" en un esfuerzo por atraer un sector de la población.

Queremos alertar a las mujeres que un programa de planificación familiar que continúa viendo a la mujer como un mero vehículo de controlar la población es un programa que conceptúa a la mujer como objeto sexual, que es todo lo contrario a lo que persigue la liberación femenina.

Hasta que ese programa no se encamine efectivamente hacia una educación cabal de ambos sexos sobre sus derechos y responsabilidades en materia de procreación, hasta que no se encamine hacia un acceso universal de jóvenes y hombres, al igual que las mujeres al uso de anticonceptivos, y hasta que no se encamine hacia eliminar las restricciones del aborto, es cuestionable que este programa esté contribuyendo a la formación de una sociedad sin estereotipos sexuales, que es el objetivo de la liberación femenina. Esto dicho sea de paso, debe ser el objetivo de toda persona que crea en la liberación humana.

Por otro lado, queremos llamar la atención a que los problemas de desempleo, la calidad baja en nuestro sistema de instrucción pública, la falta de vivienda y otras deficiencias en los servicios públicos, no pueden ser achacados únicamente al crecimiento desproporcional de nuestros habitantes, como quieren hacer ver algunos oficiales del Gobierno.

Notamos que por ejemplo, el Gobierno no ha agotado todos los recursos para planificar la educación de manera que los puertorriqueños puedan suplir la mano de obra requerida para nuestra industrialización. Notamos que la industrialización ha sido tan mal planificada que ha desplazado la agricultura y a su vez un número de trabajadores agrícolas que se han visto obligados a emigrar. Notamos también que el gobierno ha tolerado un crecimiento desproporcional de las áreas urbanas robándole al país de miles de cuerdas en tierra cultivable, que es uno de nuestros recursos principales después de nuestra gente.

La ineficiencia y falta de planificación del gobierno en diversas áreas y la falta de control político sobre la entrada de extranjeros adiestrados o no adiestrados que han desplazado miles de puertorriqueños ha hecho mas alarmante el aumento poblacional. En este contexto la explosión poblacional saca a relucir las consecuencias de la mala administración que hemos venido arrastrando.

Aunque el gobierno indique ahora que está implementando un programa de educación sexual y ampliando los programas de control de natalidad para atraer al sector masculino, creemos necesario alertar a las mujeres que las intenciones del estado hasta el momento no han sido para defender los derechos de la mujer, sino más bien de utilizarlas para sus conveniencias políticas. Por lo tanto, la verdadera defensa de las mujeres está en ellas mismas tomar el control de su educación sexual y por consiguiente el control sobre su cuerpo y su vida reproductiva.

Mientras tanto, MIA está buscando las formas de ayudar a las mujeres en esta tarea. Próximamente, esperamos lanzar material educativo que ayude a orientar a la mujer sobre cómo hacer valer sus derechos en el área donde ésta es reducida, por mitos y prejuicios milenarios, a la función reproductiva.

Este condicionamiento es lo que sabemos ha impedido a la mujer en el desarrollo de todas sus capacidades individuales como ser humano y ha limitado su participación a un segundo lugar en la sociedad.

MUJER INTÉGRATE AHORA

-PR0GRAMA-

ACERCAMIENTO FEMINISTA

[18 de septiembre de 1976]

Control Poblacional, Métodos Anticonceptivos y Esterilización

9:50   Apertura y Presentación

10:00   Dr. Luis Nieves Falcón

10:45   Secretaría Auxiliar de Planificación Familiar

11:15   Federación de Mujeres Puertorriqueñas

12:00   Mujer Intégrate Ahora (María Cristina Rodríguez)

12:30   R E C E S 0

1:30   Dr. José Vázquez Calzada

2:15   Frente de Mujeres del Partido Nuevo Progresista (Dra. Narváez)

3:00   Secretaría Auxiliar de Planificación Familiar

3:30   C L A U S U R A

Auspicia Mujer Intégrate Ahora

EL MOVIMIENTO FEMINISTA Y LA REVOLUCIÓN SOCIAL

Ana Irma Rivera Lassén

Desde sus comienzos la segunda ola del movimiento de liberación femenina recibió el rechazo, tanto de los sectores más conservadores, como de los llamados ultraradicales. Ambos veían la amenaza que representaba la creciente conciencia feminista para el predominio de los hombres en la sociedad. Si bien los grupos conservadores temían la destrucción del ideal femenino, y lo que esto representa como base de las estructuras familiares: el fin del dominio masculino en las esferas públicas decisionales y la definición del desarrollo social (fuera del ámbito del hogar) como un mundo de hombres. Por otro lado los grupos de izquierda, ante la fuerza que representa el sector femenino, se negaron a aceptar la importancia de que se organizara un movimiento de liberación femenina independiente al movimiento revolucionario socialista. Entendían éstos que tal movimiento feminista sólo dividiría a los hombres y a las mujeres del verdadero enemigo y la verdadera lucha que debía ser la de la revolución, la toma del poder por parte del proletariado. Sin embargo los hombres de las organizaciones de izquierda sufrían de los mismos temores que los más conservadores pro-capitalistas, del miedo a perder la hegemonía y el poder dentro de su zona de acción particular y el miedo a que sus luchas dejaran de ser definidas en términos masculinos.

En los artículos estudiados, encontramos un denominador común que tiende a reconocer lo anteriormente expuesto, pero las diferencias están en la visión o táctica a seguir para la organización de las mujeres. Cuatro (4) de las autoras estudiadas (Marlene Dixon, Roxanne Dumbar, Juliet Mitchell, y Shulamith Firestone) coinciden en la necesidad de una lucha independiente (y paralela por propia definición) a la lucha por la revolución socialista, sólo una (Margaret Randall) tiende a aferrarse a la vieja definición de que en el socialismo se eliminan las estructuras básicas que oprimen a la mujer y que, por ende, al incorporar a la mujer a la fuerza laboral en igualdad con el hombre se produce la liberación femenina automáticamente.

En este trabajo no pretendemos entrar a analizar detalladamente cada teoría, solo trataremos de plantear algunas de las razones o principios que hacen del movimiento de liberación femenina uno de carácter imprescindible para la verdadera liberación de la humanidad.

LOS GRUPOS MINORITARIOS Y EL PROLETARIADO

Los diferentes grupos definidos como "minorías" que luchan actualmente por ganar más derechos nunca tendrán la dimensión de la minoría más grande que son las mujeres. Los movimientos pro-derechos de los negros o cualquier otro grupo racial, de los homosexuales, los de liberación nacional, así como la lucha del proletariado contienen a una minoría que ha sido oprimida no importa el grupo social o racial a que pertenezcan. Ese grupo lo componen las mujeres. Como dice Shulamith Firestone, todas estas minorías oprimidas juntas, no pueden hacer una mayoría a menos que incluyan a las mujeres[1] . Igualmente expresaba Juliet Mitchell que "la situación de las mujeres difiere de la de cualquier otro grupo social. Esto es porque no constituyen una de varias unidades aislables, sino la mitad de una totalidad: la especie humana. Las mujeres son esenciales e irremplazables; y por ende, no pueden ser explotadas de la misma manera en que lo son los otros grupos sociales"[2].

El elemento femenino como denominador común muestra a su vez la situación de las mujeres: son las más oprimidas. Roxanne Dunbar no dice que la opresión nuestra sea mayor que otras, sino que simplemente es básica en todas las otras; sin embargo en su artículo sí se sostiene que tanto es básica como mayor, lo cual la hace precisamente primordial.

Como expresaba el editorial del Tacón de la Chancleta, el hecho de que una mujer que «sea negra, trabajadora, homosexual, estudiante, que viva en una colonia, la mantiene en una posición de doble opresión dentro de cada uno de estos grupos: la que genera el discrimen contra cada grupo particular y la que genera el discrimen contra la mujer»[3]. El punto es que la lucha para que se le reconozcan los derechos que pide cada grupo, no garantiza ni representa necesariamente mejoras para la posición de la mujer.

La visión de la mujer como "ayudante" y no como compañera igual ha sido uno de los obstáculos que se han puesto para impedir el desarrollo del liderato femenino. El no reconocer la importancia de cambiar la situación de la mujer ha convertido la liberación femenina en lo que Mitchell llama "un ideal normativo, subalterno a la teoría socialista y no integrada estructuralmente a ella"[4].

Esta visualización de la mujer fue uno de los puntos claves para que se originara el nuevo feminismo. Nuevamente en *Tacón de la Chancleta* decíamos sobre esto que la toma de conciencia de las mujeres de los grupos de izquierda de que ellas no eran consideradas iguales en las organizaciones en que militaban, y de que constantemente eran relegadas a un segundo plano y sus capacidades no eran estimadas con la misma validez así como sus opiniones les hizo ver que su participación era considerada secundaria y prácticamente limitada a la venta de boletos

---

[1] Firestone, Shulamith. "On American Feminism," *Women in Sexist Society*, New American Library, New York, 1971
[2] Mitchell, Juliet. *Las mujeres: la revolución más larga.* Las mujeres, Siglo XXI, 1971, 99.
[3] Editorial, *Tacón de la Chancleta,* marzo-abril 1975
[4] Mitchell, Juliet, Supra, 109

de rifa, a quedarse en casa con los niños para que "el compañero" pudiera asistir a las reuniones o conformarse con posiciones secundarias a nivel de liderato dentro de la organización[5].

De la misma manera, el rechazo de los movimientos negros a las mujeres, las actitudes bastante misóginas de organizaciones homosexuales, así como la doble explotación que sufre la mujer que trabaja fuera del hogar, no ofrecían el cuadro ideal de participación femenina. Los que repudian al movimiento feminista basándose en Engels se olvidan que «Engels no sugirió que las mujeres o cualquier otra persona pueden liberarse de la opresión dentro del sistema capitalista, pero tampoco dijo que las luchas debían posponerse, o que sólo las mujeres de los hombres de clase obrera debían «organizarse»[6]. La necesidad pues de una lucha independiente era una prioridad para lograr la verdadera igualdad humana. En el proceso de concientización las mujeres irán radicalizándose y esto como dice Marlene Dixon, "las une necesariamente con todos los otros grupos oprimidos"[7]. Esta lucha independiente es necesaria porque los hombres dominan la dirección del movimiento socialista y esto hace, según dice Roxanne Dunbar, que no haya "muchas posibilidades de que la situación cambie automáticamente. Los amos no entregan el poder. Se les arranca en lucha"[8].

UN MOVIMIENTO POLÍTICO

El movimiento feminista es por definición un movimiento político «propone una lucha no sólo contra la explotación económica sino también cultural»[9]. Las demandas específicas e inmediatas de las organizaciones feministas: igual paga por igual trabajo, centros de cuidado diurno, el derecho a controlar nuestros cuerpos, etc., ofrecerán el marco de igualdad legal desde el cual podrá visualizarse la verdadera opresión de la mujer, de la que Engels hablaba.

Ninguna mujer puede aspirar a participar en igualdad con el hombre en agrupaciones, organizaciones o movimientos a menos que no tome conciencia de su situación. Sólo esta participación igualitaria en los grupos que luchan por reivindicaciones sociales, garantizará que disfrutemos de una futura sociedad liberada de prejuicios donde todos y todas tendremos los mismos derechos como seres humanos[10].

---

[5] Editorial, *Tacón de la Chancleta,* Supra.
[6] Dunbar, Roxanne, "La liberación femenina como base de la revolución social," *Para la Liberación del segundo sexo*, Ediciones La Flor, 1972, 108.
[7] Dixon, Marlene. "El por qué de la liberación de las mujeres," *Para la Liberación del segundo sexo*, Ediciones La Flor, 1972, 54.
[8] Dunbar, Roxanne, "La liberación femenina como base de la revolución social," *Para la Liberación del segundo sexo*, Ediciones La Flor, 1972, 113.
[9] Editorial, *Tacón de la Chancleta,* Supra
[10] Editorial, *Tacón de la Chancleta*, Supra

La lucha por hacer cambios en la sociedad solo tendrá un éxito total si se hace con una conciencia feminista. Parafraseando a Kate Millet tendríamos que decir que «mientras no hayamos eliminado la opresión de la mujer no habremos eliminado la idea misma de la opresión y del poder de unos sobre otros: la dominación de una mitad de la humanidad sobre la otra»[11].

El triunfo de las revoluciones socialistas no ha logrado dar a la mujer la total igualdad porque todavía no se han eliminado el condicionamiento y las actitudes que no se cambian automáticamente con quitar unas determinadas estructuras económicas. Es por eso que la lucha feminista debe darse independiente y paralela a la lucha por una sociedad más justa. El desarrollo del movimiento debe abarcar las mujeres de todas las clases sociales y no adoptar poses ni actitudes ultra izquierdistas. El hecho de que ahora algunos grupos de izquierda "reconozcan" la importancia de la participación femenina no quiere decir que se deba abandonar la lucha feminista. Los izquierdistas así como los elementos más defensores del sistema han visto la gran fuerza que representa la mujer por lo que han decidido ganárselas concediendo "algunas de esas cosas que piden las mujeres". En ninguna medida esto representa un cambio. Las mujeres debemos desconfiar de estas supuestas tomas de conciencia. Sólo será nuestro aquello que ganemos luchando, no lo que nos den para callarnos. No basta con mencionar en los programas o plataformas de partidos el problema de la mujer mucho menos con poner requisitos numéricos de porcentaje femenino en trabajos tradicionalmente masculinos. Todo esto representa la forma en que el sistema (y los integrantes de la izquierda asumen la misma posición) absorbe las demandas para mantener su equilibrio.

Ningún "derecho otorgado" garantizará la igualdad de la mujer, sólo la toma de conciencia de éstas y la obtención de verdadero poder decisional, será una garantía real. Porque «las exigencias del movimiento de liberación de la mujer van contra el sistema actual que por todos los medios trata de mantener unas relaciones humanas de opresión y explotación"[12]. Estas relaciones opresivas están donde quiera que haya hombres y mujeres sin conciencia feminista. La lucha del movimiento de liberación de la mujer por su naturaleza de destrucción de las estructuras económicas y sociales es el movimiento político de potencial más revolucionario. El éxito del mismo se basa en la destrucción de los tres puntales de la sociedad de clases, la familia, la propiedad privada y el estado. Es un movimiento que contiene la semilla de la

---

[11] Editorial, *Tacón de la Chancleta,* Supra
[12] Editorial, *Tacón de la Chancleta,* Supra
[13] Vainstok, Otilia. "Introducción" *Para la Liberación del segundo sexo,* Ediciones La Flor, 1972, 32.

verdadera revolución humana. Como dice Otilia Vainstok: "**UNA SOCIEDAD DONDE LOS SERES HUMANOS CREARAN, AMARAN Y SERÁN LIBRES EN FORMAS QUE NO SABEMOS IMAGINAR**"[13].

[1977]

Mujer Intégrate Ahora   presenta:

CAPERUCITA AZUL

M
I
A

Ilustraciones:
IVONNE TORRES

A
TODAS
LAS NIÑAS
PUERTORRIQUEÑAS

Había una vez y dos son tres sino era pan era café, en un campo de Cabo Rojo vivía una niña de cabellos negros rizos conocida por todos sus vecinos por su inteligencia y suspicacia. Era una niña fuerte y saludable que gustaba de correr y jugar por el campo.

Su abuelito, Don Álvaro, estaba muy orgulloso de su nieta y en uno de sus viajes a San Juan le compró una franela con caperuza azul. A la niña le parecía tan cómoda que desde entonces no dejó de usarla. Por eso la llamaban Caperucita Azul.

-1-

Una tarde cuando su mamá regresaba del trabajo llamó a Caperucita. Le pidió que le

¡CAPERUCITA!

Caperucita se encontraba en el baño cuando su mamá la llamó.

llevara a su abuelito, quien estaba convaleciendo de una operación, un caldo de gallina y un jugo de china.

-2-

Antes de partir, su mamá le

La mamá de Caperucita le da la fiambrera.

recordó que tuviera cuidado al
cruzar la quebrada, que le era
preciso atravesar para llegar
a la casa de su abuelito.
Se despidieron y Caperucita se
encaminó por la vereda.
    Mientras Caperucita

—3—

caminaba y admiraba el verdor
de su tierra y los árboles se
dió cuenta de que en el camino
habían sido arrojadas latas
y otros desperdicios que afea-
ban la belleza del campo.
Recordó que su maestra le
había dicho que se debía
usar el zafacón para echar
la basura.

Prosiguió contenta Cape-
rucita cargando cuidadosamente
la fiambrera. Cuando se disponía a cruzar la quebrada se

-4-

encontró a un lobo que venía en una bicicleta. Al toparse con la niña éste le dijo:

    —¿Quién eres linda niña y hacia dónde te diriges?

Caperucita pensó: Este debe ser el lobo que los vecinos no saben de dónde llegó. Dicen que de un país extraño y nadie sabe qué anda buscando. Todos están temerosos desde que lo vieron.

Así que Caperucita no le contestó al lobo sus preguntas y le dijo:

—Yo no lo conozco a usted. Tengo mucha prisa y no voy a detenerme a hablar con extraños.

—No temas. Sólo quiero ayudarte, ven te llevaré en mi bicicleta. Las niñas no

-6-

deben andar solas por estos
caminos tan solitarios —insistió
el lobo.
　—Yo sé cuidarme muy bien—
dijo muy seria Caperucita.
　El lobo entonces insistió en
ayudarla a cruzar la quebrada.
Caperucita se descuidó y sin
pensarlo dijo:
　—No gracias, estoy acostum-
brada a cruzar la quebrada
para llegar a casa de mi
abuelito Don Álvaro, a quien
le llevo caldo de gallina y jugo
de china.
　La niña cruzó la quebrada
alejándose del lobo, quien por

-7-

su parte ya conocía un camino
más corto para llegar a la casa
del abuelito y corrió en su
bicicleta para llegar más rápido
que Caperucita.

Y así fue. Al llegar llamó
a la puerta:
—¿Quién es? —contestó una
voz débil.

—Soy tu nietecita, te he traído un caldo de gallina y jugo de china —dijo el lobo fingiendo la voz de Caperucita.

—¡Qué bueno! Da la vuelta a la perilla y entra —dijo el abuelito.

El lobo abrió la puerta y entró. Entonces de un gran bocado se lo tragó enterito.

—¡Ay bendito!—gritó el abuelito. El lobo se puso la pijama y los espejuelos del abuelito, se metió en la cama bajo las sábanas pretendiendo engañar a Caperucita.

Mientras tanto la niña muy ágilmente se subió a un árbol de güayaba a recoger algunas para su abuelito. Cuando tomó varias, Caperucita bajó y siguió su camino. Al llegar, la puerta no estaba cerrada, pero la niña tocó.

—¿Quién es? —preguntó una voz ronca.

Caperucita se quedó pensativa...

—esa voz la había oído antes y no era la de su abuelito. Se asomó por

—10—

Mientras tanto el lobo soñaba con Caperucita y el caldo de gallina

una ranurita en la ventana y:

¡Ajá! Tal como sospechaba, era el lobo. Miró a su alrededor y vió la bicicleta del lobo escondida tras unos arbustos, buscó en el taller de su abuelo y encontró una red que éste usaba cuando iba de pesca. La tomó

-11-

y volvió a tocar a la puerta.

—Soy yo abuelito, Caperucita, te he traído una sorpresa, cierra los ojos...

—Pasa querida — dijo el lobo fingiendo la voz de Don Álvaro.

Caperucita entró, se acercó a la cama escondiendo la red tras de sí. Fingiendo no haber reconocido al lobo preguntó:

—Abuelito, ¿qué orejas tan grandes tú tienes?

—Para oírte mejor, mi'jita — contestó el lobo abriendo los ojos.

—Abuelito, ¿qué ojos tan grandes tú tienes? — dijo la niña.

—Para verte mejor, mi'jita — contestó

—12—

330

el lobo.

—Abuelito, ¿qué boca tan grande tú tienes?—dijo Caperucita.

—Para comerte mejor —gruñó el lobo a la misma vez que se abalanzó sobre Caperucita.

La niña rápidamente le tiró la red sobre su cuerpo. Al sentir algo sobre él, el lobo trató de salirse, pero mientras más trataba, más se enredaba. Caperucita salió corriendo en busca de ayuda y regresó con varias personas que oyeron sus gritos.

Al llegar encontraron al lobo cansado de luchar por librarse de la red. Una de las vecinas le dió

—13—

un golpe por la cabeza que le dejó atontado, le abrieron el estómago de donde saltó sano y salvo Don Álvaro.

Caperucita y su abuelito se abrazaron y todos aclamaron la valentía e inteligencia de ella. El abuelito y Caperucita se sentaron a disfrutar del caldo de gallina, el jugo de china y las guayabas.

Desde entonces Caperucita aprendió que no debía hablar con extraños. Todas las niñas del barrio aprendieron de Caperucita que también debían saber defenderse.

-14-

Cuento acabao y arroz con melao.

FIN

PIQUETE

AUSPICIA
MIA
MUJER·INTEGRATE·AHORA

PRO ABORTO VICTIMAS VIOLACION

FRENTE A ESCALINATAS CAPITOLIO

MIERCOLES 20 DE ABRIL   4:00 P.M.

CONSIGNAS DE PIQUETE A FAVOR DEL ABORTO PARA VÍCTIMAS DE VIOLACIÓN
20 DE ABRIL DE 1977

1) MUJERES OPRIMIDAS, MUJERES COMBATIVAS

2) MUJERES UNIDAS, JAMAS SERAN VENCIDAS

3) EXIJIMOS EL ABORTO PARA LA MUJER VIOLADA

4) EL ABORTO ES EL DERECHO,
   SI VIOLACION HA SIDO EL HECHO

5) MUJER VIOLADA, EXIGE TU DERECHO

6) EL ABORTO ES TU DERECHO, VICTIMA DE VIOLACION

7) ABORTOS ILEGALES, INJUSTOS E INHUMANOS

8) VICTIMAS DE VIOLACION, VICTIMAS DE LA OPRESION

9) SI LA VICTIMA ES MUJER, QUE DECIDA LA MUJER

10) VICTIMAS DE VIOLACION, CUALQUIERA PUEDE SER.

COMUNICADO DE PRENSA

[abril de 1977]

La organización feminista puertorriqueña, Mujer Intégrate Ahora, M.I.A., que defiende y lucha por los derechos de la mujer, quiere expresar su posición respecto a la controversia surgida alrededor de los issues de aborto a víctimas de violación, divorcio por mutuo consentimiento y el derecho a obtener un aborto legal.

La discusión alrededor de las declaraciones hechas por el Dr. Jaime Rivera Dueño, Secretario de Salud, dando una orden para que los médicos realicen abortos en casos de violación y las protestas que le siguieron por parte de algunos médicos y el Cardenal Aponte Martínez, deben ser analizadas desde el punto de vista feminista.

Consideramos que la mujer violada que resulte embarazada y a la cual se le niega un aborto sufre una doble violación a su derecho a controlar su cuerpo.

Rechazamos las pretensiones chauvinistas del Cardenal Aponte Martínez de que bajo ninguna circunstancia se permita un aborto. La decisión de si se quiere o no continuar un embarazo es un derecho de la mujer solamente.

La ignorancia del Cardenal sobre el problema de la violación se demuestra en su insensibilidad al no tomar en cuenta los traumas que sufre una mujer en esta situación, ni tomar en cuenta el rechazo de los familiares y la humillación que tendrá que arrastrar por el resto de su vida si además resulta embarazada. Dentro de estas circunstancias es una posición sadista pretender que sea la víctima la que pague las culpas de su victimario. Consideramos que un aborto sería lo más justo y humano que se le puede ofrecer a la mujer.

Exigimos al Secretario de Salud, que demuestre su buena fe sobre sus recientes declaraciones dándole una orden a los médicos para realizar abortos a las víctimas de violación. Exigimos que tome una posición firme implementándola.

Por último, M.I.A. quiere hacer constar nuestra opinión sobre el divorcio por mutuo acuerdo. Creemos que según dos personas deciden contraer matrimonio tienen el derecho a decidir cuándo quieren terminarlo, independientemente de que se tengan hijos o no. De esta manera se evitaría entrar en un proceso que puede resultar doloroso y cruel, aún cuando dos personas deciden pacíficamente terminar su matrimonio.

MIA INFORMA
1977-MUJER INTEGRATE AHORA- MIA ♀

8 DE MARZO
DIA INTERNACIONAL
DE LA
MUJER

MIENTRAS EXISTA LA OPRESION
DE LA MUJER NO HABREMOS
ELIMINADO LA IDEA MISMA
DEL PODER DE UNOS SOBRE OTROS

8 DE MARZO ¿QUÉ ES?

A principios de este siglo, en el bajo Manhattan estaban localizadas un gran número de f·ábricas que empleaban mayormente a mujeres. Debido a las condiciones pésimas en que trabajaban, las obreras se agotaban y enfermaban y a cambio recibían un sueldo miserable.

Por estas razones las obreras decidieron lanzarse a la calle el día 8 de marzo exigiendo la aprobación de leyes de salario mínimo, la reducción de la jornada de trabajo y la prohibición del empleo infantil, así como el derecho al voto para la mujer.

La demostración de estas obreras el día 8 de marzo de 1908, formó parte importante en la lucha por el sufragio femenino que libraron miles de mujeres intemacionalmente. Estas obreras representaron también la lucha de la mujer trabajadora por mejores condiciones de trabajo.

En 1910, en Copenhagen, Dinamarca, Clara Zetkin, líder del Partido Social Demócrata Alemán, reconociendo la importancia del gesto de estas obreras presentó una resolución ante el Congreso de la Internacional Socialista, para que se adoptara la fecha del día 8 de marzo de cada año como Día lnternacional de la Mujer. La resolución fue aprobada por unanimidad.

Desde entonces, la fecha se celebra a escala Internacional, para dar mérito y recordar a las obreras de dicha gesta y para dar ejemplo a las trabajadoras y mujeres del mundo que continúan luchando por sus derechos.

PROGRAMA DEL DÍA

10:00 A.M.   Apertura y breve explicación sobre la actividad.

10:30 A.M.   Películas: Modesta
                    ¿Qué Opinan las Mujeres?
                    «Equal Rights for Women»
12:30 P.M.   Charla sobre el Día Internacional de la Mujer y Mujer Intégrate Ahora
     (MIA).
1:30 P.M. Películas

2:45 P.M. Discusión de las películas

¡MUJER CELEBRA TU DÍA!

¡LUCHA **POR TUS DERECHOS!**

¡ÚNETE A M.I.A.!

¿QUÉ ES EL MOVIMIENTO FEMINISTA?

[Se reproduce aquí el]
Editorial, Tacón de la Chancleta
marzo-abril de 1975

Al hablar del movimiento de liberación femenina, hablamos de un movimiento político de gran importancia entre los movimientos actuales que luchan contra la violencia, la dominación y el poder de algunos seres humanos sobre otros.

Todos estos movimientos juntos tienen la fuerza suficiente para lograr cambios en la sociedad. Pero para lograr un verdadero cambio hay que reconstruir valores y efectuar un cambio total de conciencia. Hay que terminar no sólo con la opresión y el poder de unos sobre otros sino con la idea misma de la opresión y el poder. La conciencia feminista es imprescindible en cualquiera de estos movimientos si verdaderamente se quiere lograr un cambio real en la sociedad porque la opresión de la mujer es algo común en todos ellos.

Estos movimientos que se han desarrollado organizada y fuertemente en las últimas décadas son los que luchan por la reivindicación de los derechos como los de la raza negra o de cualquier otro grupo étnico al que se mantiene en una posición de minoría; los derechos de la clase trabajadora; los derechos de los seres humanos a libremente disfrutar la orientación y preferencia sexual que deseen; y son los que defienden los derechos de los grupos estudiantiles y los que luchan por la liberación nacional de sus países.

Lo que convierte al movimiento de liberación femenina en algo imprescindible y quizás en el más importante es que en todos estos movimientos las mujeres son las más oprimidas, manteniendo una posición de doble opresión dentro de cada uno de estos grupos: la que genera el discrimen contra cada grupo particular y la que genera el discrimen contra la mujer.

Sin embargo, la lucha para que se le reconozcan los derechos que pide cada grupo, no necesariamente representa un paso de mejora para la posición de la mujer. Porque la lucha por los derechos de la mujer va más allá de las demandas específicas de estos grupos. La situación de desventaja de la mujer está en la relación de opresión entre los sexos. Por eso es necesario que las mujeres tomemos conciencia de nuestra posición en la sociedad y nos organicemos para que seamos reconocidas como seres humanos esencialmente.

El movimiento que se conoce como el nuevo feminismo se originó cuando las mujeres que participaban en los movimientos progresistas se dieron cuenta que ellas no eran consideradas iguales en las organizaciones a que pertenecían. Constantemente eran relegadas a un segundo plano por sus compañeros y sus opiniones no eran consideradas con la misma seriedad que las de los hombres. Prácticamente estaban condenadas a cumplir la función de vender bizcochos o boletos de rifa para sacar fondos, quedarse en casa cuidando los niños para que el compañero fuera a las reuniones, o conformarse con posiciones secundarias a nivel de liderato dentro de la organización.

Por otro lado, desde la Revolución Industrial, las mujeres se habían ido incorporando masivamente a la fuerza trabajadora. No sólo eran explotadas como trabajadoras, sino también como mujeres-trabajadoras, consideradas mano de obra barata. Y si tenían familia continuaron además realizando las tareas domésticas. Tampoco el derecho al voto y otros derechos legales obtenidos por las mujeres tuvieron el resultado lógicamente esperado de garantizarle el poder político. La realidad es que el voto no garantizó una mayor representación femenina en los organismos políticos. Son estas las bases de las cuales surgió el movimiento de liberación femenina que conocernos hoy.

¿POR QUÉ UN MOVIMIENTO POLÍTICO?

El movimiento de liberación femenina es un movimiento político porque sus propósitos y objetivos parten de la sociedad misma y de la maquinaria y estructura de ésta, que se conoce como el sistema. Es un movimiento que propone una lucha no sólo contra la explotación económica sino también contra la explotación cultural. Por opresión cultural entendemos la perpetuación de actitudes y valores que mantienen a la mujer como ser inferior.

El feminismo lucha por la igualdad en el trabajo: esto incluye igual paga por igual trabajo e igualdad de oportunidades en la obtención de empleo y en los ascensos dentro del trabajo; significa también que las tareas del trabajo doméstico sean compartidas por igual por hombres y mujeres.

Las feministas demandamos también la creación de un programa universal de centros de cuidado para niños. Esto daría más tiempo a las mujeres para participar libremente de sus actividades personales, sociales o políticas del país, ahora bajo la hegemonía masculina.

Exigimos que no se nos considere objetos sexuales ni que se nos condicione desde niñas a aceptar los roles tradicionales femeninos que prolongan la idea de que la mujer es un ser inferior.

Luchamos por el derecho a controlar nuestros cuerpos, a decidir cuándo deseamos tener o no tener hijos.

Las feministas luchamos contra todo lo que obstaculice nuestro desarrollo en la sociedad. Si no tomamos conciencia de nuestra situación de desventaja, no podremos aspirar a participar en igualdad con el hombre en ninguna agrupación, organización o movimiento. La participación igualitario de la mujer en los grupos que luchan por las reivindicaciones sociales es la única garantía de que disfrutaremos de una futura sociedad liberada de prejuicios, donde todos, no importa el sector a que pertenezcamos dentro de la sociedad actual tendremos los mismos derechos como seres humanos. Una sociedad que no considere a las personas por el sexo a que pertenezcan sino por sus capacidades individuales.

Como dice Otilia Vainstock: Una sociedad donde los seres humanos crearán, amarán y serán libres en formas que aún no sabemos imaginar. Que aún no sabemos imaginar porque ni siquiera las sociedades que han logrado cambiar sus estructuras económicas y sociales, han logrado eliminar la opresión de los hombres sobre las mujeres.

Sólo luchar y hacer cambios con una conciencia feminista garantizará y logrará un cambio total en la sociedad. Mientras exista la opresión de la mujer no habremos eliminado la idea misma de poder de unos sobre otros. Porque no habremos eliminado la dominación de una mitad de la humanidad sobre la otra.

Todas esas exigencias del movimiento de liberación de la mujer van contra el sistema actual que por todos los medios trata de mantener unas relaciones humanas de opresión y explotación, y esto es lo que hace el movimiento feminista un movimiento político.

MUJER INTÉGRATE AHORA

La organización Mujer Intégrate Ahora (MIA), se formó el 8 de enero de 1972, con los siguientes propósitos y objetivos.

1. Ayudar a lograr la completa realización de la mujer como persona dueña de sí misma capaz de tomar decisiones y de dirigir su vida y su integración a las fuerzas de cambio de la sociedad, con plena igualdad de derechos en todos los aspectos de la vida.

2. Abogar para que se enmienden las leyes que discriminan contra la mujer.

3. Abogar por mayor representación femenina en las estructuras políticas.

4. Enfocar la educación hacia una integración plena de la mujer en la sociedad aboliendo los conceptos y roles establecidos a base de sexo.

5. Crear conciencia en la mujer de los problemas que le afectan.

6. Exigir la implantación de centros de cuidado diurnos para niños.

7. Mejorar la imagen de la mujer que se expone a través de los medios de comunicación.

8. Desarrollar y llevar a cabo cualquier actividad que ayude al logro de nuestros propósitos y objetivos.

Somos la primera organización feminista de esta época en la Isla. Desde nuestro comienzo desarrollamos una campaña de educación y propaganda en torno al movimiento de liberación femenina. Para esto utilizamos la radio, la televisión, periódicos y revistas.

Contribuimos a la creación de la Comisión para el Mejoramiento de los Derechos de la Mujer. Cabildeamos en la legislatura para la aprobación de leyes que favorecen a la mujer. Fuimos la primera organización feminista en celebrar en Puerto Rico el día 8 de marzo, Día Internacional de la Mujer. Hemos participado y hemos celebrado conferencias y foros sobre el tema de la mujer en universidades y escuelas en Puerto Rico y fuera de la Isla. Publicamos la primera revista feminista de esta época: «El Tacón de la Chancleta». Mantenemos intercambio de correspondencia con otros países y uno de nuestros planes futuros es preparar una biblioteca feminista con el material que recibimos.

Actualmente brindamos ayuda a las mujeres que se nos acercan pidiéndonos información sobre la situación de la mujer en Puerto Rico, sobre el movimiento de liberación femenina, o sobre nuestra organización   También ayudamos como nos sea posible en cualquier problema que nos consulten.

En estos cinco años de trabajo quizás no hemos hecho todo lo que hubiéramos podido, pero tenemos el deseo y la voluntad de organizarnos mejor para continuar trabajando.

Te invitamos a que te unas. Nos reunimos el primer y tercer jueves de cada mes a las 8:00 p.m., en la calle Las Violetas (subiendo por la calle Sagrado Corazón de Santurce), número 2015, Apartamento #5.

¡ÚNETE A MIA!

CUESTIONARIO

I)   DATOS PERSONALES

Nombre _____ Edad_____
Dirección_____
Teléfono _____ Fecha de Nacimiento _____ Lugar _____
Estado Civil _____ Hijos/as _____ Ocupación _____

II)   CAMPOS DE INTERÉS
Sociología _____ Historia_____ Ciencias _____ **Música** _____
Literatura_____ Política_____ Deportes _____ Economía _____
Otros _____

III)   Me interesa trabajar activamente   Sí _____ No _____

IV)   Si no pudiera trabajar activamente, podría aportar una cantidad de dinero mensual para ayudar en los gastos de la organización _____ (especifique cu·nto).

V)   Me interesa(n) la(s) siguiente(s) área(s) de trabajo:
Investigaciones_____ Educación _____ Trabajo_____ Propaganda_____
Legislación _____ Concientización_____ Aspectos Legales _____ Medicina_____
Secretariales_____ Estudiantiles _____ Finanzas_____ Otros_____

VI)   Podría compartir en los trabajos siguientes-
Venta de anuncios_____ TransportaciÛn_____ Cuidado de niños _____
Traducir _____ Escribir a maquinilla _____ Venta libros _____
Recoger_____ Firmas _____ Escribir ArtÌculos_____ Arte _____
Tipografía _____ Trabajo de Oficina _____ Otros_____

VII)   PodrÌa dedicar a algunos de esos trabajos esta cantidad de tiempo:
Semanal _____ Mensual _____ Otros_____

VIII)   Estaría dispuesta a realizar algunas tareas en mi hogar: Sí _____   No _____

IX)   Asistiré regularmente alas reuniones.   Sí _____   No _____

X)   Quisiera participar en un grupo de concientización.   Sí _____ No _____

XI)   Puedo pagar la siguiente cuota bisemanal _____

XII)   SUGERENCIASY COMENTARIOS.

```
M   CELEBREMOS
I      1 DE MAYO
A  ♀  MUJER INTEGRATE AHORA   ♀
    ♀    BOLETIN ESPECIAL       ♀
```

Hoy primero de mayo, la organización feminista Mujer Intégrate Ahora (MIA) se une a la celebración del Día Internacional de los Trabajadores por entender la importancia de este día para la lucha de los trabajadores y en especial para la mujer trabajadora, la cual constituye más de la mitad de la clase obrera en Puerto Rico.

Nuestra organización, creada en el 1972, tiene el propósito de contribuir a lograr la completa realización de la mujer como persona dueña de sí misma, capaz de tomar decisiones, de dirigir su vida y su integración a las fuerzas de cambio de la sociedad, con plena igualdad de derechos en todos los aspectos de la vida. Para lograr nuestro propósito tenemos que llevar una lucha campal en diversos aspectos:

1.   Abogar para que se enmienden las leyes que discriminan contra la mujer.
2.   Abogar por mayor representación femenina en las estructuras políticas.
3.   Enfocar la educación hacía una integración plena de la mujer en la sociedad, aboliendo los conceptos y roles establecidos a base de sexo.
4.   Crear conciencia en la mujer de los problemas que le afectan.

Nuestra organización entiende que las reivindicaciones de la clase trabajadora no se pueden conseguir sin la participación activa de la mujer, porque sobre ella se manifiesta la más profunda opresión de este sistema en su doble carácter: como mujer y como trabajadora. La mujer tiene también la responsabilidad de participar con sus hermanos trabajadores mano a mano. Por esa misma razón entendemos que los trabajadores tienen el deber de luchar por los derechos de la mujer. Los trabajadores deben tomar conciencia de que en la medida en que el patrono discrimine contra la mujer está discriminando contra la clase trabajadora porque ella forma más de la mitad de nuestra clase. Esto es definitivo para el triunfo de la clase trabajadora. Por ello no la podemos poner en un segundo plano en nuestro programa de lucha.

Dentro del programa de lucha a corto plazo de la clase trabajadora deben estar incluidas las reivindicaciones más urgentes de la mujer trabajadora. Primeramente los sindicatos deben impulsar la creación de centros de cuidado infantil diurnos. Son miles las mujeres en Puerto Rico que se enfrentan con el problema de conseguir centros de cuido que reúnan unos requisitos mínimos de seguridad, higiene y buena educación para sus hijos. Si en nuestro país hay miles de empleados preparados para llevar a cabo este trabajo, los sindicatos deben tener esto en agenda durante la firma de los convenios.

Los sindicatos tienen el deber de asegurar a la mujer cero discriminación por razones de sexo en cuanto a la igualdad en los salarios, condiciones de trabajo y de oportunidades de ascenso. Los sindicatos pueden iniciar unas investigaciones sobre a cuáles mujeres se les está pagando menos salarios y sin embargo ocupan posiciones iguales a sus compañeros.

Por otro lado a la mujer trabajadora se le paga la mitad de su salario durante el mes antes y después del alumbramiento. Los sindicatos deben luchar por la paga de salarios completos a la mujer. Los hijos son una responsabilidad de toda la sociedad y la función reproductiva de la mujer no debe ser discriminada.

La mujer trabajadora debe exigir a sus sindicatos que se les eduque sobre sus derechos para así poder tener una participación efectiva en las decisiones que se tomen.

El movimiento sindical en Puerto Rico tiene bajo sus hombros la tarea de luchar por los derechos democráticos de los trabajadores y por lo tanto, de la mujer trabajadora. En las últimas semanas se ha estado discutiendo en nuestro país por diferentes sectores un issue fundamental dentro de la lucha de la mujer: el aborto a las víctimas de violación.

Nuestra organización defiende incondicionalmente el derecho democrático de la mujer a controlar su cuerpo. En caso de que la mujer fuese violada y quedase embarazada es ella quien tiene derecho a elegir si debe o no tener su hijo.

El obligar a la mujer víctima de violación que resulte embarazada a proseguir la maternidad es una doble violación. Primero por la violación y segundo por la maternidad forzada.

Para la mujer trabajadora la situación es aún mas grave, ya que por condiciones económicas tendrá que caer en las manos de médicos usureros inescrupulosos que negocian a costa de la salud de la mujer pobre. Mientras, las mujeres de los sectores más acomodados pueden hacerse un aborto en condiciones higiénicas.

Las mujeres trabajadoras deben exigir a sus sindicatos la discusión sobre este problema, para que los sindicatos tomen posición sobre el derecho de la mujer violada embarazada a tener un aborto.

Mujer trabajadora, MIA te exhorta a que te unas con nosotras para luchar por la consecución de nuestros derechos. Nuestra organización te abre las puertas, compañera.

¡POR LOS DERECHOS DE LA MUJER, EN LA LUCHA SINDICAL!
MUJER INTÉGRATE AHORA

MUJER INTÉGRATE AHORA
21515 U.P.R. Station
Río Piedras, P.R. 00931

La organización Mujer Intégrate Ahora (MIA) quiere por medio de este boletín aclarar lo que ocurrió ayer sábado 11 de junio, dentro de la Conferencia Puertorriqueña de la Mujer. El planteamiento de esta organización consistió en que los hombres se abstuvieran de votar en las elecciones y se abstuvieran de participar en algunos de los talleres donde su presencia, aunque ellos no lo quisieran, podría inhibir la participación espontánea de algunas de las compañeras.

El malentendido que se suscitó en la discusión entendemos que surgió debido a que la forma en que se llevó a cabo la discusión en la Asamblea y los mecanismos de la organización de la Conferencia no proveían para la participación libre del público en la toma de decisiones. El turno en contra concedido a Celeste Benítez en realidad no fue tal; fue solo una apelación a las simpatías políticas de un grupo de asistentes para con ella, evitando la verdadera discusión de nuestra propuesta. Nuestro propósito era claro; que las mujeres asistentes nos expresáramos por nosotras mismas sobre nuestra problemática y fuéramos las únicas que tomáramos las decisiones en los procesos de la Asamblea.

Fuimos a los talleres porque creemos en la importancia de que las mujeres discutamos nuestra problemática promoviendo el reconocimiento a la necesidad de una lucha organizada por nuestros derechos. Denunciamos en los talleres que la Conferencia no es la solución de los problemas de la mujer. La Conferencia es una actividad que desvía la importancia de la organización de las mujeres como forma de luchar por nuestros derechos. Los trabajos realizados en los talleres fueron positivos en cuanto a la discusión de las preocupaciones, derechos y exigencias de las mujeres, recogido todo esto en unas resoluciones. Pero esto no quiere decir que la Conferencia es un éxito para nosotras. Gran parte de las resoluciones que se aprobaron en los talleres recogen lo que las mujeres debemos tener como metas inmediatas en la lucha por nuestros derechos. La organización autónoma de las mujeres es nuestra única garantía de que logremos nuestro propósito. Nadie, ninguna mujer debe irse conforme de esta Conferencia porque se lograron aprobar unas resoluciones. La solución a nuestra problemática va mucho mas allá que una conferencia. Aunque reconozcamos que la legislación en pro de los derechos de la mujer debe ser apoyada por todas, no podemos delegar en el gobierno la lucha por nuestras reivindicaciones. Esa es nuestra tarea:

¡ORGANICÉMONOS!

[junio de 1977]

344

¡ANITA BRYANT, SALTE DE NUESTRO CAMINO!

(Documento para la discusión de Mujer Intégrate Ahora sobre el lesbianismo, 1977.)

¡Anita Bryant, salte de nuestro camino! !Los derechos de los homosexuales y lesbianas están aquí para quedarse! !No más MIAMIS!

Estas eran varias de las consignas que vociferaba la gran multitud de sobre 50,000 personas en la demostración del 26 de junio pasado realizada en la famosa calle de Christopher en New York (EE.UU.). Pero las manifestaciones no se quedaron allí. En ese día conocido como «El Día Internacional de las demandas de los Gay» se llevaron a cabo manifestaciones a nivel nacional en los EE.UU. Ejemplo de éstas fue la gran manifestación en la ciudad de San Francisco a la cual asistieron aproximadamente 200,000 personas.

Poco se supo en Puerto Rico (si es que se supo algo) sobre estas manifestaciones y sobre las manifestaciones que se realizaron en España ese mismo día. En la ciudad de Barcelona 10,000 manifestantes se tiraron a las calles para hacer público su apoyo a la lucha de los homosexuales y lesbianas en España y a nivel mundial.

Estas acciones fueron realizadas con un sentido de la urgencia y de la militancia que la lucha por los derechos de los «gays» les exigía ante las acciones de la cantante de anuncios de una industria de jugos de china de Florida, Anita Bryant. Tanto ella como su organización, que cínicamente es conocida como «Salvemos Nuestros Niños» han estado efectuando una dura campaña en contra del movimiento homosexual y lesbiano. El 7 de junio de este año llevaron a cabo un referéndum en contra de una ordenanza que protege a los gays de la discriminación en los trabajos, casa, sitios públicos, etc. en el Condado Dade en Florida. Allí el referéndum logró pasar derrotando la ordenanza de derechos civiles de este sector oprimido en la sociedad.

La cruzada de Anita Bryant que no fue sino una campaña descarada, se basó en la consigna de que los gays son «perturbadores de los niños». Para completar sus argumentaciones reaccionarias, Bryant utilizó una supuesta revelación que había tenido en la cual se le indicó que la pasada sequía de California fue un castigo del Dios «todopoderoso» por haberse derrotado en ese estado la ley antisodomía.

Después de la votación, Bryant se refirió al referéndum como «una victoria de Dios y una reivindicación en América». Sus declaraciones eran claras. Los ataques a los derechos gays no terminaron en Florida. Estas acciones de Florida han sido solo una mínima parte de una cruzada que piensa realizar «Salvemos Nuestros Niños» y las fuerzas de derecha en los EE.UU.

El camino que han seguido en EE.UU. estas acciones no se han dado en el vacío. La lucha en contra de los derechos de los gays ha sido llevada a la par de la denegación de otros derechos de otros sectores sociales oprimidos en los EE.UU. como el de las mujeres, los trabajadores, los negros, los chicanos, los puertorriqueños y otros grupos. Veamos algunos ejemplos.

En el verano pasado, la Corte Suprema de los EE.UU., a través de la Enmienda Hyde decidió quitar los fondos del Medicaid (que se utilizaban mayormente por las mujeres pobres) por concepto de aborto. Esto va a impedir que más de 300,000 mujeres pobres que dependen de dichos fondos para sufragar los gastos de aborto puedan hacerlo. A dichas mujeres le quedan entonces varias «alternativas». Aceptar el embarazo no deseado, practicarse ellas mismas o con médicos inescrupulosos un aborto (con el peligro de muerte que esto conlleva, aparte de otros) y por último la esterilización. De esto último hablaremos con más detalles en otra ocasión.

También la clase dominante en los EE.UU. ha tomado medidas reaccionarias en contra de la ratificación de la famosa Enmienda Pro Derechos Iguales de las Mujeres y en contra de los derechos de los negros, chicanos y puertorriqueños a una igual educación. Los programas de educación bilingüe han sido eliminados en muchos estados de los EE.UU. La lucha de los gays ha sido larga y muy dura en los EE.UU. Recordamos por ejemplo el caso de Mary Jo Risher. Esta valiente y decidida mujer escribió un libro en el cual describía toda la lucha que libró en contra de la corte de Dallas, Texas, que le negaba el derecho a mantener la custodia de su niño de nueve años por el hecho de ser lesbiana. Así, su lucha se convirtió en 1975 en el issue central del movimiento de liberación Gay. Lo que estaba en la arena de lucha era el derecho de las madres lesbianas a tener la custodia de los niños. En su libro *Her Own Admission* quedan las descripciones de su amarga experiencia que es la de muchas mujeres lesbianas en nuestra sociedad.

En ese mismo año el Sargento Matlovich, del ejército norteamericano (fuerza aérea) fue suspendido al declarar a su oficial superior que él era homosexual. Fueron varios los casos conocidos de militares hombres y mujeres que fueron expulsados del ejército por sus preferencias sexuales.

A través de estas batallas de impacto del movimiento de liberación Gay y de otros movimientos de cambio social que emergieron para la década de los 60, se han estado produciendo unos cambios en las actitudes públicas con respecto a los derechos homosexuales y de las lesbianas.

Los cambios de actitudes se han reflejado no solo en las encuestas públicas sino también en organizaciones a nivel sindical como la Federación Americana de Maestros y la Asociación Nacional de Educación. En el 1973, la Asociación Americana de Psiquiatría decidió cambiar la visión de la homosexualidad como un «desorden psiquiátrico». Esto fue una victoria simbólica muy importante para el movimiento Gay.

Diez y ocho estados de los EE.UU. han abolido las leyes de sodomía y entre ellos el estado de California que abolió el viejo estatuto de 103 años de vigencia que castigaba a los homosexuales y lesbianas a cárcel perpetua y en algunos casos a castración.

II En Nuestro Puerto Rico.

Es muy importante para nosotras conocer todos estos datos para nuestra discusión. Si seguimos con cuidado el camino que tomaron los acontecimientos en los EE.UU. veremos la gran relación de éstos con los ocurridos acá.

Los ataques ocurridos recientemente en nuestro país por boca del Sr. Junior Cruz siguieron a los ataques de la iglesia Católica y sus aliados en contra del derecho de las mujeres a decidir qué hacer con sus cuerpos y a tener la alternativa del aborto. Nosotras, (MIA) fuimos la única organización de mujeres que realizó unas actividades en protesta por las posiciones retrógradas de esta gente. Luego que llevamos a cabo el piquete a favor del derecho de las mujeres deportistas hubo muchas reacciones en pro y en contra de los derechos de los homosexuales y lesbianas.

Encontramos un gran parecido por ejemplo, entre lo ocurrido en los EE.UU. dentro de las fuerzas del ejército norteamericano y las declaraciones de la policía en Puerto Rico en relación a permitir la entrada de hombres y mujeres homosexuales y lesbianas a sus filas. Recordemos el caso de unos compañeros ex-miembros de la Comunidad de Orgullo Gay (COG) que se les negó ingreso porque «allí solo se aceptaban hombres completos". Queremos aclarar que no estamos apoyando esa decisión de estos compañeros de la COG. Lo que pretendemos traer es el paralelismo entre los hechos en P.R. y los sucedidos en los EE.UU.

III MIA y la Lucha del Movimiento Gay.

Nuestra organización feminista llevó a cabo recientemente un piquete en protesta por las declaraciones de Alejandro Cruz sobre «la infiltración de las lesbianas en los deportes como causa del deterioro en los mismos».

Estas declaraciones eran a nuestro entender (MIA) un ataque por un lado a las mujeres y por otro lado a las mujeres lesbianas. Se hizo un boletín en el cual se explicaba nuestra posición. Se llevó a la actividad una serie de consignas en las cuales se concretizó en la acción nuestra posición. Por ello quiero referirme a ellas y al boletín.

Tanto en un caso como en el otro dejamos ver claramente nuestro apoyo a las compañeras deportistas a luchar por el derecho a realizar el deporte en P.R. y a participar en las competencias internacionales. Nuestras consignas eran feministas en este sentido. Sin embargo, no mencionaban el problema del lesbianismo directamente. Debemos preguntarnos las razones de esto, compañeras.

La opresión sexual de la mujer en esta sociedad es uno de los pilares fundamentales para su mantenimiento. En el caso de las mujeres lesbianas la situación es más grave. A las lesbianas se nos oprime doblemente. Primero por ser mujeres y segundo por nuestra preferencia sexual. Una organización feminista lucha arduamente en contra de sus opresores, quienes mantienen su situación de segundo sexo. Un aspecto de esta lucha es la lucha en contra de la opresión sexual.

Nuestra sociedad le ha asignado, impuesto, a las mujeres unas funciones como madre y esposa dentro de la familia las cuales niegan nuestro derecho a decidir qué hacer con nuestras vidas, con nuestro cuerpo y con la sociedad. Somos objetos de uso y desuso, unas meras mercancías sexuales. No tenemos de ninguna manera poder decisional sobre nuestras vidas. La función principal de nosotras es la reproducción según ellos. Por ello nunca se cuestionan el derecho de nosotras al disfrute sexual libre y pleno.

En nuestro seminario pasado, orígenes de opresión de la mujer, discutimos sobre la opresión sexual de la mujer y la familia. Podríamos recordar con más detalles lo discutido allí pero quiero desarrollar la discusión más concretamente.

Creo que nuestro grupo debe estudiarse a sí mismo dentro de su situación actual y dentro de nuestros planes de crecimiento. MIA es una organización feminista compuesta en estos momentos por compañeras en su mayoría lesbianas. Esto se ha dado así por causas muy explicables. En nuestro grupo nunca se ha rechazado a compañeras por sus preferencias sexuales. Las compañeras lesbianas hemos visto en MIA una gran alternativa para nosotras como mujeres y como lesbianas.

A diferencia de la Federación de Mujeres Puertorriqueñas, en MIA no se nos discrimina, ni se nos margina. Pero tenemos unas preocupaciones con respecto a las compañeras que se nos acercan. Todavía no tenemos un programa con los puntos alrededor de los cuales queremos movernos. Un programa que les señale a las mujeres que nos hacen un acercamiento, nuestras posiciones sobre el aborto, la esterilización, la prostitución, el lesbianismo, etc. En este programa debemos definirnos claramente sobre la opresión hacia la mujer lesbiana. La opresión hacia las lesbianas como forma de opresión de la mujer no es sino la imposición de unos patrones de conducta sexual en la sociedad.

MIA, como organización feminista, debe definirse sobre la opresión de la mujer lesbiana y más allá de eso. Tanto en su programa como en la práctica, tenemos que defender el derecho de todo individuo al disfrute de su preferencia sexual sin ninguna coacción. Compañeras, esto eso una cuestión de principios. La defensa de este principio programático se irá reflejando en nuestras acciones. No podemos hacerle concesiones al sistema. Esto sería plegarnos a la presión sexista de esta sociedad contra la cual luchamos verticalmente.

Si no tomamos estos pasos se nos hará mucho más difícil nuestro trabajo y nuestro crecimiento. Las mujeres heterosexuales entrarán a nuestro grupo cuando entiendan que todas somos mujeres y por ello oprimidas y cuando las eduquemos sobre el doble carácter de opresión que sufren las mujeres lesbianas. Si una compañera que no es lesbiana no se le explica, no se le educa con respecto al lesbianismo ¿se quedará en nuestro grupo? Por ello es fundamental esta discusión compañeras. ¡Seamos consecuentes con el feminismo!

CARTA DE RENUNCIA

9 de noviembre de 1977.

Por este medio quiero presentar mi renuncia a la organización feminista Mujer Intégrate Ahora. Las razones por las cuales extiendo la misma se refieren a los hechos ocurridos en la pasada reunión del 4 de noviembre, reunión extraordinaria de la organización los cuáles a continuación explico:

1- En dicha reunión se puso en duda la veracidad de las actas donde se señalaba que la organización tomaba la resolución de no participar en la creación del frente feminista si nuestra propuesta de que las organizaciones envueltas se reunieran primero era derrotada en la reunión del comité de las ocho mujeres. Este incidente había estado ocurriendo anteriormente sin que se le diera la importancia debida. Esta vez cuando Natacha López niega el contenido de las actas, yo sostengo que este contenido es correcto. Mas adelante la compañera Margarita López señala cómo este problema de las actas se viene arrastrando desde etapas anteriores pero la Coordinadora General de la organización, Ana Rivera detiene las argumentaciones restándole importancia a los hechos y no permitiendo que se aclarara una situación donde se ponía en duda incluso mi honestidad en dicha labor.

2- Cuando M. G. se «excusa» por no haber apoyado la propuesta de MIA en la reunión del comité de las ocho mujeres y señala por razones el hecho de que a ella no se le permite votar en las reuniones internas de la organización, la compañera M. R. plantea cuestión de orden por entender que la compañera estaba tratando un asunto diferente y personal al cuestionar algo del reglamento, que no correspondía a la discusión que allí se estaba llevando. En este momento, tanto gran parte de las compañeras de la organización como la Coordinadora General se niegan a escuchar el planteamiento de la compañera coartándole el derecho de plantear una cuestión de orden. Por tanto todas mostraron total desconocimiento del procedimiento parlamentario aún cuando las compañeras saben que habíamos decidido utilizar dicho procedimiento para las reuniones desde la revisión del reglamento. La Coordinadora General, Ana Rivera, al suscitarse el planteamiento de la compañera M. R. bregó bien parcializadamente a favor de M. G. y de otras compañeras en detrimento de la compañera M. R. y en ausencia de un análisis certero de lo que se estaba dando.

3- La actuación de M. G. de votar en contra de la propuesta de .la organización M.I.A., siendo ella representante oficial de la misma en la reunión del comité de las ocho mujeres para la constitución del frente, amerita la expulsión de esta persona de la organización. Porque cuando se envía un representante oficial de una organización a votar en una actividad a favor de las propuestas de dicha organización y este representante le vota en contra, esto es traición a su organización. Y la traición merece expulsión por una cuestión de principios que no es necesario que estén en un lugar escritos para que se revistan de valor.

4- Cuestión fundamental fue el hecho de que las compañeras del F.R.A.I. [Frente Revolucionario Anti Imperialista], fuimos objeto de acusaciones totalmente falsas y no se nos permitió hablar sobre esto dentro de la reunión por entender que nos debíamos circunscribir al tema de la misma. En otras palabras se le dio más importancia a una actividad externa de la organización y no a un conflicto interno surgido en esos momentos. La acusación lanzada directamente a las compañeras del F.R.A.I. y al .F.R.A.I. propiamente dicho, fue el acusarla de ser una organización sectaria. Dicha acusación fue lanzada por M. G. quien abiertamente le faltó el respeto a nuestra organización conociendo ella claramente las serias implicaciones de su acusación.

5- Las compañeras restantes de la organización hicieron caso omiso de tales acusaciones planteando que debíamos continuar con el tema o bien, no emitiendo ninguna posición con respecto a lo que allí se daba.

6- La Coordinadora General Ana Rivera actuó incorrecta e irresponsablemente cuando se presenta esta situación y no le da foro a las compañeras del F.R.A.I para abrir una discusión con respecto a esto. Es totalmente inaceptable e inexcusable el que la Coordinadora General, Ana Rivera no sepa atender un conflicto de esa naturaleza cuando sobre sus hombros marcha supuestamente la dirección de la organización.

7- Denuncio también el que Natacha López tiene un conflicto de intereses al participar en ese frente como representante oficial de la L.I.T. [Liga Internacionalista de los Trabajadores]. Se hace muy fácil para ella recoger toda la posición de M.I.A. con respecto al frente, para luego traicionarla en la reunión del comité de las ocho mujeres en beneficio de la organización política que representa aun cuando ella le debe a M.I.A. una militancia y un compromiso indiscutible. Esto no es sino una contradicción en esta persona y no puede tildarse de otra cosa que no sea oportunismo y deshonestidad.

Habiendo analizado rigurosamente los acontecimientos acaecidos en dicha reunión y la trayectoria de incidentes anteriores a ésta, no me queda ningún tipo de confianza para estas personas ni le veo bajo las condiciones actuales ninguna posibilidad a la organización por lo cual vuelvo a reiterar mi manifestación de renuncia.

Madeline Román López.

(Firmado)

CARTA DE RENUNCIA

El pasado 4 de nov. de 1977 a las 11:00 p.m. nos reunimos para llevar a cabo una reunión de emergencia ya que teníamos que tomar la decisión de si asistiríamos o no a la reunión citada por el comité de las 8 mujeres para construir un frente feminista. No quiero hacer un recuento de la discusión pero sí quiero explicar lo que se da allí, en parte debido al desarrollo de esa reunión, a faltas de respeto a la organización política que pertenezco, faltas de respeto a compañeras que pertenecen a la misma organización política y a mi persona.

En dicha reunión presenté mi renuncia informalmente e indiqué que vendría a presentarla posteriormente por escrito ya que entiendo que todas las compañeras deben saber claramente sin que queden nebulosas las razones para renunciar. Además entiendo que esto debe constar en actas ya que en esa reunión no se nos permitió expresarnos.

Pues bien, durante el desarrollo de la reunión no quise consumir ningún turno e inclusive no pensaba hacerlo por entender que mi posición estaba lo suficientemente clara para todas las compañeras. Esta decisión tuve que variarla ya que se dan unos nuevos datos los cuales entendí era pertinente discutir.

Durante el uso del tiempo de mi turno expuse lo que yo pensaba en torno a cuatro puntos:

1- Nuestra participación en el frente feminista, indicando que no debíamos participar pues seria negativo para nuestra organización si antes no se realizaba una reunión de todas las organizaciones que participarían. Esto con el propósito de establecer las reglas entre organizaciones y no para establecer las normas de como sería el frente.

2- La participación de organizaciones políticas en ese frente, pues entendemos que un frente feminista no debe ser compuesto por organizaciones políticas ya que el movimiento feminista debe ser un movimiento totalmente autónomo. Esto no descarta el que el frente tenga dentro de su seno mujeres que pertenezcan a diferentes organizaciones políticas y traten de influenciar el frente con sus líneas.

3- El momento de creación de ese frente. Si las condiciones objetivas y subjetivas para crearlo existen en ese momento en Puerto Rico y que no confundiéramos la situación histórica de otros Países (Estados Unidos, México, España) con la nuestra. Esto no niega el aprovechar la experiencia histórica de otros países.

4- El conflicto de intereses que existe entre compañeras que pertenecemos a M.I.A. y al mismo tiempo a otras organizaciones políticas. Expliqué por qué se daba ese conflicto de intereses a base de que las organizaciones políticas tienen como prioridad la liberación nacional y no la liberación de la mujer ya que las organizaciones entienden que el proceso se dará a consecuencia del de la liberación nacional. Aquí exhorté a todas las compañeras que pertenecen a organizaciones políticas a no ser representantes en dicho cuerpo ya que sería muy injusto que fueran a las reuniones de M.I.A., escucharan todo lo que allí se discute y luego su organización (política) no estuviera de acuerdo con las posiciones de nuestra organización. Utilicé como ejemplo el caso de las compañeras de la L.I.T. [Liga Internacionalista de los Trabajadores] y en ningún momento excluí a las compañeras del F.R.A.I. [Frente Revolucionario Anti Imperialista].

Esto fue básicamente lo que expuse; luego de mi turno la compañera Natasha consumió un turno y expuso varios planteamientos los cuales ella creía correctos, estos planteamientos fueron en torno a mi exposición. Inmediatamente después la Srta. M.G. consumió un turno para contestar lo expuesto por mí siendo dicho por ella así mismo. En ese turno, prácticamente al inicio ella hace alusión a lo que dije yo en torno a las condiciones objetivas y subjetivas de otros países. Yo pido en ese momento un turno para aclarar posteriormente cuando me corresponda el turno, que se me había citado incorrectamente y es en esos momentos en que ella interrumpe brevemente para decirme en una forma no muy adecuada que «Sí pide, pide un turno, que yo sigo.» Es posterior a este comentario donde indica que nuestra organización (F.R.A.I) es sectaria y en ese momento la compañera L.C. y M.R. piden un turno. Luego continúa la Srta. M.G. haciendo alusión a mis posiciones e indicó que si éramos revolucionarias (ella y yo) teníamos que estar de acuerdo en su posición. Por último al cerrar su intervención me indica que si somos internacionalistas lo tenemos que ser siempre y que no se puede ser «internacionalistas de noche y de día no».

Aquí la compañera L.C. comienza su turno tratando de dar una explicación de las acusaciones de la Srta. M.G. y no se le permite que la aclare diciéndose también a nosotras (M.R. y Margarita) que eso no se nos va a permitir.

Bien, es aquí donde esta compañera decide abandonar dicha reunión y renunciar a M.I.A. Las razones para ello son:

1. El hecho de que se nos coartara el derecho a defender a nuestra organización (F.R.A.I.) de unos ataques viciosos.

2. Que se impidiera que defendiéramos a nuestra organización en el mismo lugar donde se nos falta el respeto y recordamos como en otros momentos donde hemos estado en otras organizaciones se ha atacado a M.I.A y se nos ha facilitado la oportunidad para poder defenderla. Donde además las personas que han atacado a M.I.A. han sido fuertemente criticadas por otros compañeros que ni siquiera pertenecen a M.I.A.

3. Que la coordinadora de la organización Ana Rivera se hiciera eco de el planteamiento de impedir que se aclarara esa situación allí siendo ella la responsable directa de impedir que este tipo de incidente ocurra entendiendo que la compañera (Ana) se supone deba tener la capacidad para bregar con dichas situaciones pues ella aceptó ser Coordinadora General.

4. Que otras compañeras trataran de impedir que se aclarara allí la situación, unas porque honestamente entendían que había que ceñirse a la discusión del tema (E. O.) y otras por razones que desconocemos y nos gustaría saber.

5. Que otras compañeras no levantaran su voz de protesta para que se nos permitiera aclarar la situación y se mantuvieran ajenas a toda la situación.

6. Que por razones de temeridad de algunas compañeras se amapuchara nuestro derecho a defendernos.

7. Que se me faltara el respeto en esa reunión donde se ponía en duda mi integridad como revolucionaria a pesar de que nunca he dicho que lo sea y que se me acusara de sectaria, sabiendo muy bien la persona que hace la acusación de la trascendencia de dicha acusación. No sería trascendental todo esto si no fuera porque se me indica que allí no puedo defenderme.

Por último quiero indicar que en el proceso de discusión donde tratamos que se nos permitiera hablar la señorita M.G. indica que si a la L.I.T. se le faltó el respeto, ¿por qué ella no podía faltarle el respeto al F.R.A.I.? y además indicó que podíamos discutirlo posteriormente en un debate.

1. Con esto la Srta. M.G. admite tácitamente que sí cometió una falta de respeto pero que se justifica porque con ella se hace lo mismo. Queremos pedirle a la Srta. que nos indique con hechos dónde y en qué momento en esa discusión se le faltó el respeto por mí o por otra de las compañeras del F.R.A.I.

2. Que el debate al cual nos invita la Srta. lo aceptamos en calidad personal en el momento hora y lugar que ella considere pertinente.

En cuanto a lo de si soy o no internacionalista de noche y de día no, quiero decirle y dejar bien claro que lo soy no solo de noche o de día sino también las *30 horas del día*.

Queda por tanto sometida irrevocablemente mi renuncia a el puesto que humildemente acepté y a Mujer Intégrate Ahora conllevando esto gran pesar y dolor para mí. Exhorto a todas las compañeras de M.I.A. que continúen impulsando la lucha de la liberación de la mujer aunque nos cueste la vida. Teniendo en cuenta que esta actividad debe estar dirigida con la mayor claridad de pensamiento.

¡SI LUCHAMOS VENCEREMOS!   ¡VIVA EL MOVIMIENTO DE LIBERACIÓN
FEMENINO AUTÓNOMO!

Margarita López Díaz

(Firmado)

CARTA DE RENUNCIA

En la pasada reunión se atacó a unas compañeras perteneciente a una organización política (Frente Revolucionario Anti-Imperialista) de sectarias, y de oportunistas al ser internacionalistas de noche pero no de día. Me parece es una falta de respeto que no se debió tolerar por parte de las compañeras allí reunidas esa noche. Si allí se nos ofendió a las compañeras del FRAI era en ese sitio donde había que discutirlo y no en otro lugar, ni otro momento. Ya que las faltas de respeto se dilucidan en el sitio donde se cometen. Entiendo que ninguna de las compañeras allí estuvo en la disposición de discutir esa falta de respeto.

Por otro lado, quiero exponer una serie de dudas con respecto al funcionamiento interno de MIA.

Primero: entiendo que la posición que M.G. asumió en la reunión de las ocho mujeres es una violación crasa al reglamento de MIA por consiguiente si M.G. no entendía unos procesos de reclutamiento no debió ingresar a MIA. Porque con qué "moral revolucionaria" si a eso se le puede llamar "moral" y si se le puede llamar "revolucionaria", M.G. decide ir en representación de la Liga Internacionalista de los Trabajadores (LIT) y negar el derecho que por designación le dio MIA.

Compañeras: cualquier persona con un poco de honestidad hubiera planteado su desacuerdo en cuanto a este punto del reglamento y negarse a participar de dicha representación por entender que no podía cumplir con esa responsabilidad como se debía a MIA. No solamente M.G. viola esa representación, sino que le vota en contra, faltándole el respeto no solo a MIA como organización sino a cada una de las militantes que depositamos una confianza y seguridad en ella.

Segundo: Se trajo al pleno en la pasada reunión del viernes por la noche una cuestión de conflictos de intereses. Entiendo que con respecto al punto en discusión (de si participar o no en el "frente"), sí había un conflicto de intereses tanto para las compañeras del FRAI como las de la LIT y para cualquier otra dentro de MIA que perteneciese a cualquier organización política *que fueran en representación del FRAI o de la LIT o de cualquier organización a ese "frente"*. Ya que si en algún momento MIA llevaba posiciones encontradas a las posiciones de las organizaciones políticas en "ese frente", las compañeras que pertenecen a organizaciones políticas y están dentro de MIA, conocerían de antemano nuestros argumentos y los debatirían mucho más fácilmente. La mejor solución a ese conflicto de interés era la *no* participación de las compañeras en ese "frente", tanto a nivel de organización política como de organización feminista.

Natascha en la pasada reunión entendió que en esa situación no hay conflictos de intereses. A todas luces el conflicto es evidente, a menos que no nos convenga verlo o no lo queramos ver; entiendo que a Natascha ni le conviene, ni quiere verlo.

Tercero: Entiendo que cuando uno acepta unas posiciones, acepta también unas responsabilidades, si la Coordinadora de MIA no sabe de los más elementales principios parlamentarios, debió aprenderlos, muchas situaciones incorrectas se dieron gracias a esta ignorancia.

Cuarto: En cuanto a la situación que se da luego de abandonar la reunión del viernes por la noche varias compañeras, hubo compañeras (de las que se quedaron allí) que manifestaron el oportunismo más sucio e indignante que yo había conocido. A estas compañeras solamente les quiero recordar un simple hecho. Que esa reunión del viernes por la noche se dio gracias a la preocupación de la compañera Gara. Se entendió que una decisión fundamental de la organización debía ser discutida por todas las miembras de la organización y la decisión ser tomada por una mayoría que tuviera pleno entendimiento de la decisión tomada. Entiendo que es una irresponsabilidad de las personas que plantearon, "¡Ahora vamos a votar!". Claro era más fácil ahora que se habían ido de la reunión las compañeras que habían mantenido oposición tenaz al punto en discusión. Además de que este hecho me demuestra a mí las prioridades de las compañeras, que prefirieron ir a una cosa que llamaban "frente" y no les importó que su organización se destruyera ¡al no querer discutir la falta de respeto allí cometida!.

Quinto: Entiendo que los comentarios subjetivos de algunas compañeras para mí no tienen ningún valor, que en el momento en que encuentren evidencia objetiva, pasaremos a una discusión. Discusión seria y sin insultos; mientras tanto las compañeras serán unas irresponsables pues ¿con qué responsabilidad se puede andar comentando que de las compañeras que abandonaron la reunión sólo una se fue por iniciativa propia? Yo puedo contestar, con ninguna responsabilidad.

Por cuanto: A varias compañeras se nos falta el respeto, y se nos niega el derecho a defendernos, ni se implementan los mecanismos necesarios y correctos que merecían la situación.

Por cuanto: una violación crasa del reglamento de MIA requiere una penalización tal como la expulsión de la organización.

Por cuanto: internamente existen conflictos de interés sin solución en este momento.

Por cuanto: se ha atacado a varias compañeras viciosamente y a sus espaldas.

Por tanto: Yo Aida Santiago [firmado] presento mi renuncia a la organización feminista Mujer Intégrate Ahora por las razones anteriormente expuestas.

8 MARZO

MUJER INTÉGRATE AHORA

DIA INTERNACIONAL DE LA MUJER

MIA

LA VIOLACIÓN NO ES NUESTRO DESTINO

El 8 de marzo de 1908, cuando las trabajadoras de las fábricas del bajo Manhattan, explotadas como mujeres obreras se lanzaron a las calles exigiendo mejores condiciones de trabajo (aprobación del salario mínimo, reducción de la jornada de trabajo, prohibición del empleo infantil, sufragio la mujer, etc.) significa para nosotras un importante acontecimiento histórico. El 8 de marzo sirvió como eje y punto de partida para las luchas de las mujeres que a través de los tiempos han batallado por sus derechos.

Hoy nos unimos en la celebración internacional de esta decisiva gesta.

La organización feminista Mujer Intégrate Ahora (MIA) surgió en el 1972 como respuesta a las necesidades de las mujeres. Nos concebimos como un vínculo actual de lucha a toda una larga historia de opresión.

Tomando como ejemplo la protesta de ese 8 de marzo, nos proponemos organizar la mayor cantidad de mujeres posibles para hacer valer nuestros derechos y alcanzar una mayor participación dentro de esta sociedad.

En el último año hemos realizado diversas actividades con miras a la consecución de estos fines como:

En el mes de abril de 1977 llevamos a cabo el primer piquete feminista pro derecho al aborto para las víctimas de violación.

Participamos en junio del 1977 en la Conferencia Puertorriqueña de la Mujer, celebrada en la Universidad del Sagrado Corazón, de manera crítica para exhortar a las mujeres a organizarse en la lucha por sus derechos.

En agosto del 1977, realizamos un piquete en protesta a la discriminación contra las mujeres deportistas frente al Capitolio.

Trabajamos en una campaña favoreciendo el derecho de la mujer a controlar su cuerpo, dándole énfasis al derecho a la libre práctica del aborto como una alternativa higiénica, segura y económicamente viable - gratuita en hospitales públicos.

LA VIOLACIÓN

Recientemente han surgido innumerables declaraciones y casos relacionados con el problema de la violación. En una sociedad prejuiciada como la nuestra, la importancia que se le ha dado a este issue está desvinculada de un análisis profundo y real de la problemática de la mujer. Prueba de ello es que las soluciones que se han estado considerando no son la alternativa feminista que requiere el problema de la violación y toda esta problemática en general.

Es indispensable no solo tomar una posición sino entender que como mujeres tenemos que desmitificar y llevar un mensaje que verdaderamente responda a las realidades e intereses nuestros relativos a este problema. Es necesario que cobremos conciencia de que la violación no es meramente un acto sexual, sino el ultraje físico y emocional a la dignidad y a la auto-determinación de un ser humano, un acto de violencia. Es un resultado lógico y dramático de la realidad integral de opresión de la mujer.

Todas las mujeres somos víctimas de este acto de violencia de facto o en potencia. No podemos permanecer inertes ante las interrogantes que surgen: ¿Quién es culpable? ¿Las mujeres desean ser violadas? ¿Quién es el violador? ¿Qué lo motiva: la ropa ajustada, los encantos y la belleza «femenina", la actitud provocadora? ¿Sólo son violadas las mujeres jóvenes y bellas, o todo tipo de mujer, desde niñas a ancianas? ¿En caso de embarazo, está obligada la mujer a parir o debe tener derecho al aborto? ¿Es éste un acto de lujuria, o de violencia? ¿Por qué es un suceso que se multiplica cada día pero se mantiene en secreto?

Todas las mujeres somos violadas de ésta y múltiples maneras diariamente. Es esa una realidad que nos oprime y limita constantemente. Tenemos que reconocer que somos nosotras las mujeres las que tenemos que poner fin a esta situación de opresión. Podremos contar con colaboradores que contribuyan en el proceso, pero es nuestra batalla. Son nuestros intereses... NUESTRAS VIDAS ... tenemos que dirigirlas nosotras.

LA VIOLACIÓN NO ES NUESTRO DESTINO

Actividades en la semana del Día Internacional de la Mujer [marzo de 1978]

Martes 7 de marzo   Sitio: Universidad Sagrado Corazón
                     Salón 208 C
                     Hora: 2:00 p.m.

Miércoles 8 de marzo   Sitio: Universidad de Puerto Rico
                        Anfiteatro #1 NEG
                        Hora: 2:00 p.m.

Película: 'La cultura de la violación'
MODERADORA: Sa. Licely Falcón del Toro
PANEL: Una Víctima de Violación
                   Sa. Mercedes Alvarado, Dir. Centro de Ayuda a Víctimas de Violación
                   Lic. Angelita Rieckehoff, Pres. Comisión para el Mejoramiento de los Derechos de la Mujer
                   Delma S. Fleming, Ph.D. Psicología
                   Sa. Evelyn Otero, Coord. Secretaría de Propaganda
                   Sa. Natascha López, Coord. Secretaría de Educación de Mujer
                   Intégrate Ahora

Jueves 9 de marzo   Sitio: Casa Blanca, San Juan
                     Hora: 8:00 p.m.
                     Película: 'La Cultura de la Violación'
                     Charla: Sa. Ana Rivera Lassén, Coordinadora General de MIA

NOMBRE: _____

DIRECCIÓN: _____

Me interesa información sobre:
___ La organización MIA
___ Círculo de estudios feminista
___ Sesiones de concientización feminista.

ENVIAR A: MIA, Apdo 21515, Estación U.P.R., Río Piedras, Puerto Rico 00931

Piquete

Jueves 27 Abril

Respalda proyectos a favor de víctimas Violación

AUSPICIA M.I.A.

AVE. PONCE DE LEON

FRENTE AL CAPITOLIO

4:30 p.m.

MUJER INTÉGRATE AHORA (M.I.A.)
Apartado 21515
Estación U.P.R.
Río Piedras, PR 00931

Piquete para impulsar la legislación en pro de las víctimas de violación, auspiciado por la organización feminista, Mujer Intégrate Ahora, se llevará a cabo el jueves 27 de abril de 1978, a las 4:30 p.m. frente a las escalinatas del Capitolio.

Es necesaria tu participación para lograr efectivamente que se aprueben proyectos de ley que protejan los derechos de la mujer víctima de violación.

M.I.A. respalda el Proyecto del Senado #490, para eliminar el público de la sala cuando la víctima esté testificando. Respalda también legislación dirigida a eliminar la pasada, o presente vida sexual de la víctima como evidencia y el requisito de corroboración en los casos de violación.

M.I.A. se opone a la legislación dirigida a aumentar la pena por violación a reclusión perpetua (Proyecto de la Cámara #540) y a la pena de muerte. Estas dos propuestas van en contra de la posibilidad de rehabilitación de los convictos de violación. Entendemos que el primero reduciría las probabilidades de convicciones por violación ya que los jueces y jurados podrían hallar la pena excesiva. Ejecutar a los violadores no eliminará el problema de la violación, y su único efecto será ejecutar mayormente hombres pobres, ya que sabemos que los ricos no van a la cárcel.

Es indispensable entender que la violación no es meramente un acto sexual sino el ultraje físico y emocional a la dignidad y autodeterminación de un ser humano; un acto de violencia que se comete principalmente en contra de la mujer. Es el resultado lógico de una sociedad prejuiciada donde la mujer se desenvuelve dentro de una realidad de opresión, por el hecho de ser mujer.

La organización M.I.A. tiene como propósito el desarrollo de la mujer como persona dueña de si misma, capaz de tomar decisiones y de dirigir su vida. Trabajamos consistentemente para organizar y movilizar a la mujer en la defensa y reclamación de sus derechos. Entendemos que éste es uno de los momentos para que toda mujer actúe de acuerdo con la urgencia que exige el problema de la violación.

Dejemos a un lado nuestras diferencias, ya sean religiosas, políticas, o de estilos de vida y unámonos en un propósito común: exigir justicia para la mujer. Una conciencia feminista no puede permanecer indiferente ante el apoyo que exige la lucha en defensa de las víctimas de violación.

Exhortamos a todos, hombres y mujeres a que asistan al piquete. Mujer únete al movimiento feminista, los hombres nos podrán apoyar, pero el movimiento lo construiremos NOSOTRAS.

El testimonio de una víctima de violación no es un evento publico....

Que se expandan los servicios de el Centro de Ayuda a Víctimas de Violación a mujeres en toda la isla...

POR LA PARTICIPACION DE LA MUJER EN LA LUCHA SINDICAL

MUJER INTEGRATE AHORA
1 DE MAYO DE 1978.

En las recientes huelgas de la UTIER y la TUAMA la mujer ha demostrado que participa fervientemente en la defensa de los derechos de los trabajadores. Prueba de esto es la participación de las trabajadoras en la línea de piquetes y contra los rompehuelgas, la labor de los Comités de Esposas de la TUAMA y la labor realizada dentro de los Comités de Apoyo a las huelgas. "Por la participación de la mujer en la lucha sindical" es una de las consignas que se impulsan en esta celebración del 1ro de mayo.

La organización feminista Mujer Intégrate Ahora toma esta oportunidad para exponer una situación que consideramos está negando y coartando el reconocimiento de la participación de la mujer en esta lucha.

No hemos visto en acciones concretas las intenciones verdaderas de luchar por la mayor participación de la mujer en el liderato sindical. El papel que desempeñarán las mujeres en los actos a celebrarse es evidencia de esto. En esta ocasión, ninguna compañera se dirigirá al público como oradora. Es así como no se le da oportunidad a las mujeres de desarrollar su liderato y expresarse en las actividades masivas.

Dentro del grupo trabajador las mujeres tienen un papel muy importante. Como mujeres en este sector han sido grave y hondamente explotadas. Por lo tanto, como parte del sector obrero están doblemente oprimidas.

La mujer trabajadora de nuestra época resume en sí misma dos sectores que padecen los tratos más injustos. Cuando se incorpora a la mujer a la fuerza de producción se le incorpora como mano de obra barata. No se le ofrece las mismas oportunidades de empleo según su capacidad, ni se le juzga por esto en la promoción de puestos. Por otro lado, a la mujer se le exige que continúe realizando las mismas labores en su hogar, labores que deberían ser compartidas por ambos cónyuges de la misma forma que ahora comparten la tarea de ganar el sustento económico. Es así, de esta manera desigual y discriminatoria, que se le incorpora como mujer al sector trabajador.

Esta conciencia que necesita el sector obrero en general tiene que comenzar por la propia mujer. Una trabajadora feminista mexicana, Soledad Moreno, dice al respecto; "El número de mujeres que participan en luchas reivindicativas sindicales, sin embargo, es cada día mayor, pero no son ellas generalmente las que participan en grupos de mujeres. A veces rechazan los temas de su explotación específica porque son orgullosas de haber participado en huelgas "como los hombres".

"En los lugares de trabajo donde la trabajadora, por ser mujer, es sobreexplotada, la primera cosa que quiere combatir es la manifestación de esa sobreexplotación. No es perceptible a primera vista para ellas que esta sobreexplotación está íntimamente ligada a su lugar en el mercado de trabajo determinado por su sexo."

Hay que poner en evidencia la poca conciencia de los sindicatos que tradicionalmente no le dan importancia a la lucha feminista. Es necesario por esto que la mujer obrera tome conciencia de su situación particular de doble explotación. Es necesario que los compañeros obreros actúen con hechos concretos, por combatir la discriminación contra la mujer y apoyar acciones por ejemplo, en apoyo de las víctimas de violación.

Para una mayor integración de la mujer en la lucha sindical, es necesario eliminar los impedimentos reales que ésta enfrenta. Luchemos a favor de más centros de cuidado infantil gratuito, paga completa en licencia por maternidad, igual paga por igual trabajo y no discriminación por sexo en la promoción de puestos.

La labor que Mujer Intégrate Ahora se propone es crear conciencia en la mujer, en este caso la mujer trabajadora, de su problemática particular, para que se eliminen esos impedimentos reales que obstaculizan la participación de ella en los procesos sindicales. Lograr que las mujeres exijan dentro de los sindicatos que se le dé importancia a estas demandas.

¡No queremos consignas, queremos acciones! Trabajemos por la unidad y organización de todos los trabajadores. No puede haber unidad en la desigualdad. Seamos personas de avanzada verdaderamente y no solo de palabra. La lucha por los derechos de los trabajadores es un reto que hemos aceptado. Aceptemos también el reto de enfrentarnos a nuestros prejuicios en contra de la mujer.

¡LUCHEMOS POR LOS DERECHOS DE LOS HOMBRES Y LAS MUJERES OBRERAS!

NOMBRE: _____

DIRECCIÓN: _____

Me interesa información sobre:
____ La organización MIA
____ Sesiones de concientización feminista

ENVIAR A: MIA, Apartado 21515, Estación UPR, Río Piedras, Puerto Rico 00931

MUJER INTÉGRATE AHORA
REGLAMENTO DE LA ORGANIZACIÓN

Aprobado el 25 de junio de 1978

I. MIA es una organización feminista autónoma que tiene como propósito ayudar a la mujer a lograr su realización como persona dueña de sí misma, capaz de tomar decisiones y dirigir su vida, y su integración como fuerza de cambio de la sociedad.

II. OBJETIVOS

A- Exigir:

1. se ponga fin a las leyes y reglamentaciones con sanciones especiales para la mujer

2. hacer extensivos para la mujer todos los derechos democráticos

3. abolir el concepto de las leyes protectoras de la mujer, concepto que va en detrimento de ésta.

B- Exigir igual representación y participación femenina y feminista en las estructuras políticas. Esto a la vez que trabajamos consistente y conscientemente para organizar y movilizar la mujer en la defensa y la reclamación de sus derechos.

C- Exigir que se enfoque la educación hacia la eliminación de los conceptos y roles a base de sexo y género, que es el fundamento de la discriminación contra la mujer, para de esta forma ir logrando la integración plena de la mujer a la sociedad.

CH- Crear conciencia en la mujer de su problemática particular.

D- Crear conciencia social de la problemática de la mujer.

E- Denunciar cualquier institución o personas que intenten impedir el desarrollo de la lucha por los derechos de la mujer.

F- Luchar por el derecho de la mujer a conocer y controlar su cuerpo.

G- Solidarizarnos con toda actividad o campaña nacional o internacional que vaya encaminada a desarrollar el movimiento de liberación de la mujer. Solidarizarnos con los movimientos de liberación de las oprimidas/os que vayan en acorde con el movimiento feminista según nuestros propósitos, objetivos y posiciones.

III- REGLAMENTO

A- Reuniones

1. Primer jueves de cada mes - administrativa

2. Tercer jueves de cada mes - educación

B- Membresía

1. Mujeres sin distinción de status social, educacional, político, económico o racial.

2. Hombres sin distinción de status social, educacional, político, económico o racial como miembros auxiliares.

3. Miembras activas - mujeres que estén de acuerdo con los propósitos, objetivos y el Reglamento de M.I.A.; que participen de acuerdo a sus capacidades en las reuniones, comités de trabajo y actividades acordadas en la organización; que cumplan con la cuota establecida.

Derechos: voz y voto en las reuniones. Para ser candidata en los puestos electivos se requerirá haber asistido por 4 meses a las reuniones regulares.

Miembras pasivas - afiliadas. Miembras que por causas legítimas no pueden asistir regularmente a las reuniones y deseen mantener afiliación a la organización; que estén de acuerdo con el reglamento de la organización. No tendrán derecho a ocupar cargos de la directiva. Tendrán voz pero no derecho a voto en las reuniones.

4. Miembros auxiliares - Serán miembros auxiliares todos aquellos compañeros que colaboren en algún área de trabajo de MIA. Tendrán derecho a obtener toda la literatura que la organización distribuye públicamente. Podrán someter sugerencias. Podrán someter sugerencias para actividades, así como asistir a las que la organización lleve a cabo.

C. Junta Directiva

1. Se reunirá el martes antes de la reunión administrativa para:

a. Discutir puntos a ser presentados en las reuniones ordinarias y extraordinarias.

b. Discutir los asuntos internos de la organización.

c. Estas reuniones serán abiertas a todas las miembras.

ch. Celebrará cualquier otra reunión adicional que acuerden para el mejoramiento de sus funciones.

2. Todos los años se elegirá una junta directiva. Serán candidatas para la nominación solamente las miembras regulares que lleven 4 meses o más en la organización:

a. que se nominarán en la reunión administrativa anterior a la fecha en que se vaya a llevar a cabo la elección de la Junta Directiva.

b. estas elecciones se llevarán a cabo en el mes de junio.

3. Puestos

a. Coordinadora General - Presidirá y coordinará reuniones y actividades. Firmará los documentos oficiales de la organización. Será portavoz oficial de la organización. Será encargada de coordinar todas las actividades internas de las diferentes coordinaciones. En caso de que falte la Coordinadora General la Junta Directiva nombrará una interina.

b. Coordinadora de Actas - Tomará las minutas de las reuniones. Será responsable de todos los papeles, cartas, libros, archivos de la organización. Citará a la membresía a las reuniones en caso necesario. Coordinará trabajos de reclutamiento.

c. Coordinadora de Finanzas- Será la persona encargada de llevar a cabo las actividades para recaudar fondos para la organización. Será la responsable de recaudar las cuotas de la membresía. Rendirá informes de ingresos y gastos.

d. Coordinadora de Propaganda - Será la persona responsable de elaborar todas las actividades que estén relacionadas con propaganda tales como boletines, murales, comunicados de prensa, radio, televisión y medios de comunicación.

e. Coordinadora de Educación - Elaborará, estructurará y coordinará todas las actividades que vayan encaminadas a desarrollar la educación y concientización de la membresía y público en general.

Todas las coordinaciones deben dar un informe anual en la Asamblea General.

f. Decisiones - La Junta Directiva en pleno podrá tomar decisiones de emergencia sin la necesidad de convocar a una reunión general especial para ello. Cualquier decisión, acción o posición que se tome no podrá ir en contra de los propósitos y objetivos de la organización.

g. Quórum - Las presentes en una reunión regular. En caso de enmiendas al reglamento o posiciones de la organización el quórum consistirá de la mitad más una de las miembras activas.

h. Comités de Trabajo - Se nombrarán según sea necesario.

i. Cuotas

     1. mensual

     2. $4.00 mínimo

j. Enmiendas

     1. Para enmendar el Reglamento es necesaria la aprobación de la mitad más una de las miembras en una reunión oficial.

COMUNICADO

EL 4 DE JULIO Y LA MUJER PUERTORRIQUEÑA

Este año se dedicó la celebración del 4 de julio a la mujer puertorriqueña. ¿Fue ésto un logro para nosotras? ¿Se nos está reconociendo la importancia que tenemos en el desarrollo de nuestra sociedad? La organización feminista Mujer Intégrate Ahora (MIA) expresa por este medio su posición frente a esta dedicatoria y a estas interrogantes.

La situación de discrimen que sufrimos las mujeres requiere que nosotras tomemos conciencia de ello, nos organicemos y luchemos por los cambios necesarios que garanticen nuestra igualdad de derechos. Esa situación de discrimen requiere también que la sociedad en general cree conciencia de los problemas que afectan a la mujer.

Cada vez que se acrecienta la tasa de desempleo, al igual que con el cierre de una fábrica, la mujer sabe que será dentro del grupo trabajador, la más afectada. Primero, porque la mayoría de los empleados/as de las fábricas auspiciadas por Fomento son mujeres y segundo, porque dentro de los planes del Gobierno (tanto la administración pasada como ésta) la prioridad es recuperar el empleo masculino. Igualmente afectadas se ven las maestras, secretarias, etc.

La mujer que trabaja fuera del hogar se enfrenta a bajos salarios, condiciones de empleo injustas y pocas perspectivas de mejoras. Esto es así porque no se reconoce la labor de la mujer en la fuerza trabajadora como importante. Se le sigue viendo como secundaria y cuando se le emplea muchas veces se hace como mano de obra barata. Por eso, cuando una mujer queda sin empleo se ve como si no tuviera problema alguno porque puede quedarse en casa. Sin embargo, las trabajadoras saben que no es así. El empleo de la mujer es *importante y necesario* como el del hombre y su desempleo es igualmente doloroso y desesperante.

La mujer que trabaja en su hogar, por su parte, no es considerada justamente. Ella realiza una labor que la sociedad no valora en dinero ni esfuerzo sin darse cuenta de su importancia. Imaginemos lo que sucedería si todas las trabajadoras del hogar dejaran de realizar esas tareas. Las empresas se verían forzadas a invertir dinero en comedores, lavanderías, etc.

La mujer que trabaja fuera del hogar, realiza también todas las tareas de la casa sin que se le dé mérito a esa labor. Realiza ambas tareas porque su trabajo dentro y fuera del hogar es igualmente necesario. Esa mujer no es justamente valorada por su aportación económica al hogar ni por su trabajo en las tareas de la casa. Comparte con el hombre lo primero pero éste no comparte con ella la responsabilidad de mantener en orden el hogar.

Nos preocupa que últimamente se le esté dando énfasis a un concepto de familia tradicional. Como si la unidad de la familia se fuera a dar con la mujer en la cocina. Mientras se enfatiza ésto se le estará restando importancia al trabajo femenino fuera del hogar. La unidad familiar reside únicamente en el respeto y la consideración de todos sus integrantes. Una familia, donde la madre trabaje dentro y/o fuera del hogar, que no se le respete y considere como al resto de sus miembros, no estará nunca unida.

¿Qué puede hacer el Gobierno? El Gobierno puede demostrar sus intenciones de reconocer la importancia de la aportación de la mujer al desarrollo de nuestra Isla apoyando acciones concretas.

La solución a la discriminación existente contra la mujer no es la dedicación de un día festivo. En la legislatura y en las gavetas de Fortaleza se encuentran durmiendo más de una decena de proyectos encaminados a mejorar las leyes del matrimonio, la violación, los derechos de custodia y patria potestad sobre los hijos y otros temas que nos afectan a todas. De ser aprobados estos proyectos sería un paso adelante para la mujer.

Una dedicatoria por parte del gobierno no es un reconocimiento a nosotras las mujeres, si no va acompañada de un trabajo encaminado a ofrecer alternativas de mejoras a los problemas que nos afectan.

Exhortamos al gobierno a que reconozca los 365 días del año la importancia de la mujer. Más centros de cuidado para niños, más fondos para el Centro de Ayuda a Víctimas de Violación, que se respete el derecho de la mujer a controlar su cuerpo (esterilización consciente y responsable; aborto libre y gratuito), educación sin estereotipos sexuales, iguales condiciones de empleo, paga completa por licencia por maternidad. Hacia estos temas debe ir encaminada cualquier intención de reconocer la aportación de la mujer a la sociedad puertorriqueña.

MENOS DEDICATORIAS, MÁS ACCIONES

Por: Ana I. Rivera Lassén
        Coordinadora General MIA [1978]

Hoy 4 de julio de 1978, la actividad que llevó a cabo el PNP estuvo dedicada a la mujer. Nosotras en MIA íbamos a repartir un boletín, pero desistimos porque podría ser peligroso. La policía andaba en estos días deteniendo y registrando personas buscando los "terroristas" que ellos pensaban harían actos hoy.

Ocurrió algo sí, un hombre y una mujer, Pablo Marcano y Nidia Cuevas Rivera, mantuvieron secuestrados al cónsul chileno. No se podía entrar al Viejo San Juan.

Esto lo escribo porque creo que comenzarán a ocurrir cosas muy importantes para las feministas en Puerto Rico. Creo que comenzaremos a ser perseguidas y que tratarán de conectarnos con la izquierda.

Debo escribir poco a poco la historia del feminismo en Puerto Rico desde que MIA se fundó en 1972.

Ana Rivera Lassén

MUJER INTÉGRATE AHORA
APARTADO 21515
ESTACIÓN UPR
RIO PIEDRAS, PR 00931

18 de julio de 1978.

Compañera(o):

Por la presente te invitamos a participar en nuestro seminario de educación feminista que se llevará a cabo el próximo domingo 23 de julio de 1978 comenzando a las 9:30 a.m.

Durante ese día discutiremos los siguientes temas: La prostitución, La mujer en el deporte y tendremos además una exhibición de defensa personal.

Los trabajos de ese día se dividirán de la siguiente manera:

MAÑANA

9:30 a 9:45	Introducción
9:45 a 12:00	Exposición y discusión del tema

Almuerzo- De 12:00-1:00 p.m. (Habrá almuerzo - donativo $1.00)

TARDE

1:00 a 2:00 p.m.	Exhibición de Defensa Personal
2:00 a 4:00 p.m.	Exposición y discusión del tema
4:00 p.m.	Cierre de la actividad

Tu participación en este seminario nos permitirá llevar a cabo una discusión más amplia sobre interrogantes que se nos plantean a diario como: ¿Qué es la prostitución? ¿Cómo y cuando surgió? ¿Cómo brega la policía con la prostitución? ¿Estás de acuerdo con la legalización de la prostitución? ¿Qué opinas sobre su sindicalización?

¿Cómo defendernos ante una agresión física, ante la violación? ¿Cuál es la situación actual de la mujer deportista en PR? ¿Cómo se manifiesta el discrimen contra las deportistas y qué acciones debemos tomar en esta área?

Tendremos un grupo de compañeros(as) a cargo del cuido de niños.

Esperamos tu asistencia y participación.

Dirección: Calle Mariana Bracetti # 16
Río Piedras, PR (Casita Episcopal)

El 8 de marzo de 1908, las trabajadoras de fábricas del bajo Manhattan, explotadas como mujeres obreras, se lanzaron a las calles exigiendo mejores condiciones de trabajo tales como: aprobación del salario mínimo, reducción de la jornada de trabajo, prohibición de empleo infantil, sufragio de la mujer, etc. Este día sirvió como eje y punto de partida para las luchas de las mujeres que han batallado en defensa y reclamación de sus derechos.

Hoy, la organización feminista Mujer Intégrate Ahora (MIA) se une una vez más a la celebración del Día Internacional de la Mujer, solidarizándose con todas aquellas(os) mujeres y hombres que luchan por los derechos de la mujer. MIA surgió en 1972, como respuesta a las necesidades de las mujeres. Nos concebimos un vínculo actual de lucha a toda una larga historia de opresión.

Tomando como ejemplo la protesta del 8 de marzo de 1908, hemos organizado unas actividades dirigidas a crear conciencia en la mujer puertorriqueña de la necesidad de saber todos los peligros y consecuencias de una esterilización antes de someterse a ella.

El que una tercera parte de las mujeres puertorriqueñas (36.4%) en edad reproductiva hayan sido esterilizadas es motivo de honda preocupación para nuestra organización. Reconocemos la necesidad de hacer un trabajo educativo consecuente, para brindar a la mujer puertorriqueña otras alternativas que la lleven a tomar una decisión no forzada o equivocada por falta de orientación adecuada.

La esterilización es una de muchas técnicas utilizadas para controlar la población, pero es también un instrumento de explotación y abuso. La historia y antecedentes de la esterilización dejan ver que los problemas sociales y económicos que afectan a los pobres han obligado a muchos a esterilizarse. La falta de oportunidades de empleo, educación, cuidado de niños y vivienda, servicios médicos acceso al aborto, combinado todo con una campaña alarmante contra la superpoblación, han contribuido a crear una atmósfera que limita las opciones y manipula una preferencia hacia la esterilización.

Si nos detenemos a estudiar la historia de la esterilización podemos concluir que han sido siempre grupos de la misma extracción social víctimas de una propaganda intensiva tomando como foco principal a la mujer.

Mujer Intégrate Ahora (MIA) trabaja en una campaña contra la *esterilización forzosa* que comprende los siguientes puntos:

8 de marzo

Día internacional de la mujer

ALTO

A la esterilización forzosa.

Mujer Integrate Ahora

1- El derecho de la mujer a conocer y controlar su cuerpo.
2- La influencia de la esterilización en la implementación del racismo, sexismo y opciones limitadas a diversos métodos contraceptivos.
3- Las consecuencias que conlleva el abuso de la esterilización.
4- El derecho de acceso a todos los métodos de control natal dentro de las normas de alta calidad de salud.
5- La necesidad de información y orientación sobre los cambios en las leyes que se refieran a los derechos y condiciones para las esterilizaciones.
6- Que se inicie acción legal en los casos donde se abuse de los derechos de la (el) paciente.

Somos nosotras las mujeres, junto a los colaboradores varones que contribuyan en el proceso, las que tenemos que poner fin a esta situación de opresión. Es nuestra batalla... Son nuestros intereses ... Nuestras Vidas...tenemos que dirigirlas nosotras.

ALTO a la Esterilización Forzosa

[8 de marzo de 1979]

Actividades en la semana del Día Internacional de la Mujer:

Miércoles 7 de marzo
Película: «La Sangre del Cóndor»
Sitio: Universidad de Puerto Rico
Anfiteatro #1 NEG
Hora: 8:00 P.M.

Jueves 8 de marzo
Foro: "La Problemática de la Esterilización en Puerto Rico»
Sitio: Universidad de Puerto Rico
Anfiteatro #1 NEG
Hora: 1:00 P.M.   Gratis

Película: "La Sangre del Cóndor"
Sitio: Colegio dé Abogados
Hora: 8:00 P.M.

Panelistas del Foro:

1- Carmen Guzmán - Ex-miembra del Comité Contra el Abuso de Esterilización en Nueva York.
2- Dra. Carmen Nevárez Representante Departamento de Salud
3- Representante de la Comisión Pro Mejoramiento de los Derechos de la Mujer
4- Prof. Saúl Pratts- Especialista en investigaciones sobre la esterilización en Puerto Pico.
5- Evelyn Vega - Representante Mujer Intégrate Ahora

NOMBRE: _____
DIRECCIÓN: _____
Me Interesa información sobre:
_____ La organización MIA
_____ Esterilización forzosa

ENVIAR A: MIA, Apdo. 21515, Estación U.P.R., Río Piedras, Puerto Rico 00931

DOCUMENTOS
NATIONAL ORGANIZATION FOR WOMEN
CAPÍTULO DE PUERTO RICO, 1973

NATIONAL ORGANIZATION for WOMEN

... a new civil rights organization pledged to work actively to bring women into full participation in the mainstream of American society NOW, exercising all the privileges and responsibilities thereof IN TRULY EQUAL PARTNERSHIP WITH MEN.

NOW is not a women's organization.

NOW is a group of men and women dedicated to action which will change the conditions which prevent women from developing to their full human potential

NOW realizes that women's problems are linked to many broader questions of social justice. Convinced that human rights for all are indivisible, we give support to the common cause of equal rights for all those who suffer discrimination and deprivation, and we call upon other organizations committed to such goals to support our efforts towards equality for women.

NOW is an action organization committed to working for basic changes in the life style of America and breaking through the silken curtain of prejudice that has given both men and women such a limited view of their capacities to contribute to social progress.

In line with these concepts, NOW has pledged to work for the following:

PASSAGE OF THE EQUAL RIGHTS AMENDMENT: Pending in Congress are legislative proposals which would amend the United States Constitution to provide that "Equality of Rights under the law shall not be denied or abridged by the United States or by any State on account of sex." NOW supports this amendment, without change, and has called upon its members to work actively for its approval by Congress for submission to the states for ratification.

ABOLITION OF LAWS PENALIZING ABORTION: NOW endorses the principle that it is a basic right of every woman to control her reproductive life, and therefore NOW supports the furthering of the sexual revolution of our century by pressing for widespread sex education, provision of birth control information and contraceptives, and the repeal of all laws penalizing abortion.

REVISION OF STATE PROTECTIVE LAWS FOR WOMEN: NOW believes that state labor standards which are applicable only to women are inconsistent with the concept of equality. NOW has pledged to work for the inclusion of men under the protections currently extended by some of these laws. NOW also is pledged to repeal those laws which raise barriers to employment based on sex, in the guise of offering protection to women work-

ers. NOW also supports the amendment of any State FEP act to include a prohibition against discrimination in employment based on sex.

ENFORCEMENT OF THE CIVIL RIGHTS ACT OF 1964, TITLE 7: NOW applauds the recent decisions of the Equal Employment Opportunity Commission which: (1) call for the elimination of help wanted advertising columns segregated by sex; (2) declare that sex is not a bona fide occupational qualification for the position of flight attendant on the airlines (and thereby challenges the practice of terminating female flight attendants upon marriage or upon reaching a prescribed age); (3) state that optional or compulsory retirement ages which are different for each sex violate Title 7. NOW urges the Commission to continue to enforce Title 7 with full equity and pledges its efforts and the efforts of its members to strengthen the position of the Commission and to resist any Congressional efforts to undermine its decisions by restrictive legislation.

CAMPAIGN TO CHANGE THE MASS MEDIA'S PORTRAYAL OF WOMEN: NOW chapters and members are pledged to work in their communities to increase the number of models of healthy, happy women with expertise and contributions to make in areas which may include, but are not limited to homemaking and child-rearing. The campaign is to be directed at all the mass media—radio, TV, commercial advertising, newspapers, magazines, textbooks. Members are encouraged to organize speakers' bureaus of women who can serve as symbols of the variety of roles women can play in the society.

PARTICIPATION OF WOMEN ON AN EQUAL BASIS WITH MEN IN CHURCH LIFE AND PRACTICE: NOW is committed to opposition to discrimination based on sex in religious institutions and to religious teachings and laws which cause or reinforce such discrimination. NOW supports efforts to open the priesthood, ministry, rabbinate and all other religious hierarchies to all persons, regardless of sex.

GREATER PARTICIPATION OF WOMEN IN PROGRAMS AGAINST POVERTY: NOW works to eliminate practices which presently discriminate against women in training under the proverty programs. More women should be represented on policy-making boards of community action programs.

REVISION OF DIVORCE AND ALIMONY ARRANGEMENTS: NOW opposes present laws which thrive on hypocrisy and are predicated on the guilt of one party. NOW supports revisions in these laws which would permit unsuccessful marriages to be terminated without hypocrisy and new marriages to be contracted without undue financial hardship to either man or woman.

REVISION OF SOCIAL SECURITY LAWS: NOW supports changes in the present legislation to assure equitable coverage for married and widowed women who have worked and to eliminate discrimination based on sex or marital status in conferring of benefits.

PROVISION OF MATERNITY RIGHTS: NOW supports a woman's right to return to her job within a reasonable time after childbirth, determined by the woman herself, without loss of her disability credits or seniority.

EXPANSION OF CHILD CARE SERVICES: NOW supports the development of child care facilities available on an all-day, all-year basis, adequate to the needs of children from the pre-school years to early adolescence. NOW believes that child care centers should be community resources, like parks and libraries, to be used or not at the discretion of individual citizens. NOW opposes efforts to force welfare mothers to place children in child care centers and work.

REVISION OF TAX LAWS: NOW supports tax revision to eliminate elements of sex discrimination and to permit deductions of home and child care expenses in income taxes of working parents.

FULL PARTICIPATION OF WOMEN IN POLITICAL ACTIVITIES: NOW supports the elimination of separate women's divisions within the political parties and urges women to become fully involved at all levels in political decision-making. NOW urges women to cross party lines to support candidates who support NOW's goals. NOW encourages women to refrain from doing the traditional menial headquarters work in campaigns and the housekeeping jobs in political parties and to demand meaningful roles. NOW is pledged to work for equitable representation of women on all policy-making bodies which have a bearing on the over-all well-being of people.

REVISION OF THE EDUCATION SYSTEM: NOW is pledged to vigorous action to revise the systematic and deliberate mis-education with respect to sex roles in the American educational system. NOW will work to eliminate restrictive quotas based on sex, written or unwritten, in colleges, universities, graduate and professional schools. NOW supports revisions in the educational system which would make it possible for more women to combine their education with their child-rearing and family duties.

CAMPUS CHAPTERS OF NOW: Since much of the present problem of male-female images in the society is rooted in the educational system, chapters of NOW on campuses throughout the nation would be invaluable exponents of the new concepts NOW is supporting. The challenging young generation should be encouraged to enlist in the battle for equality between the sexes, as an added dimension to the struggle for human dignity.

NOW NEEDS YOU. IF YOU BELIEVE IN THE GOALS OF NOW, THIS IS THE TIME TO JOIN THE THOUSANDS OF MEN AND WOMEN THROUGHOUT THE UNITED STATES WHO HAVE PLEDGED TO WORK FOR EQUAL RIGHTS AND RESPONSIBILITIES BETWEEN MEN AND WOMEN.

To find out more about joining NOW, contact:

National Organization for Women
1957 East 73rd Street
Chicago, IL 60649
312-922-4536

Box 3752
San José Branch

Documentos
Federación de Mujeres Puertorriqueñas, 1975 – 1977

Estimada compañera:

Por medio de esta carta queremos invitar tu participación a la asamblea constituyente de una agrupación amplia y verdaderamente representativa de las legítimas aspiraciones de la mujer puertorriqueña.

Esta organización amplia agrupará en su seno mujeres de los sectores sindicales, periodísticos y profesionales, amas de casa, religiosas, estudiantes y militantes de organizaciones políticas. Tendría como propósito demostrar ante la sociedad puertorriqueña cómo la mujer puede emanciparse en esta sociedad para que comparta conjuntamente en igualdad con el hombre, deberes, responsabilidades y derechos.

No quisiéramos que el *Año Internacional de la Mujer* y otras actividades similares se utilizaran meramente para decir cuánto ha progresado la mujer puertorriqueña o cuánto se discrimina en su contra aún, SINO PARA SITUARNOS TODAS, Y ESPECIALMENTE, LAS MUJERES TRABAJADORAS (incluyendo las amas de casa) EN EL PROCESO HISTÓRICO DEL MOMENTO Y HACERNOS COPARTÍCIPES Y CODIRIGENTES DEL MISMO.

Las personas que hemos trabajado en los preparativos de esta asamblea creemos que la reivindicación de los derechos de la mujer es una lucha que deben propulsar todos los sectores de la clase trabajadora como uno de los objetivos, entre otros, a lograrse en pro de una sociedad justa e igualitaria.

A pesar de que el grupo inicial será representativo de los diferentes sectores de la comunidad, las asistentes no tendrán que representar organizaciones particulares, sino que podrán venir en su carácter personal y sentirse libres para llevar o no las sugerencias de la organización femenina a sus sindicatos y organizaciones.

Pensamos que la organización será integrada por mujeres: mujeres en su capacidad individual o pertenecientes a asociaciones, grupos y sindicatos; pero queremos e incorporaremos de algún modo la colaboración de los compañeros varones que deseen respaldar nuestra lucha.

La asamblea se celebrará el domingo 2 de febrero en:

Colegio de Ingenieros, Arquitectos y Agrimensores
Calles Antolín Nin Y Skerret
Urb. Baldrich, Hato Rey P.R.

Comenzará a las 9:00 a.m. y se extenderá hasta las 3:00 P.M. La agenda del día incluirá los siguientes puntos:

- Discusión y aprobación de un pronunciamiento sobre la situación de la mujer y las metas de la nueva organización.

- Estructura básica de la organización.

- Selección de un nombre para la agrupación.

- Constitución de un comité de apoyo y solidaridad por compañeros varones

Para sufragar el alquiler del local y los gastos de la asamblea, se agradecerá una donación voluntaria de cada participante.

Recuerda que está en nosotras las mujeres, el luchar porque se inicien esos cambios que nos llevarán a una participación más justa de los haberes de nuestra sociedad y a la creación de la nueva sociedad donde no existan los esquemas discriminatorios.

Comité Timón:

Nilvia Almodóvar - secretaria Federación Puertorriqueña de Sindicatos Democráticos, Ponce, P.R.

Margarita Babb - periodista miembro Unión de Periodistas, Artes Gráficas y Ramas Anexas (UPAGRA)

Hna. Elida Rodríguez - Sierva de Jesús Mediador

Carmen Sampson - Unión Nacional de Trabajadores

Ronnie Lovler - periodista UPAGRA

María Genoveva R. de Carrera - abogada en el ejercicio privado.

DECLARACIÓN DE LA FEDERACIÓN DE MUJERES PUERTORRIQUEÑAS

La mujer puertorriqueña es un ser doblemente explotado como resultado del sistema económico capitalista colonial que impera en nuestro país. Es explotada como miembro de la sociedad y es explotada como mujer. Es, por lo tanto, doblemente necesaria una organización feminista que se plantee en primer lugar, una labor de concientización con la mujer, una lucha por sus reivindicaciones dentro de la sociedad actual y que al mismo tiempo visualice la necesidad de enmarcar esta lucha dentro del marco amplio de la lucha de liberación de todos los explotados del mundo. Porque la lucha de la mujer no se da en un vacío. No es una lucha aislada de las reivindicaciones de todo el pueblo trabajador puertorriqueño. No estamos solos los puertorriqueños en la lucha por la emancipación de la mujer, sino que en todas partes del mundo hombres y mujeres cierran filas para luchar contra unas estructuras económicas opresivas, que en última instancia son las que explotan tanto a hombres como a mujeres.

Es nuestra meta que durante este año, que ha sido declarado por la Organización de las Naciones Unidas como el Año Internacional de la Mujer, hagamos un trabajo de capacitación y organización de las masas femeninas para que luchemos por lograr una sociedad más justa para hombres, mujeres y niños.

Algunos de los objetivos por los cuales nuestra organización, La Federación de Mujeres Puertorriqueñas, dará una batalla son las siguientes:

a) Que se active y se ponga en vigor el Articulo II - Carta de Derechos de la Constitución de Puerto Rico de 1952, que garantiza igualdad de los sexos ante la ley.

b) Que se garantice igual paga por igual trabajo.

c) Que se garantice paga completa durante licencia de maternidad y plaza segura para la mujer embarazada.

d) Que no seamos sub-utilizadas en los empleos y que se nos reconozca nuestra labor, tanto para ascensos, como para posiciones de dirección.

e) Que se eliminen las llamadas "leyes protectoras" de la mujer que en realidad son discriminatorias.

f) Que se revisen las leyes en torno al contrato matrimonial, especialmente las que bregan con la administración de la sociedad de bienes gananciales.

g) Que se exija de las agencias encargadas (Administración de Fomento Económico) iguales incentivos para negocios que emplean mujeres, como para los que emplean hombres.

h) Que se provean para la madre trabajadora centros de cuidado infantil con atención adecuada y otras facilidades relacionadas.

i) Que se implemente una revisión total del sistema de educación, sus textos, sus programas de estudios y su nuevo curso de educación sexual, entre otros, para eliminar la indoctrinación de roles estereotipados que presentan a la mujer como un ser inferior.

j) Que no se discrimine en cuanto a oportunidades educativas por razón de sexo.

k) Que se elimine de los medios de comunicación masiva la utilización de la mujer como objeto sexual.

l) Que se fomente la integración de la mujer a las fuerzas productivas del país.

m) Que se promueva la sindicalización de la mujer en todas las ramas del trabajo, incluyendo las trabajadoras en labores domésticas.

n)   Que cese inmediatamente la utilización de la mujer como conejillo de indias en los experi-
        mentos con métodos anticonceptivos y esterilización masiva.

o)   Para vincular nuestra lucha con la lucha internacional de la mujer, y participar en eventos
        internacionales.

p)   Para luchar por que no se utilice la celebración del Año Internacional de la Mujer para
        comercializarla, y para demostrar unos supuestos logros de la mujer, que en realidad no
        existen.

Nos declaramos pues, una organización feminista, una organización solidaria con la lucha
de todas nuestras hermanas a través del mundo, y una organización que además, sabrá marchar a la
par con todos los que luchen por la justicia social.

Aprobada en la asamblea constituyente del 2 de febrero de 1975.

Asamblea constituyente de la Federación de Mujeres Puertorriqueñas, 2 de febrero de 1975. (Foto Claridad)

*** B O L E T I N ***

FEDERACIÓN DE MUJERES PUERTORRIQUEÑAS

AÑO I   NUM. 1

La Asamblea Constituyente de nuestra Federación de Mujeres Puertorriqueñas nos ha dejado a todas con nuevos ánimos y más deseos de lucha que nunca, pues al fin tenemos una organización que permitirá hacer realidad lo que todas anhelamos: un trabajo real y positivo por la liberación de la mujer puertorriqueña. Nuestra Federación hace realidad además, el que todas nos hermanemos, nos conozcamos, y sintamos nuestros los problemas, dolores, preocupaciones y logros de todas nuestras hermanas, no solo en Puerto Rico, sino a través del mundo.

Este Boletín, creado por decisión de la Junta Directiva, y que será publicado mensualmente, será el medio para mantenernos en comunicación constante y consecuente. En él compartiremos informes sobre los trabajos, planes y actividades de la Federación y de sus distintos sectores y capítulos; se brindarán artículos para leer y discutir; se comentarán los problemas encontrados y se discutirá la forma en que se han resuelto. Se harán críticas y auto-críticas para ayudarnos a hacer una mejor labor. Además, este Boletín será un medio de expresión para todas las compañeras que quieran hacer uso de él.

¡ESTE ES TU BOLETÍN, FEDERADA!
¡LÉELO! ¡APORTA A EL!
¡PÁSALO! A OTRA COMPAÑERA!

LA JUNTA DIRECTIVA INFORMA

La Junta Directiva de la Federación de Mujeres Puertorriqueñas tuvo su primera reunión el pasado miércoles 5 de febrero. En dicha reunión se discutieron los planes de trabajo de cada Secretaría entre otras cosas. Los planes de trabajo fueron aprobados, quedando acordado que las Secretarías comenzarían sus reuniones internas para discutir y planificar el trabajo correspondiente a cada cual.

También se discutió la participación de la Federación en tres actividades, una de las cuales, el piquete que sostuvo frente al Tribunal Superior de San Juan la Hermandad de Empleados del Negociado del Seguro, ya había sido informada en la Asamblea Constituyente. Además en ese mismo día recabaron nuestra participación en una demostración que tuvo lugar en la Universidad de Puerto Rico, Recinto de Río Piedras, en apoyo de los estudiantes sancionados del Consejo de Estudiantes de la Facultad de Humanidades, y esa noche en Ponce, estuvimos junto al Comité de Apoyo de las esposas e hijos de los trabajadores de la Puerto Rican Cement en un piquete al señor Luis Ferré que se llevó a cabo frente al Teatro La Perla. La Federación envió representantes a las tres actividades.

Uno de los asuntos discutidos en la reunión fue la creación de círculos de estudio en la Federación. Las Secretarías de Capacitación y Organización están trabajando en esto, y se les informará próximamente cómo quedarán constituidos los mismos.

El área de Organización ha preparado una planilla, que se incluye con este Boletín, para ser llenada por cada una de las Federadas. Les urgimos a llenar y enviar la misma lo antes posible. La Dirección postal de la Federación es: Apartado 2448, Bayamón, 00619.

Se ha fijado una cuota mensual para todas, consistente en $1.00 mensual. Sin embargo, toda compañera que desee puede enviar una aportación mayor. La cuota deberá enviarse mensualmente a la dirección postal de la Federación.

También se discutieron las actividades para el Día Internacional de la Mujer, que se celebrará el próximo 8 de marzo. Las actividades tendrán lugar desde el viernes 7 de marzo, en el pasillo entre Pennys y Woolworth en Plaza Las Américas en Hato Rey, que ha sido reservado por la Federación. Comenzarán el viernes 7 a las 6:00 p.m. El sábado 8 se extenderán todo el día desde las 10.00 a.m. en adelante.

Las actividades incluirán una conferencia sobre el Día Internacional de la Mujer a intervalos durante el día, conciertos por varias compañeras cantantes y músicas, y otras cosas. Además, la Federación tendrá allí una mesa, atendida por compañeras Federadas, donde se encontrará material de información sobre la Federación y planillas de ingreso para aquellas personas que estén interesadas en unirse a nosotras. ¡Asiste, Federada, y trae a tus amigas y familiares!

Previo a esto el domingo 2 de marzo, llevaremos a cabo una pasquinada masiva para anunciar el Día Internacional de la Mujer y la actividad en Plaza Las Américas. En esta pasquinada, debemos participar todas. Hagan arreglos para ese día, e inviten a todas sus amigas, amigos y familiares a pasquinar con nosotras. Nos reuniremos para comenzar el día 2 a las 10:00 a.m. frente al portón principal en Plaza Las Américas en Hato Rey.

¡TE ESPERAMOS, FEDERADA!

BIOGRAFÍA DEL MES - OLIMPIA DE GOUGES

En esta sección se brindará mensualmente una corta biografía de mujeres que, de una forma u otra, se han destacado por su labor en la lucha feminista no solamente en Puerto Rico, sino a través del mundo. Para comenzar, hemos elegido a Olimpia de Gouges, feminista y revolucionaria francesa del siglo 18, y cuya «Declaración de los Derechos de la Mujer y la Ciudadana", escrito en el 1791, ha llevado a algunos a proclamarla «la precursora del movimiento feminista».

Olimpia de Gouges nació en el 1745, hija de una costurera y un padre desconocido. A la edad de 18 años, fue a París, donde contrajo matri-monio con un tal señor Aubry, quien murió al poco tiempo, dejándola con un hijo pequeño. Se dedicó a escribir, produciendo varias obras de teatro, la mayoría de las cuales tenían un contenido profundamente humanitario, y varios tratados sobre cuestiones sociales. Además escribió una serie de trabajos sobre los. derechos de la mujer. Cuando estalla la revolución francesa, se identifica con ella.

Olimpia fue de las primeras mujeres en declarar que los hombres y las mujeres tienen iguales derechos, y en instituir asambleas femeninas, donde las mujeres podían aprender a defenderse y a luchar por sus derechos. Fue una de las fundadoras y organizadoras del club de "tejedoras", cuya participación en marchas y manifestaciones se hizo sentir a través de los turbulentos días de la Revolución. En septiembre de 1791, escribe su «Declaración de los Derechos de la Mujer y Ciudadana». En esta obra manifiesta que "todos los ciudadanos y ciudadanas deben ser igualmente elegibles a todos los honores posiciones y empleos públicos de acuerdo a sus habilidades, y sin otra distinción que sus virtudes y talentos», y manifiesta que «las mujeres pueden ir al patíbulo, por lo tanto, deben tener el derecho de ir a la tribuna».

Además señala la injusticia existente hacia las madres solteras y las madres viudas, y señala también la desigualdad existente en la posición de los hombres y las mujeres en el matrimonio.

Sus esfuerzos, sin embar-go, fueron en vano, siendo suprimidas en el 1793 todas las sociedades y clubes femi-nistas y prohibiéndose a las mujeres tomar parte alguna en la vida política. En octubre de 1793, Olimpia fue arrestada por protestar contra la época del terror, y el 3 de noviembre de ese mismo año, fue ejecutada en la guillotina.

EL DÍA INTERNACIONAL DE LA MUJER

El día 8 de marzo es la celebración del Día Internacional de la Mujer. En ese día, millones de mujeres a través del mundo se reúnen para hacer patente su solidaridad y para hacer constar públicamente su lucha por los derechos de la mujer.

¿Cómo se Origina?

El 8 de marzo de 1857, las trabajadoras de la aguja del Bajo Este de Manhattan, cansadas ya por las condiciones opresivas de trabajo a las cuales estaban sujetas, tales como las condiciones insalubres en locales oscuros y hacinados, horas excesivas de trabajo, bajos salarios y el abuso existente en el empleo de menores, deciden llevar a cabo una manifestación de protesta. Deciden marchar hacia un vecindario de ricos cercano para «abochornar a los ricos». Sin embargo, cuando intentan salir del arrabal, la policía dispersó violentamente la marcha, causando heridos, y llevando varias mujeres a las cárceles.

En el 1860, las mujeres de esta industria deciden formar su propia unión, insistiendo en sus reclamos por mejores salarios y condiciones de trabajo, y añadiéndose el reclamo por un día de trabajo de ocho horas.

En el 1908, 51 años más tarde, miles de trabajadoras vuelven a marchar, con las mismas demandas que en el 1857, y añadiendo la demanda del derecho al voto.

Mientras tanto, en Europa, Clara Zetkin, social-demócrata alemana y luchadora incansable de los derechos de la mujer, ha estado visualizando la necesidad de crear una agrupación internacional de mujeres. Durante casi 40 años luchó Clara Zetkin por la formación de un potente movimiento femenino internacional de las trabajadoras y las fuerzas democráticas. Expone la idea por primera vez en el Congreso Internacional de Trabajadores celebrado en París en el 1889, al cual asistió como delegada de las obreras berlinesas. Allí pronunció su primer gran discurso sobre el problema femenino, y defendió el derecho de las mujeres al trabajo y a la independencia económica.

En su labor entre las masas trabajadoras femeninas, Clara Zetkin impulsó la idea de "ser más eficaces". Desarrolló una ardua y paciente labor en conjunto con sus organizadoras. Hablaban con las mujeres en las fábricas y visitaban las casas de las esposas de los trabajadores y pequeños comerciantes, convocando luego a reuniones cada vez más amplias en los talleres, las uniones y las comunidades. Formaron comisiones reivindicativas en las cuales las obreras podían plantear sus problemas, comisiones para la protección de la infancia, grupos de estudio que llamaron «veladas literarias» donde las mujeres y las jóvenes discutían problemas políticos y acontecimientos corrientes, y en las cuales se familiarizaban con aspectos de la literatura y el arte. Comenzaron a elaborarse principios para la educación de los niños. A través de toda esta labor, las mujeres comenzaron a integrarse a comités de huelgas, a participar en las asambleas de las uniones, en los piquetes, y a realizar manifestaciones en favor de sus derechos.

En Copenhaguen, Dinamarca, en agosto de 1910, se reunieron más de 100 delegadas de 17 países en la Conferencia Internacional de Mujeres Socialistas. En dicha conferencia, fueron dados informes sobre el trabajo realizado en Dinamarca, Alemania, Inglaterra, Holanda, Finlandia Austria, Polonia, Portugal, Rusia, Suecia, Suiza y los Estados Unidos. El propósito de la misma fue desarrollar los contactos entre las mujeres que habían empezado a organizar en estos países. Se discutieron los medios para conquistar el sufragio universal (derecho al voto), los problemas de la protección social a la madre y al niño, y se tomó la resolución de "celebrar anualmente el Día de la Mujer", eligiendo el día 8 de marzo para la celebración del mismo.

El primer Día Internacional de la Mujer fue celebrado en el 1911, y participaron en su celebración más de un millón de hombres, mujeres y niños en distintos países.

Desde ese momento, la lucha organizada por los derechos de la mujer ha ido en aumento, uniéndose cada vez más países a la misma. En el año 1945 se organizó en París, Francia, la Federación Democrática Internacional de Mujeres, agrupando a todas las organizaciones feministas a través del mundo.

Esta es, históricamente y a grandes rasgos, el desarrollo del día Internacional de la Mujer. En Puerto Rico, a pesar de siempre haber existido mujeres conscientes de la problemática femenina, y de haber contado con grandes luchadoras por los derechos de la mujer, nunca, hasta ahora, logró crearse una organización que representara verdaderamente a la mujer trabajadora puertorriqueña. En el año 1974, el Día Internacional de la Mujer fue celebrado bajo los auspicios de la organización Mujer Intégrate Ahora (MIA). Este año, se organiza la celebración del Día Internacional de la Mujer bajo los auspicios de la Federación de Mujeres Puertorriqueñas. Esperamos que este sea el inicio del desarrollo de un movimiento feminista amplio y fuerte en nuestro país, y que de ahora en adelante, la mujer puertorriqueña pueda ocupar el sitio que le corresponde en la lucha por la igualdad de derechos de la mujer junto a sus compañeras del mundo entero.

¡SALUDAMOS A TODAS LAS MUJERES DEL MUNDO!

¡VIVA EL DÍA INTERNACIONAL DE LA MUJER!

¡VIVA LA FEDERACIÓN DE MUJERES PUERTORRIQUEÑAS!

PLANILLA

Información Personal:

Nombre: _____ Edad: _____ Est. Civil _____

Dirección: _____

Tel._____ Dirección Postal: _____

Sitio donde trabaja: _____ Tel. _____

Tipo de trabajo que realiza: _____

Núm. de Hijos: _____

Habilidades: maquinilla _____ fotografía _____ mimeógrafo

Otras: Enumera cualquier conocimiento o habilidad que creas pueda ser Útil. _____

Intereses: _____
_____

Horas disponibles: _____

Transportación: Si _____ No _____

Se puede utilizar tu casa para reuniones? Si _____No _____

Tienes problema para asistir a actividades por no tener quien te cuide los niños? _____

Crees que tu esposo cooperaría en este aspecto? _____

Perteneces a alguna organización sindical? Cuál? _____

Perteneces a cualquier otra organización (en tu comunidad, cívica, etc.) _____

Por favor, llena y envía esta planilla lo antes posible. Es necesaria esta información para poder organizar los grupos de trabajo y círculos de estudio.

Secretaría de Organización

Federación de Mujeres Puertorriqueñas

FEDERACION DE MUJERES PUERTORRIQUEÑAS

MENSAJE

ACTOS CONMEMORATIVOS MUERTE DE ANTONIA MARTINEZ

LA FEDERACION DE MUJERES PUERTORRIQUEÑAS SALUDA A LOS JOVENES UNIVERSITARIOS EN SU LUCHA POR LA CONSECUSION DE SUS DERECHOS ESTUDIANTILES Y NACIONALES.

EL ACTO DE HOY DEDICADO A LA MEMORIA DE LA ESTUDIANTE ANTONIA MARTINEZ, VICTIMA DE LA REPRESION POLICIACA EN LOS SUCESOS ACAECIDOS EL 4 DE MARZO DE 1970 EN LA UNIVERSIDAD DE PUERTO RICO, REVELA UNA DE LAS MAS PROFUNDAS PAGINAS DE LA LUCHA ESTUDIANTIL Y DEL PAPEL DESEMPEÑADO POR LA MUJER EN ESTA LUCHA. EL ASESINATO DE ANTONIA MARTINEZ MARCA UN PASO EN LA INTENSIFICACION DE LA LUCHA ESTUDIANTIL Y EN LA SUPERACION Y TRANSFORMACION DE TRADICIONALES METODOS DE LUCHA.

EN ESTE DIA—4 DE MARZO DE 1975—LA FEDERACION DE MUJERES PUERTORRIQUEÑAS EXHORTA A LOS COMPAÑEROS Y COMPAÑERAS A PROFUNDIZAR AUN MAS EN LA LUCHA CONTRA TODOS LOS OBSTACULOS QUE IMPIDEN LA EMANCIPACION DE NUESTRO PUEBLO.

EL DÍA INTERNACIONAL DE LA MUJER

El día 8 de marzo es la celebración del Día Internacional de la Mujer. En ese día, millones de mujeres a través del mundo se reúnen para hacer patente su solidaridad y para hacer constar públicamente su lucha por los derechos de la mujer.

¿CÓMO SE ORIGINA?

El 8 de marzo de 1857, las trabajadoras de la aguja del Bajo Este de Manhattan, cansadas ya por las condiciones opresivas de trabajo a los cuales estaban sujetas, tales como las condiciones insalubres en locales oscuros y hacinados, horas excesivas de trabajo, bajos salarios y el abuso existente en el empleo de menores, deciden llevar a cabo una manifestación de protesta. Deciden marchar hacia un vecindario de ricos cercano para "abochornar a los ricos". Sin embargo, cuando intentan salir del arrabal, la policía dispersó violentamente la marcha, causando heridos y llevando varias mujeres a las cárceles.

En el 1860, las mujeres de esta industria deciden formar su propia unión, insistiendo en sus reclamos por mejores salarios y condiciones de trabajo, y añadiéndose el reclamo por un día de trabajo de ocho horas.

En el 1908, 51 años más tarde, miles de trabajadoras vuelven a marchar, con las mismas demandas que en el 1857, y añadiendo la demanda del derecho al voto.

Mientras tanto, en Europa, Clara Zetkin, social-demócrata alemana y luchadora incansable de los derechos de la mujer, ha estado visualizando la necesidad de crear una agrupación internacional de mujeres. Durante casi 40 años luchó Clara Zetkin por la formación de un potente movimiento femenino internacional de las trabajadoras y las fuerzas democráticas. Expone la idea por primera vez en el Congreso Internacional de Trabajadores celebrado en País en el 1889, al cual asistió como delegada de las obreras berlinesas.

En Copenhaguen, Dinamarca, en agosto de 1910, se reunieron más de 100 delegadas de 17 países en la Conferencia Internacional de Mujeres Socialistas. El propósito de la misma fue desarrollar los contactos entre las mujeres que habían empezado a organizarse en dichos países. Se discutieron los medios para conquistar el sufragio universal (derecho al voto), los problemas de la protección social a la madre y al niño, y se tomó la resolución de "celebrar anualmente el Día de la Mujer", eligiendo el día 8 de marzo para la celebración del mismo.

El primer Día Internacional de la Mujer fue celebrado en el 1911, desde ese momento la lucha organizada por los derechos de la mujer ha ido en aumento, uniéndose cada vez más países a la misma.

1975 AÑO INTERNACIONAL DE LA MUJER

La designación del 1975 como Año Internacional de la Mujer por parte de la Organización de las Naciones Unidas, ha convocado a que se celebre en todas partes del mundo actividades en torno al papel que cumple la mujer actualmente. Dentro de ese marco amplio hay que ubicar la correcta utilización del Año Internacional de la Mujer, con el objetivo de divulgar la función social que ha cumplido la mujer, cuál es su papel en la sociedad actual, así como la discriminación y desigualdad de que ésta ha sido objeto. Es pues, dentro de este contexto que un grupo de mujeres preocupadas por tal situación se dan a la tarea de organizar la Federación de Mujeres Puertorriqueñas.

¿QUE ES LA FEDERACIÓN DE MUJERES PUERTORRIQUEÑAS?

La Federación de Mujeres Puertorriqueñas es un organismo amplio que agrupa a mujeres pertenecientes a distintos sectores de la sociedad, (entiéndase trabajadoras, amas de casa, estudiantes, profesionales, etc.) al igual que otras organizaciones feministas.

Es nuestra meta que en este año, que ha sido declarado por la ONU como el "Año Internacional de la Mujer", hagamos un trabajo de capacitación y organización de las masas femeninas, para que luchemos por lograr una sociedad más justa para hombres, mujeres y niños. Algunos de nuestros objetivos más importantes son: 1) que se active y ponga en vigor el Artículo 2 de la Carta de Derechos de la Constitución de P.R. de 1952, que garantiza igualdad de los sexos ante la ley; 2) que se garantice igual paga por igual trabajo; 3) que se fomente la integración de la mujer a las fuerzas productivas del país; 4) que se promueva la sindicalización de la mujer en todas las ramas del trabajo; entre otros.

Nos declaramos, pues, una organización feminista solidaria con la lucha de todas nuestras hermanas a través del mundo, y que sabrá marchar a la par con todos los que luchen por la justicia social.

ACTIVIDADES: ASISTE

7-8 de marzo * Celebración día Internacional de la Mujer * Plaza Las Américas (Pasillo entre Penneys y Woolworth)

El viernes 7 comenzarán las actividades a las 6:00 PM y el sábado 8 se extenderán todo el día desde las 10:00 de la mañana. Habrá conferencias, concierto e información sobre la Federación.

2 de marzo * Pasquinada para anunciar el Día Internacional de la Mujer * Nos reuniremos frente al portón principal de Plaza Las Américas, Hato Rey * 10:00 AM

5 de marzo * Conferencia * ¿Qué es la Federación de Mujeres Puertorriqueñas? * CSC 108 11 AM

Celebración del Día Internacional de la Mujer en Plaza las Américas auspiciada por la Federación de Mujeres Puertorriqueñas, 8 de marzo de 1975. Foto Rafael Robles, Claridad.

FEDERACIÓN DE MUJERES PUERTORRIQUEÑAS
ANTE -PROYECTO DE REGLAMENTO

INTRODUCCIÓN

La Federación de Mujeres Puertorriqueñas (FMP) es una organización feminista que se plantea una labor de concientización con la mujer. Reconocemos el derecho de la mujer a organizarse y a luchar por sus reivindicaciones dentro de la sociedad actual y que al mismo tiempo visualice la necesidad de enmarcar esta lucha dentro del amplio marco de la lucha de todos los explotados del mundo.

ARTICULO I - NOMBRE Y SÍMBOLOS

Sección 1   Esta organización se denominará FEDERACIÓN DE MUJERES PUERTORRIQUE-ÑAS y será conocida por las siglas F.M.P.

Sección 2   Los colores de la FMP serán amarillo y azul.

ARTICULO II   MIEMBROS

Sección 1   Las mujeres que ingresen a la Federación de Mujeres se les denominará federadas.

Sección 2   Serán federadas aquellas que:

    a)   Apoyen y divulguen nuestra Declaración de Principios, Estatutos y otros documentos de la FMP.

    b)   Acaten las disposiciones de este reglamento.

    c)   Observen una conducta acorde con los mejores intereses de la Federación y la lucha por la emancipación de la mujer.

    ch)   Participen en las actividades que celebre la FMP.

    d)   Paguen cuota mensual al organismo correspondiente con puntualidad.

    e)   Asistan a todas las reuniones que sean citadas.

    f)   Practiquen la solidaridad con las organizaciones que luchen por los derechos de la mujer.

Sección 3   Las federadas que cumplan con las disposiciones del Art. II, Sección 2, tendrán los siguientes derechos:

    a)   Poseer tarjeta de identificación como federada.

    b)   Ser delegada con voz y voto en las Asambleas convocadas por los organismos directivos de la Federación.

    c)   Elegir y ser electa a cargos directivos en la FMP

    d)   Participar en la discusión y elaboración de los documentos que tracen los principios de la Federación.

    e)   Presentar nuevas federadas

ARTICULO III   ESTRUCTURA ORGANIZATIVA

Por medio de los diferentes organismos de la Federación las federadas podrán llevar a cabo las disposiciones del Art. II, Sec. 2 y 3. Son organismos de la Federación de Mujeres Puertorriqueñas: La Asamblea General, el Directorio, la Junta Directiva, el Capítulo, las Directivas de Capítulo y los Grupos de Trabajo.

ASAMBLEA GENERAL

    a)   La Asamblea General es el más alto cuerpo representativo de la Federación de Mujeres Puertorriqueñas.

    b)   Se reunirá en asamblea ordinaria cada dos años.

    c)   Se podrá citar extraordinariamente cuando el Directorio lo decida o cuando dos terceras (2/3) partes de la matrícula lo pidan.

    ch)   Serán electas por voto directo la Presidenta, Vicepresidenta, Secretaria de Organización, Capacitación y Educación, Finanzas, Estudiantiles, Legales, Información y Prensa, Internacionales, Sindicales y Actas.

    d)   El Directorio determinará el lugar y la fecha próxima Asamblea General.

e) Se designarán diferentes comisiones para la organización de la Asamblea General. Serán comisiones permanentes:

Comisión de Escrutinio Comisión de Credenciales
Comisión de Resoluciones Comisión de Reglamento

DIRECTORIO

a) Estará compuesto por los siguientes miembros: Presidenta, Vicepresidenta y encargadas de las secretarías nacionales.

b) Serán miembros del Directorio las presidentas de Capítulo y una delegada por cada capítulo electa en la asamblea del mismo.

c) El Directorio es el cuerpo representativo entre las asambleas generales.

d) Se reunirá cada tres (3) meses

e) Tendrá a su cargo llevar a cabo los acuerdos tomados en la Asamblea General.

JUNTA DIRECTIVA

a) Será el cuerpo representativo mientras el Directorio no esté reunido.

b) Se reunirá quincenalmente.

c) Estará compuesto por: la Presidenta, Vicepresidenta y las encargadas de las secretarías nacionales.

ch) Tendrá a su cargo el llevar a cabo los acuerdos tomados por la Asamblea General y el Directorio.

d) Deberes de las integrantes de la Junta Directiva:

Presidenta

1. Será el portavoz y representará a la Federación oficialmente a nivel nacional e internacional.

2. Presidirá la Asamblea General, el Directorio y la Junta Directiva.

3. Nombrará comisiones especiales que sean necesarias para el desarrollo de la Federación, en consulta con la Junta Directiva.

4. Tendrá potestad para designar representantes de la Federación en consulta con la Junta Directiva.

Vicepresidenta

1. Sustituirá a la presidenta en caso de ausencia, enfermedad o cuando las circunstancias lo requieran.

2. Velará junto a la Presidenta por el buen funcionamiento de la FMP.

Secretaria de Organización

1. Estará a cargo del equipo del trabajo de la secretaría.

2. Coordinará las campañas de reclutamiento y censo de nuevas federadas.

3. Coordinará el trabajo con las diferentes secretarías.

Secretaria de Finanzas

1. Tendrá a su cargo el equipo de trabajo de la secretaría.

2. Estará a cargo de organizar el cobro de cuotas.

3. Realizará un plan de actividades para sufragar los gastos de la FMP.

Secretaria de Información y Prensa

1. Estará a cargo del equipo de trabajo de Información y Prensa.

2. Será responsable de todo lo referente a la difusión de nuestros principios, campañas y demás por medio de la prensa.

3. Coordinará junto a la secretaría de organización la propaganda en torno a la Federación.

Secretaria de Educación y Capacitación

1. Estará a cargo del equipo de trabajo de la secretaría.

2. Organizará la educación feminista dentro de la Federación.

3. Junto a la Secretaría de Organización, coordinará los métodos a utilizar para la educación externa acerca de la problemática femenina.

Secretaria de Asuntos Sindicales
1. Estará a cargo del equipo de trabajo de la secretaría.
2. Impulsará la organización de la mujer en sus respectivos centros de trabajo.
3. Trabajará en coordinación con los distintos sindicatos y uniones obreras para estudiar la problemática de la mujer en los centros de trabajo para que se tomen en cuenta al firmar los convenios colectivos.

Secretaria de Internacionales
1. Tendrá a su cargo el equipo de trabajo de la secretaría.
2. Será responsable de mantener relaciones internacionales solidarias con las organizaciones feministas y otras organizaciones que luchen por los derechos de la mujer.
3. Dar a conocer internacionalmente la situación de la mujer en Puerto Rico y a la Federación.

Secretaria de Asuntos Estudiantiles
1. Tendrá a su cargo la secretaría.
2. Estará a cargo de organizar el sector estudiantil.
3. Coordinará trabajo con otras organizaciones estudiantiles para realizar trabajos que adelanten la lucha de la mujer.

Secretaria de Actas
1. Tendrá a su cargo la secretaría.
2. Llevará las actas de todas las reuniones de la Asamblea General, el Directorio y la Junta Directiva.
3. Notificará a las federadas de sus respectivas reuniones.
4. Mantendrá un archivo con documentos de la Federación y un archivo de miembros al día.

CAPÍTULOS
1. Para fines organizativos los capítulos serán organizados por pueblos.

ASAMBLEA DE CAPITULO
1. Será el más alto cuerpo representativo del pueblo donde se constituya.
2. Se reunirá anualmente.
3. Será electa la directiva del Capítulo por voto directo de las federadas.
4. Se elegirá una delegada por voto directo al Directorio.
5. Evaluará el trabajo realizado y planificará un plan de trabajo para el próximo año.

DIRECTIVA DE CAPITULO
1. La directiva constará de: presidente y vicepresidenta.
2. Tendrá un mínimo de encargadas en las siguientes secretarías: organización, finanzas y educación y capacitación.
3. Se reunirá regularmente.
4. Tendrá a su cargo coordinar el trabajo de la Federación en dicho pueblo.
5. Será responsable de que se lleven a cabo los acuerdos tomados en la Asamblea General, el Directorio y la Junta Directiva.
6. Presentará un informe periódico a la Secretaria de Organización Nacional sobre el funcionamiento del Capítulo.
7. Pagará mensualmente la cuota asignada a la Secretaria de Finanzas a nivel nacional.

GRUPOS DE TRABAJO
1. Se organizarán en centros de trabajo, escuela, barrios, ect. para divulgar los principios de la Federación.
2. El Capítulo asignará una encargada del grupo.
3. Se reunirá regularmente.
4. Estará bajo la supervisión del Capítulo.
5. Coordinará con el Capítulo la instrumentación de las campañas de la Federación.

FEDERACIÓN DE MUJERES PUERTORRIQUEÑAS
Apartado 2448
Bayamón, P. R.   00619

12 de marzo de 1975

Querida Federada:

A pesar de que próximamente recibirás nuestro boletín mensual en el cual compartiremos además de artículos de fondo, noticias de las actividades de la Federación y las tareas realizadas por la Junta Directiva, queremos adelantarte una invitación para que conozcas a la Dra. Licelott Marte de Barrios, Vicepresidenta de la Comisión Sobre la Condición Jurídica y Social de la Mujer de las Naciones Unidas.

La Dra. Marte de Barrios es una abogada dominicana que representa a su país como embajadora ante las Naciones Unidas. La actividad para la cual te estamos invitando es la Mesa Redonda Panamericana que se celebrará el próximo sábado 15 de marzo de 1975 a las 2:00 PM en el teatro del Colegio de Ingenieros, Arquitectos y Agrimensores, localizado en la Calle Nin, Urb. Roosevelt, en Hato Rey.

En la discusión que se suscitará allí, varias cónsules presentarán la posición de la mujer en sus respectivos países y nuestra representante presentará ante la Dra. Barrios la posición actual de la mujer puertorriqueña. Participarán también legisladoras puertorriqueñas y mujeres representantes de clubes cívicos.

Es importante que asistas para que des tu apoyo a la representante de nuestra Federación y para que intervengas si así lo crees necesario en el debate, ya que habrá un micrófono entre el público para hacer preguntas y comentarios.

Esperamos que asistas. Saludos fraternales,

_____

Secretaria - F.M.P.

FEDERACION DE MUJERES

Vol. 1, Num. 2 # PUERTORRIQUEÑAS Abril 1975

LA JUNTA DIRECTIVA INFORMA

El éxito que obtuvimos en la celebración del Día Internacional de la Mujer, 8 de marzo, nos ha dado nuevos bríos para seguir laborando. Más de 2,000 personas participaron en la actividad, celebrada en Plaza Las Américas, y cerca de 150 mujeres solicitaron ingreso a la Federación. Esperamos que nuestra celebración del año próximo sea aún más masiva.

El sábado 8 de marzo, por la noche, la Junta Directiva asistió a un seminario del Movimiento Obrero Unido (MOU) sobre negociación colectiva. Allí la licenciada Genoveva Rodríguez de Carrera presentó una brillante ponencia sobre la mujer trabajadora puertorriqueña, y la Federación se unió a los planteamientos hechos por la licenciada. La licenciada había sido invitada también al seminario por el MOU. Nos comprometimos a colaborar estrechamente con el MOU en futuros seminarios para líderes obreros sobre la mujer, y a colaborar en la creación de núcleos feministas en los centros de trabajo. Carmen Sampson, secretaria de asuntos sindicales de la Federación, ha reci-bido innumerables peticiones de mujeres en distintos centros de trabajo para que se les den charlas sobre la mujer y la Federación. Pronto iniciaremos un plan de visitas a estos centros.

La coordinadora, Norma Valle, y la vice coordinadora, Flavia Rivera participaron en un programa radial, Conferencia de Prensa de WKAQ, y hablaron sobre la mujer en Puerto Rico y sobre la Federación. El programa ha sido comentado favorablemente.

La Federación envió un mensaje de solidaridad a los actos celebrados en Arecibo en memoria de la mártir estudiantil Antonia Martínez.

La coordinadora participó en una conferencia en el Recinto de Río Piedras de la Universidad de Puerto Rico, titulada ¿Qué es la Federación de Mujeres Puertorriqueñas? La conferencia, organizada por la secretaría de asuntos estudiantiles, estuvo muy concurrida y más de 50 mujeres universitarias llenaron la planilla de la Federación.

La licenciada Evelyn Narváez Ochoa representó a la Federación en una reunión, a la cual fuimos invitadas, con la directora de la oficina de personal del ELA, señora Milagros Guzmán. La reunión giró en torno a la sindicalización de empleados públicos.

La Comisión Legal de la Federación, integrada por cinco abogadas federadas, está en proceso de creación. Esperamos que pronto podamos iniciar investigación y servicios a las federadas.

La Federación ha sido invitada a participar en los actos de celebración de la Semana de la Biblioteca (dedicada a la mujer puertorriqueña) en el Recinto de Mayagüez y en el Colegio Regional de Carolina. La hermana Elida Rodríguez, encargada de asuntos secretariales, asistirá a un panel sobre la mujer en el Colegio Regional de Carolina, y al Recinto de Mayagüez se enviarán materiales de la Federación.

El Instituto de Relaciones del Trabajo de la Universidad de Puerto Rico invitó a la Federación a dar una pequeña charla sobre nuestra organización ante un seminario que darán exclusivamente para líderes obreras.

Los trabajos de la Federación se han priorizado en tres puntos importantes: organización, educación y finanzas. Nuestros esfuerzos estarán encaminados a desarrollar principalmente estos tres renglones, sin dejar nunca de pensar en las otras áreas de la Federación. Se crearon dos comisiones: una de reglamento y otra de estatutos. Estas comisiones trabajarán en un proyecto de reglamento y un proyecto de estatutos. Estos proyectos serán discutidos por todos los miembros de las secretarías, y luego se llevarán a discusión a las asambleas de área, para que así haya amplia participación de todas las Federadas en la creación de nuestros documentos de trabajo. Las sugerencias de las Federadas serán consideradas e incorporadas, en la medida más apropiada, a los proyectos finales que serán presentados en una asamblea general de la Federación.

La Asamblea General, que estaba programada para mayo, ha tenido que ser pospuesta para julio 20, para que dé tiempo de llevar con conciencia todo el proceso de consulta que se requiere para que nuestro reglamento y nuestros estatutos sean lo mejor para la Federación.

COMPAÑERAS, SIGAMOS ADELANTE EN EL DESARROLLO DE NUESTRA FEDERACIÓN PARA QUE SEA EL ORGANISMO VERDADERAMENTE REPRESENTATIVO DE LA MUJER PUERTORRIQUEÑA!

ESTA ES UNA DE LAS PROPUESTAS DE LOGO ENVIADA A LA FEDERACIÓN. MANDA LA TUYA HOY. EN LA ASAMBLEA GENERAL SE ESCOGERÁ EL LOGO DE LA FEDERACIÓN.

M. S.*: SÍMBOLO DE LA INCORPORACIÓN DE LAS AMAS DE CASA A LA LUCHA DE LOS TRABAJADORES.

Ponce- Es ama de casa, pero su trabajo en el hogar no la enajena, ni la aísla de la lucha de los trabajadores en general, por el contrario, esta mujer puertorriqueña se siente sensible ante las demandas de los obreros.

M. S.*, trabajadora en su hogar, madre de cinco hijas, compañera de un obrero de la Ponce Cement, se sintió directamente afectada por la lucha que libran su esposo y los demás trabajadores de la Unión de Operadores y Canteros de la Industria del Cemento contra las empresas Ferré, y conjuntamente con 14 compañeras más organizó el Comité de Apoyo de Esposas de los Trabajadores en Huelga de la Ponce Cement.

"Desde que la empresa (Empresas Ferré) les tumbó el plan médico, yo me entusiasmé con la lucha. Mi marido, S. M.*, siempre ha sido mi buen compañero, hablamos de todo y comparte conmigo sus problemas en el trabajo. Un día yo le hablé de mi idea, de hacer un comité de apoyo, y a él le gustó. Cuando seguían las negociaciones y se rumoraba que habría huelga, yo le recordé a S.* mi idea, y él le habló al tesorero de la Unión, H R.*. El le dijo, "ay, bendito, dile que cuente con mi esposa". Luego se lo dijeron al presidente de la unión y a él también le gustó la idea. M. S.*, sentada en la sala de su hogar en Ponce, rodeada de sus cinco hijas mientras su compañero montaba piquetes frente a los portones de la Ponce Cement, trataba de hacer corta la historia de cómo se inició el Comité de Apoyo.

"El día que comenzó la huelga me avisaron, yo cogí el carro con N.* (esposa de H.R.*) y juntas visitamos a 14 mujeres más. Casi todas estuvieron de acuerdo. Allí se iniciaron nuestras actividades, pero no se crean, no es nada fácil. Muchas esposas no se quieren unir, otras no se enteran, porque los esposos no quieren que participen..."

Las principales actividades del Comité de Apoyo han sido organizar piquetes familiares, hacer colectas, recaudar fondos por otros medios, y si es necesario, piquetear junto a sus compañeros.

M.S.* nació en Jayuya, pero de joven se fue a Ponce, donde trabajó por varios años en una fábrica de dulces y luego en una tienda. "Nunca pertenecí a una unión, pero tratamos de meterla, lo que pasa es que no pudimos", dice.

Hoy, Margarita, quien cuenta con 34 años de edad, tiene cinco niñas de 12, 11, 9, 8 y 7 años de edad. Tiene mucho trabajo pero se mantiene firme en sus convicciones.

¡FEDERADA! ¡TU CUOTA ES NECESARIA! ¡¡¡ENVÍALA HOY!!!

LA FEDERACIÓN DE MUJERES PUERTORRIQUEÑAS SOLICITA INGRESO A LA FEDERACIÓN DEMOCRÁTICA INTERNACIONAL DE MUJERES

Luego de la asamblea constituyente, y por decisión de la Junta Directiva, nuestra Federación pidió ingreso a la Federación Democrática Internacional de Mujeres.

Esta organización juega un papel muy importante a nivel internacional, ya que agrupa a

117 organizaciones feministas de 101 países del mundo. Uniéndonos a esa organización estamos juntando esfuerzos con muchas mujeres del mundo en la lucha por nuestros derechos.

A continuación reproducimos dos párrafos de los estatutos de la FDIM, que nos dan una idea de los principios que sostiene esa organización.

"La FDIM, fundada el 1ro de diciembre de 1945, al terminarse la segunda guerra mundial, es la expresión de la voluntad de las mujeres del mundo entero de unirse contra la guerra, la opresión y la miseria, para edificar un futuro de progreso, de libertad, de justicia y de paz.

La FDIM une a las mujeres sin distinción de raza, nacionalidad, religión y opiniones políticas, para actuar en común por la conquista y defensa de sus derechos de ciudadanas, de madres y de trabajadoras para proteger a la infancia, para asegurar la paz, la democracia, y la independencia nacional."

Una de las actividades más importantes en que está envuelta la FDIM durante este año es la organización del Congreso Mundial en el Año Internacional de la Mujer. Este evento se celebrará en octubre en Berlín, capital de la República Democrática Alemana. Se espera que ese congreso sea la culminación del Año Internacional de la Mujer. La Federación de Mujeres Puertorriqueñas espera poder enviar una buena delegación al mismo.

La FDIM tiene su sede en Berlín, R.D.A., y pertenece a la organización de Naciones Unidas en calidad de organismo auxiliar.

¡FEDERADA! ¡TU CUOTA ES NECESARIA! ¡¡¡ENVÍALA HOY!!!

¡URGENTE! ¡URGENTE! ¡URGENTE! ¡URGENTE! ¡URGENTE! ¡URGENTE!

LA FEDERACIÓN DE MUJERES PUERTORRIQUEÑAS HA SIDO INVITADA PARA PARTICIPAR CONJUNTAMENTE CON EL MOU EN LA CELEBRACIÓN DEL 1RO DE MAYO, DÍA DE LOS TRABAJADORES. ESTE AÑO LA CELEBRACIÓN ESTARÁ DEDICADA A LA MUJER TRABAJADORA. LA FEDERACIÓN CONSUMIRÁ UN TURNO DE 15 MINUTOS EN LA TRIBUNA, Y ADEMÁS PARTICIPARA EN LA MARCHA QUE TENDRÁ LUGAR EL DÍA 1RO DE MAYO COMENZANDO A LAS 6:30 DE LA TARDE DESDE EL MUELLE NUM 14 HASTA EL CAPITOLIO, DONDE TENDRÁ LUGAR LA CONCENTRACIÓN.

¡FEDERADA! ¡ASISTE A LOS ACTOS DEL 1RO DE MAYO! ¡ASISTE A LA MARCHA! ¡TE ESPERAMOS EL 1RO DE MAYO A LAS 6:30 DE LA TARDE FRENTE AL MUELLE NUM. 14! !LUCHEMOS POR LOS DERECHOS DE LA MUJER TRABAJADORA!

¡URGENTE! ¡URGENTE! ¡URGENTE! ¡URGENTE! ¡URGENTE! ¡URGENTE!

* Nota de editoras: El nombre se ha omitido.

MENSAJE DE LA COORDINADORA DE LA FEDERACIÓN DE MUJERES
PUERTORRIQUEÑAS AL COMITÉ NACIONAL DE APOYO A LA CON-
FERENCIA INTERNACIONAL DE SOLIDARIDAD CON LA
INDEPENDENCIA DE PUERTO RICO: EN REUNIÓN CELEBRADA EL
DOMINGO 20 DE ABRIL DE 1975, EN SAN JUAN.

LA FEDERACIÓN DE MUJERES PUERTORRIQUEÑAS HA DECI-
DIDO INTEGRARSE AL COMITÉ DE APOYO A LA CONFERENCIA
INTERNACIONAL DE SOLIDARIDAD CON LA INDEPENDENCIA DE
PUERTO RICO, YA QUE ENTENDEMOS QUE LA MUJER
PUERTORRIQUEÑA DEBE TENER VOZ Y PARTICIPACIÓN
EGALITARIA EN   LA CONFERENCIA DE SOLIDARIDAD.

LA MUJER PUERTORRIQUEÑA HA SUFRIDO DOBLEMENTE EL
PROCESO COLONIAL EN PUERTO RICO, COMO PUERTORRIQUEÑA Y
COMO MUJER, Y CONSECUENTEMENTE HA LUCHADO—YA   SEA
ABIERTAMENTE O TRAS BASTIDORES—CONTRA LOS
INTENTOS DE DESTRUIR LA PUERTORRIQUEÑIDAD, COMO
MADRES, COMO MAESTRAS, COMO TRABAJADORAS ASALARIADAS Y
NO ASALARIADAS, Y COMO PARTICIPANTE ACTIVA EN LA LUCHA
POR   NUESTRA INDEPENDENCIA Y CONTRA EL IMPERIALISMO.

FEDERACIÓN DE MUJERES PUERTORRIQUEÑAS
AÑO INTERNACIONAL DE LA MUJER

12 de mayo de 1975

Estimada compañera:

La Junta Directiva de la Federación acordó en reunión celebrada el pasado mes de abril, celebrar asambleas de área en las regiones de San Juan, Ponce, Mayagüez, Caguas, Bayamón y San Lorenzo. Las mismas cumplirán el doble propósito de constituir la Federación en la región correspondiente y también de discutir los proyectos de estatutos y reglamento de la organización.

La asamblea de Bayamón se llevará a cabo el domingo 22 de junio de 1975.

Estamos enviando cartas de invitación a algunas de las Federadas que tenemos en nuestro fichero, con el propósito de invitarlas a una reunión para que constituyan un Comité Organizativo de la Asamblea. A este respecto te corresponde el citar dicha reunión a la mayor brevedad posible y comunicarnos la fecha y hora acordada de forma tal que una compañera de la Junta Directiva pueda asistir a la misma.

Por lo presente debes ir adelantando el conseguir el local donde se efectuará la asamblea.

Adjunto te enviamos una lista de las Federadas con que contamos en tu región. Debes conservar la misma para que te sirva en la organización de un fichero para tu área.

Puedes comunicarte conmigo al teléfono (omitido) o de lo contrario con alguna de las otras compañeras de la Junta Directiva.

Fraternalmente,

Secretaría de Organización

LAS MUJERES HABLAN SOBRE EL IMPERIALISMO !

¿Cómo es que el imperialismo forma un impedimento en la liberación de la mujer? ¿Cómo es que el imperialismo controla la economia de los paises en desarrollo?

¿Cómo es que el imperialismo manipula los pueblos a traves de los medios de communicación, las corporaciones multi-nacionales, intervention militar, control poblacional y regímenes dictatoriales?

VEN A LA SALA 2   HOY   7:00 DE LA TARDE

Y comparte la amarga experiencia de las mujeres que sufren en carne propia el imperialismo. Ven a discutir el imperialismo con mujeres progresistas del mundo entero, que no han sido invitadas a participar en la Tribuna Official. Las oradoras incluyen:

Marina Coronado, Guatemala
Jihan Helou, Palestine Liberation Organization
Domitila de Chungara, Bolivian Miners Organization
Representatives of the Chilean Resistance
Elizabeth Sibeko, Cong. Pan Africo de Anzania (Sud Africa)
Representativas del Movimiento de la Liberacion de Angola
Representativas de Vietnam del Norte y del Sud
Parvathi Krishnan, Indian Parliament and Trade Union Leader
Norma Valle, Federación de Mujeres Puertoriqueñas
Jane Ngwenwa, Zimbabwe (Rhodesia)
Representativas del tercer mundo de los E.E.U.U.

[México, junio de 1975]

Situación de la Mujer en la Sociedad Puertorriqueña

La mujer dentro de la realidad de Puerto Rico, padece una deformación en todos los niveles reflejo lógico de cinco siglos de coloniaje. Busca la autodeterminación no sólo en el hogar sino también en todos los organismos sociales, políticos y económicos.

Si miramos nuestra historia vemos claros ejemplos de que la mujer en Puerto Rico ha sido y sigue siendo una mujer de decisión con fuertes tendencias hacia el socialismo. Sin embargo, el peso del imperialismo norteamericano se ha dejado sentir duramente porque cuando ésta parece arraigarse en su fuerza para actuar, se ve simultáneamente desorganizado. Esta desorganización está sistemáticamente provocada por las fuerzas del sistema capitalista que maneja asiduamente a nuestro pueblo.

La imagen de dependencia casi total de la mujer respecto al hombre está firmemente atrincherada en las actitudes de ésta y redunda particularmente en sus derechos y oportunidades. Esta actitud de dependencia es a su vez alimentada por un sistema legal capitalista y machista. La ley en Puerto Rico concibe a la mujer como esencialmente diferente al hombre y en muchos aspectos como inferior. Muchos de los actuales derechos de la mujer están respaldados por costumbres sociales o por la tradición. Por ejemplo, a ninguna mujer en Puerto Rico, se le ocurriría exigirle a un hombre que no practique su profesión al casarse, sin embargo es muy común y corriente que un hombre le exija a una mujer que abandone su carrera al casarse con él.

Por otro lado, se enfrenta continuamente con la discriminación a causa de su sexo y por razón de raza en las oportunidades de trabajo. Nos dice Rubén Vilches en la revista *Trabajo* Vol. I, No. 3, que hay discriminación en Puerto Rico en las profesiones técnicas, industria, comercio y administración, donde la mujer tiene escasa participación. Alguien opinaba en *Business Week* que para alguna mujer tener oportunidad de triunfar en los negocios "tenía que parecerse a una señorita, obrar como una dama, pensar como un hombre y trabajar como un caballo". Aunque esta cita se hace con referencia a los EE.UU., puede aplicarse a Puerto Rico o a cualquier otro país.

Aunque la participación de la mujer en la fuerza trabajadora de Puerto Rico ha aumentado, ésta sólo representa el 28.4 % de la fuerza trabajadora.

La mujer puertorriqueña se siente dividida. Con ella se está experimentando a nivel de genocidio a través de la esterilización, abortos forzados, anticonceptivos y exámenes ginecólogos innecesarios.

En cuanto a la educación contamos con un sistema de enseñanza "bancario". En cuanto a la mujer no hay una verdadera educación en nuestra historia como mujeres. Pero por otro lado, la mujer puertorriqueña y especialmente de la actual generación muestran particular inquietud por los problemas que aquejan a nuestro pueblo y buscan a través de la protesta y la preparación intelectual la base para su independencia económica y para su genuina liberación, que es la liberación íntegra de Puerto Rico y América Latina.

No obstante los hechos, y la deformante realidad del imperialismo, la mujer puertorriqueña sigue manteniendo constante su identidad nacional aunque ésta, está muy protegida y no muy visible para el que no es puertorriqueño. Esta identidad nacional va despertando cada vez más a una conciencia de clase para sí y es lo que provocará la integración de la mujer puertorriqueña al proceso de un cambio integral de Puerto Rico y de los países del Tercer Mundo.

[junio - julio de 1975]

FEDERACIÓN DE MUJERES PUERTORRIQUEÑAS

Las mujeres abajo firmantes, motivadas por el repudio que merece la injusticia, exigimos la libertad de todas las mujeres chilenas presas por defender sus derechos contra el régimen fascista de Augusto Pinochet.

Exigimos, además, que se reinstalen las medidas sociales que beneficiaban a la mujer durante el gobierno del presidente Salvador Allende.

En este Año Internacional de la Mujer no debe quedar ni una sola chilena presa.

¡ABAJO EL RÉGIMEN FASCISTA!

¡VIVAN LAS MUJERES CHILENAS!

[1975]

_____   _____

_____   _____

_____   _____

_____   _____

_____   _____

_____   _____

_____   _____

BOLETÍN INFORMATIVO DE LA FEDERACIÓN DE MUJERES PUERTORRIQUEÑAS CAPITULO J S I

A TI COMPAÑERA:

La Federación de Mujeres Puertorriqueñas (FMP) es una organización que lucha por los derechos de la mujer puertorriqueña. Esta organización fue constituida el 2 de febrero del 1975 AÑO INTERNACIONAL DE LA MUJER, ante la necesidad de una organización que luchara por resolver la situación de desventaja en que se encuentra la mujer en todos los ordenes de la vida.

La FMP entiende que la lucha por la liberación de la mujer no se da aislada de todos los problemas de la sociedad; por esta razón cree que su tarea es concientizar a las mujeres para que ellas a su vez influencien a sus compañeros varones y a los niños. La lucha por la liberación de la mujer no es una lucha contra los hombres, sino una lucha de hombres y mujeres para lograr la igualdad entre todos los seres humanos.

Por eso aquí en San Juan, un grupo de compañeras decidimos constituirnos en un capítulo de la FMP y nos hemos dado a la tarea de educar y concientizar a sus miembros para poder luchar eficazmente contra todo el discrimen que existe contra las mujeres. Hemos concentrado esfuerzos en los Edificios de Jardines de San Ignacio donde hemos celebrado exitosas charlas de interés para toda la comunidad. Seguiremos organizando este tipo de actividad porque es muy provechoso tanto para mujeres como para hombres.

Instamos a todas las mujeres interesadas que visiten a: [Los nombres y direcciones en San Ignacio y en Jardines de San Francisco se han omitido.]

MUJER PARTICIPA   MUJER PARTICIPA   MUJER PARTICIPA

404

FEDERADA FMP

Federación de Mujeres Puertorriqueñas - Capítulo Universitario - Año I-1   15-8-75

¡A ORGANIZARNOS!

Al comenzar este semestre son grandes los retos a los cuales nos enfrentamos: el organizar a las mujeres en la Federación de Mujeres Puertorriqueñas (FMP) a luchar por sus derechos y reivindicaciones. La mujer puertorriqueña ha sufrido a lo largo de los siglos de la explotación y discriminación por parte del hombre y de la sociedad. Crear conciencia sobre la problemática femenina y enmarcarla dentro de la lucha por la liberación de todo los explotados del mundo.

La FMP se constituye el pasado 2 de febrero. Asisten a la Asamblea las mujeres más conscientes de nuestra sociedad y nos damos a la tarea de desarrollar una organización feminista que trabaje específicamente con la problemática de la mujer, pero que a la vez visualice la necesidad de un cambio en la sociedad actual, puesto que bajo un sistema de explotación tanto de hombres como de mujeres no se puede lograr una plena liberación de la mujer. La Federación es una organización amplia que recoge en su seno mujeres de distintas ideologías políticas que se interesen en luchar por lograr una verdadera liberación de la mujer y de todos los explotados del mundo.

OBJETIVOS PRIORITARIOS

La FMP se ha trazado como objetivos de prioridad durante este año que ha sido declarado como "Ano Internacional de la Mujer" por las Naciones Unidas, el que se garantice la igualdad de sexo ante la ley. Esto lo estipula el Artículo II de la Carta de Derechos de la Constitución de Puerto Rico. Aunque las leyes así lo indican, cuando se va a la práctica vemos que no se implementa. Por ejemplo, la mujer que obtiene un bachillerato de la Universidad gana comparativamente lo mismo que gana un hombre que solo ha estudiado escuela superior. En muchos empleos se prefiere escoger al hombre pues a estos no le tienen que pagar licencia por maternidad. No se dan por parte de la Administración de Fomento Económico iguales incentivos a los negocios que emplean mujeres como a aquellos que emplean hombres; en muchos casos se coarta la participación de la mujer en el desarrollo de la sociedad. Otro de nuestros objetivos de prioridad es el que se elimine la utilización de la mujer como un objeto sexual por parte de los medios de comunicación masiva.

En nuestras escuelas

La secretaría de Asuntos Estudiantiles la cual trabaja en la organización del sector estudiantil, tiene como una de sus principales tareas el revisar continuamente los textos y demás materias que se utilizan en las escuelas, ya que éstos en la gran mayoría de los casos son discriminatorios respecto a la mujer. A la mujer se le dirige hacia un cierto tipo de educación la cual está "diseñada" casi exclusivamente para este sexo. Se discrimina para entrar en cursos postgraduados como medicina, ingeniería y otros. En estas escuelas de estudios postgraduados hay una relación de tres a una. Luego que la mujer se gradúa y pasa a las filas de los trabajadores se es igualmente discriminatorio.

Durante este semestre es nuestro objetivo el organizar capítulos en los principales centros de enseñanza. En nuestras próximas publicaciones iremos escribiendo artículos informativos sobre diferentes aspectos de la problemática feminista. Te exhortamos por este medio a que asistas el próximo miércoles 20 de agosto a la 1:00 PM en el 118 de la Facultad de Sociales a nuestra primera reunión de este semestre.

UNETE A LA

F M P

*Asamblea de la
Federación de
Mujeres
Puertorriqueñas, 14
de septiembre de
1975. Foto
Claridad.*

ESTATUTOS
DE LA
FEDERACIÓN DE MUJERES PUERTORRIQUEÑAS

La FEDERACIÓN DE MUJERES PUERTORRIQUEÑAS quedó constituida el domingo 2 de febrero de 1975, Año Internacional de la Mujer, para luchar por la reivindicación de derechos de la mujer puertorriqueña.

Al así hacerlo DECLARAMOS:

Que la mujer puertorriqueña es explotada como resultado del sistema político y económico imperante en nuestro país.

Que entendemos que esta explotación es producto no solo del actual sistema que LE perpetúa, sino que es herencia de pasados sistemas sociales basados en la propiedad privada.

Que entendemos que la lucha de la mujer no se da en un vacío, sino que es parte de la lucha de todo el pueblo puertorriqueño.

Que consideramos necesaria una organización de mujeres que se plantee en primer lugar una labor de concientización con la mujer; una lucha por sus reivindicaciones dentro de nuestra sociedad y que al mismo tiempo visualice la necesidad de enmarcar esta lucha dentro de la de todos los explotados del mundo.

Que los puertorriqueños no estamos solos en la lucha por la emancipación de la mujer, sino que en todas partes del mundo mujeres y hombres cierran filas para luchar contra unas estructuras opresivas, que en última instancia son las que explotan tanto a las mujeres como a los hombres.

Que somos una organización feminista, una organización solidaria con la lucha de todas las mujeres del mundo que luchan por sus reivindicaciones sociales, y una organización que marchará a la par con todos los que luchan por una sociedad justa y equitativa para todos.

ARTICULO I
SOBRE LA IGUALDAD

SECCIÓN 1- La libertad y la igualdad entre la mujer y el hombre son derechos inalienables de los seres humanos.

SECCIÓN 2- Es un derecho del individuo la libertad a autorealizarse plenamente en beneficio de su sociedad.

SECCIÓN 3- No debe establecerse discrimen alguno por razón de sexo.

SECCIÓN 4- Los seres humanos tienen el derecho de luchar por una sociedad que les garantice el pleno disfrute de esos derechos.

ARTICULO II
SOBRE EL DERECHO A LA ORGANIZACIÓN

SECCIÓN 1- Reconocemos que organizarse es un derecho fundamental de la mujer.

SECCIÓN 2- La FEDERACIÓN DE MUJERES PUERTORRIQUEÑAS considera función primaria lograr la organización y capacitación de la mujer puertorriqueña en su lucha por una posición de igualdad y dignidad para todas, dirigida a construir un sistema social, político y económico justo y equitativo.

ARTICULO III
SOBRE LA LEY Y EL DERECHO

Exigimos para la mujer, como parte de la lucha por las reivindicaciones de todos los seres humanos, igualdad de derechos ante la ley.

ARTICULO IV
SOBRE EL TRABAJO DE LA MUJER

SECCIÓN 1-   En la sociedad actual todavía recae sobre la mujer la responsabilidad de la doble tarea: el trabajo doméstico no remunerado y el asalariado en los centros de trabajo colectivo.

SECCIÓN 2-   Reconocemos la necesidad del trabajo doméstico en el desarrollo de la sociedad. Sin embargo, esta labor no debe ser privativa de la mujer, sino responsabilidad de todos los miembros de la familia.

SECCIÓN 3-   Promovemos la socialización y modernización del trabajo doméstico en la sociedad a fin de viabilizar el desarrollo pleno de la mujer como ser humano en su función social.

SECCIÓN 4-   Abogamos por la integración de la mujer a la producción social y por la organización sindical de las trabajadoras asalariadas.

SECCIÓN 5-   Es deber de la FEDERACIÓN DE MUJERES PUERTORRIQUEÑAS exigir del estado el cumplimiento de su obligación de crear las instituciones de apoyo a la mujer y el hombre trabajador, como son las facilidades adecuadas para el cuidado, educación y bienestar de los niños.

SECCIÓN 6-   Reclamamos para las mujeres el derecho a escoger libremente su ocupación y renunciar a ella; a recibir igual paga por igual trabajo; un salario razonable y la protección contra riesgos que menoscaban su salud o integridad personal en su trabajo.

ARTICULO V
SOBRE LA EDUCACIÓN

SECCIÓN 1-   El sistema educativo es parte de la base formativa del desarrollo de un pueblo y la mujer debe participar en su estructuración

SECCIÓN 2-   El derecho de la mujer a iguales oportunidades no puede ser limitado por razón alguna.

SECCIÓN 3-   La FEDERACIÓN DE MUJERES PUERTORRIQUEÑAS fiscalizará el sistema educativo para que se evite el discrimen por razón de sexo y que se eliminen de este sistema los conceptos basados en roles estereotipados, mediante los cuales se adjudican a la mujer unas funciones en particular y otras diferentes al hombre.

ARTICULO VI
SOBRE LA FAMILIA

SECCIÓN 1-   Las relaciones interpersonales de la mujer y el hombre deben estar basadas en la voluntariedad y el respeto mutuo.

SECCIÓN 2-   La unión voluntaria entre el hombre y la mujer para hacer vida común debe tener como base la igualdad de derechos y deberes para el común mantenimiento del hogar y la común responsabilidad con la educación de los hijos, dentro de sus respectivas responsabilidades en la sociedad.

ARTICULO VII
SOBRE LA SALUD

SECCIÓN 1-   Un sistema de salud adecuado -preventivo y remedial- es vital al desarrollo de un pueblo.

SECCIÓN 2-   Lucharemos para lograr que el sistema de salud del país sea uno que ofrezca igualdad de servicios y oportunidades a la población, y que enfatice la medicina preventiva.

SECCIÓN 3-   Demandamos del sistema de salud pública que provea amplia información y divulgación popular sobre métodos anticonceptivos; y en caso de que se considere necesario el aborto para la salud mental o física de la mujer que se provea dicho servicio libre de costo.

SECCIÓN 4-   La esterilización utilizada masivamente para controlar la población puertorriqueña es condenado y denunciado por esta organización.

SECCIÓN 5-   La FEDERACIÓN DE MUJERES PUERTORRIQUEÑAS abogará por la participación de la mujer en todas las fases formativas y de desarrollo del sistema de salud.

ARTICULO VIII
SOBRE LA SOLIDARIDAD

La FEDERACIÓN DE MUJERES PUERTORRIQUEÑAS se solidariza con todas las mujeres y organizaciones del mundo que luchan contra el discrimen en cualquiera de sus formas; contra la explotación política y económica, social y cultural y por la construcción de un futuro de progreso, libertad, paz, y justicia social.

ARTICULO IX
SOBRE LA PARTICIPACIÓN OFICIAL DE LA FEDERACIÓN DE MUJERES PUERTORRIQUEÑAS

La FEDERACIÓN DE MUJERES PUERTORRIQUEÑAS participará en todos los foros internacionales y nacionales que crea conveniente, donde se planteen las reivindicaciones de los derechos de todos los seres humanos y especialmente los concernientes a la mujer.

[Aprobados en la Asamblea del 14 de septiembre de 1975]

Participantes en el Congreso de la Federación Democrática Internacional de Mujeres, Berlín, octubre de 1975. De izquierda a derecha, Norma Valle de Puerto Rico, Ofelia Pérez de Panamá y Magaly Pineda de la República Dominicana. Foto Claridad.

FEDERACIÓN DE MUJERES PUERTORRIQUEÑAS
Apartado 2448
Bayamón, PR 00619

*********CALENDARIO DE ACTIVIDADES**********

26 de noviembre:

Fiesta Pre-Navideña en la casa de la compañera Taty Fernós. Donativo $1.50. Comenzará a las 8:00 de la noche. ¡Contamos con tu cooperación y asistencia!

1ro de diciembre:

El Capítulo de San Juan de la Federación de Mujeres Puertorriqueñas auspicia una charla sobre *La Situación Jurídica de la Mujer Puertorriqueña*. Disertará la compañera Lcda. Evelyn Narváez. Además se presentará la película "Julia de Burgos", ganadora del Festival de Cine de San Tomás 1975.

Comenzaremos la actividad a las 7:30 de la noche en el local de la UTIER, Calle Cerra, Pda. 15, Santurce. ¡No faltes!

12 de diciembre:

El Capítulo de Ponce de la F.M.P. auspicia un foro sobre la vida y obra de nuestra poetiza Julia de Burgos, acompañada de las películas "Julia de Burgos" y "Río Grande de Loíza". Participarán en el foro los Sres. Juan Sáez Burgos y Francisco Matos Paoli.

19 de diciembre:

ACTIVIDAD NACIONAL de la F.M.P. para el fin del Año Internacional de la Mujer. La misma se celebrará en el Instituto de Cultura Puertorriqueña, Convento de los Dominicos en el Viejo San Juan. Comenzará a las 7:30 de la noche y participarán numerosos artistas puertorriqueños. El mensaje de clausura será ofrecido por la compañera Norma Valle, en el que evaluará el Año Internacional de la Mujer 1975 en Puerto Rico.

¡ESTA ES LA ORGANIZACIÓN DE LA MUJER PUERTORRIQUEÑA!

¡LA LUCHA POR LA REIVINDICACIONES DE LA MUJER CONTINUARA!

¡¡¡¡¡¡¡A S I S T E!!!!!!!!!!!

BOLETIN INFORMATIVO

FEDERACION DE MUJERES PUERTORRIQUEÑAS

enero de 1976   -   Federación de Mujeres Puertorriqueñas -   Boletín #3

CONTENIDO

¡A un año de la Asamblea Constituyente!

El dos de febrero de este año la Federación de Mujeres Puertorriqueñas cumple un año de existencia. Durante este primer año, aún con las altas y bajas en el trabajo organizativo, la Federación ha sembrado las bases para un trabajo feminista y progresista de la mujer puertorriqueña.

Haciendo un balance podemos asegurar que nuestro trabajo ha sido productivo en términos de divulgación. Las dirigentes de la Federación han hablado a cerca de treinta mil personas en presentaciones personales, televisadas y actos masivos donde hemos participado. A nivel internacional se comienza a divulgar la situación de la mujer puertorriqueña a través de la participación de la Federación en importantes eventos. Todo esto ha sido beneficiado por la receptividad que existe hacia una organización de este tipo, que lucha por los derechos de la mujer en Puerto Rico.

Durante estas últimas semanas hemos estado en un período de reflexión y análisis de la situación organizativa de nuestra Federación. Hemos entendido la necesidad de ampliar nuestra base de apoyo para poder cumplir el rol que nos hemos asignado. Hacia esos fines comenzamos a elaborar unas perspectivas y planes de trabajo que, a tono con los recursos que tenemos, nos lleven a sacar el máximo de nuestro trabajo. Nuestros objetivos son lograr una estrecha vinculación con las mujeres a través de un trabajo de divulgación y organización que nos lleve a ser el instrumento fuerte que necesitamos las mujeres puertorriqueñas para nuestra lucha. Para cumplir con esos objetivos tenemos que transformar nuestros estilos de trabajo, tenemos que ir donde están las mujeres, en centros de trabajo, comunidades, y demás, y realizar allí el trabajo que nos corresponde. Nuestras metas tienen que convertirse en las metas de todas las mujeres trabajadoras. Para eso, esas metas tienen que surgir de las necesidades inmediatas del sector a quienes la Federación se propone representar.

Durante estos próximos días celebraremos reuniones con las Directivas de los capítulos existentes. En esas reuniones elaboraremos más aún los planos de trabajo y comenzaremos en adelante a implementarlos. Estamos seguras de que significará la renovación que necesita la Federación a un año de existencia.

La experiencia de este primer año nos ayuda a delinear más claramente nuestros objetivos y a ponernos en condiciones para realizar un trabajo más efectivo y exitoso entre las mujeres.

¡A ORGANIZARNOS MEJOR EN NUESTRO SEGUNDO AÑO!

****

Las Finanzas en la FMP

La FMP desde sus comienzos ha sufrido de una grave crisis financiera, la cual cobra proporciones mayores ante el funcionamiento inestable de la Secretaría de Finanzas. Hemos funcionado a base de un crédito con el cual no hemos podido cumplir. Ante esta situación de emergencia hemos trazado un "Plan Nacional de Finanzas" para el mes de febrero de 1976. Durante este mes nos proponemos levantar la suma de $3,000.00 dólares para enfrentarnos a la crisis y poder continuar con nuestros trabajos.

El "Sub-plan A" de este Plan Nacional de Finanzas consiste en solicitar las cuotas del año 1975 de todas las compañeras feministas. Muchas de nuestras compañeras nunca pagaron las cuotas del año 1975 y otras lo hicieron solo parcialmente. Las cuotas de los diez meses a la FMP asciende a un mínimo de $10.00 por compañera. Esta deuda será condonada (bajada) a la mitad, $5.00 si pagas antes de terminar el mes de febrero de 1976.

ESTO QUIERE DECIR, si cada compañera envía $5.00 dólares **HOY** se cancelará su deuda de cuotas del año 1975.

Compañera federada, envía tus cinco dólares HOY. Dile a tu amiga, a tus familiares que reciben este boletín que envíen sus cinco dólares HOY. Este pequeño sacrificio es para impulsar nuestra organización.

Nuestra organización, LA FEDERACIÓN DE MUJERES PUERTORRIQUEÑAS, necesita tu ayuda económica HOY para seguir luchando por tus derechos, los de tu familia y los de todos los trabajadores puertorriqueños.

Envía tu cuota a:
Federación de Mujeres Puertorriqueñas
G.P.O. Apartado 2289
San Juan, Puerto Rico 00936

Puedes entregarla a tu dirigente de la Federación en tu pueblo.

¡A FORTALECER LA FINANZAS, PAGUEMOS LA CUOTA ATRASADA!

Comisión Legal Informa

Se anunció por medios de comunicación que el Gobernador radicó en la Legislatura de Puerto Rico los proyectos sobre la mujer que fueron radicados, engavetados y olvidados el año pasado, Año Internacional de la Mujer. Tal parece que este año, a diferencia del anterior, no es el Año Internacional de la Mujer pero sí, el año de elecciones para el Gobernador y el partido que preside.

¿Qué interés de última hora tiene el gobernador hacia la mujer puertorriqueña? ¿Por qué se inicia la campaña electoral con una concentración auspiciada por damas "populares" en Ponce?

Las mujeres puertorriqueñas debemos estar conscientes de que nuestro voto cuenta porque somos una mayoría numérica en nuestro país. Debemos continuar alertas para que no seamos utilizadas por aquellos que no piensan utilizar nuestro voto para beneficio de las mujeres.

****

Fechas importantes:

2 de febrero-   Primer Aniversario de la Federación de Mujeres Puertorriqueñas.

8 de marzo-   Día Internacional de la Mujer

****

Publicado por: Junta Directiva
28 de enero de 1976

FEDERACION DE MUJERES PUERTORRIQUEÑAS

11 de febrero de 1976

Estimadas compañeras (o):

La Federación de Mujeres Puertorriqueñas celebrará una jornada del 1 al 8 de marzo en saludo del Día Internacional de la Mujer y al 1 de mayo, Día Internacional de los Trabajadores. Recordando el 8 de marzo donde las mujeres reivindicaron sus derechos, la Federación de Mujeres Puertorriqueñas celebrará un Foro sobre la Condición de la Mujer en el Movimiento Sindical. En vista de su compromiso con nuestra lucha como parte de la lucha obrera en general, le extendemos la más cordial invitación a que asistan a dicho Foro.

Algunos de los temas del Foro son: La condición de inferioridad de la mujer trabajadora, Problemas graves que afectan la organización de nuestras mujeres, La negociación colectiva y la protección de la mujer trabajadora. Dicha actividad se llevará a cabo el sábado, 6 de marzo a las 9:00 de la mañana en el Salón Santiago Iglesias Pantín, Departamento del Trabajo, Avenida Barbosa, Hato Rey.

Hemos invitado a co-auspiciar con nosotras esta actividad las siguientes organizaciónes obreras: Comisión Nacional de Unidad Sindical, Frente Unido de Trabajadores, Central Única Trabajadores del Estado, Comisión de Acción Sindical y al Movimiento Obrero Unido. Espero que puedas estar con nosotros ese día.

Fraternalmente,

Norma Valle

CORREO GENERAL APARTADO 2289
SAN JUAN, PUERTO RICO 00936

416

Conferencia Sindical auspiciada por la Federación de Mujeres Puertorriqueñas el 6 de marzo de 1976, Sala Santiago Iglesias Pantín, Departamento del Trabajo. Foto Claridad por Rafael Robles.

BOLETIN INFORMATIVO

FEDERACION DE MUJERES PUERTORRIQUEÑAS

FEDERACIÓN DE MUJERES PUERTORRIQUEÑAS - AÑO 2 #4 25 DE FEBRERO 1976

La Federación de Mujeres Puertorriqueñas:
Una evaluación crítica

Por: Eneida Vázquez

El dos de febrero de 1975 se constituyó la Federación de Mujeres Puertorriqueñas para aglutinar el sector femenino progresista del país en torno a la lucha por las reivindicaciones sociales, económicas y políticas de la mujer puertorriqueña. Se partió de la premisa de la necesidad de organizar las mujeres que luchamos contra la desigualdad y explotación a la que por siglos se ha sometido a la mujer puertorriqueña, para también concientizar otras compañeras y que se integren a la lucha. Asimismo, se partió del objetivo de traer a la atención de las diversas agrupaciones, que se plantean el compromiso con la lucha por las reivindicaciones sociales y políticas de nuestro pueblo, el problema del sector femenino puertorriqueño como parte esencial de esa lucha. Más aun, nos planteamos la necesidad de dramatizar ante toda la sociedad puertorriqueña, por diferentes medios, dicho problema.

Tales objetivos implicaban que la Federación acogiera en su seno a mujeres provenientes de las diversas organizaciones progresistas del país, fueran éstas de carácter cívico, sindical, social, religioso, estudiantil, profesional, artístico o político, así como a amas de casa y a compañeras que sin ninguna afiliación organizativa, también aceptaran los postulados y objetivos básicos de la Federación. En otras palabras, era fundamental que la Federación tanto por sus postulados como por su organización debía poseer un carácter amplio y unitario. DEBÍA SER UNA ALIANZA DEL SECTOR FEMENINO PUERTORRIQUEÑO PROGRESISTA PARA DESARROLLAR UN TRABAJO UNITARIO, EN DIFERENTES FRENTES DE LUCHA.

Entendemos que es fundamental analizar lo anterior para poder tener una visión clara y analítica de los trabajos de la Federación, sus aciertos y logros, así como sus fallas y limitaciones y que esto nos permita también poder establecer las proyecciones más atinadas para la enorme tarea que nos queda por delante.

El 31 de enero del corriente año, un grupo de 22 federadas, en reunión del directorio, en donde estábamos presente, las compañeras de la Junta Directiva, las Presidentas de los capítulos y otras compañeras que no pertenecemos a ningún organismo de la FMP, se hizo una evaluación a fondo del trabajo previo y se establecieron unos objetivos para el año en curso. Dicha reunión se caracterizó por lo siguiente: como resultado del informe de la Junta se suscitó una discusión a fondo de los logros y las fallas de la FMP durante su primer año de vida. En lo referente a los logros se planteó el hecho mismo de la organización de la FMP, el reconocimiento a nivel nacional de la FMP como representante de la mujer puertorriqueña; el mismo reconocimiento a nivel internacional y cómo esto último se había traducido en el envío de varias delegaciones a Cuba, Méjico, Alemania, Panamá y Estados Unidos. No nos cabe duda de que el hecho mismo de la constitución de la FMP como organización comprometida con la defensa de los derechos de la mujer es un logro así como el reconocimiento inicial como internacional se le ha dado a la misma como representante de la mujer puertorriqueña.

Sin embargo, no podemos olvidar que buena parte de este reconocimiento se dio, en buena medida, casi a priori de hecho, como señalara una compañera en una reunión, desde antes de estar constituida la Federación ya tenía tareas que cumplir, pues ya habían invitaciones y compromisos previos a la constitución de la Federación. Este dato de un reconocimiento a priori no es necesariamente negativo, sino que puede ser todo lo contrario si en la práctica se brega adecuadamente para que tanto en su membresía, en la composición de su Junta Directiva, en la selección de sus delegadas a actividades internacionales, en fin, en toda la gama de su trabajo organizativo, la FMP es en la práctica y no meramente en la teoría la verdadera y genuina representante de la mujer puertorriqueña.

Algo que se planteó muy claramente en la reunión fue que el ser esa vanguardia de la mujer puertorriqueña es algo que no le otorga nadie a la FMP sino que cada organización tiene que ganárselo y que no se trata de un criterio numérico ni de credenciales otorgadas por organismos internacionales; sino que lo único que puede darle a la FMP su carnet de vanguardia del sector femenino, y por lo tanto, la genuina credencial que le permita hablar como la representante de la mujer puertorriqueña en foros nacionales, internacionales es su propio trabajo a nivel nacional, y su capacidad y esfuerzo por aglutinar en su seno a un sector amplio, representativo y unitario de mujeres progresistas puertorriqueñas.

A la luz de lo anterior se entendió que la FMP había incurrido en una serie de fallas y estilos incorrectos que habían dificultado su crecimiento y que podrían afectar muy seriamente su trabajo para el futuro al punto de dar al traste con él, al menos en los términos y objetivos que la FMP se ha planteado. En primer lugar se señaló que la membresía se había cerrado mucho y que no era representativa de la diversa gama de mujeres progresistas del país. Se subrayó que había imperado un estilo sectario que había impedido, obstaculizado o no fomentado la integración de mujeres provenientes de diversas organizaciones progresistas o mujeres independientes al trabajo de la organización. Este señalamiento llegó a la conclusión de que la FMP tiene que ser en la práctica un frente amplio de lucha de la mujer puertorriqueña y que no puede ser un apéndice ni puede convertirse en un frente femenino de ningún partido político. Por lo tanto, se entendió que una de las tareas fundamentales para el 1976 es tratar de consolidar la organización, integrando a compañeras de diferentes sectores y filiaciones políticas dentro del sector progresista.

Asimismo se entendió que la Junta Directiva debía reflejar esa composición amplia de la FMP y que las delegaciones que se enviaran al extranjero debían seleccionarse bajo los mismos criterios. Se entendió que solo mediante la brega de estos problemas en la práctica, una brega libre de actitudes sectarias, partiendo del objetivo común que debe unir a todas las federadas y que aspiramos logre unir a todo el sector femenino puertorriqueño, al menos a sus sectores más adelantados pueda ante todo anteponer diferencias ideológicas de tipo partidista para adelantar las posiciones feministas dentro del marco total de la lucha por la liberación nacional y social de nuestro pueblo.

En base a esta conclusión se entendió que el trabajo organizativo junto a un eficiente y claramente orientado trabajo de educación, debe ser la prioridad de trabajo durante el año en curso. Más aún, se entendió que ese objetivo organizativo-educacional debe estar enmarcado en el propósito central de la FMP que es el de concientizar al sector más amplio de mujeres, particularizando en aquellos sectores que por su propia ubicación socioeconómica son más susceptibles de acoger nuestro mensaje y asimilarlo en base a sus propias experiencias y contradicciones tales como los son el sector obrero femenino, las estudiantes, y algunos sectores profesionales. No obstante, se subrayó el hecho de que en cada sector había que definir las prioridades según las circunstancias y características del mismo.

También se concluyó que las compañeras federadas trabajaremos por insertar el problema femenino como prioritario dentro de todas aquellas organizaciones existentes en el país a las que pertenezcamos, sean estas de cualquier índole. También se señaló la necesidad de conjuntamente con lo anterior, luchar por una más amplia representación de la mujer a todos los niveles y en todas las áreas en que ésta se desempeña así como impulsar una mayor participación de la mujer a nivel de los organismos de dirección. Se entendió que en la medida en que las federadas hiciéramos un trabajo eficiente en la FMP y la desarrolláramos en un organismo fuerte, y combativo en esa misma medida estaríamos demostrando la enorme capacidad y compromiso que tiene la mujer puertorriqueña cuando en la práctica tienen la oportunidad de desarrollar un tarea política, librándose del subdesarrollo político al que por siglos las estructuras patriarcales y machistas nos han condenado.

Para concretar los objetivos y señalamientos antes expuestos se decidió celebrar otra reunión del Directorio Ampliado y ya para esa fecha se debe haber tratado de reclutar nuevas compañeras y darle un seguimiento por visitas y cartas a las que aparecen en el fichero. Del resultado de estas gestiones organizativas, surgirá el señalamiento de la fecha de la Asamblea en la que habremos de aprobar el nuevo reglamento y elegir la Junta Directiva en Propiedad, ya que la Junta en funciones es de carácter provisional. Se decidió que para la próxima Asamblea se debía someter un nuevo proyecto de reglamento y (   ) copias de los estatutos aprobados. En el caso de ambos documentos, se apuntó la deseabilidad de enviarlos por anticipación a la fecha de la próxima Asamblea para que las compañeras los puedan examinar y someter enmiendas sin la premura superficialidad que implica recibir dichos documentos en la misma Asamblea en que han de ser discutidos y aprobados. Respecto a los estatutos era adecuado someterlos nuevamente a la consideración de la Asamblea ya que había surgido cierta insatisfacción respecto a algunos artículos del mismo. En lo tocante al reglamento se entendió que era más adecuado someter un borrador totalmente nuevo y se entendió a la Junta para que bregara con ambos documentos y los enviara con suficiente antelación a las Federadas a los fines de poder tener una discusión amplia, democrática y profunda cuyo resultado sea el consenso de toda la membresía y que por lo tanto cada miembro sienta y acepte los estatutos y reglamento como algo propio.

Finalmente, como apuntaron varias compañeras, se señaló que la reunión había sido posiblemente la mejor reunión que había celebrado la FMP hasta ahora, en donde con toda franqueza responsabilidad y compañerismo nos sometimos a un proceso de crítica y autocrítica y de la misma logramos salir con unos planes y objetivos muy concretos para el '76. Estamos totalmente seguras que la extraordinaria experiencia acumulada tanto en sus aspectos positivos como negativos nos ayudará en la realización de esta tarea: De nosotras depende que en la práctica logremos cumplir el compromiso que hemos contraído.

JORNADA 8 DE MARZO - Día Internacional de la Mujer

Todos los días, todos los años son de lucha para la mujer en una sociedad como la nuestra en que todavía somos discriminadas y consideradas inferiores. Sin embargo, el día 8 de marzo, declarado día internacional de la mujer en el 1910, conmemora el inicio de la lucha organizada de la mujer por sus reivindicaciones sociales. A partir de ese día en 1910, el 8 de marzo es fecha conmemorativa, el día en que se renuevan los compromisos de lucha. ¡Celebremos todas juntas, federadas y compañeras de Puerto Rico la Jornada del 8 de Marzo!

A tono con la reorganización de la FMP, la Junta Directiva propuso el siguiente plan que fue aprobado en la reunión del directorio, el 31 de enero de 1976.

MICROMÍTINES:

lunes 1ro de marzo	12 M	Frente al edifico de la ACAA en Río Piedras
miércoles - 3 de marzo	12 M	UPR - Río Piedras
jueves 4 de marzo	12 M	Departamento de Instrucción Pública
sábado 6 de marzo	9 AM	Conferencia Sindical sobre la participación de la mujer en el Movimiento Obrero. Sala Santiago Iglesias Pantín Departamento del Trabajo
Lunes - 8 de marzo	12M	Centro Gubernamental Minillas - Ave. De Diego

****

LECTURAS SUGERIDAS:
LUISA CAPETILLO   NORMA VALLE
LA MUJER EN LA SOCIEDAD INDÍGENA   JALIL SUED BADILLO

NOTA:

Si te interesa seguir recibiendo este boletín se hace necesario que envíes alguna aportación económica para el gasto que conlleva su producción y envío. Nos será de mucha ayuda.

Publicado por: Junta Directiva - FMP

BOLETIN INFORMATIVO

FEDERACIÓN DE MUJERES PUERTORRIQUEÑAS - BOLETÍN #5 - 15 DE MARZO 1976

1- JORNADA 8 de MARZO, UN ÉXITO

2- SECRETARIAS INFORMAN
        a- ORGANIZACIÓN
        b- FINANZAS
3- REUNIÓN

****

UN ÉXITO, LA JORNADA 8 de MARZO

La Jornada del 8 de marzo, Día Internacional de la Mujer, auspiciada por la Federación de Mujeres Puertorriqueñas fue un éxito en su divulgación y en los logros que obtuvimos en favor de la lucha de la mujer puertorriqueña. El trabajo colectivo desplegado durante toda la Jornada fue efectivo y rindió frutos. Hemos aprendido tanto de nuestros logros, como de los errores cometidos, ya que sólo así podremos superarnos en la práctica. La celebración del 8 de marzo, que iniciáramos el 1975 (con una gran actividad en Plaza Las Américas), tomó fuerza y nueva forma este año. Pudimos apreciar el resultado del trabajo de concientización sobre la situación de la mujer puertorriqueña que ha realizado la FMP durante su año de existencia. Nuestra Jornada se celebró en tres frentes: contacto directo con trabajadoras y trabajadores a través de micromítines, divulgación masiva a través de los medios de comunicación y trabajo legislativo, impulsando resoluciones y proyectos de ley a través de legisladores de los distintos partidos políticos. La importancia de los micromítines es enorme, ya que es la primera vez en nuestra historia inmediata que la problemática de la mujer se discute a viva voz en múltiples centros de trabajo. El sembrar la semilla de la concientización en 10, 25 o cien trabajadores y trabajadoras es un logro para nuestra lucha y nuestra organización. Denota que nuestra lucha ya se ha proyectado de un círculo limitado de mujeres y hombres progresistas, al pueblo trabajador. Por otro lado la divulgación masiva que se hizo a través de los medios de comunicación denota la fuerza poderosa que puede adquirir con trabajo efectivo la organización de las mujeres. A nivel legislativo logramos que representantes de distintos partidos políticos se unieran para colaborar en la presentación de resoluciones y proyectos en favor de la mujer. La aprobación unánime de la Resolución de la Cámara de Representantes conmemorando el Día Internacional de la Mujer es un logro importante de la FMP, que puede traducirse posteriormente en la aprobación de más importantes medidas legislativas.

Veamos en retrospectiva las actividades realizadas durante la Jornada: 10 micromítines: Área Metropolitana - ACAA, Telefónica, AFF, Depto. Instrucción Pública, UPR-Río Piedras y Centro Gubernamental Minillas. Ponce - Telefónica, centro industria textil y fábrica de atún, National Packing.

Charlas: Capítulo de Bayamón y Caribbean Junior College.

Divulgación: Conferencia de prensa, 4 comunicados de prensa, anuncio de periódico, y tres boletines (uno interno, otro sobre ¿Qué es la FMP?, y otro sobre el Día Internacional de la Mujer), artículos de periódico y un mural. Además se enviaron cartas a líderes sindicales, federadas, personas interesadas. También se hicieron decenas de llamadas telefónicas para establecer comunicación con el liderato sindical.

Conferencia Sindical: Realizada en la Sala Santiago Iglesias Pantín del Departamento del Trabajo con el tema "La participación de la mujer en la fuerza trabajadora", esta conferencia sindical estableció un precedente tanto en el movimiento feminista como en el movimiento obrero, ya que se discutió ampliamente al problemática de la mujer en el sector obrero y juntos mujeres y hombres en el sindicalismo discutimos posibles soluciones para superar la condición de inferioridad de la mujer.

Asistieron a la conferencia, además de un nutrido grupo de federadas e invitados, 18 presidentes de uniones, tres vice-presidentes y otros oficiales importantes. En representación del secretario del Trabajo, asistió su ayudante ejecutivo. Co-auspiciaron la actividad el Frente Unido de Trabajadores y el Movimiento Obrero Unido. Estuvieron presentes oficiales de la Comisión Nacional de Unidad Sindical, la Unión Independiente de Trabajadores de la Bird Marriot, Unión Nacional, UPAFI, UPAGRA, Unión de la AAA, de los Telefónicos, la UTIER, CORCO, etc.

Se tomaron importantes acuerdos que se desglosan a continuación:

1- Incorporar a las mujeres organizadas a todos los niveles de dirección en sus sindicatos.

2- Sindicalizar a las mujeres en el país como objetivo estratégico del movimiento obrero.

3- Reclutar mujeres como organizadoras y agentes de servicio.

4- Impulsar la toma de conciencia en el liderato obrero y sus matrículas sobre la importancia de la lucha de la mujer por medio de conferencias, foros, charlas y círculos de estudio.

5- Acordar la participación femenina en los actos del 1ro de mayo.

NEGOCIACIÓN COLECTIVA

1- Negociar el 8 de marzo, Día Internacional de la Mujer como día festivo.

2- Licencia por maternidad de dos meses con *salario completo.*

3- Licencia por paternidad de dos semanas

4 Aumento salarial automático de un 10% al aumentar la prole familiar

5- Licencia por enfermedad a causa de interrupción de embarazo y/o aborto de una semana.

ENDOSAR LOS SIGUIENTES PROYECTOS DE LEY

1- Divorcio por consentimiento mutuo

2- Establecer una oficina de servicios médicos, siquiátricos, sicológicos y legales para las víctimas de ultraje

3- Aumento salarial automático de un 10% al aumentar la prole familiar

4- Establecimiento de Centro Infantiles (se radicó pero hay que desarrollar una campaña para desengavetar este proyecto de ley)

5- La co-administración de los bienes gananciales

ACUERDOS ADICIONALES A LAS PROPUESTAS PRESENTADAS POR LA FMP EN LA CONFERENCIA SINDICAL

1- Reunión entre FMP y líderes sindicales para discutir la problemática de la mujer y cómo realizar las propuestas

2- Que se divulgue la vida de las mujeres que han contribuido al desarrollo de la lucha obrera y femenina

       3- Los sindicatos otorguen becas a los trabajadores para que asistan a seminarios de concientización organizados por la FMP

       4- Ofensiva contra los medios de comunicación que refuerzan la condición de inferioridad de la mujer y la trata como objeto sexual

       5- Editar la ponencias presentadas por la FMP y que los sindicatos se comprometan a comprarlo para distribuirlo entre su matrícula.

&&&&&&&&&&&&&&&&&&&&&&&&&&&&&&&&&&&&&&&&&&&&&&&&&&

SECRETARIAS INFORMAN

I- Secretaría de Organización

       Este año la Federación se ha trazado como objetivo de prioridad el organizar y concientizar a la mujer trabajadora. Esta tarea exige de nosotras un gran esfuerzo y una gran dedicación.

       Para comenzar este trabajo necesitamos que tú seas en primera instancia la que te dediques a organizar grupos de concientización en tu comunidad o en tu centro de trabajo. Estos grupos tienen el objetivo de discutir la problemática de la mujer en su centro de trabajo, en su comunidad, en fin, en la sociedad puertorriqueña. A continuación te envió los teléfonos de las compañeras que están a cargo de la organización de la FMP en varios pueblos de la isla.

       Área Metropolitana de San Juan (   )*

       Ponce (   )*

       Bayamón (   )*

¡POR LOS DERECHOS DE LA MUJER, A ORGANIZARNOS Y CONCIENTIZARNOS!

II- Secretaría de Finanzas

       Hasta el momento hemos podido enviar consecuentemente este boletín gracias a donaciones especiales que hemos recaudado. Verdaderamente no podemos continuar en esta situación ya que es de manera improvisada que estamos recogiendo el dinero que necesitamos.

       Próximamente la Secretaría de Finanzas organizará una actividad económica que genere los fondos suficientes como para pagar las deudas y conseguir un local de oficinas.

       Mientras tanto puedes enviar tu cuota ($1.00) a:

       FEDERACIÓN DE MUJERES PUERTORRIQUEÑAS
       CORREO GENERAL -APARTADO 2289
       SAN JUAN, PUERTO RICO 00936

DÍA INTERNACIONAL DE LOS TRABAJADORES
**

Publicado por: Junta Directiva
FEDERACIÓN DE MUJERES
PUERTORRIQUEÑAS -FMP
Correo General - Apartado 2289
San Juan, Puerto Rico 00936

Notas de las editoras:

* Los nombres y teléfonos se han omitido.

** El texto restante de este boletín no es legible, por lo cual no lo hemos reproducido.

¿QUE ES LA FMP?

¿QUE ES LA FEDERACION DE MUJERES PUERTORRIQUEÑAS?

La FEDERACION DE MUJERES PUERTORRIQUEÑAS (FMP) es una organización que lucha por los derechos de la mujer combatiendo el discrimen a que se le somete por razón de sexo en nuestra sociedad. La FMP fue constituida el 2 de febrero de 1975, Año Internacional de la Mujer, ante la necesidad de formar una organización que luchara verticalmente por resolver la situación de desventaja en que se encuentra la mujer en todos los órdenes de la vida.

¿QUIENES SON MIEMBROS DE LA FMP?

La FMP está integrada por mujeres trabajadoras, estudiantes y amas de casa interesadas en adelantar la posición de la mujer en la sociedad y fomentar su participación en aquellas áreas donde se tomen decisiones que la afecten directamente. Nuestras compañeras son miembros de diferentes partidos y organizaciones políticas, religiosas y se unen en esta organización como un frente de lucha por la reivindicación de los derechos de la mujer.

¿QUE POSICION TIENE LA FMP RESPECTO A LA MUJER TRABAJADORA?

Siendo la mujer trabajadora el grupo social más discriminado, la FMP tiene entre sus miembros un gran número de mujeres trabajadoras y labora porque sigan ingresando a la FEDERACION para que con su participación en los diferentes organismos orienten los trabajos hacia la solución de sus problemas específicos.

¿CUAL A SIDO LA LABOR DE LA FMP A NIVEL NACIONAL?

Desde su fundación la FMP ha desarrollado una campaña de divulgación sobre los problemas de la mujer y de concientización sobre como luchar contra el discrimen. Ha organizado grupos de trabajo en San Juan, Bayamón, Ponce, Caguas, San Lorenzo, Guayama y en varios recintos universitarios. Miembros de la FMP han dictado charlas, conferencias y discursos en distintos centros de trabajo y de estudio. Hemos participado en programas de radio y de televisión. Hemos participado en la celebra-

ción del Día Internacional de los Trabajadores-Primero de Mayo y en conferencias donde se ha divulgado la lucha de las mujeres en otros países del mundo. La FMP ha iniciado la celebración masiva del Día Internacional de la Mujer, 8 de marzo, fecha en que todas las mujeres del mundo reanudan su compromiso de lucha por la reivindicación de sus derechos. La FMP mantiene lazos estrechos con las organizaciones obreras, con el interés de concientizar a los líderes obreros sobre la condición de la mujer trabajadora.

¿ES CONOCIDA LA FMP A NIVEL INTERNACIONAL?

Durante el Año Internacional de la Mujer, la FMP fue invitada y asistió a cinco eventos internacionales y a una gira por diez estados de Estados Unidos de Norteamerica. Participó la FMP en los importantes congresos de México (Tribuna auspiciada por la Organización de Naciones Unidas) y de Berlín (Congreso Mundial de Mujeres). En todos los foros que se le brindaron divulgó la situación de la mujer puertorriqueña, dando conferencias y obteniendo importantes resoluciones de solidaridad con la mujer y todo el pueblo de Puerto Rico. La FEDERACION DE MUJERES PUERTORRIQUEÑAS es la única organización en Puerto Rico que pertenece a la Federación Democrática Internacional de Mujeres, la cual tiene status consultivo en la ONU y a la que pertenecen 120 organizaciones de 108 países. La FMP además sostiene relaciones internacionales de solidaridad con múltiples organizaciones de mujeres a través del mundo.

¿COMO VISUALIZA LA FMP LA LUCHA DE LA MUJER?

La FMP entiende que la lucha de la mujer no se da aislada de todos los problemas de la sociedad, por esta razón cree que su tarea es concientizar a las mujeres para que ellas a su vez influencien a sus compañeros varones y a los niños. La lucha de la mujer NO es una lucha contra los hombres, sino una lucha de hombres y mujeres por la igualdad entre todos los seres humanos. Entiende la FMP que con la liberación de la mujer todos los integrantes de la sociedad serán más felices y reinará la verdadera justicia.

¿CUAL ES EL PLAN DE ACCION DE LA FMP?

La FMP intensificará su programa de organización de las mujeres puertorriqueñas, para que juntas nos capacitemos y eduquemos para luchar mejor y de forma efectiva por eliminar el discrimen y superar la condición de la mujer. Nuestra organización está alerta a cualquier discrimen o violación de los derechos de la mujer, ofreciendo orientación y asesoramiento a las mujeres discriminadas. La dirección nacional de la FEDERACION ha creado una Comisión Legal compuesta de mujeres abogadas con el propósito de ofrecer asesoramiento a toda mujer que lo solicite.

¿COMO PUEDO INGRESAR A LA FEDERACION DE MUJERES PUERTORRIQUEÑAS?

Para ingresar a la FMP sólo tienes que expresar tu deseo de luchar por adelantar la condición de la mujer. Puedes hablar personalmente con alguna federada o escribir a:

FEDERACION DE MUJERES
PUERTORRIQUEÑAS
APARTADO 2289
SAN JUAN, PUERTO RICO 00936 La FMP publica un boletín mensual que puedes recibir también si escribes a la dirección de la organización.

¡COMPAÑERA UNETE A LA
FEDERACION!

¡LUCHA POR LOS DERECHOS DE
LA MUJER!

El **32** por ciento de la fuerza trabajadora en Puerto Rico está integrada por mujeres. O sea que 280,000 mujeres en la Isla trabajan fuera de su hogar y sin embargo no reciben igual paga por igual trabajo. Tampoco existen centros de cuidado infantil adecuados para que la mujer sienta tranquilidad en dejar a sus hijos mientras trabaja. ¡La FMP lucha por igual salario para las mujeres! ¡La FMP lucha por centros de cuidado de niños gratis para todas las familias puertorriqueñas!

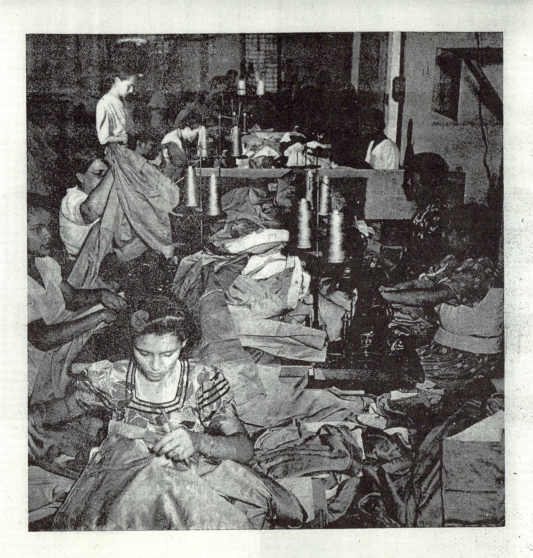

Más de 70 mil mujeres (40 por ciento) trabajan en la administración pública, sin embargo, muy pocas participan en niveles de dirección. ¡La FMP aboga por que las mujeres participen del poder decisional del país!

Mujeres como Luisa Capetillo (1880-1922), Juana Colón y Franca de Armiño fueron pioneras en la defensa de los derechos de la mujer y de todos los trabajadores. ¡La FMP recoge esa auténtica tradición de lucha de las mujeres puertorriqueñas!

BOLETIN FMP
INFORMATIVO

Este año la Federación de Mujeres Puertorriqueñas, celebró y co-auspició las festividades del Primero de Mayo, Día Internacional de los Trabajadores, junto al Movimiento Obrero Unido, El Frente Unido de Trabajadores y la Comisión Nacional de Unidad Sindical. La FMP se dio a la inmensa tarea de movilizar y propagandizar la celebración de este acto a lo largo y lo ancho de toda la isla. En Ponce, la FMP dio un mitin frente a la Atunera, participando en el mismo la compañera Janet Blasini, presidenta del Capítulo de esta ciudad. La Atunera emplea centenares de mujeres trabajadoras siendo una de las plantas mas grandes de la ciudad ponceña. Se realizó otro mitin en la ciudad ponceña.

En la Timex de la ciudad de Bayamón, Olga Orraca, Secretaria de Organización de nuestro capítulo en esta ciudad se dirigió a las compañeras que allí trabajan en un exitoso micromitin. En adición una charla sobre la importancia del primero de Mayo fue ofrecida por Nilsa Longo delegada de la Unión de los Telefónicos y 1a Presidenta del Capítulo de Bayamón. En San Juan, el Centro Gubernamental de Minillas, el Departamento del Trabajo, el Tribunal Electoral, Instrucción Pública, Hacienda y la Bali, fueron objetos de micromítines por parte de nuestra organización. Entre las compañeras que se dirigieron a los trabajadores de estos sectores se encuentran, Norma Valle, presidenta FMP, Evelyn Narváez, secretaria de Prensa y Propaganda, Elida Rodríguez, Mercedes González, Presidente de la Hermandad de Empleados del Negociado de Seguridad de Empleo y Ada Ortíz, presidenta del Capitulo de San Juan. Un mural alusivo a la celebración fue elaborado por la Directiva Nacional en colaboración con el Capítulo de San Juan.

La propagandización del acto fue realizada por altoparlantes en el pueblo de Manatí en varias comunidades. Nuestra participación en la elaboración de los jachos así como la asistencia a la formidable película, La Sal de la Tierra marcaron un paso sumamente importante en nuestra integración a la lucha sindical. Cientos de boletines fueron distribuidos por la FMP, pancartas en la concentración, participación activa en la marcha y la presencia de nuestra oradora en la actividad cerraron un capítulo mas lleno de éxitos y adelantos en nuestra lucha por integrar a la mujer puertorriqueña a la lucha sindical.

EDUCACIÓN FEMINISTA

La imagen distorsionada del feminismo que proyectan las revistas como Cosmopolitan, Vanidades y Buen Hogar debe ser motivo de preocupación para toda feminista verdaderamente consciente. La sociedad de consumo característica del capitalismo en su fase actual ha reconocido el potencial del feminismo y, con gran habilidad, se dedica a explotarlo sustrayéndole los elementos que pueden ser peligrosos al sistema. Así pues la «mujer de hoy» debe, además de planchar, cocinar, coser y cuidar los niños, ser seductora, «de manera que la escalada del deseo Masculino halle en usted todas las posibilidades, ya que constantemente... la necesidad de nuevas conquistas atenacea la fantasía interna del hombre». Vivir a la altura del mito de la mujer ideal creado por los medios masivos de comunicación: madre, esposa, amiga, cómplice, amante, vestida como una modelo, no puede menos que ocupar todas las energías de la mujer. No habrá en su cabeza lugar para la acción política, ni por supuesto para darse cuenta que la lucha por la igualdad sólo puede darse en términos de la lucha de las clases sociales y la construcción del socialismo. Los hombres de este mundo de las revistas son los machistas de siempre, estancados en la inmadurez de «buscar siempre nuevas conquistas» y la mujer "liberada" comprende que su éxito radica en aprender a manipular a los hombres.

Esta visión de la mujer es en realidad profundamente antifeminista, aunque se venda como feminismo, porque propone una condición moral degradante, la de aprender a dominar a través de la astucia, el engaño y la manipulación. Toda mujer debía sentirse ofendida ante tales propuestas. No se plantea cambio social alguno, sino que se confunde a la mujer auténticamente motivada a querer mejorar su situación desventajosa. El sugestivo lenguaje de Cosmopolitan, «Desnude a su hombre de un vistazo», o "Cómo mantener a su hombre en buen estado" (como si fuera un automóvil) apela al erotismo y al humor, dos recursos siempre eficaces pero que no conducen en este caso, a la reflexión de los problemas reales que confronta la mujer, sino todo lo contrario.

No es sorprendente que el gobierno peruano haya prohibido hace poco estas revistas, pero nos preocupa que dos periodistas argentinas (Cuestionario, mayo 1976) de ideas progresistas dijeran lo siguiente: «Quizás el gobierno peruano haya visto en Cosmopolitan otra forma de penetración cultural que intenta hacer olvidar el subdesarrollo y tantos otros temas socialmente ingratos. Para estos fines el tema de la liberación femenina suele cumplir un rol eficiente en Perú y en el resto del planeta.» Es espantable que las compañeras argentinas entendieran que estas revistas proponen la liberación femenina y esto debe alertarnos hacia los peligros que corre el feminismo actualmente; deformación de su ideario, metas y medio de alcanzarlo. La sociedad mercantilista es un enemigo a muerte de la mujer-persona, porque a ésta no la puede engatusar vendiéndole basura inútil, convirtiéndola en objeto de lujo, manipulándola para que manipule a los hombres, sus compañeros en la difícil tarea de forjar un mundo igualitario, la SOCIEDAD SIN CLASES.

Rosa M. Mari
Secretaria de Asuntos Internacionales
Federación de Mujeres Puertorriqueñas
San Juan, Puerto Rico

Querida Compañera:

Con gratitud y gozo saludo a todas las compañeras de la Federación de Mujeres Puertorriqueñas y expreso mis profundas gracias por su caluroso Mensaje de Felicitación en el Día de las Madres.

Su cariñosa e interesante carta, así como su mensaje de exhortación a la Federación Demócrata Internacional de Mujeres (copia adjunta) en relación a vuestra posición y esfuerzo comprometido en la presente y vigorosa campaña nacional e internacional pro la excarcelación de los presos Nacionalistas y la liberación de la Nación -(ya que todo esfuerzo libertador aúna para la culminación de nuestra eventual victoria Nacional)- ¡me han alegrado grandemente!

Sabemos y nos orgullecemos, desde su Fundación, en su altruísta labor y consagración a la liberación de la Mujer, al esfuerzo de hacer posible la Liberación desde sus raíces. Porque realmente en el mundo no se ha conocido la verdadera Liberación aún, ni mientras la Mujer sea relegada a segundo y último plano en el quehacer de la Tierra.

(...Desde pequeña, allá en los campos de nuestra Patria, y a través de toda mi vida, he sentido un ardentísimo, rasgante empuje hacia el deshacer de la femenina cadena milenaria. Yo sé cómo se bate el cobre; según decía mi mamá, en el asunto del trato de la Mujer y de la negación y el atropello a que ha estado siempre doblegada y sometida. Y en mi lucha Nacional nunca he vislumbrado otra cosa que la total liberación del ser humano y de sus derechos todos y potencialidades.)

Así que nos congratulamos por su establecimiento como Federación de las Mujeres Puertorriqueñas y los éxitos alcanzados en todo el Movimiento de la Liberación Femenina Democrática Mundial y en particular por los expresados en su carta a la Compañera Campusino y a la FDIM.

Su jornada del 8 de Marzo este año fue muy efectiva, maravillosa. Me alegra sobremanera sus esfuerzos pro la integración de las mujeres a los sindicatos donde participaron los líderes sindicales mas importantes e influyentes del país y que allí "se tomaron concretas medidas para lograr una mayor incorporación de la mujer en la lucha obrera y sindical".

Su logro de que se aprobara en la cámara una Resolución para la conmemoración y celebración del 8 de Marzo -Día Internacional de la Mujer- y todos vuestros alcances revolucionarios desde vuestra Fundación Pro Liberación de la mujer son grandes apuntes de su enérgica y libertadora misión!

En la presente campaña por la excarcelación de los prisioneros Nacionalistas tenemos la obligación de demostrar la excelsitud de nuestros seres porque estos hijos de la Patria son hijos de nuestras entrañas que se han sacrificado por nuestro propio bien y el de nuestras generaciones; están entre las paredes del opresor como si una mueca de éste y una tremenda bofetada a la Nacionalidad Puertorriqueña. Y como sabemos, sólo nosotras hacemos posible el cargar al hijo, y así al Pueblo y a la Nación en corazón y entraña... y siendo que tenemos a Andresito enfermo de Cáncer en la cárcel, y que Oscar lleva ya casi 26 años; y así Rafael e Irvin, -héroes que aunque están dándolo todo y en las más difíciles circunstancias heroicas que existen- deberían estar en el seno de la Patria. Yo por mi cuenta nada pido, pues adentro y afuera estoy combatiendo así como ellos también, pero... era una muy primerísima labor revolucionaria mía, cuando yo estaba luchando afuera, trabajar por la excarcelación de nuestros presos, y ardo en deseos de verlos liberados... siempre que la excarcelación sea acorde con sus principios y los de la Nación que ellos dignifican. Me he extendido en ésta tan personalísima forma en este particular del amor de madre tan sublime porque sé que Ustedes pueden comprenderme mejor que nadie. Estoy muy dichosa de que Ustedes, mis hermanas, están representando en vuestra organización y lucha este sacro amor, el más elevado y hondo de la vida y primera efusión y emanación de Dios en su presencia Humana...

Aprovecho compañeras esta feliz oportunidad para a través de Ustedes expresar a los luchadores y amigos de la Independencia Nacional y de la excarcelación de los patriotas mis más sinceras gracias en mi humilde nombre y en el de mis hermanos en prisión.

Deseándoles éxito,

Quedo de Ustedes en fraternal abrazo de
lucha libertaria, y en agradecimiento,

Su compañera,
Lolita Lebrón,
11909
[Firmado]

boletín FMP

AÑO II - No. 8 OCTUBRE de 1976   FEDERACIÓN de MUJERES
                                   PUERTORRIQUEÑAS

****

Contenido:
Nuevas estructuras FMP
Nuestra revista... PALABRA DE MUJER
Educación feminista
****

Nuevas estructuras FMP

El pasado 11 de septiembre del corriente el Directorio decidió cambiar las estructuras de la Federación por entender que las mismas impedían realizar un trabajo ágil y eficaz. Las nuevas estructuras aseguran una mayor participación de los capítulos en todas las decisiones de nuestra organización. Desde ese momento la Junta Directiva está integrada por todas las presidentas o representantes de capítulos y la presidenta, vice-presidenta, secretaria de educación y secretaria de finanzas. La responsabilidad de organización estará a cargo de la presidenta y vicepresidenta quienes supervisan la Federación en visitas alternadas por los capítulos. Este organismo, Junta Directiva, se reunirá mensualmente rotando las reuniones entre todos los capítulos. Se creo un cuerpo ejecutivo integrado por la presidenta, vicepresidenta, y las secretarias de educación y finanzas quienes se reunirán semanalmente y tendrán como función ejecutar los acuerdos tomados por la Junta Directiva. El Directorio continuará reuniéndose cada tres meses.

Esperamos que estas nuevas estructuras nos faciliten el trabajo y ayuden en la formación de un núcleo central de dirección ágil, eficiente y combativo.

Nuestra revista... PALABRA DE MUJER

La Federación de Mujeres Puertorriqueñas, como parte de su programa de educación, publicará una revista en octubre con el titulo PALABRA DE MUJER. Dicha revista provee materiales de educación a las federadas por medio de artículos dirigidos a la mujer trabajadora. Incluirá un editorial, sujeto a criticas y discusión, de modo que vayamos habilitándonos teóricamente para la lucha por nuestros derechos que se hace cada día más urgente y necesaria. Incluirá también artículos sobre la educación del niño y la necesidad que tienen ambos padres de compartir esta responsabilidad, haciendo hincapié en el hecho de que la liberación de la mujer es necesaria para que los hijos se desarrollen plenamente como personas. Otros aspectos de la lucha de la mujer comprenden campos de la manipulación de nuestras conciencias que hacen los medios de comunicación, los textos escolares, la tradición religiosa y programas gubernamentales tales como la "Planificación Familiar".

Ampliando más el alcance de la conciencia feminista, hacemos un llamamiento a Iris Chacón, cuestionando la utilización de la mujer como objeto sexual y llamando a la compañera Iris a pensarse a si misma en otros términos. Otros renglones de la labor feminista apuntan hacia problemas de salud, leyes y logros concretos de las federadas.

Esperamos la revista promueva una dinámica que nos motive a crecer en conciencia, en otras palabras, que nos capacite. La distribución de la revista estará en manos de las encargadas de los capítulos:

1) San Juan - Robin Walker

2) Bayamón - Olga Orraca

3) Ponce - Jeannette Blasini

4) Manatí - Ivelisse Mercado

en las librerías y en charlas que tú también puedes organizar.

Proyectamos para el año próximo continuar publicando la revista, con una sección que opere a modo de consultorio feminista. Con respecto a esto, debes ir pensando en problemas que te preocupan y preocupan a otras compañeras. Ya con el Diccionario de la mujer hemos comenzado a aclarar conceptos o definiciones que entendíamos confusamente.

FEDERADA, PATROCINA TU REVISTA. ES NUESTRA. PARA NOSOTRAS, TODAS NOSOTRAS.

****

Educación Feminista - **¿Qué y cuáles son las instituciones de apoyo?**

En Puerto Rico cerca de un 22 por ciento de las mujeres aptas para trabajar (de 16 a 60 años y que no están recluidas en instituciones mentales, penitenciarias o militares) están integradas ya a la fuera trabajadora del país. Nuestras mujeres se han ido integrando a la producción social (trabajo asalariado en centros colectivos para producir los bienes de la sociedad) sin que a la familia se le provean las instituciones de apoyo necesarias para su emancipación. Por lo tanto la mujer carga con la doble tarea: la del trabajo asalariado y la doméstica. Una de las tareas principales que tenemos por delante las feministas y las personas más progresistas del país es reeducar a los hombres, mujeres y niños para que todos los miembros de una familia compartan la tarea doméstica en el hogar. Sin embargo, esto no es suficiente, debemos también luchar, y con ahínco, por que el gobierno nos provea las INSTITUCIONES DE APOYO A LA FAMILIA.

Las instituciones de apoyo son: círculos infantiles con personal capacitado y libres de costo a los padres trabajadores, donde los niños en edad preescolar puedan ser atendidos según los horarios de trabajo de sus padres; escuelas con enseñanza académica rigurosa y actividades extracurriculares; facilidades recreativas y deportivas organizadas por expertos para varones y hembras, cafeterías subsidiadas por el gobierno para que una familia trabajadora pueda comer fuera en caso de que no puedan disponer de tiempo para cocinar en un momento específico o simplemente para alivianar la tarea doméstica; lavanderías públicas donde se puedan llevar la ropa de toda la familia, incluyendo sabanas, toallas, etc. y por un precio nominal se la preparen.

Estas instituciones de apoyo pueden empezar a crearse desde ahora, y las federadas debemos dar la batalla por que los sindicatos progresistas, cooperativas comunitarias y el mismo gobierno comiencen a proveer las facilidades que traerán en la práctica una enorme contribución a la liberación de la mujer.

****

COMPAÑERA PAGA TU CUOTA, LA FMP NECESITA TU APORTACIÓN PARA ORGANIZAR NUESTRA LUCHA

COMPAÑERA FEDERADA, ORGANIZA UN GRUPO DE LA FMP EN TU COMUNI-DAD

CONTRIBUYAMOS AL ESTABLECIMIENTO DE UN LOCAL-BIBLIOTECA

NUESTRA REVISTA ES... PALABRA DE MUJER, CÓMPRALA Y PÁSALA A MANOS AMIGAS

****

FEDERACIÓN DE MUJERES PUERTORRIQUEÑAS

BOLETÍN INFORMATIVO

JUNTA DIRECTIVA FMP - Responsable

FEDERACIÓN DE MUJERES PUERTORRIQUEÑAS
Apartado Postal S-2003
Old San Juan Station
San Juan, Puerto Rico

ACTIVIDADES DE LA FMP DURANTE LOS MESES DE ENERO A ABRIL DE 1977

Como primera actividad las compañeras Norma Valle y Olga Nolla asistieron en Panamá al Seminario de Panamá sobre la Contribución de las Mujeres al Desarrollo de la América Latina, donde tuvieron participación unas 90 delegadas de todo el mundo. Aquí nuestra delegación participó en las tres comisiones del Seminario. También montaron un «Show» de Transparencias sobre nuestra lucha.

La salida del primer número de nuestra revista PALABRA DE MUJER al mercado ocurrió también en el mes de enero. Se publicaron 5,000 ejemplares de la misma. Hemos recibido varias cartas con comentarios sobre la misma y pidiendo ejemplares. La revista se ha distribuido en el mercado comercial, por los Capítulos y en las librerías de varios pueblos.

Con motivo del segundo aniversario de la FMP se celebraron charlas en dos de nuestros Capítulos, San Juan y Bayamón, se ofrecieron por Sofía Moya y Flavia Rivera. Dichas charlas fueron sobre la FMP.

CELEBRACIÓN DEL DÍA INTERNACIONAL DE LA MUJER - 8 de marzo

Con motivo de este día realizamos varias actividades: Una visita a la legislatura donde se nos concedió audiencia con el Hon. Luis A. Ferré, Presidente del Senado de Puerto Rico y con Hon. Miguel Hernández Agosto del Partido Popular Democrático. Nos acompañó a estas audiencias la Lcda. Celinda Ríos de Oppenheimer de la Comisión de la Mujer del Colegio de Abogados, también asistieron a esta actividad Norma Valle, Carmen Sampson, Robin Walker y Luz Elena Sánchez.

Se publicó un artículo en Claridad y se dio una charla en la comunidad El Volcán por Wilma Rodríguez del Capítulo de Bayamón. Se enviaron unas 60 tarjetas de felicitación a nivel nacional e internacional a organizaciones y personas con motivo del Día Internacional de la Mujer. Estas tarjetas las hicieron y costearon las compañeras del Capítulo de Ponce.

Se celebró una reunión del Directorio de la FMP el día 6 de marzo de 1977 en el Colegio de Abogados, donde se discutió la necesidad de una evaluación de la FMP; se acordó celebrar dos reuniones evaluativas las cuales serán los domingos 17 y 24 de abril en Río Piedras.

++++++++++++++++++++++++++

Se han acercado a nosotras otras organizaciones con las que nos hemos reunido y entablado relaciones para distintas actividades:

1. Reunión con Awilda Torres de la Escuela Magnético Espiritual. Nos invita a actividades con ellas contra la esterilización masiva; a esta reunión asistió Norma Valle.

436

2. Participación en el Centro de Ayuda a las Víctimas de Violación, Carmen Sampson representa a la FMP en la Coalición Pro Derechos de las Víctimas de Violación.
3. Norma Valle atendió a María Angélica Bithorn de Hartford, Conn, de la Federación de Mujeres Hispanas.

4. Flavia Rivera es miembro del Comité Pro Celebración del lro de Mayo. Estaremos participando en las distintas actividades que culminarán en esta gran actividad.
5. Participación en Proyecto de Puerto Rico del National Lawyer's Guild en Derechos Civiles, demanda sobre el aborto. En esto están participando Norma Valle y Evelyn Narváez, próximamente informaremos más detalles sobre esto.

* * * * * * * * * * * * * * * * *

OTRAS...........

Se esta preparando una ponencia para las Vistas Públicas del Senado de Puerto Rico sobre Divorcio por Consentimiento Mutuo: esto está a cargo de Evelyn Narváez.

Varias reuniones y cartas intercambiadas con Isabel Picó y Srta. Naveira sobre la Conferencia Estatal de Mujeres. Pronto saldrá un escrito sobre esto, espérenlo.

Se sigue haciendo gestiones para conseguir un local pero todavía nada, Wilma Valle sostuvo varias reuniones con el instituto de Cultura para lo del local, pero por ahora todos están ocupados. Seguiremos buscando.

Comunicado de prensa en favor del Aborto que salió el 13 de abril de 1977.

Participación de Norma Valle en el Foro del Colegio de Abogados sobre el Proyecto de Divorcio por Consentimiento Mutuo el 20 de abril de 1977 a las 7:30 de la noche.

Mensaje al Acto en honor de Ramón Emeterio Betances en Cabo Rojo el 9 de abril de 1977.

Con motivo de la visita a Puerto Rico de Lolita Lebrón por la muerte de su hija, se le envió un mensaje a nombre de la FMP y un arreglo floral, además se hizo un comunicado de prensa.

Ya tenemos nuestro propio apartado de correo, apúntenlo:
Apartado postal S-2003, Old San Juan Station, San Juan, Puerto Rico

Se han enviado cartas felicitando a los dirigentes sindicales que fueron electos en sus respectivas uniones.

* * * * * * * * * * * * * * * *

CONSTITUCIÓN DE LA JUNTA EDITORIAL DE LA REVISTA **PALABRA DE MU-JER**

Hace varios días se constituyo la Junta Editorial de nuestra revista, componen la misma las siguientes compañeras:

Coordinadora	Olga Nolla
Sub-Coordinadoras	María Isabel Báez
	Isabel Cintrón
	Betzaida López
Distribución	Laura Candelas
	Vanessa Droz
Fotos	Mercedes Mullet
Miembros Ex-Oficio	Norma Valle
	Flavia Rivera

Esperamos que nuestro próximo número salga para fines de verano.

Documentos
Convocatoria a un frente amplio de mujeres

1977

7 de noviembre de 1977
Río Piedras, Puerto Rico

Compañera:

Dada la importancia de que la mujer se organice para resolver sus problemas inmediatos y particulares tales como el discrimen ocupacional en el trabajo, salarios y el problema de la opresión sexual, un grupo de mujeres en fechas recientes, decidimos llevar a cabo una serie de reuniones. El propósito de ellas fue discutir la posibilidad de desarrollar un *frente amplio de mujeres*. Al efecto llegamos a los siguientes acuerdos:

-Organizar un frente amplio de mujeres de todos los sectores, es decir, mujeres de organizaciones y mujeres independientes.
-Aglutinar el frente en torno a un "issue" o demanda inmediata de la mujer.
-Lograr una movilización amplia y masiva de mujeres para el próximo 8 de marzo (Día Internacional de la Mujer), como parte de la campaña del frente.

Nuestra próxima reunión la llevaremos a cabo el 27 de noviembre de 1977, a las 2:00 P.M. en la Ave. De Diego 156, oficina 12, Río Piedras.

La propuesta de agenda es la siguiente
-Resumen de las discusiones y de los trabajos realizados previos a la constitución del frente.
-Discutir la participación de las mujeres de organizaciones y de las mujeres independientes respecto al establecimiento de las bases del frente.
-Elaborar un plan de trabajo.

Estamos enviándoles esta invitación para que su organización o tú como mujer independiente, tengas participación en los trabajos para desarrollar el frente. Tenemos legítimo interés en que mujeres de todos los sectores de nuestro pueblo formen parte de este frente.

Compañera asiste a esta reunión. Tu colaboración es sumamente importante. Te esperamos.

Fraternalmente,

L.H
M.L.R
S.L.

DOCUMENTOS
ALIANZA FEMINISTA POR LA LIBERACIÓN HUMANA

1978–1979

Nota de las editoras:

La siguiente acta fue tomada por una informante de la policía y formó parte de la carpeta de una miembra de la Alianza Feminista Para la Liberación Humana. Este documento recoge la discusión de una de sus primeras reuniones en torno a los principios organizativos que adoptaría el grupo. La veracidad de su contenido fue confirmada por integrantes de la organización. Hemos omitido los nombres mencionados en este documento.

12 de abril de 1978

ASUNTO: *REUNIÓN DEL GRUPO FEMINISTA PARA LA NUEVA ORGANIZACIÓN*

El miércoles 12 de abril de 1978, hora 7:30 P.M., en la Ave. Central en Puerto Nuevo se reunió el grupo femenino para continuar la discusión para establecer los puntos que habría de seguir el grupo como organización.

La reunión comenzó a las 8:00 PM, fue dirigida por M. Esta comenzó diciendo lo acontecido en la anterior reunión y comentó los puntos que irían a discutirse en ésta. Dichos puntos eran: ¿Qué se esperaba de la organización? ¿Por qué la necesidad de la misma? Sus objetivos, su ideología y un nombre para la organización. Cada una expresó sus puntos e inquietudes acerca de esto.

A. S. manifestó que tanto el hombre como la mujer eran machistas, término que luego explicó diciendo que en la mujer existía ya que ésta, por la misma sociedad (sistema) mostraba incapacidad para realizarse a todos los niveles.

Habló de las pocas exigencias de la mujer y de la misma explotación del hombre hacia ella; que adoptaba la mujer posiciones machistas, dejando que el hombre se dedicara a unas cosas en específico y la mujer a sus deberes de mujer como tal. Que ambos eran exigidos y engañados por cuáles en realidad son los derechos del hombre y cuáles los de la mujer. Sobre esto se discutió mucho. Luego entró a colación el papel del hombre en dicha organización y si se aceptaría para que formase parte de ella. Luego de discutir el asunto se llegó a consenso general de que sí, que sería aceptado el hombre, porque tanto el hombre como la mujer (sin separarlos) eran víctimas de la intervención e influencia del sistema. Esto es en relación a la liberación del ser humano de por sí.

Se agregó que se nominaría un comité para ésto, para que se escogiera la clase de hombre que sería y no afectara el grupo. Dicho comité se nominará próximamente. Tras este punto vino por consiguiente, qué clase de personas (mujeres en este caso) se aceptarían, por lo tanto vino a colación la ideología que habría de servir al grupo.

Este punto se discutió por largo tiempo y por consenso general, también se aceptarán personas de toda clase de ideología política. M.L. dijo que no por eso la organización (las integrantes del momento) no tenían que dejar sus ideas socialistas afuera, ya que por consiguiente ésta era la meta del grupo como tal. Que no había que cuestionarse eso, que

445

sería del grupo algo que quedaría callado, que no tenía que decirse. Que luego que el ser humano lograra su liberación como individuo, exigiendo sus derechos sin dejarse oprimir, se daría por su propia cuenta que la opresión y el problema es así, está en la misma cultura del país.

Agregó que todo lo establecido era cultura, que esto era la afectación del individuo como tal en el país. Todas las presentes estuvieran de acuerdo en dicho argumento. M.L. citó frases de Marx en casi todo momento cuando hablaba. Se habló de dirigirse a la clase obrera en general. De esto se planteó la intervención y la pregunta entonces del papel de la mujer burguesa en la organización y si sería aceptada. M.L. a esto dijo que sí, que esto debía utilizarse, que ahí estaba el dinero envuelto y que una organización necesitaba dinero para funcionar. Todo estuvo claro para las presentes con este planteamiento de M.L.

Luego de decirse todo y las dudas aclaradas se resumió y leyeron otra vez los puntos. Esto es: sería una organización en lucha por la liberación del ser humano como tal y de sus derechos en el país.

Para terminar se pasó a discusión de qué nombre se le pondría a la organización. Se sugirieron varios nombres, entre ellos: Organización Feminista en Marcha, Movimiento Feminista en Marcha y otros. Se mencionó que apareciera la palabra igualdad en el nombre, por tanto, se pospuso para la próxima reunión que se llevará a discusión nuevamente el nombre que debería llevar.

Se discutirá en la próxima reunión también los temas a seguirse y el proceso de una organización en sí, esto es incluyendo lo parlamentario. Se traerá como ejemplo y guía el utilizado por Mujer Intégrate Ahora (M.I.A.).

La reunión se terminó a las 10 p.m.

ALIANZA FEMINISTA POR LA LIBERACIÓN HUMANA
Apartado 22297, Estación U.P.R.
Río Piedras, Puerto Rico 00931

LA ALIANZA FEMINISTA POR LA LIBERACIÓN HUMANA ENTIENDE QUE LAS TRES LUCHAS QUE SE LEVANTAN CONJUNTAMENTE EN ESTE ACTO DE AFIRMACIÓN NACIONAL SON EJEMPLO DE LA SITUACIÓN DE REPRESIÓN QUE VIVE NUESTRO PUEBLO. LA LUCHA POR LA EXCARCELACIÓN DE NUESTROS PRESOS NACIONALISTAS, LA LUCHA POR EL RETIRO DE LA MARINA DE VIEQUES Y LA MASACRE DEL CERRO MARAVILLA SON GRANDES MANIFESTACIONES DE LA REPRESIÓN QUE SE HA VENIDO DESPLEGANDO SISTEMÁTICAMENTE EN NUESTRO PUEBLO.

PERO LA REPRESIÓN NO TIENE GRADOS. CONJUNTAMENTE CON ESTAS GRANDES MANIFESTACIONES SE ENCUENTRAN LAS MANIFESTACIONES COTIDIANAS, LAS QUE VAN DESDE LOS ATROPELLOS Y ATAQUES BRUTALES POR PARTE DE LOS APARATOS REPRESIVOS (POLICÍAS, AGENTES) A INDIVIDUOS DE LOS SECTORES MAS OPRIMIDOS Y A LOS GRUPOS PROGRESISTAS DEL PAÍS, HASTA EL DISCRIMEN Y SUBORDINACIÓN DE LAS MUJERES TRABAJADORAS POR CUESTIÓN DE SEXO.

ES IMPERANTE DENUNCIAR EL QUE EL APARATO REPRESIVO DEL GOBIERNO SE HACE CADA VEZ MAS SOFISTICADO, PERO ANTE ESTO NO NOS PODEMOS DEJAR AMEDRENTAR SINO POR EL CONTRARIO ADELANTE, POR ESO ESTAMOS AQUÍ AFIRMANDO NUESTRO COMPROMISO DE LUCHA Y TRABAJO.

LA ALIANZA FEMINISTA POR LA LIBERACIÓN HUMANA HACE UN LLAMADO IMPERIOSO A TODAS LAS MUJERES PUERTORRIQUEÑAS A VOLCARSE EN LA LUCHA NACIONAL, EL COMPROMISO INCLAUDICABLE, PORQUE ENTENDEMOS QUE NUESTRA OPRESIÓN PARTICULAR Y LA OPRESIÓN QUE SUFRE NUESTRO PUEBLO TIENEN UNA RAÍZ COMÚN.

ESA RAÍZ COMÚN SON LAS ESTRUCTURAS POLÍTICAS, SOCIALES Y ECONÓMICAS VIGENTES EN NUESTRO PAÍS CARACTERÍSTICAS DE UN SISTEMA CAPITALISTA COLONIAL QUE SON LAS QUE MANTIENEN NUESTRO PUEBLO OPRIMIDO Y LAS QUE GENERAN LAS BASES MATERIALES PARA LA SUBORDINACIÓN DE LAS MUJERES.

¡MUJERES PUERTORRIQUEÑAS! LUCHEMOS POR NUESTROS DERECHOS. UNÁMONOS AL COMPROMISO POLÍTICO Y MORAL DE NUESTRO PUEBLO Y CONSTRUYAMOS UNA NUEVA GENERACIÓN DE MUJERES Y HOMBRES LIBRES.

¡MUJERES TRABAJADORAS UNÁMONOS A LA LUCHA CONTRA EL GOBIERNO REPRESIVO!

ALIANZA FEMINISTA POR LA LIBERACIÓN HUMANA

4 DE JULIO DE 1979

El motivo principal de este artículo parte de la existencia de un documento que pretende hacer un recuento del desarrollo del movimiento feminista en Puerto Rico en las últimas décadas. Sin embargo, no ha cumplido a nuestro juicio su cometido al no evaluar debidamente la labor realizada por la Federación de Mujeres y por la Alianza Feminista por la Liberación Humana (A.F.L.H.).

Unas compañeras que pertenecimos a Alianza decidimos redactar un recuento del origen, desarrollo y conclusión de nuestra organización.

El aislamiento de la lucha de la mujer de la liberación nacional y la concepción pequeño burguesa de la lucha feminista motiva que un grupo de compañeras decidamos abandonar M. l. A.

La Alianza Feminista por la Liberación Humana surge en el 1978 para dar un nuevo enfoque al feminismo puertorriqueño que hasta ese momento estaba viciado por la tendencia liberal reformista norteamericana.

Nuestros principios principales consistían entre otros:

1- La lucha de la mujer está vinculada categóricamente a la lucha por nuestra liberación nacional.

2- El sistema utiliza al hombre como un instrumento de opresión hacia la mujer.

3- La participación del hombre junto a la mujer en la lucha por la liberación de ambos.

Legislación a favor del aborto, el funcionamiento de guarderías infantiles en los centros de trabajo, combatir la esterilización masiva de la mujer y la importancia que tiene el ama de casa dentro de la economía, eran parte de nuestros objetivos a corto plazo.

A base de nuestros principios organizativos Alianza toma parte en diversas actividades y organizaciones como:

1- Monapun - Movimiento en apoyo a la lucha nicaragüense

2- Comité en apoyo a Vieques

3- Colaboración en Pensamiento Crítico

4- Comité Soto-Rosado contra la represión

5- Participación en la marcha del 4 de julio de 1979 como organización donde se leyó un mensaje por una portavoz de A.F.L.H.

En términos de llevar una educación feminista al pueblo, nuestra organización realiza seminarios sobre educación feminista, muraladas, boletines, plantilladas y estudios sobre los centros de trabajo.

En conmemoración al 8 de marzo, día internacional de la mujer, en 1979, nuestra organización en colaboración con Monapun, organiza y efectúa una actividad dedicada a la mujer revolucionaria nicaragüense. La oradora principal fue Magda Leví, representante de una de la principales organizaciones feminista de Nicaragua.

Sin embargo, el choque de tendencias ideológicas partidistas lleva a la organización a su debilitamiento y eventual desintegración. Alianza desaparece formalmente a finales de 1979.

[1982]

DOCUMENTOS
PORTADAS EL TACÓN DE LA CHANCLETA
Y PALABRA DE MUJER

el tacón de
LA CHANCLETA

publicación feminista puertorriqueña

ejemplar preliminar

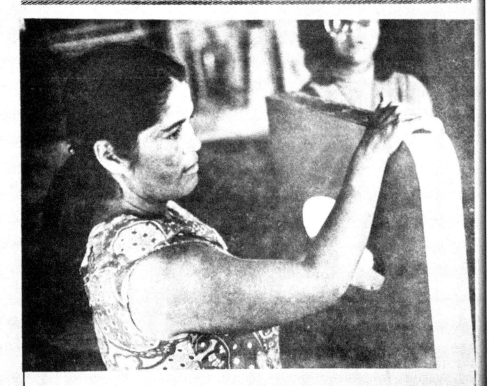

en este número:
LA PUERTORRI-
QUEÑA DOCIL

451

publicación feminista puertorriqueña

tacon
de la chancleta

año internacional de la mujer · enero 1975 año 1 num. 1

EN BUSCA DE
NUESTRA IDENTIDAD

¿QUIEN MUEVE LA RUEDA DE FOMENTO?
EXCLUSIVA: HABLA INES GARCIA
LAS DIEZ MUJERES MAS BUSCADAS DE P.R.

25¢ publicación feminista puertorriqueña

tacon
de la chancleta

año internacional de la mujer·febrero 1975 año1 num. 2

como criar
una niña.
federación
de mujeres
puertorriqueñas.
julia de burgos.

453

25¢

publicación feminista puertorriqueña

tacon

de la chancleta

año internacional de la mujer · jul·agosto 1975 año1 num. 5

ANA ROQUE-PRIMERA SUFRAGISTA
CRITICA A UN DISCURSO
MEXICANAS DICEN NO
CONFERENCIA MUNDIAL DE LA MUJER

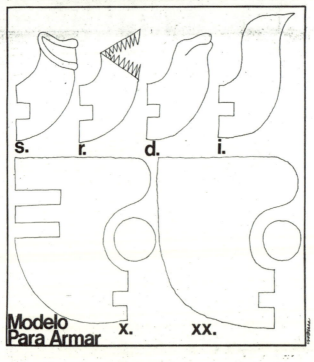

s.　r.　d.　i.

Modelo
Para Armar　x.　xx.

PALABRA DE MUJER

PUERTO RICO * 1977

FMP

Bibliografía selecta sobre las mujeres y el activismo feminista en Puerto Rico

Década de 1970[1]

---

[1] Para una lista de los documentos hasta ahora inéditos que se publican en este volumen véase el índice

Libros, artículos de revistas y folletos

Acín, María N. "Perfil estadístico de la mujer puertorriqueña," San Juan, Puerto Rico: Comisión para el Mejoramiento de los Derechos de la Mujer. Abril, 1979 (mimeo).

Acosta-Belén, Edna, ed. *The Puerto Rican Woman*. New York: Praeger Publisher, 1979.

Alvarado, Mercedes. "Derechos de la mujer: Derechos humanos," Puerto Rico: Comisión para el Mejoramiento de los Derechos de la Mujer, 1979.

Azize, Yamila. *Luchas de la mujer en Puerto Rico 1898-1919*. San Juan, Puerto Rico: Ediciones Huracán, 1979.

Bobé, Lourdes. *La mujer frente al proceso de envejecimiento*. San Juan, P.R.: Comisión para el Mejoramiento de los Derechos de la Mujer, 1978.

Burgos Sasser, Ruth, ed. *La mujer marginada por la historia*. San Juan, P.R.: Editorial Edil, 1978.

Christensen, Edward. "The Puerto Rican Woman: The Challenge of a Changing Society," *Character Potential* 3 (marzo 1974):89-96.

Cintrón, Carmen y otras. "La posición de la mujer en la sociedad puertorriqueña y cómo el derecho responde a sus necesidades," Escuela de Derecho de la Universidad de Puerto Rico, 1972 (mimeo).

Collazo Collazo, Genaro. "Participación de la mujer en la fase educativa de la vida puertorriqueña," *Educación* 22, no. 27 (1979): 41-53.

Collectif de femmes d'Amérique Latine et de la Caraïbe. *Mujeres des Latino-Americaines*. Paris: des femmes, 1977.

Comisión para el Mejoramiento de los Derechos de la Mujer. *Igualdad de oportunidades de empleo para la mujer*, Puerto Rico: La Comisión, 1978.

Díaz Hernández, Emma. "Comentarios en torno al problema de la violación," Río Piedras, Puerto Rico: Centro de Ayuda a Víctimas de Violación, 1978.

El gobernador Ferré ante las damas del periodismo. Puerto Rico: Oficina de Prensa de la Fortaleza, 1971.

Fernández Cintrón, Celia y Marcia Rivera Quintero. "Bases de la sociedad sexista en Puerto Rico," *Inter-American Review* 4, no. 2 (verano 1974): 239-245.

Ferré, Rosario. *Papeles de Pandora*. México: Joaquín Mortiz, 1976.

Frente Femenino Partido Independentista Puertorriqueño. *La cuestión social y la cuestión femenina. Ponencia ante la Comisión de Derechos Civiles,* 8 diciembre 1971, Editorial de Educación Política Partido Independentista Puertorriqueño.

García Ramis, Magali, Isabel Picó y Mariní Acín. *Yo misma fui mi ruta- La mujer en la historia y cultura de Puerto Rico.* San Juan: Centro de Investigaciones Sociales de la Universidad de Puerto Rico, 1979.

Grovas Badrena, Teresa. "Compendio de derechos y deberes de la mujer puertorriqueña," Puerto Rico: Comisión para el Mejoramiento de los Derechos de la Mujer, 1979.

Henderson Peta, Murray. "Population, Social Structure and the Health System in P.R.: The case of Female Sterilization," Ph. D. dissertation, The University of Connecticut, 1976.

Hernández Alicea, Carmen A. "El discrimen contra la mujer en el programa de instrucción vocacional y técnica del Departmento de Instrucción Pública de Puerto Rico," Tesis. Universidad de Puerto Rico, Escuela de Administración Pública, 1977.

Homar, Susana. "Inferioridad y cambio: los personajes femeninos en la literatura puertorriqueña," *Revista de Ciencias Sociales* 20, no. 3-4 (dic. 1978): 287-304.

Instituto de Cultura Puertorriqueña. *Poemario de la Mujer Puertorriqueña.* Puerto Rico: Instituto, 1976, 2 vols.

López Garriga, María M. "Estrategias de auto-afirmación en mujeres puertorriqueñas," *Revista de Ciencias Sociales* 20, no. 3-4 (dic. 1978): 257-285.

_____. "Feminist Perspective on Pornography and Prostitution: A Rejoinder," Puerto Rico: Comisión para el Mejoramiento de los Derechos de la Mujer, 1978.

Marcano, Juan S. "La mujer obrera." En *Lucha Obrera en PuertoRico,* ed. Angel G. Quintero Rivera, 66-67. Puerto Rico: CEREP, 1972.

Mergal, Margarita. "La incorporación de la mujer a la lucha por la independencia y el socialismo: Tarea urgente para el P.I.P.," Secretaría Nacional de Asuntos Económicos y Sociales, Partido Independentista Puertorriqueño, 1972. (mimeo)

_____. *La mujer en la sociedad colonial.* Puerto Rico: Publicaciones

Experiencia y Evidencia. [1976].

Molina, Eneida y Magali García Ramis. *Módulos para combatir el sexismo en el salón de clases.* Puerto Rico: Comisión para el Mejoramiento de los Derechos de la Mujer, 1977.

Morris, Lydia. "Women Without Men: Domestic Organization and the Welfare State as Seen in a Coastal Community of Puerto Rico," *British Journal of Sociology* 30, no. 3, (1979): 322-340.

Picó de Hernández, Isabel. "Estudio sobre el empleo de la mujer en Puerto Rico," *Revista de Ciencias Sociales* 19, no. 2 (junio 1975): 141-165.

_____. "The History of Women´s Struggle for Equality in Puerto Rico," En *Sex and Class in Latin America,* ed. June Nash y Helen Icken Safa, 203-213. New York: Praeger Publishers, 1976.

_____. *Machismo y educación en Puerto Rico.* Puerto Rico: Comisión para el Mejoramiento de los Derechos de la Mujer, 1979.

_____. ed. *Documentos de la Conferencia Puertorriqueña de la Mujer.* San Juan: Comité Coordinador, 1977.

_____. y Marcia Rivera Quintero. *Datos básicos sobre la mujer en la fuerza trabajadora en Puerto Rico.* Puerto Rico: Comisión para el Mejoramiento de los Derechos de la Mujer.

_____. Marcia Rivera, Carmen Parrilla, Jeanette Ramos e Isabelo Zenón. *Alcance y ramificaciones del discrimen por sexo, raza y origen nacional en la empresa privada en Puerto Rico.* Center for Environmental and Consumer Justice, 1974. (Publicado también por el Centro de Investigaciones Sociales, Universidad de Puerto Rico, Recinto de Río Piedras, 1981.)

_____. Ana Irma Rivera Lassén y Carmen Eneida Molina. *Ayer y hoy - La mujer en el viejo mundo.* Puerto Rico: Centro de Investigaciones Sociales Universidad de Puerto Rico, 1979.

Pratts Ponce de León, Saúl J. «La esterilización femenina en los sectores obreros de Puerto Rico.» Inédito. junio 1975, Rio Piedras, Puerto Rico.

Presser, Harriet B. *La esterilización y el descenso de la fecundidad en Puerto Rico.* New York: The Population Council, 1974.

Puerto Rico Women's Meeting. *Final report to the National Commission on the Observance of International Women's Year by the Puerto Rican Coordinating Committee,* June 1977.

Ramos de Sánchez, Jeanette. *El delito de la violación en Puerto Rico.*

Puerto Rico: Comisión para el Mejoramiento de los Derechos de la Mujer, 1977.

_____. *La mujer y la nueva legislación sobre derecho de familia.* Puerto Rico: Comision para el Mejoramiento de los Derechos de la Mujer. Ribes Tovar, Federico. *La mujer puertorriqueña.* New York: Plus Ultra, 1972.

Ríos de Betancourt, Ethel, y otras. *La imagen de la mujer en los medios de comunicación.* Puerto Rico: Comisión para el Mejoramiento de los Derechos de la Mujer, 1978.

Rivera Lassén, Ana I. *¿Qué es la violación?* (mimeografiado, 1977).

_____. Mercedes Rodríguez y María M. López. "El secreto de Angela María o vidas en conflicto," (Parodia, mimeografiado, 1977)

Rivera Quintero, Marcia. *Condiciones del empleo doméstico asalariado en PuertoRico.* Puerto Rico: Comisón para el Mejoramiento de los Derechos de la Mujer, 1975.

_____. "Las adjudicaciones de custodia y patria potestad en los tribunales de familia de Puerto Rico," *Revista del Colegio de Abogados de Puerto Rico* 39, no. 2 (mayo 1978): 177-200.

_____. *Junto al río nació mi comunidad.* Puerto Rico: Centro de Investigaciones Sociales Universidad de Puerto Rico, 1979.

Rivero, Eneida B. "El noviazgo en Puerto Rico," *Atenea* 9, no. 3-4 (sept.-dic. 1972).

Rodríguez, Flor de María, Angelita Rieckehoff de Naveira y Rosa Santiago-Marazzi. "Mujer conoce tus derechos," Puerto Rico: Comisión para el Mejoramiento de los Derechos de la Mujer, 1978.

Rodríguez-Alvarado, M. "Rape and Virginity among Puerto Rican Women," *Aegis: Magazine on Ending Violence Against Women* (March-April, 1979): 33-38.

Safa, Helen Icken. "Class Consciousness Among Working-Class Women In Puerto Rico," En *Sex and Class in Latin America,* ed. June Nash and Helen Icken Safa, 69-85. New York: Praeger Publishers, 1975.

_____. *The Urban Poor of Puerto Rico: A study in Development and Inequalty.* New York: Holt, Rinehart and Winston, 1974.

Santiago-Marazzi, Rosa. *Rol de la inmigración de mujeres españolas a Puerto Rico en el periodo colonial.* Puerto Rico: Comisión para el Mejoramiento de los Derechos de la Mujer, 1975.

_____. *Discrimen por razón de sexo en los Programas de Instrucción Vocacional y Técnica en Puerto Rico*. Puerto Rico: Comisión para el Mejoramiento de los Derechos de la Mujer, 1977.

Silvestrini-Pacheco, Blanca. "Women as Workers: The Experience of the Puerto Rican Women in the 1930's." En *Women Cross-Culturally: Change and Challenge*, ed. Ruby Rohrlich-Leavitt, 247-260. The Hague: Mouton, 1975.

Sued Badillo, Jalil. *La mujer indígena y su sociedad*. Río Piedras, P.R.: Editorial El Gazir, 1975.

Valle, Norma. *Luisa Capetillo*. San Juan, P.R. 1975.

Vázquez Calzada, José Luis. "La esterilización femenina en Puerto Rico," *Revista de Ciencias Sociales* 17, no. 3 (sept. 1973): 281-308.

_____. "Conocimiento y uso de métodos anticonceptivos en Puerto Rico," Trabajo presentado en la Primera Conferencia Regional Latinoamericana de Población, México, 1970.

"Women and Class Struggle,". *Latin American Perspectives* 4, no. 1-2 (Winter and Spring 1977).

Yordán, Haydeé. *La influencia de los textos primarios de instrucción pública en la diferenciación de roles femeninos y masculinos en los niños*. Río Piedras, P.R.: Universidad de Puerto Rico, 1974.

_____. *La visión de la niña en cinco libros de lecturas escolares*. San Juan, PR.: Comisión para el Mejoramiento de los Derechos de la Mujer 1976.

Zayas, Nancy y Juan A. Silén. eds. *La mujer en la lucha de hoy*. Río Piedras, P.R: Editorial Kikirikí, 1972.

Publicaciones feministas y Artículos de periódicos

Los artículos están organizados por temas y en orden cronológico. Una mirada a los títulos ofrece un panorama del activismo feminista según se proyectó en los medios noticiosos del país.

Conferencias y Comisiones sobre el status de la mujer previo al Estudio de la Comisión de Derechos Civiles de 1972.

Rojas Daporta, Malén. "Revelaciones sobre el status de la mujer en Puerto Rico," *El Mundo - Puerto Rico Ilustrado, Suplemento Sabatino*, 12 abril 1969, 6-7.

"PR en conferencia Status de la Mujer," *El Mundo*, 3 julio 1968, 21.

Sánchez Cappa, Luis. "Comisión investiga discrimen sobre empleo de mujer en PR." *El Mundo*, 6 septiembre 1969, 11A.

Ortiz Tellechea, Ariel. "Discuten enfoque - Pedirían comisión permanente sobre el status de la mujer," *El Mundo*, 15 septiembre 1969, 11B.

"Peace restored over women's status clash," *The San Juan Star*, 21 March 1971, 19.

Bliss, Peggy Ann. "Commission on Status of Women remains controversial subject," *The San Juan Star*, 28 March 1971.

Associated Press. "Know women's rights, says Angela Luisa," *The San Juan Star*, 19 Sept. 1971.

Comisión de Derechos Civiles de Puerto Rico- Estudio Sobre Discrimen Contra la Mujer, 1972.

"Designadas a comité estudia discrimen," *El Mundo,* 27 septiembre 1971, 8A.

"Celebran vistas públicas sobre discrimen a la mujer," *El Mundo,* 15 octubre 1971, 18A.

"Discriminan Contra la Mujer," *El Nuevo Día,* 18 agosto 1972

Velázquez, Ismaro. "Women's Status Report suppression claimed," *The San Juan Star*, 5 September 1972, 1 y 20.

"Primicias de un documento no publicado El Discrimen Contra La Mujer en Puerto Rico," *Avance,* 13 septiembre 1972, 21-25

Bragg, Amy, "Comisión Derechos Civiles informa hay discrimen contra la mujer," *El Mundo,* 19 septiembre 1972, 3B.

Padilla, Víctor M. "Ferré aboga nombren mujer en Comisión Derechos Civiles," *El Mundo,* 21 septiembre 1972, 3A.

Bragg, Amy. "Informe de la Comisión DC, Discriminación contra la mujer existe en el hogar y en el trabajo," *El Mundo,* 25 septiembre 1972, 8A.

Bragg, Amy. "Concepto estereotipado excusa discrimen a mujer trabajadora," *El Mundo,* 28 septiembre 1972.

Padilla, Víctor M. "Informe denuncia discrimen total contra las mujeres," *El Mundo* 13 febrero 1973, 12B.

Babb, Margarita. "Women's rights action urged," *The San Juan Star,* 13 February 1973.

"Derechos civiles de la mujer," Editoriales, *El Mundo,* 4 abril 1973, 6A

Visitas de Gloria Steinem a Puerto Rico

«Ideóloga de liberación femenina disertará a mujeres periodistas,» *El Mundo,* 6 febrero 1971, 16C.

«Popular female journalist to speak in San Juan,» *The San Juan Star,* 7 February 1971.

Almazán, Marco A. «La mujer y el cosmos,» *El Mundo,* 7 febrero 1971, 7A.

Arana, Annie. «Propulsora liberación femenina - Famosa periodista Gloria Steinem disertará el sábado en San Juan,» *El Mundo,* 24 febrero 1971.

«Liberación femenina - Da conferencia sobre la mujer,» *El Imparcial,* 26 febrero 1971.

«Tópicos,» *El Mundo,* 26 febrero 1971, 6A.

Babb, Margarita y Jorge Javariz. "Tema: La liberación femenina. La defensa de la mujer, La defensa del hombre," *El Mundo*, 28 febrero 1971, 1, 14A.

Dreyer, Martha. "Women's lib leader claims being female for the birds," *The San Juan Star,* 28 February 1971, 3 y 26.

Leal, Gloria. "Mujeres, causen problemas en PR," *El Nuevo Día,* 1 marzo 1971, 12.

Arana , Annie. «Se proponen crear primer grupo pro liberación femenina en PR,» *El Mundo,* 1 marzo 1971, 14A.

Bliss, Peggy Ann. «A sisterhood is born in San Juan,» *The San Juan Star,* 2 March 1971, 24.

Combas Guerra, Eliseo. «En torno a la fortaleza,» *El Mundo,* 2 marzo 1971, 6A.

Padró, Carmen Reyes. «Entre nosotras - El tema en órbita,» *El Mundo,* 3 marzo 1971, 3B.

«Dice Gloria Steinem ofende la maternidad,» *El Mundo,* 3 marzo 1971, 13B.

Valle, Norma. «Perfil de Gloria Steinem,» *El Mundo, Puerto Rico Ilustrado,* 7 marzo 1971, 3.

Filardi, "¡Hay [sic] Bendito!" *El Mundo,* 7 marzo 1971, 6-A. (Caricatura).

Sanabria, Laura. "Liberación...¿De qué?" *El Mundo,* 7 marzo 1971, 2B.

Von Eckardt, Ursula. "Women's lib in Puerto Rico," *The San Juan Star,* 8 March 1971, 23.

Bobb, Maggie. «All the sisters will have a chance,» *The San Juan Star,* 10

March 1971, 22.

Combas Guerra, Eliseo. «En torno a la fortaleza,» *El Mundo,* 10 marzo
1971, 6A.

de Urrutia, Socorro G. «Liberación femenina reflexiones y comentarios,» *El
Mundo,* 12 marzo 1971, 9A.

Berueft, Angeles. "Integración sí, liberación, no," *El Mundo,* 14 marzo
1971, 8A.

Sherr, Lynn, "She's everygirl's dream," *The San Juan Star, Sunday Magazine,*
12 abril 1970, 6-7.

"Angela Luisa Dice...," *Angela Luisa Revista Gráfica de Puerto Rico,* abril
1971, 2.

"El discurso de Gloria Steinem, comentarios de Angela Luisa," *Angela Luisa
Revista Gráfica de Puerto Rico,* abril 1971, 10-18.

"Angela Luisa Dice..." *Angela Luisa Revista Gráfica de Puerto Rico,* mayo
1971, 2.

"Emancipación "a la alemana," *El Nuevo Día,* 2 mayo 1971.

Torres de Jelú, Lydia. «Acerca del movimiento liberación femenina,» *El
Mundo,* 3 mayo 1971, 3B.

Combas Guerra, Eliseo. «En torno a la fortaleza,» *El Mundo,* 10 mayo
1971.

Ledesma Dávila, Sylvia. «La visita de Gloria Steinem,» *El Imparcial,* 11
mayo 1971, 8.

Brunet, Lorenzana. «Liberación de la mujer,» *El Mundo,* 30 mayo
1971, 4B.

Rodríguez, Clarissa. «Líder movimiento liberación femenina llega a SJ,» *El
Mundo* 13 junio 1974, 1B

Maldonado, Penny. "Feminist leader Gloria Steinem addresses wives
corporate execs," *The San Juan Star,* 15 June 1974, 9-10.

Comisión Para el Mejoramiento de los Derechos de la Mujer

Garzón, Irene. "Citan necesidad emancipación femenina en PR," *El
Mundo,* 3 abril 1973.

"Deponen en pro derechos mujer," *El Mundo,* 13 abril 1973, 5A.

Astudillo, Tulio. "Establecen Dept. de Servicios Contra Adicción, Comisión
Mujer," *El Mundo,* 31 mayo 1973, 1 y 23A.

"Los derechos de la mujer," Editoriales, *El Mundo,* 2 junio 1973, 6A.

Maisonet, Ivette. "Alega discrimen radica en conciencia," *Claridad*, 23 junio 1973, 6.

Bliss, Peggy Ann. "RHC urged to act on women's rights," *The San Juan Star*, July 9, 1973, 20.

"Isabel Picó aclara," *La Hora*, 20 -26 septiembre 1973.

"La Comisión para el mejoramiento de los derechos de la mujer," (Firmas.) *El Mundo*, 13 junio 1974, 13-B.

Arana, Annie. "Primera reunión comisión para mejoramiento derechos femeninos," *El Mundo*, 14 febrero 1974, 8A.

Domínguez, Susana. "Comisión de la mujer: un aborto de Hdez. Colón," *La Hora*, 1974.

Cabrera, Alba Raquel. "Divulgar funciones, Comisión Derechos de la Mujer dará vistas públicas Guayama," *El Mundo*, 3 julio 1975, 5A.

Gaud, Frank, "Independencia femenina," *El Nuevo Día*, 5 julio 1975, 3.

"Comisión pro derechos mujer revisa sus postulados," *El Mundo*, 12 abril 1975.

Aponte Raffaele, Nilda, y María T. Berio, "La esencial igualdad humana," *El Mundo*, 25 mayo 1975, 4B.

"Comisión investigará despidos empleados determinar posible discrimen contra mujer," *El Mundo*, 13 marzo 1975, 12C.

"Comentario en torno a un discurso: 4 de julio," *El Tacón de la Chancleta*, julio-agosto 1975, 7.

Babb, Margarita. "La increíble y triste historia de las cándidas leyes "protectoras" de la mujer y de la comisión desalmada," *El Tacón de la Chancleta*, marzo-abril 1977, 7-9.

Derechos Reproductivos

Merino Méndez, Ruth. "Planificación familiar en PR," *El Mundo*, 7 marzo 1971, 4A.

"La esterilización en Puerto Rico," *El Mundo*, 7 marzo 1971, 4A.

"Proyecto reduce tasa natalidad SJ," *El Mundo*, 7 marzo 1971, 4A.

"Crítica sobrepoblación en P.R.," Editoriales, *El Mundo*, 10 marzo 1971, 6A.

Cordero Avila, Julio. "La píldora: Un intento hacia la sociedad planificada," *El Mundo*, *Puerto Rico Ilustrado*, 14 marzo 1971, 3-7.

Babb, Maggie. "Médico informa 33% mujer 15 a 49 años han sido esterilizadas," *El Mundo*, 8 octubre 1971.

Cabrera, Alba Raquel. "Señala importancia de la esterilización," *El Imparcial,* 1 diciembre 1971.

"Alegan hay discrimen en plan esterilización," *El Mundo,* 3 diciembre 1971.

Merino Méndez, Ruth. "Control de la natalidad: Los hombres se involucran," *Puerto Rico Ilustrado*, 12 noviembre 1972, 6-7.

"Rechaza apliquen ley permite los abortos," *Claridad*, 4 febrero 1973, 5.

"Protestan ante ONU imposición aborto," *Claridad*, 13 febrero 1973, 6.

González Cruz, R. "Una imposición colonial," *Claridad*, 13 febrero 1973, 11.

Ocasio, Juan Manuel. «Island called subordinate to U.S. decisions - Lawyers rap U.S. - P.R. relations,» *The San Juan Star*, 14 February 1973, 38.

García, Irma Iris. "Pide Mujer Intégrate Ahora ley aborto," *El Imparcial*, 20 febrero 1973, 1, 15-A.

Algarín, Lynette. "En decisión validez Constitucional del aborto," *El Imparcial*, 21 febrero 1973, 4-A.

Aponte, Pedro I. "El presidente del ateneo y el aborto," *Claridad*, 4 marzo 1973, 18.

Parrilla Bonilla, Antulio, s.j. "Compartiendo - Aborto y control poblacional," *Claridad,* 11 marzo 1973, 10.

"Debaten tema del aborto en programa de televisión," *El Mundo*, 23 marzo 1973.

Lovler, Ronnie. "Feminist meet covers all issues," *The San Juan Star*, 26 1973, 31.

"MIA Asume posición definida. Discusión feminista en San Juan," *El Mundo,* 29 marzo 1973, 1-B.

Roman, Pedro M. "Judge Acquits Doctor in One Abortion Case," *The San Juan Star*, 11 April 1973.

Mendez Ballester. "Diálogo sobre el aborto," *El Mundo,* 11 abril 1973, 21.

Rodriguez, Ramón. "Decisión Supremo EU, deponentes en seminario exponen aspectos aborto," *El Mundo*, 15 abril 1973,

Aponte Raffaele, Nilda. "Abortos: "La Mujer es la que decide," *Avance,* 16 abril 1973, 19-21.

"Las mujeres "liberacionistas" y el aborto," *Avance,* 16 abril 1973, 16-18.

Rojas, Jesús M. "Monseñor Padilla expone opinión sobre el aborto," *El*